精品课程立体化教材系列

企业财务管理

刘娥平　编著

科学出版社

北京

内 容 简 介

本书是根据作者 20 多年的教学经验编写而成的。企业财务管理是有关企业资金的筹集和有效使用的管理，目标是企业价值最大化。本书首先介绍企业财务管理的基础知识，包括企业财务管理的研究对象、目标和环境；财务管理的两大价值观念：资金的时间价值与投资的风险价值；然后按照财务活动的四个方面：筹资、投资、资金营运、资金分配，逐一介绍每一活动中所涉及的概念、原理与决策分析方法；最后介绍财务报表的阅读与分析以及企业财务管理中的两个专题内容。本书既全面介绍了企业财务管理的基本理论与方法，又结合中国的实际加以论述，并力求深入浅出、言简意赅，注意运用图表、例题加以说明，在相应章后面还配有复习思考题及练习题。

本书适合大专院校财务管理、会计、企业管理及相关专业作为教学用书，也可作为在职人员的培训教材及各类经济管理人员的参考书。

图书在版编目（CIP）数据

企业财务管理/刘娥平编著. —北京：科学出版社，2009
（精品课程立体化教材系列）
ISBN 978-7-03-025199-2

Ⅰ. 企… Ⅱ. 刘… Ⅲ. 企业管理：财务管理-高等学校-教材 Ⅳ. F275

中国版本图书馆 CIP 数据核字（2009）第 140201 号

责任编辑：张 兰/责任校对：张 琪
责任印制：徐晓晨/封面设计：耕者设计工作室

科 学 出 版 社 出版
北京东黄城根北街 16 号
邮政编码：100717
http://www.sciencep.com

北京虎彩文化传播有限公司 印刷
科学出版社发行 各地新华书店经销

*

2009 年 8 月第 一 版 开本：787×1092 1/16
2019 年 2 月第十二次印刷 印张：22 1/4
字数：514 000

定价：52.00 元
（如有印装质量问题，我社负责调换）

FOREWORD
前 言

随着社会主义市场经济体制的建立与完善，企业面临的市场竞争越发激烈，复杂的理财环境对企业管理人员提出了更高的要求。如何筹集、运用资金，为企业所有者提供更多的收益，成了许多企业关注的中心议题。因而财务管理在企业管理中的地位也日益重要。

企业管理包括对人、财、物、信息等各种资源的管理，既有对价值的管理，也有对使用价值的管理。而财务管理则侧重于对价值的管理，主要是利用资金、成本、收入、利润等各种价值量指标来组织企业中价值的形成、实现和分配，并处理这种价值运动中的经济关系。企业财务管理是一种价值管理，是基于企业再生产过程中客观存在的资金运动和财务关系而产生的。因此，企业财务管理是研究如何组织企业资金运动、处理企业与各方面财务关系的一门学科。

企业财务管理是财务会计类专业和经济管理类专业的一门重要专业课，它需要运用经济学、管理学、会计学和数学等许多相关学科的知识。如微观经济学中的边际收入与边际成本理论、完全竞争理论，管理学中的决策理论、行为科学理论，会计学中的核算原理，数学中的统计原理、定量分析方法等，在企业财务管理中都有非常广泛的应用。

本书内容有以下特点：

（1）视角独特。本书是站在企业管理人员角度来理解财务管理的内容，因此在写法上，对一些非常专业的内容，除了采用规范的定义和科学的分析方法外，尽量用一种深入浅出的语言和方式去解释，同时结合国内外的企业实践加以说明，以增强教材的可读性和实用性。

（2）内容新颖。本书是按照最新出台的《公司法》、《证券法》、《企业破产法》、《企业所得税法》等一系列法律，以及2006年财政部颁发的新的企业会计准则体系和国家发展改革委员会和建设部发布的《建设项目经济评价方法与参数》（第三版）的内容编写，以便能更好地为理财实务服务。

（3）逻辑性强。本书的结构及各章内容是根据作者20多年的教学和实务经验形成的，易于为学生所接受。

（4）理论联系实际。本书既全面介绍了企业财务管理的基本理论与方法，又结合中国的实际加以论述。

（5）简明易懂。本书力求深入浅出、言简意赅，注意运用图表、例题加以说明，在相应章后还配有复习思考题及练习题，便于学生练习。

（6）适合教学。本书配套教学课件以及参考答案等教学资料。

中山大学管理学院财务与投资系开设的"财务管理"课 2006 年获得广东省精品课程，本书在撰写过程中得到精品课程负责人李善民教授及中山大学管理学院财务与投资系全体老师的具体指导与建议，还得到中山大学"985 工程"本科教育"博学工程"第二批建设项目的经费资助，科学出版社张兰编辑对本书的完成提出了有益的建议，在此表示衷心的感谢！

虽然作者尽了最大的努力，但由于受到自身水平所限，难免有不足之处，恳请读者批评指正。作者邮箱：mnslep@mail. sysu. edu. cn

刘娥平

2009 年 6 月 12 日于康乐园

目　　录

第一章

总　　论

第一节　企业财务管理的研究对象

　　财务，从字面上讲，就是有关财产的业务。财务有两种形式，一种是实物财产形式，另一种是货币财产形式。对前者的管理称为"物资管理"，对后者的管理称为"财务管理"。货币形式财产的业务，就是指用价值量来表示的物资运动，即资金运动（财务活动），因此，企业财务管理就是对企业的资金运动及其所体现的财务关系的管理。

一、企业资金运动存在的客观必然性

　　随着企业生产经营活动的进行，人、财、物、信息等各种生产经营要素也必然发生运动，从而客观地存在着一种资金的运动。

　　在商品经济中，社会产品是使用价值和价值的统一体，企业的再生产过程既是使用价值的生产和交换过程，也是价值的形成和实现过程。在这一过程中，一方面，劳动者运用一定的劳动资料对劳动对象进行加工，生产出新的产品或使用价值，并将其出售，使商品的使用价值得以实现，这表现为物资的运动过程；另一方面，劳动者将生产中消耗掉的生产资料的价值，如折旧费、材料费等转移到产品上去，并创造出新的价值，最终通过商品的出售，使物化劳动的转移价值和活劳动新创造的价值得以实现，这表现为资金的运动过程。因此，资金运动是企业再生产过程的价值方面，它以价值形式综合地反映企业的再生产过程。资金运动和物资运动是在企业生产经营过程中同时存在的经济现象，物资运动是资金运动的基础，而资金运动又是物资运动的反映。只有在再生产过程中，运动着的价值才是我们所说的资金，离开了再生产过程，既不存在价值的转移，也不存在价值的增值，也就不称其为资金。因此，资金的实质是再生产过程中运动着的价值。

二、企业资金运动的过程

企业财务管理的对象，就是企业在再生产过程中的资金运动。所谓企业的资金运动，是指企业中资金从货币形态转到其他资金形态，又回到货币形态的运动过程。它分为资金的筹集、资金的运用、资金的分配三个阶段。

（一）资金的筹集

资金是企业进行生产经营活动的前提条件，因此，筹集资金是资金运动的起点。

所谓筹集资金，是指企业为了满足生产经营投资和用资的需要，筹措所需资金的过程。无论企业采取何种渠道和方式筹集资金，其途径不外乎以下三种：第一种是接受投资者投入的资金，即企业的资本金和资本公积金；第二种是通过企业的生产经营而形成的积累，即盈余公积金和未分配利润，它和第一种合在一起，称为企业的所有者权益，形成所有者权益的资金称为权益资金；第三种是向债权人借入的资金，即企业的负债，形成企业负债的资金称为负债资金。在筹资过程中，既要合理确定筹资总量和时间，选择好筹资渠道和方式，还要降低资金成本，合理确定资金结构，充分发挥财务杠杆的作用，降低财务风险。

（二）资金的运用

资金运用就是把筹集到的资金合理地投放到生产经营的各项资产上。资金的运用也就是对各种资产的投资和营运过程。

资产，是指企业过去的交易或者事项形成的由企业拥有或者控制的、预期会给企业带来经济利益的资源，包括各种财产、债权和其他权利，它们是企业从事生产经营的物质基础，并以各种具体形态分布或占用在生产经营过程的不同方面。按其流动性，资产通常可分为流动资产和非流动资产。非流动资产主要包括长期股权投资、固定资产、无形资产和其他资产。

企业为了进行生产经营活动，一方面要兴建房屋、建筑物，购置机器设备、运输车辆等固定资产；另一方面要使用货币资金购进原材料、商品等，投资在各种流动资产上。此外，企业还可以进行无形资产的购买或创立，形成无形资产的投资；也可以用现金、实物、无形资产或者购买股票、债券等有价证券方式对其他单位进行投资，形成长期股权投资和金融资产投资。

投资是筹资的目的和归宿，也是筹资的实现和保证。在投资过程中，既要确定投资的规模，分析各种投资的经济效益，还要合理安排投资结构，以求降低投资风险。

（三）资金的分配

资金的分配就是将企业取得的经营收入进行分配。

企业通过投资过程必然会取得收入，包括营业收入、投资收益等。取得的收入首先要用以补偿生产经营耗费，以保证企业生产经营活动的继续进行；其次要缴纳流转税，如增值税、营业税、消费税等。这样就形成了企业的息税前收益，即支付利息及缴纳所得税之前的收益。息税前收益在支付债权人的利息以后，依法缴纳所得税。税后利润在弥补亏损、提取法定和任意公积金以后，才能向投资者分配。

需要指出的是，虽然向债权人支付利息和向投资者分配利润都是属于资金分配的内容，但两者的分配形式不同。利息是通过计入财务费用形式在税前进行分配的，而支付给投资者的利润是在税后通过利润分配形式进行的。另外，支付利息是企业的法定义务，不论企业是否有利润，都必须向债权人支付利息；而向投资者分配利润的多少则取决于企业的盈利情况。

资金的分配不仅关系到各相关主体的利益，也与企业资金运动密切相关。通过资金的分配，一部分资金将留在企业，而另一部分资金将退出企业的生产经营。这不仅影响到企业的资金规模，还影响到资金的结构，从而又反过来影响到企业的筹资和投资。

资金的筹集、运用、分配构成了资金运动的全过程，如图 1-1 所示。这个过程也就是企业财务管理研究的主要对象。

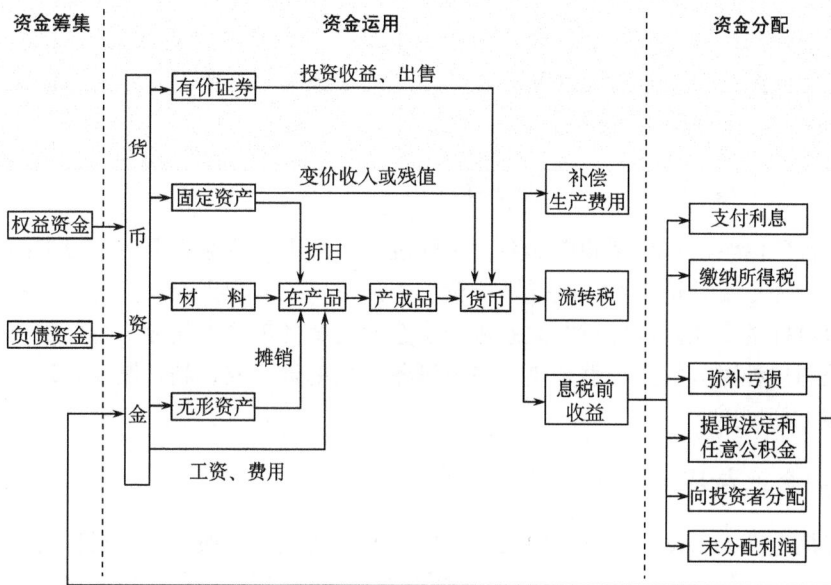

图 1-1 企业资金运动全过程

三、财务关系

财务关系就是企业在资金运动过程中与各有关方面发生的经济利益关系。企业财务关系主要表现在以下几个方面。

（一）企业与投资者、被投资者之间的财务关系

企业接受投资者投入的资金进行生产经营活动，所产生的利润须按出资比例向投资者进行分配，企业在对外投资中，也应按其在被投资者中所占的出资比例分得收

益。企业与投资者、被投资者之间的关系在性质上属于所有权关系，它是各种财务关系中最根本的财务关系。处理这种财务关系，必须明确划分产权关系，维护投资者的合法权益，明确各自的权利和义务。

（二）企业与债权人、债务人之间的财务关系

企业资金不足时，要向银行借款，或发行债券筹集资金；而当资金闲置或出于其他原因，企业会购买其他单位发行的债券，进行债券投资。在销售产品、购买材料时，由于赊销、赊购等原因，也会与购销单位发生应收应付账款。企业与债权人、债务人之间的财务关系在性质上属于债权债务关系。处理这种财务关系，必须按合同或协议的要求按期还款、收款，保障各方的权益不受侵犯。

（三）企业与税务机关之间的财务关系

企业向税务机关交纳的各种税款，主要有流转税、所得税、计入费用的税金等。税收是国家财政收入的主要来源，也是国家以社会管理者身份参与企业纯收入分配的一种形式。因此企业作为一个营利性的经济组织，向国家纳税应该是其应尽的义务，这也是保证整个社会正常运转的基础。处理这种财务关系，要求企业必须按税法规定的税种、税率，及时足额交纳税款。

（四）企业内部各单位之间的财务关系

在实行厂内经济核算制和内部经营责任制的条件下，企业内部各单位之间相互提供产品和劳务也要计价核算，这样既能调动内部各单位的积极性，同时又能保证企业整体经营目标的实现。这种财务关系体现了企业内部各单位之间分工合作的资金结算关系。处理这种财务关系，就是要严格分清各单位的责、权、利，制定合理的内部核算制度和奖惩制度。

（五）企业与职工之间的财务关系

职工是企业的劳动者，企业要用生产经营取得的收入，根据职工提供的劳动数量和质量向职工支付工资、津贴和奖金。这种财务关系体现了企业与职工之间的按劳分配关系。处理这种财务关系，就是要制定严格的岗位责任制和合理的工资、奖金分配制度，维护职工的合法权益。

在企业与各有关方面的财务关系中，一方面，企业要处理好各种经济利益关系；另一方面，各利益主体为了自身的利益也会对企业提出各种要求。如企业的投资者为了避免企业提高开支、减少他们的收益而对企业进行的监督，为了鼓励经营者努力工作而给予他们的激励，债权人在借款合同中加入限制性条款等，这些都是为了处理好与企业的财务关系而采取的一些措施。

第二节 企业财务管理的目标

企业财务管理的目标是指企业财务管理工作所要达到的最终目的。财务管理是企业管理的一部分，因此，财务管理的目标取决于企业的总目标。企业作为一个营利性的经济组织，其最终目标是盈利，但在激烈的市场竞争中，企业的盈利是以生存和发展为前提的。因此，企业管理的目标可概括为生存、发展和获利三个方面。

为了实现企业管理的目标，在财务管理上应力求保持以收抵支和偿还到期债务的能力，使企业生产经营活动能持续进行下去；合理筹集企业发展所需的资金，使企业能在发展中求得生存；通过合理、有效地使用资金，使企业获利来实现企业的最终目标。

在阐述企业财务管理目标之前，先讨论企业的组织形式。

一、企业的组织形式

根据西方的分类，企业有以下几种组织形式。

（一）独资企业

独资企业是指由一个人拥有并独立经营的企业。从企业发展的历史上看，它是最早、最简单的一种企业形式。这种企业不具有独立的法人资格。独资企业的所有者被称为业主，他承担企业的全部风险，对企业的债务负有无限的责任。即业主完全占有企业所创造的利润并承担所发生的亏损，而国家对其所创造的收入和发生的亏损，按照个人所得税率征税。当企业无力清偿债务时，债权人有权要求业主用其私人资产偿还未清偿的债务。

独资企业开办容易、结构简单、决策快、利润独享、限制较少。由于独资企业不能利用发行股票和债券筹集资金，只能通过取得银行贷款从外部筹得资金，而且银行对其提供的贷款规模较小，规定的贷款条件也较为严格，因此该种企业筹资困难、规模小。独资企业业主对企业债务负有无限责任，企业一旦破产，业主将倾家荡产。另外，独资企业所有权转让困难，存续时间有限。

在美国，独资企业在企业数量上占的比例最高，但提供的收入比例却最低。

我国1999年8月30日通过，2000年1月1日起施行的《中华人民共和国个人独资企业法》中所称个人独资企业，是指依法在中国境内设立，由一个自然人投资，财产为投资人个人所有，投资人以其个人财产对企业债务承担无限责任的经营实体。个人独资企业应当依法履行纳税义务。

（二）合伙企业

合伙企业是指由两个或两个以上的业主共同创办的企业。这种企业一般也不具有法人资格，和独资企业一样，是一种自然人企业。合伙企业也须承担企业的全部经营风险，对企业的债务负有无限连带的责任。

合伙企业开办容易，由于合伙人共同偿还债务，降低了风险，提高了融资能力，但往往由于合伙人之间意见的分歧，造成决策延误。合伙人的退出或死亡，或新的合伙人被接纳，都必须重新建立合伙企业，由此带来很大麻烦。合伙企业所有权转让困难，存续时间也有限。

我国 2006 年 8 月 27 日通过，2007 年 6 月 1 日起施行的《中华人民共和国合伙企业法》（修订）中所称合伙企业是指自然人、法人和其他组织依法在中国境内设立的普通合伙企业和有限合伙企业。普通合伙企业由普通合伙人组成，合伙人对合伙企业债务承担无限连带责任；有限合伙企业由普通合伙人和有限合伙人组成，普通合伙人对合伙企业债务承担无限连带责任，有限合伙人以其认缴的出资额为限对合伙企业债务承担责任。合伙企业的生产经营所得和其他所得，按照国家有关税收规定，由合伙人分别缴纳所得税。

（三）公司

公司是指依照《公司法》组建并登记的以盈利为目的的企业法人。公司的所有者被称为股东。公司作为一个独立的法人实体，在法律上是与其所有者相脱离的，并不会因其所有者的变换而对其法人地位产生影响。因此，公司是一种具有无限生命力的企业组织形式。在美国，公司在企业数量上占的比例较低，但创造的收入却占国民收入的绝大部分。

公司最初的股东是公司的发起人，发起人以货币、实物或无形资产投资入股。此外，公司可以通过募股来筹集资金。

公司的最高权力机关是股东大会。股东大会的例会一般每年举行一次。由于一年一度的股东大会无法适应及时作出经营决策的需要，所以通常选举出一个由少数董事组成的董事会，作为股东大会的常设机构，代表股东大会行使经营管理权，并聘请总经理。总经理是公司的行政执行官，是股东大会和董事会决议的执行者。

公司这种组织形式最突出的优点是股东只对公司债务承担有限责任，即只在其出资范围内对公司债务负责。一旦公司破产，债权人只能对公司的破产财产要求赔偿，不能要求股东动用私人财产来清偿公司无力偿还的债务。对股东来说，在公司破产时，所遭受的损失只是以其在公司中的出资额为限。公司组织形式具有无限生命，其业务不会因股东死亡或股权转让而终止。在国外，由于大多数公司都是上市公司，可供选择的筹资方式很多，如发行股票、发行债券、向银行贷款等，股权转让也非常容易。所有权和经营权相分离，因此可吸引优秀人才来掌管公司的经营大权。

但公司这种组织形式的设立程序复杂，要求的条件也较严格，组建不像前面两种企业组织形式那样方便灵活。由于所有权和经营权相分离，公司的经营者往往不是公司的所有者，二者的目标并不一致，因此产生了委托人（出资者）和代理人（经营者）之间复杂的委托-代理关系。作为法人，公司必须交纳公司所得税，而股东收到股利时还要交纳个人所得税，存在双重纳税。

公司是西方国家经济中的一种主要企业组织形式，因此，西方财务管理的许多理论都是在这种组织形式的基础上形成的。

我国 2005 年 10 月 27 日通过，2006 年 1 月 1 日起施行的《中华人民共和国公司法》（第二次修订）（以下简称《公司法》）中所称公司是指依法在中国境内设立的有限责任公司和股份有限公司。公司是企业法人，有独立的法人财产，享有法人财产权。

1. 有限责任公司

有限责任公司是由 50 个以下股东出资设立，每个股东以其认缴的出资额为限对公司承担责任，公司以其全部财产对公司的债务承担责任的企业法人。有限责任公司注册资本的最低限额为人民币 3 万元。股东可以用货币出资，也可以用实物、知识产权、土地使用权等可以用货币估价并可以依法转让的非货币财产作价出资，但全体股东的货币出资金额不得低于有限责任公司注册资本的 30％。

我国《公司法》对一人有限责任公司和国有独资公司有一些特别规定。《公司法》所称的一人有限责任公司，是指只有一个自然人股东或者一个法人股东的有限责任公司。一人有限责任公司的注册资本最低限额为人民币 10 万元，一个自然人只能投资设立一个一人有限责任公司。《公司法》所称国有独资公司，是指国家单独出资、由国务院或者地方人民政府授权本级人民政府国有资产监督管理机构履行出资人职责的有限责任公司。国有独资公司不设股东会，由国有资产监督管理机构行使股东会职权。

2. 股份有限公司

股份有限公司是指全部资本由等额股份构成，并通过发行股票筹集股本，股东以其认购的股份为限对公司承担责任，公司以其全部财产对公司的债务承担责任的企业法人。股份有限公司的设立，可以采取发起设立或者募集设立的方式。发起设立，是指由发起人认购公司应发行的全部股份而设立公司；募集设立，是指由发起人认购公司应发行股份的一部分，其余股份向社会公开募集或者向特定对象募集而设立公司，其中发起人认购的股份不得少于公司股份总数的 35％。股份有限公司注册资本的最低限额为人民币 500 万元。设立股份有限公司，应当有 2 人以上 200 人以下为发起人，发起人可以用货币出资，也可以用实物、知识产权、土地使用权等可以用货币估价并可以依法转让的非货币财产作价出资。

二、企业的财务目标

西方对企业财务目标的论述，主要有以下三种观点。

（一）利润最大化

这一目标是从 19 世纪初形成和发展起来的，其渊源是亚当·斯密的企业利润最大化理论。企业的目标是为了获利，因此，这种观点认为，将利润最大化作为企业财务管理的目标是符合企业目标的。

以利润最大化作为财务管理目标有其合理性。一方面，利润是企业积累的源泉，利润最大化使企业经营资本有了可靠的来源；另一方面，利润最大化在满足业主增加私人财富的同时，也使社会财富达到最大化。在我国，将利润最大化作为企业财务管理的目标表面看起来也是很合理的。因为考核企业经营成果的首要指标就是利润，利润的大小不仅体现了企业对国家的贡献，而且与企业职工的利益紧密挂钩。另外，企业要追求利润最大化，必须努力增加收入、改进技术、提高劳动生产率、降低成本、减少各种开支。因此，将利润最大化作为企业财务管理的目标对于企业追求产值、促进企业加强经济核算是有积极意义的。但是，以利润最大化作为企业财务管理的目标也有一些缺陷，如没有考虑利润的发生时间，没有考虑获得利润与所承受的风险大小的关系，没有考虑所获利润与投入资金的关系，因而容易导致企业为追求短期的最大利润而忽视长远的发展，追求外延的扩大、规模的膨胀而忽视效率的提高，只顾追求最大利润而忽视风险的控制。因此，现代财务管理理论认为，利润最大化并不是企业财务管理的最佳目标。

（二）股东财富最大化

这是近几年西方财务管理中比较流行的一种观点。股东财富可以由其拥有的股票数量、每股股利和股票市场价格三方面来决定。因此，为了实现股东财富最大化，必须提高每股股利和每股价格，而这些都有赖于每股收益的提高，因为每股收益的增加是提高每股股利的基础，也是提高股票价格的重要手段。但是，股票价格的提高，不仅仅取决于每股收益的增加，除外部因素变化对股票价格的影响之外，从企业内部来看，企业的未来盈利能力以及所面临的风险大小都会影响到股票的价格。如果企业未来盈利能力提高，股票价格必然上升，反之亦然；而当企业未来盈利能力不变，但面临的风险加大，如应收账款增加时，股票价格会下降。在上市公司中，股东财富是用公司股票的市场价格来计量的，它考虑了风险因素，因为风险的高低，会对股票价格产生重要影响；也考虑了资金的时间价值，一定程度上能够克服企业在追求利润上的短期行为。因为不管是目前利润还是预期未来的利润对股票价格都会产生重要影响。股东财富不能用账面的股东权益来反映，因为许多资产的账面价值是一种历史成本，不代表其市场价值，更何况一些无形资产如商誉，在账面上也反映不出来。股东财富应由股东权益的市场价值来衡量。

股东财富最大化，不但要考虑企业当前的盈利水平，而且更要注重未来的长期获利能力；不仅要考虑企业的盈利水平，更要注意将企业的风险控制在投资者可接受的范围之内。这一目标克服了利润最大化的缺陷，因此普遍被以美国为代表的西方国家所接受。在美国，企业股东以个人股东居多，这些个人股东不直接控制企业财权，只是通过股票的买卖来间接影响企业的财务决策，股东财富是通过股票的市价得以充分体现。职业经理的报酬也与股票价格直接相关，因此，股票价格成了财务决策所要考虑的最重要因素。美国劳动力市场非常发达，员工与企业之间没有稳固的关系，员工比较关心当前的工资和奖金，不太关注企业的长远发展。债权人与企业之间是一种契约关系，银行根据企业的财务状况决定是否提供贷款或者清偿到期债务甚至破产还债。政府一般不对企业进行干预，而是制定政策和法规来引导市场，通过市场来引导企业行为，要求企业必须遵循有关法律法规。美国市场经济发达，企业之间的业务往来都是通过合同来进行规范，要求企业要重合同、讲信用。由于美国企业的股东在财务决策中起主导作用，而员工、债权人、政府、供应商、客户与企业的关系都是通过法律、契约、合同等进行约定，在企业财务决策中起的作用很小，因此，美国公司财务经理非常重视股东利益，股东财富最大化就理所当然地成为他们的财务管理目标。然而，这种观点也有其缺陷。首先，强调股东的利益，而对企业其他相关者的利益不够重视，不利于处理好现代企业财务活动中产生的各种财务关系；其次，影响股票价格变动的因素，不仅包括企业经营业绩，还包括投资者心理预期及经济政策、政治形势等理财环境，因而带有很大的波动性和不可控性，股价不一定真实地反映股东权益的实际市场价值；再次，它只适合上市公司，对非上市公司而言，股东财富不易衡量。

（三）企业价值最大化

所谓企业价值就是企业资产的市场价值，取决于企业潜在和未来的获利能力。企业价值最大化是指通过企业财务上的合理经营，采用最优的财务政策，充分考虑资金的时间价值和风险与收益的关系，在保证企业长期稳定发展的基础上，使企业总价值达到最大。企业价值最大化充分考虑了资金的时间价值、风险价值和通货膨胀价值对企业资产的影响，克服了企业在追求利润上的短期行为，体现了对经济效益的深层认识，因此，被认为是现代财务管理的最优目标。

企业的价值在于它能给企业利益相关者带来长期稳定的收益。企业利益相关者包括企业股东、债权人、员工、政府、供应商、客户，这些利益相关者都有可能对企业财务管理产生影响。股东大会或董事会通过表决决定企业重大的财务决策，董事会直接任免企业经理甚至财务经理；债权人要求企业保持良好的资金结构和适当的偿债能力，以及按合约规定的用途使用资金；员工是企业财富的创造者，提供劳动必然要求合理的报酬；政府为企业提供了公共服务，也要通过税收分享收益；供应商和客户是企业的合作伙伴，也希望维持良好的合作关系，信守承诺。正是各利益相关者的共同参与，构成了企业利益制衡机制，如果试图通过损害一方利益而使另一方获利，结果就会导致矛盾冲突，出现诸如股东抛售股票、债权人拒绝贷款、员工怠工、政府罚款、供应商停止供货、客户中止合作等不利现象，从而影响企业的可持续发展，最终损害了企业的价值。大多数情况下，股东财富最大化与企业价值最大化并不矛盾，企业只有满足客户的需求，拥有真诚的员工，保持稳定的供应，依法纳税，按期偿债，才能不断提升整个企业的价值，从而维持股价的上升。

与股东财富最大化的财务管理目标相比，企业价值最大化同样充分考虑了不确定性和时间价值，强调风险与收益的均衡，并将风险控制在企业可以承受的范围之内，而且它还有着更为丰富的内涵：第一，营造企业与股东之间的协调关系，努力培养安定性股东；第二，创造和谐的工作环境，关心职工利益，培养职工的认同感；第三，加强与债权人的联系，重大财务决策邀请债权人参与，培养可靠的资金供应者；第四，关心政府政策的变化并严格执行，努力争取参与政府制定政策的有关活动。此外，还要重视客户利益，以提升市场占有率；讲求信誉，以维护企业形象等。企业价值最大化的基本思想是将企业的长期稳定发展摆在首位，强调在企业价值增长中满足各方面的利益关系，因此普遍被以日本为代表的国家所接受。在日本，企业股东以法人股东居多，股权相对集中，股票不经常转让，股东认为股票价格的一时升降并不重要，重要的是企业的长期稳定发展。日本企业推行的是终生雇佣制和逐级提升制，企业与员工之间存在比较稳定的关系，企业在做决策时会优先考虑员工的利益。日本实行主办银行制度，而且许多银行既是债权人又是股东，这使得银行与企业之间有着稳固密切的战略合作伙伴关系。日本政府对经济的干预在资本主义国家中是比较多的，政府通过各种中长期计划，引导企业投资方向和经营财务决策。日本企业非常重视建立稳定的供销渠道和培养与关联企业良好的合作关系，保障原材料供应和产品的销售，树立企业重合同守信用的良好形象。在日本，各利益相关者在企业财务决策中都起着重要作用，财务决策必须兼顾各方面的利益关系，这就使得追求企业价值最大化成为企业管理的合理目标。由于企业价值主要是依赖于企业未来预期的现金流量及其面临的风险，因此估价不易客观和准确，这一目标在实际操作中不易把握，有一定的难度。

三、股东与经营者、债权人的冲突与协调

1976 年，詹森和麦克林在《财经杂志》第 3 期上发表了一篇题为"厂商理论：管理行为、代理成本和所有权结构"的重要论文。在该文中，他们提出了"代理关系"的重要概念并阐述了企业各利益相关主体的委托-代理关系以及由此产生的各种代理成本。他们认为，代理关系是一种契约，在此契约下，一个或多个人（称为委托人）雇佣另外的人（称为代理人）去执行某些工作或者把一些决策权授予代理人。按照詹森和麦克林的定义，代理成本包括为设计、监督和约束利益冲突的委托人和代理人之间的一组契约所必须付出的成本，加上执行契约时成本超过利益所造成的剩余损失。因此，代理成本为监督成本、约束成本和剩余损失之和。这里的剩余损失是指由于代理人的决策与将最大化委托人福利的那些决策之间会存在分歧而导致委托人福利减少的部分。而委托-代理理论所要解决的正是如何使企业的各种代理成本达到最小。

企业的委托-代理理论认为，企业是由构成企业的各利益相关主体（包括外部的债权人、关联交易商、客户、内部股东、经营管理者和员工等）组成的共同组织，是这些利益相关主体之间缔结的一组契约的联结。由于信息不对称、契约的不完备等市场不完全性的存在，企业各利益主体之间的利益往往不一致，更多的时候还表现为相互之间的利益冲突。由于委托人和代理人之间的信息不对称，代理人通常存在从事道德风险行为的倾向。委托人事前无法完全观察到代理人的行为，他只能通过代理人事后行动的结果来判断代理人是否实现了自己的目标或给自己带来了利益。但由于缺乏必要的信息，他的判断缺乏必要的依据。例如，如果一个代理人没有达成委托人的目的，委托人是无法分辨这种后果究竟是不可避免的风险造成的，还是由于代理人努力不够造成的。即使委托人事后能够观察到代理人的行为，但由于契约的不完备性，从第三者角度来看，委托人观察到的行为也无法作为依据来判断代理人的对错。在这种

情况下，委托-代理关系契约本身就给代理人留下了进行相机决策的余地。代理人就有追求自己目的的动机。

股东和债权人都为企业提供了资金，但是他们都处在企业之外，只有经营者在企业里直接从事资金运作。企业是所有者即股东的企业，股东委托经营者代表他们管理企业，为自己的目标而努力，但经营者的目标和股东的并不完全一致。债权人把资金借给企业，并不是为了"股东财富最大化"，与股东的目标也不一致。因此，在企业中主要有两种委托-代理关系：①股东与经营者之间的委托-代理关系；②股东（通过经营者）与债权人之间的委托-代理关系。企业必须协调这三方的冲突，才能实现"股东财富最大化"和"企业价值最大化"的目标。

（一）股东与经营者

在公司制这种组织形式中，所有权与经营权是分离的，这种分离使得企业所有权的变更不会影响企业的经营，企业可以聘用专业的经理人才。但所有者的目标与经营者的目标是不一致的，所有者的目标是自身财富的最大化，而经营者的目标通常是以下几点。

（1）报酬。包括物质的和非物质的，如工资、奖金、荣誉和社会地位等。

（2）增加闲暇时间和豪华享受。如较少的工作时间、舒适的工作条件、较小的劳动强度等。

（3）避免风险。如努力工作而得不到应有报酬的风险，希望付出一份劳动便得到一份报酬。

在现代大型股份制企业中，由于所有权与经营权的分离，作为经营者的企业家拥有企业主要的日常经营决策控制权，但很少或几乎不持有企业的股份，经营者对剩余索取权和经营控制权拥有比例的不对称，加上股东与经营者之间信息的不对称，使股东难于观察和监督经营者行为，同时契约的不完备所导致的经营者非金钱的效用和利益事前在契约中也无法确认、事后无法判断等，均会使企业经营者有动机从事满足自己效用而背离股东利益的各种行为。这种背离表现在以下两个方面。

（1）道德风险。道德风险是在委托-代理双方订立合同之后，代理人以相对于委托人具有的私人信息的比较优势，从个人私利出发，采取不利于对方的行为，从而使对方利益有受损的可能性。经营者努力工作可能得不到应有的报酬，他们没有必要为提高公司股价而去冒险，因为股价上涨的好处都归于股东，而一旦失败，他们的"身份"将下跌，自己也要招致损失（如报酬减少或者被解雇）。因此他们不求有功，但求无过，因为这样做不构成法律和行政责任问题，只是道德问题，股东很难追究他们的责任。道德风险行为表现为企业经营者的低努力水平，非生产性消费，为避免风险而产生的投资不足，或为了满足获取企业规模扩大所带来的各种金钱、非金钱收益的欲望而产生的过度投资，以及牺牲股东长远利益、增加经营者在职期间收益的短期、近视的行为等。

（2）逆向选择。逆向选择指的是在信息不对称的条件下，合约当事人的一方（主要是代理人）可能隐瞒自己的信息，并借助提供不真实信息的手段来追求自己的效用最大化，但这种行为却会损害另一方（主要是委托人）的利益。逆向选择一般发生在签约之前，特别指以下这种情况，即代理人比委托人更为熟悉自己的条件和提供服务的质量，委托人却因为代理人对自身信息和行动的隐瞒而无法进行最优的筛选，因此委托人最终选择的往往并非最合适的代理人。

为确保代理人的行为不偏离委托人的目的或不损害委托人的利益，委托人就必须事先采取一定的措施来对代理人的行为进行控制。这种措施包括以下两个方面。

（1）监督。经营者背离股东的目标，其条件是双方的信息不一致，经营者了解的信息比股东多。如果股东对经营者进行必要的监督，就可减少双方信息的不一致。但全面监督（即监督经营者的一举一动）是不可取的，不仅成本高，而且也行不通。当发现经营者背离股东目标时，可减少他们的报酬，甚至解雇他们。当经营者存在被解雇的威胁或企业存在被接管的威胁时，经营者如背离股东目标，导致股票价格下降，他们的代价也是很大的。

（2）激励。激励是从正面来协调股东和经营者之间的冲突。现在，越来越多的企业将经营者的报酬与企业的业绩联系起来，这对激励经营者为股东的利益努力工作非常有效。通常有以下两种方式。

① 经理股票期权。指公司授予经营者在未来一定期限内以预先确定的价格和条件购买本公司一定数量股份的权利。如果到时候股票价格高于期权的行权价格，那么经营者就会获利。公司采用这种办法是相信它会促使经营者采取措施提高股价。这种办法在国外非常盛行，一些大公司总经理的收入中有 50％ 以上是来自股票期权。

② 绩效股份。它是基于公司绩效（净资产收益率、总资产报酬率、利润增长率等指标来衡量）而给予经营者的股份。通常是预先规定一定的业绩标准，按完成预定计划的情况，给予不同的股份。这样，经营者为了得到这些股份，必须努力工作来提高公司业绩。

（二）股东与债权人

债权人将资金贷给企业，其目标是到期收回本金并取得规定的利息收入。而企业借款的目的是用它扩大经营，获得更大收益。二者的目标并不一致。债权人事先知道贷出资金是有风险的，并根据企业现金流量的风险和债务的安全性确定了相应的贷款利率。但是，借款合同一旦成为事实，资金到了企业手中，债权人就失去了控制。股东可能通过经营者，为了自己的利益而伤害债权人的利益，因负债融资引起的股东道德风险行为主要表现在以下两个方面。

（1）资产替代。是指股东在做融资后的投资决策时，放弃低风险低收益投资项目，而将负债资金转向高风险高收益投资项目的行为。一般地，投资项目的收益与其风险是成正比的。股东放弃低风险投资项目，选择高风险投资项目，如果成功，债权人只获得负债契约中约定的固定收益，超过低风险投资项目收益的超额部分全部归股东所得；如果失败，本来股东应承担投资决策失误的全部损失，但是，在股东有限责任制下，超过股东出资额部分的损失则全部由债权人负担。这种股东有限责任制下股东与债权人之间收益与风险分摊的非对称性使得股东存在从事资产替代行为的动机。

另外，股东选择风险相对较高的投资项目时，企业股票价值有上升的倾向。

（2）现有债权价值的稀释。在企业市场价值和现有营业收益不变的情况下，企业经营者可通过发行与现有债权具有同等或同等以上优先权益的证券，使现有债权人的债权价值稀释，而现有股东和现有债权人的权益之和是一定的，现有债权人的权益减少，即意味着现有股东权益收入的增加，从而达到转移现有债权人权益的目的。

债权人为了防止其利益受到损害，除了寻求立法保护，如破产时优先接管、优先于股东分配剩余财产等外，通常采取以下措施。

（1）在借款合同中加入限制性条款，如规定资金的用途，规定不得发行新债或者限制发行新债的规模、条件等。

（2）如发现企业有剥夺其财产的意图时，拒绝进一步合作。如拒绝提供新的借款或提前收回借款；或者要求高出正常利率很多的高额利率，作为这种风险的补偿。

因此，如果企业试图损害债权人的利益，要么会失去与信贷市场的联系，要么会承受高额利率负担，无论哪种情形，对企业都是不利的。企业为了实现自己的目标，必须与债权人和睦相处，恪守借款合同。

第三节 企业财务管理的环境

企业财务管理的环境又称理财环境，是指对企业财务活动产生影响作用的企业外部条件。理财环境是企业财务决策难以改变的外部约束条件，企业更多的不是改变它们，而是适应它们的要求和变化。财务管理的环境涉及范围很广，其中最重要的是法律环境、金融市场环境和经济环境。

一、法律环境

法律环境是指约束企业经济活动的各种法律、法规和规章制度。企业的理财活动，无论是筹资、投资还是利润分配，都必须遵守有关的法律规范，否则就要受到法律的制裁。对企业理财活动有影响的法律规范很多，主要有以下三个方面。

（一）企业组织法规

企业组织必须依法成立。组建不同的企业，要依照不同的法律规范。在我国，这些法规包括《公司法》、《合伙企业法》、《个人独资企业法》、《破产企业法》等。这些法规既是企业的组织法，又是企业的行为法。

（二）税务法规

任何企业都有依法纳税的义务。国家作为社会管理者，为了维持整个社会的正常运转，必须向企业征税。纳税是企业的一种现金流出，对股东收益有很大影响。因此，企业要认真进行税务筹划，在法律许可的范围内，通过对经营、投资、理财等事项的事先安排和策划，充分利用税法所提供的包括减免税在内的一切优惠，从而获得最大的税收利益。

我国现行税法体系中共有 23 个税种，其中与企业关系密切的主要有：增值税、消费税、营业税、资源税、企业所得税、关税、城市维护建设税、土地增值税、房产税、车船使用税、印花税等。

（三）财务会计法规

我国的财务会计法规主要包括《会计法》、《企业会计准则》、《企业财务通则》以及《企业会计制度》。

《会计法》是我国会计工作的根本大法，是我国进行会计工作的基本依据，对会计核算、会计监督、会计机构和会计人员以及法律责任等都做了规定。《会计法》于 1985 年 5 月 1 日施行，1999 年 10 月 31 日进行了修订。

《企业会计准则》和《企业财务通则》于 1993 年 7 月 1 日实施。《企业会计准则》规定了会计核算的基本前提、一般原则、会计要素以及会计报表编制的一般要求。《企业财务通则》是企业进行财务活动、实施财务管理的基本规范，对企业建立资本金制度、固定资产的折旧、成本的开支范围、利润分配等方面都做出了规定。

1997 年 5 月以来，财政部陆续发布了《企业会计准则》的若干具体准则。2000年 12 月又制定了国家统一的《企业会计制度》，2006 年 2 月财政部还制定了 38 项具体准则，自 2007 年 1 月 1 日起在上市公司范围内施行，鼓励其他企业执行。这些财务会计法规为我国企业会计核算工作制定了具体规范。

除上述法规外，与企业财务管理有关的其他经济法规还有许多，如证券法、合同法、票据法等。

二、金融市场环境

金融市场是企业财务活动的重要外部环境，是资金融通的场所。企业从事投资和经营活动的资金，大多从金融市场取得。如果没有金融机构和金融市场，单纯依靠自身积累，企业就会失去很多良好的投资机会。金融市场不仅为企业融资提供场所，也为企业剩余资金提供出路。企业还可通过金融市场实现长、短期资金的互相转化，根据金融市场的利率变动、股票价格变动等信息，为企业经营和投资提供重要依据。

（一）与企业财务管理有关的金融市场

金融市场按其业务来分，可分为资金市场、外汇市场、黄金市场、保险市场等。其中与企业财务管理关系密切的是资金市场。

资金市场按资金的偿还期限来分，可分为货币市场和资本市场。货币市场也称短期资金市场，是进行偿还期限在一年以下的短期资金交易活动的市场，主要有短期借贷市场、短期债券市场、票据承兑与贴现市场、同业拆借市场等。资本市场也称长期资金市场，是进行偿还期限在一年以上的长期资金交易活动的市场，主要有长期借贷市场、长期债券市场、股票市场、基金市场等。

（1）短期借贷市场。即取得短期借款的市场。短期借贷主要是为了解决企业临时性或季节性的资金周转需要。短期贷款多为信用贷款。

（2）短期债券市场。短期债券是指企业为筹集短期资金而发行的期限在一年以内的债券。我国发行短期债券的企业很少。

（3）票据承兑与贴现市场。目前主要是商业汇票的贴现市场。商业汇票持有者在票据到期日前需用资金时，可持票据到银行或其他金融机构申请贴现，取得货币资金。

（4）长期借贷市场。即取得长期贷款的市场。长期借贷主要是为了解决固定资产投资的需要。长期贷款多为抵押贷款。

（5）长期债券市场。长期债券是指企业为筹集长期资金而发行的期限在一年以上的债券。我国由于审批手续复杂，企业发行的债券基本上是3～10年的长期债券。

（6）股票市场。发行股票是股份公司筹集长期资金的重要手段。股票的发行市场称为一级市场，转让市场称为二级市场。目前我国已有1 600多家上市公司，其发行的股票可在上海、深圳两地的证券交易所进行交易。

（二）金融市场上利率的构成要素

利率是资金这种特殊商品的交易价格。利率对企业资金成本有很大影响，企业财务人员必须了解利率的构成，以准确预测利率的走势。

一般说来，金融市场上的利率可用下式表示：

利率＝纯粹利率＋通货膨胀附加率＋违约风险附加率＋流动性风险附加率＋到期风险附加率

（1）纯粹利率。是指无通货膨胀、无风险情况下的平均利率。在无通货膨胀时，国库券的利率可视为纯粹利率。纯粹利率受资金供求关系和国家宏观经济调控的影响。

（2）通货膨胀附加率。由于通货膨胀使货币贬值，投资者的真实收益率会下降。为了弥补通货膨胀造成的货币贬值，投资者要求的超过纯粹利率的部分称为通货膨胀附加率。我们看到，每次发行国库券的利息率随着短期通货膨胀率而发生变化，它等于纯粹利率加预期通货膨胀率。

（3）违约风险附加率。违约风险是指借款人未能按时支付利息和偿还本金的风险。违约风险越大，投资者要求的收益率越高。这种因违约风险的存在而使投资者多要求的收益率称为违约风险附加率。

（4）流动性风险附加率。流动性是指有价证券的变现能力。国库券和大公司的股票容易被投资者所接受，具有较强的变现能力，投资者急需资金时，可随时出售变现。而不知名公司的债券鲜为人知，变现比较困难。这种因证券的流动性不同而多要求的收益率称为流动性风险附加率。

（5）到期风险附加率。是指因到期时间长短不同而使投资者多要求的收益率。一般来说，到期时间越长，在此期间利率变化的可能性越大。如果利率上升，长期债券的价值就会下降，投资者会遭受损失。因此，到期风险附加率是对投资者承担利率变动风险的一种补偿。

（三）利率的期限结构

利率的期限结构是指利率的大小与期限的关系。正常情况下，长期利率高于短期利率，期限越长，利率越高。但有时也会出现反常情况，即长期利率低于短期利率，期限越长，利率越低。

决定利率的期限结构的理论主要有以下三种。

1. 市场分割理论

这种理论认为货币的供给方和需求方各有自己偏好的期限。对于货币的供给方，如果储蓄是为了未来孩子的教育或退休后的养老，则倾向于长期储蓄；如果储蓄是为了等待股市的机遇或准备节日旅游，则倾向于短期储蓄。对于货币的需求方，如果贷款是为了购置房屋、大型设备，则倾向于得到长期贷款；如果贷款是为了购买一批原材料或商品，则倾向于得到短期贷款。

由于货币供给和需求的相互作用，可能提供长期储蓄的少，而需要长期贷款的多，这样就会造成长期利率高，短期利率低；相反，如果提供长期储蓄的多，而需要长期贷款的少，需要短期贷款的多，就会造成长期利率低，短期利率高。因此，市场分割理论认为由供给、需求决定的不同期限的利率都是合理的，利率的期限结构不存在正常与反常的问题。

2. 期望值理论

这种理论认为，利率的期限结构取决于对未来通货膨胀率的期望值。如果预期未来几年通货膨胀率越来越高，则长期利率高于短期利率；相反，如果预期未来几年通货膨胀率越来越低，则长期利率低于短期利率。因此，期望值理论认为利率的期限结构不存在正常与反常的问题。

3. 流动性偏好理论

这种理论认为，货币的供给方出于交易性动机、预防性动机和投机性动机等原因偏好持有短期证券，以拥有更大的流动性。而货币的需求方则偏好于长期债务，以减轻偿债风险。因此，短期资金供应较多，而长期资金需求较多，造成长期利率高于短期利率。

三、经济环境

经济环境是指对企业进行财务活动有重要影响的一系列宏观经济因素。经济环境的好坏对企业的筹资、投资和利润分配等所有财务决策都会产生重要影响。宏观经济因素主要有以下四个方面。

（一）经济政策

政府具有调控宏观经济的职能。国民经济的发展规划、国家的产业政策、经济体制改革的措施、政府的行政法令等，对企业的财务活动有重大影响。国家制定的优惠，鼓动、限制某些经济活动的政策，企业财务人员必须认真研究领会，才能做出好的投资决策。

（二）经济发展状况

经济发展的速度与波动，对企业理财有重大影响。如在经济增长时期，企业要相应增加投资，扩大规模，充分分享经济增长给企业带来的利益，这时筹资规模也将扩大，财务人员必须及时配合这种资金需要；如在经济衰退时期，企业销售额下降，存货积压，资金周转出现困难，这时财务人员更应重视应收账款的管理，必要时可适当收缩规模，减少新的积压。

（三）通货膨胀

通货膨胀给企业理财带来很大困难。企业原材料、工资、水电等各种成本费用上升，筹资成本也将上升，但通货膨胀也会带来企业营业收入的增加。如果企业财务人员能预期未来的通货膨胀，及早采取一些主动措施来对付通货膨胀，如使用套期保值、签订长期购货或借款合同等，就会冲减通货膨胀给企业带来的不利影响。

（四）竞争

竞争广泛存在于市场经济中，任何企业都不能回避。竞争能促使企业用更好的方法来生产更好的产品或提供更好的服务，对经济发展起推动作用，因此竞争既是压力也是动力。为了在竞争中处于优势，企业应了解竞争对手，挖掘内部资源，重视研究与开发，重视创新能力的培养。

复习思考题

1. 什么是企业财务管理？它的研究对象是什么？
2. 简要论述企业资金运动存在的客观必然性。
3. 什么是企业的资金运动？它包括哪几个阶段？
4. 企业的财务关系主要有哪些？如何处理好企业与各方面的财务关系？
5. 企业的三种组织形式各有哪些特点和优缺点？
6. 企业财务管理的目标是什么？利润最大化与股东财富最大化的本质区别是什么？
7. 为什么股东与经营者、股东与债权人会产生冲突？如何协调他们的冲突？
8. 什么是企业的理财环境？研究企业的理财环境有何意义？

第二章

财务管理的价值观念

资金的时间价值和投资的风险价值是现代财务管理中两个重要的价值观念。在企业筹资、投资、利润分配中都要考虑资金的时间价值和投资的风险价值。这一章是以后各章学习的基础，只有掌握了它们的基本概念和有关计算方法以后，才能更好地理解它们在以后各章的具体应用。

第一节　资金的时间价值

一、资金时间价值的概念

在现实社会中，我们发现，如果将一笔资金存入银行或用于投资，一段时间以后，就可以获得利息或利润。这表明资金的价值随着时间的推移而不断发生变化。如将现在的 100 元存入银行，在银行年利率为 6％的情况下，一年后就是 106 元，这 6 元钱就是资金经过一年的存款后所增加的部分，也就是资金的时间价值。由此可见，资金的时间价值是指资金经历一段时间的投资和再投资所增加的价值。

资金的时间价值是客观存在的，因为资金的所有者不会将资金闲置，而总是将资金利用起来，或存入银行，或借出，或购买股票、债券，或投资实业，以获得利息、利润等投资收益。

企业将筹集的资金用于购建劳动资料和劳动对象，劳动者借以进行生产经营活动，从而实现价值转移和价值创造，带来价值的增值。所以，资金时间价值的实质，是资金周转使用后的增值额。只有在生产经营的周转使用中才能产生时间价值，显然，如果资金闲置不用，就不可能产生增值。

资金的时间价值可以用绝对数表示，也可以用相对数表示，但相对数的表示方式更为普遍，即增值额占原始投资额的百分率，例如前述资金的时间价值为 6％。

资金的时间价值从量上看，也就是在没有风险和没有通货膨胀条件下的社会平均资金利润率。由于竞争，市场经济中各部门、各行业的投资利润率趋于平均化，每个企业在投资某项目时，至少要取得社会平均的利润率，否则不如投资另外的项目。因此，资金的时间价值就成为企业资金利润率的最低限度，因而也是衡量企业经济效益好坏、考核企业经营成果高低的重要标准。

资金时间价值的存在，说明现在的 100 元与将来的 100 元在价值上是不相等的，在资金时间价值为 6% 的情况下，一年后的 106 元才与现在的 100 元是等价的。由于不同时间的资金价值不同，所以在进行价值大小对比时，必须将不同时间的资金折算为同一时间后才能进行大小的比较。

企业资金的投放时间与回收时间往往不同，在进行投资效果的分析中，必须将回收的资金折算为投放时的价值才能与投资额相比，确定该项投资是有利还是没利。

二、现金流量图

资金具有时间价值，在不同时间上的资金，其实际价值是不相等的。所以，一定数量的资金必须说明它发生的时间，才能确切表达其价值。为了简单明了地反映资金发生的时间、大小，常用一种现金流量图来表示（图 2-1）。

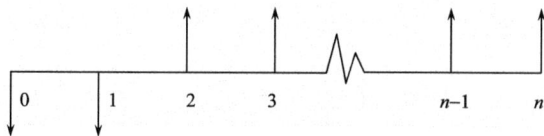

图 2-1　现金流量图

在现金流量图上，横轴表示一个从零开始到 n 的时间序列，轴上每一个刻度表示一个时间单位（或一个计息期）。时间单位通常以年表示，也可以半年、季、月等表示。零点表示时间序列的起点，当时间单位以年表示时，零点表示第一年年初的时点，$1 \sim n$ 是指该年年末的时点，同时也是下一年年初的时点。例如，1 表示第一年年末，也是第二年年初。相对于时间坐标的垂直线代表不同时点的现金流量情况，箭头向上表示现金流入，箭头向下表示现金流出。

在现金流量图上，有以下几个概念应明确。

（1）现值（记为 P）：资金发生在（或折算为）某一时间序列起点时的价值（图 2-2a）。

（2）终值（记为 F）：资金发生在（或折算为）某一时间序列终点时的价值（图 2-2b）。

（3）年金（记为 A）：发生在（或折算为）某一时间序列各期期末的等额资金序列的价值（图 2-2c）。

三、资金时间价值的计算

在企业财务管理中，要进行正确的投资决策或筹资决策，就必须弄清楚在不同时点上收到或付出的资金价值之间的数量关系，掌握各种终值、现值、年金之间的折算方法。在折算过程中，运用的折现率可以是银行存款利率、贷款利率、各种债券利

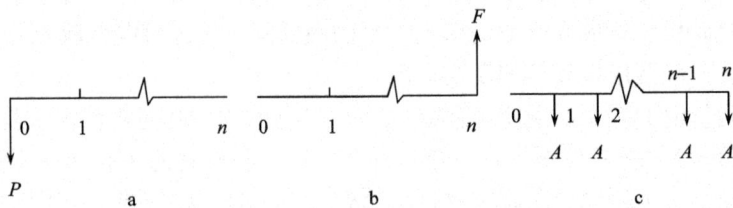

图 2-2

率、股票的股利率、投资者要求的收益率、资金成本率等，虽然这些与用相对数表示的资金时间价值有一定的区别，但在折算时与按资金时间价值折算的方法完全一样。

虽然资金时间价值是指在没有风险和没有通货膨胀条件下的社会平均资金利润率，但由于资金随时间的增长过程与利息的增值过程在数学上相似，因此在折算时广泛采用利息计算的各种方法。为了方便起见，假定资金的流出和流入都是在某一计息期末发生。

（一）单利的计算

所谓单利，就是只有本金能带来利息，不管时间多长，所生利息均不加入本金重复计算利息。

1. 单利终值的计算

如果某人年初存入一笔资金 P，当银行年利率为 i 时，求 n 年后的本利和 F，就是单利终值的计算。

单利终值的计算公式

$$F = P + P \times i \times n = P \times (1 + i \times n)$$

例 2-1 某人年初购买国库券 1 000 元，当年利率为 8% 时，5 年后的本利和为

$$F = 1\,000 + 1\,000 \times 8\% \times 5 = 1\,400(元)$$

2. 单利现值的计算

反过来，如果期望 n 年后要得到一笔资金 F，当年利率为 i 时，求现在应存入的资金 P，就是单利现值的计算。

单利现值的计算公式

$$P = \frac{F}{1 + i \times n}$$

例 2-2 某人希望三年后要得到本利和 1 180 元，当年利率为 6% 时，现在应存入的金额为

$$P = \frac{1\,180}{1 + 6\% \times 3} = 1\,000(元)$$

（二）复利的计算

所谓复利，就是不仅本金要计算利息，而且所生的利息在下期也要加入本金一起计算利息，即通常所说的"利滚利"。

在企业投资活动中，投资所产生的利润除分配一部分给投资者外，往往会再投入到生产经营活动中，即企业的投资与再投资应按复利考虑。

1. 复利终值的计算

将一笔资金 P，存入年利率为 i 的银行，如果每年计息一次，则 n 年后的本利和就是复利终值。其现金流量图见图 2-3。

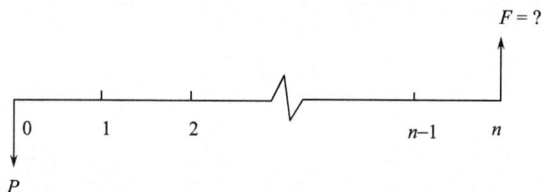

图 2-3　复利终值

1 年后的终值

$$F_1 = P + P \times i = P \times (1+i)$$

2 年后的终值

$$F_2 = F_1 + F_1 \times i = F_1 \times (1+i) = P \times (1+i)^2$$

由此可推出 n 年后复利终值的计算公式

$$F = P \times (1+i)^n$$

例 2-3　现在将 1 000 元存入银行，年利率为 8%，每年计息一次时，问 5 年后的本利和应为多少？

例中，已知 $P = 1\,000$，$i = 8\%$，$n = 5$，求 $F = ?$

$$F = 1\,000 \times (1 + 8\%)^5 = 1\,469(元)$$

由计算结果可看出，按复利计算的终值比按单利计算的终值要多 69 元，这也就是利滚利的结果。

为了计算的方便，通常将 $(1+i)^n$ 根据不同的 i 和 n 编成一张表，叫复利终值系数表（附录一），它表示 1 元现值在一个计息期利率为 i、计息期为 n 时的终值。$(1+i)^n$ 叫复利终值系数，记作 $(F/P, i, n)$，这样，$F = P \times (F/P, i, n)$。如上例，通过查表可知 $(F/P, 8\%, 5) = 1.469$，因此 $F = 1\,000 \times (F/P, 8\%, 5) = 1\,000 \times 1.469 = 1\,469$ 元。

从复利终值系数表中，我们发现复利终值系数都大于 1，即 $(F/P, i, n) > 1$，且随着 i 和 n 的增加而增大。这是因为利率 i 总是大于 0，本利和除包括本金 P 外，

还包括 n 期内的利息，即在 i 大于 0 的情况下，终值总是大于现值。

2. 复利现值的计算

如果要将 n 年后的一笔资金 F，按年利率 i 折算为现在的价值，这就是复利现值。由终值求现值，也叫折现或贴现，在折现时所用的利息率也叫折现率。其现金流量图见图 2-4。

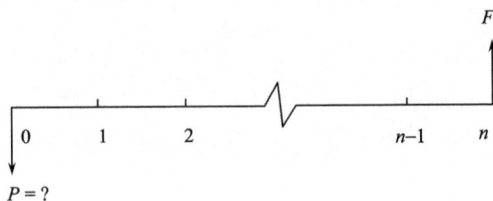

$$F$$

```
 0    1    2         n-1    n
```

$$P=?$$

图 2-4　复利现值

复利现值是复利终值的逆运算，由复利终值的计算公式可得复利现值的计算公式

$$P = \frac{F}{(1+i)^n} = F \times (1+i)^{-n}$$

例 2-4　某企业 5 年后需要 100 万元用于技术改造，当银行年利率为 6% 时，问企业现在应存入银行多少资金？

例中，已知 $F=100$，$i=6\%$，$n=5$，求 $P=?$

$$P = F \times (1+i)^{-n} = 100 \times (1+6\%)^{-5} = 74.7(万元)$$

为了计算的方便，通常将 $(1+i)^{-n}$ 根据不同的 i 和 n 编成一个表，叫复利现值系数表（附录二），它表示 n 期后的 1 元终值在一个计息期利率为 i 时的现值。$(1+i)^{-n}$ 叫复利现值系数，记作 $(P/F, i, n)$，这样，$P = F \times (P/F, i, n)$。如上例，通过查表可知 $(P/F, 6\%, 5) = 0.747$，因此 $P = 100 \times (P/F, 6\%, 5) = 100 \times 0.747 = 74.7$ 万元。

复利现值系数与复利终值系数是互为倒数的关系，即

$$(P/F, i, n) = (F/P, i, n)^{-1}$$

从复利现值系数表中，我们发现复利现值系数都小于 1，即：$(P/F, i, n) < 1$，且随着 i 和 n 的增加而变小。

上述复利终值和复利现值的计算公式中，都涉及四个变量，即 P，F，i，n。如果已知四个变量中的任何三个，就可求出第四个变量。

例 2-5　某公司签订一份合同，按规定目前要支出现金 15 000 元，3 年后可收入现金 20 000 元，问该合同的投资收益率是多少？

例中，已知 $P=15\,000$，$F=20\,000$，$n=3$，求 $i=?$

由

$$F = P \times (1+i)^n$$

可得

$$20\ 000 = 15\ 000 \times (1+i)^3$$
$$i \approx 10\%$$

我们也可利用复利终值系数表或复利现值系数表来求 i。

因为

$$F = P \times (F/P, i, n)$$

即

$$20\ 000 = 15\ 000 \times (F/P, i, 3)$$

这样可得复利终值系数

$$(F/P, i, 3) = 20\ 000/15\ 000 = 1.333$$

然后查复利终值系数表，n 为 3、系数为 1.333 时所对应的 i 就是我们要求的，即 $i = 10\%$。

例 2-6　某人在银行存入 1 000 元，年利率为 7%，他期望最终得到 1 500 元，问应存入多少年？

例中，已知 $P = 1\ 000$，$i = 7\%$，$F = 1\ 500$，求 $n = ?$

由

$$F = P \times (1+i)^n$$

可得

$$1\ 500 = 1\ 000 \times (1 + 7\%)^n$$
$$n \approx 6(年)$$

我们也可利用复利终值系数表或复利现值系数表来求 n。

因为

$$F = P \times (F/P, i, n)$$

即

$$1\ 500 = 1\ 000 \times (F/P, 7\%, n)$$

这样可得复利终值系数

$$(F/P, 7\%, n) = 1\ 500/1\ 000 = 1.5$$

然后查复利终值系数表，i 为 7%、系数为 1.5 时所对应的 n 就是我们要求的，即 $n \approx$ 6 年。

3. 名义利率与实际利率

利率通常是指年利率，但复利的计息期不一定总是以年为单位，有可能以半年、季、月为计息单位，我们往往把给出的年利率叫做名义利率，而把相当于一年复利一次的利率叫实际利率。当利息在一年内要复利 n 次时，实际利率一定会大于名义利率。

例 2-7 某人存入银行 1 000 元，年利率为 8%，每季复利一次，问实际利率为多少？

例中，名义利率为 8%，由于每季复利一次，即季度利率＝8%/4＝2%，一年要复利 4 次，则

$$一年后的本利和＝1\ 000×(1＋2\%)^4$$
$$＝1\ 000×1.082\ 4＝1\ 082.40(元)$$

这个本利和相当于一年只复利一次的利率 i，这个 i 就是实际利率，即

$$1\ 000×(1＋i)＝1\ 082.40$$
$$i＝8.24\%$$

也就是说，年利率为 8%、每季复利一次与年利率为 8.24%、一年复利一次的效果是等同的。

设名义利率为 r，一年复利 m 次，实际利率为 i，则实际利率与名义利率之间的关系是

$$(1＋i)＝(1＋\frac{r}{m})^m$$

即

$$i＝(1＋\frac{r}{m})^m－1$$

（三）年金的计算

在企业的收付款项中，有不少是采取年金的形式，如折旧、租金、利息等。如果等额收付款项发生在每期期末，称为后付年金或普通年金；如果等额收付款项发生在每期期初，称为先付年金或预付年金；如果等额收付款项要延长若干期以后再发生，称为递延年金；如果等额收付款项无限期连续发生，称为永续年金。这里我们主要以普通年金的终值和现值的计算加以说明，其他年金的计算可由此推出。

1. 年金终值的计算

如果从现在开始，每期末等额存入银行一笔资金 A（A 称为年金），连续存入 n 期，n 期末的终值总和就是普通年金的终值。其现金流量图见图 2-5。

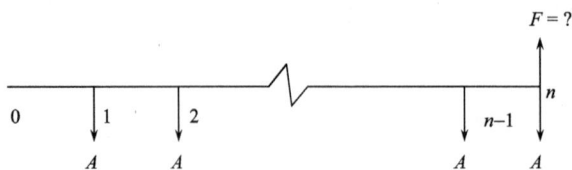

图 2-5 年金终值

为了求 F，可利用复利终值的计算公式，将每期末的 A 复利到第 n 期末，然后

再相加，即

$$F = A + A(1+i) + \cdots + A(1+i)^{n-2} + A(1+i)^{n-1} \tag{2-1}$$

将 (2-1) 式两边同乘以 (1+i)，得

$$(1+i)F = A(1+i) + A(1+i)^2 + \cdots + A(1+i)^{n-1} + A(1+i)^n \tag{2-2}$$

然后将 (2-2) 式减 (2-1) 式，左边减左边，右边减右边，得

$$iF = A(1+i)^n - A$$

这样可得到年金终值的计算公式

$$F = A\frac{(1+i)^n - 1}{i}$$

例 2-8 某人每年末存入银行 1 000 元，当年利率为 8%，每年计息一次时，问 5 年后的银行存款总和为多少？

例中，已知 $A = 1\,000$，$i = 8\%$，$n = 5$，求 $F = ?$

$$F = 1\,000 \times \frac{(1+8\%)^5 - 1}{8\%} = 5\,867(元)$$

为了计算的方便，通常将 $\frac{(1+i)^n - 1}{i}$ 根据不同的 i 和 n 编成一张表，叫年金终值系数表（附录三），它表示 n 期内每期末发生 1 元，在一个计息期利率为 i 时，n 期后的终值。$\frac{(1+i)^n - 1}{i}$ 叫年金终值系数，记作 $(F/A, i, n)$，这样，$F = A \times (F/A, i, n)$。如上例，通过查表可知 $(F/A, 8\%, 5) = 5.867$，因此 $F = 1\,000 \times (F/A, 8\%, 5) = 1\,000 \times 5.867 = 5\,867$ 元。

从年金终值系数表中，我们发现期数为 n 时的年金终值系数都会大于或等于 n，即 $(F/A, i, n) \geqslant n$（当 $n = 1$ 时等号成立）。这是因为 n 期中有 n 个 A 发生，将每个 A 复利到第 n 期末后得到的值都会比 A 大，因此 n 个 A 的终值之和必定大于 $A \times n$，即年金终值系数都会大于 n，且随着 i，n 的增加而增大。

在年金终值的计算中，涉及变量有四个，即 A，F，i，n。如果已知四个变量中的任何三个，就可求出第四个变量。

例 2-9 某企业 5 年后需要 100 万元用于技术改造，当银行年利率为 6% 时，问企业每年末应存入银行多少资金？

例中，已知 $F = 100$，$n = 5$，$i = 6\%$，求 $A = ?$

由

$$F = A \times (F/A, i, n)$$

可得

$$A = \frac{F}{(F/A, i, n)} = \frac{100}{(F/A, 6\%, 5)}$$

查表得

$$(F/A, 6\%, 5) = 5.637$$

因此有

$$A = \frac{100}{5.637} = 17.74(万元)$$

也就是企业每年末应存入银行 17.74 万元。

例 2-10　某人希望筹集 50 万元购买一套商品房，从现在起每年末向银行存入 5 万元，银行年利率为 8%，问应连续存入多少年？

例中，已知 $F=50$，$A=5$，$i=8\%$，求 $n=?$

由

$$F = A \times (F/A, i, n)$$

代入数据后得

$$50 = 5 \times (F/A, 8\%, n)$$

即

$$(F/A, 8\%, n) = 10$$

查表得

$$(F/A, 8\%, 7) = 8.923, (F/A, 8\%, 8) = 10.637$$

可知 n 应在 7～8 年。

如果是预付年金求终值，可先将预付年金换算成普通年金，即

普通年金＝预付年金×（1＋i）

然后再按普通年金求终值的计算公式，即得预付年金终值的计算公式

$$F = A \times (1+i) \times \frac{(1+i)^n - 1}{i} = A \times \left[\frac{(1+i)^{n+1} - 1}{i} - 1 \right]$$

$$= A \times [(F/A, i, n+1) - 1]$$

即预付年金终值可利用普通年金终值系数表 $n+1$ 期的值减去 1 后得出。

例 2-11　某人每年初存入银行 1 000 元，当年利率为 8%，每年计息一次时，问 5 年后的银行存款总和为多少？

例中，已知预付年金为 1 000 元，$i=8\%$，$n=5$，求 $F=?$

$$F = 1\,000 \times [(F/A, 8\%, 6) - 1] = 1\,000 \times (7.336 - 1)$$

$$= 6\,336(元)$$

如果是递延年金，其终值与递延期无关，故计算方法和普通年金终值相同；如果是永续年金，由于没有终止的时间，因此也就没有终值。

2. 年金现值的计算

如果从现在开始，每期末等额取出一笔资金 A，连续 n 期，现在应存入的资金就是普通年金的现值。其现金流量图见图 2-6。

为了求 P，可利用复利现值的计算公式，将每期末的 A 折成现值，然后再相加，即

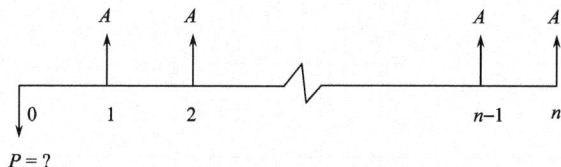

图 2-6　年金现值

$$P = A(1+i)^{-1} + A(1+i)^{-2} + \cdots + A(1+i)^{-(n-1)} + A(1+i)^{-n} \qquad (2\text{-}3)$$

将（2-3）式两边同乘以（1＋i），得

$$(1+i)P = A + A(1+i)^{-1} + \cdots + A(1+i)^{-(n-2)} + A(1+i)^{-(n-1)} \qquad (2\text{-}4)$$

然后将（2-4）式减（2-3）式，左边减左边，右边减右边，得

$$iP = A - A(1+i)^{-n}$$

这样可得到年金现值的计算公式

$$P = A\frac{1-(1+i)^{-n}}{i}$$

例 2-12　某人希望连续 8 年每年末取出 1 200 元交房租，当年利率为 6％，每年计息一次时，问现在应存入银行多少？

例中，已知 $n=8$，$A=1\,200$，$i=6\%$，求 $P=?$

$$P = 1\,200 \times \frac{1-(1+6\%)^{-8}}{6\%} = 7\,452(\text{元})$$

为了计算的方便，通常将 $\dfrac{1-(1+i)^{-n}}{i}$ 根据不同的 i 和 n 编成一张表，叫年金现值系数表（附录四），它表示 n 期内每期末发生 1 元，在一个计息期利率为 i 时的现值。$\dfrac{1-(1+i)^{-n}}{i}$ 叫年金现值系数，记作 $(P/A,i,n)$，这样，$P=A\times(P/A,i,n)$。如上例，通过查表可知 $(P/A,6\%,8)=6.210$，因此 $P=1\,200\times(P/A,6\%,8)=1\,200\times6.210=7\,452$ 元。

从年金现值系数表中，我们发现期数为 n 时的年金现值系数都会小于 n，即 $(P/A,i,n)<n$。这是因为 n 期中有 n 个 A 发生，将每个 A 折成现值都会比 A 小，因此 n 个 A 的现值之和必定小于 $A\times n$，即年金现值系数都会小于 n，且随着 i 的增加而变小，随着 n 的增加而增大。

在年金现值的计算中，涉及变量有四个，即 A，P，i，n。如果已知四个变量中的任何三个，就可求出第四个变量。

例 2-13　某企业有一个投资项目，初始投资 100 万元，企业要求的投资收益率为 12％，项目的有效期为 5 年，问每年至少要收回多少，项目才可行？

例中，已知 $P=100$，$i=12\%$，$n=5$，求 $A=?$

由

$$P = A \times (P/A,i,n)$$

027

可得

$$A = \frac{P}{(P/A, i, n)} = \frac{100}{(P/A, 12\%, 5)}$$

查表得

$$(P/A, 12\%, 5) = 3.605$$

因此有

$$A = \frac{100}{3.605} = 27.74(万元)$$

也就是平均每年至少要收回 27.74 万元，该项目经济上才可行。

例 2-14 某企业初始投资 100 万元，有效期 8 年，每年末收回 20 万元，问该项目的投资收益率为多少？

例中，已知 $P=100$，$n=8$，$A=20$，求 $i=$?

由

$$P = A \times (P/A, i, n)$$

代入数据后得

$$100 = 20 \times (P/A, i, 8)$$

即

$$(P/A, i, 8) = 5$$

查表得

$$(P/A, 11\%, 8) = 5.146, (P/A, 12\%, 8) = 4.968$$

可知 i 应在 $11\% \sim 12\%$。

可用插值法求出 i，见图 2-7。

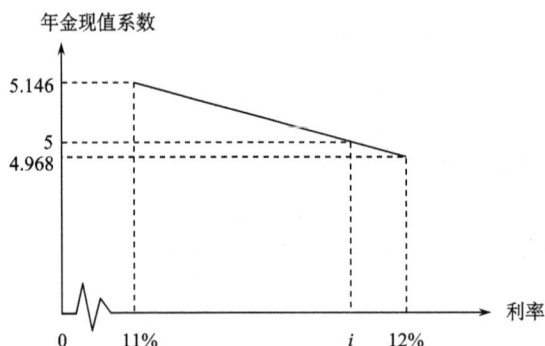

图 2-7 插值法计算 i

利用相似三角形对应边成比例的关系，得

$$\frac{12\% - i}{12\% - 11\%} = \frac{5 - 4.968}{5.146 - 4.968}$$

求出

$$i = 12\% - \frac{0.032}{0.178} \times (12\% - 11\%)$$

$$= 12\% - 0.18\%$$

$$= 11.82\%$$

如果是预付年金求现值，可先将预付年金换算成普通年金，即

普通年金 ＝ 预付年金 $\times (1+i)$

然后再按普通年金求现值的计算公式，即得预付年金现值的计算公式

$$P = A \times (1+i) \times \frac{1-(1+i)^{-n}}{i}$$

$$= A \times [\frac{1-(1+i)^{-(n-1)}}{i} + 1]$$

$$= A \times [(P/A, i, n-1) + 1]$$

即预付年金现值可利用普通年金现值系数表 $n-1$ 期的值加上 1 后得出。

例 2-15　某企业贷款购买大型设备，约定采用 5 年分期付款方式，每年初付 10 万元，设银行贷款利率为 10%，问该项分期付款相当于一次性付款的购价是多少？

例中，已知预付年金为 10 万元，$i=10\%$，$n=5$，求 $P=?$

$$P = 10 \times [(P/A, 10\%, 4) + 1] = 10 \times (3.170 + 1)$$

$$= 41.70(万元)$$

由于分期付款相当于一次性付款的购价是 41.70 万元，也即只要一次性付款的购价大于 41.70 万元，采用分期付款对企业就是有利的。

如果是递延年金，其现值与递延期有关。设第一个年金递延 m 期发生，即在第 $m+1$ 期末才发生，连续发生 n 期，即最后一个年金是在第 $m+n$ 期末发生，其现金流量图见图 2-8。

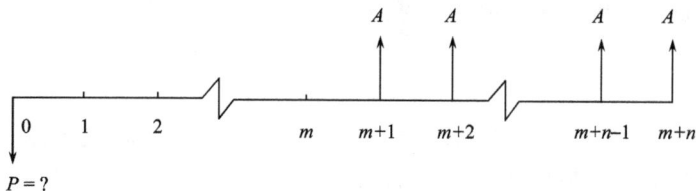

图 2-8　递延年金现值

递延年金现值的计算可以采用以下两种方法：第一种方法是先将 n 个年金按普通年金求现值的计算方法折算成 m 期末的值，然后再按复利现值的计算方法将 m 期末的值折算成现值，即

$$P = A \times (P/A, i, n) \times (P/F, i, m)$$

第二种方法是将第 1 至第 m 期末都虚加一个年金，这样就变成 $m+n$ 期普通年金的情况，虚加的年金是 m 期普通年金的情况，将它们分别折成现值后再相减，即

$$P = A \times (P/A, i, m+n) - A \times (P/A, i, m)$$

例 2-16 某企业投资一个项目，两年后才能发挥效益，有效期 8 年，预计每年收益 200 万元，企业要求的投资收益率为 12%，问该项目初始投资小于多少时才可行？

例中，已知 $A = 200$，$m = 2$，$n = 8$，$i = 12\%$，求 $P = ?$

其现金流量图见图 2-9。

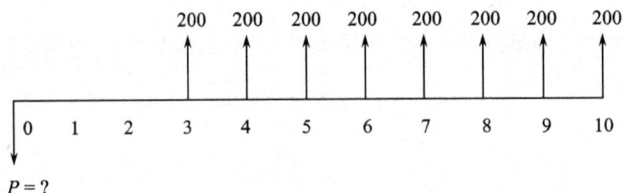

图 2-9 递延年金现值的计算

按第一种方法

$$P = 200 \times (P/A, 12\%, 8) \times (P/F, 12\%, 2)$$
$$= 200 \times 4.968 \times 0.797$$
$$= 792 (万元)$$

按第二种方法

$$P = 200 \times (P/A, 12\%, 10) - 200 \times (P/A, 12\%, 2)$$
$$= 200 \times 5.650 - 200 \times 1.690$$
$$= 792 (万元)$$

也就是说，该项目初始投资额小于 792 万元时，该项目经济上才可行。

如果是永续年金求现值，可利用普通年金现值的计算公式。因为当 $n \to \infty$ 时，$(1+i)^{-n} \to 0$，因此，永续年金现值的计算公式

$$P = \lim_{n \to \infty} A \frac{1 - (1+i)^{-n}}{i} = \frac{A}{i}$$

例 2-17 某大学拟设立一项永久性奖学金，每年计划颁发 12 000 元奖学金。若银行存款利率为 6%，问现在应存入银行多少钱？

例中，已知 $n \to \infty$，$A = 12\ 000$，$i = 6\%$，求 $P = ?$

$$P = \frac{A}{i} = \frac{12\ 000}{6\%} = 200\ 000 (元)$$

在利用复利终值系数表、复利现值系数表、年金终值系数表、年金现值系数表时要注意以下几个问题。

(1) i，n 和 A 的时间要对应。i 是一个计息期的利率，n 是多少个计息期，A 是每期发生额。如果 i 是年利率，n 应是多少年，A 应是每年发生额；如果 i 是月利率，n 应是多少个月，A 应是每月发生额。总之，i，n，A 的时间单位要一致。

(2) P 是发生在一个时间序列的第一期期初，F 是发生在一个时间序列的第 n 期

期末。

（3）当一个时间序列中既有 A 又有 F 时，最后一个 A 与 F 是同时发生的。

（4）当一个时间序列中既有 A 又有 P 时，P 是在第一个 A 的前一期发生的。

如果计息期的时间与利率的时间不一致，或现金流量的分布与以上所说的不同，则须经过调整后，才能套用附表中的各种系数。

例 2-18 某人现在存入银行 10 000 元，年利率为 8%，每季计息一次，问 5 年后的本利和是多少？

由于 8% 是年利率，而计息期是季度，两者时间单位不一致，应将年利率调整为季度利率。

例中，已知 $P=10\ 000$，$i=8\%/4=2\%$，$n=5\times 4=20$，求 $F=?$

$$F = 10\ 000 \times (F/P, 2\%, 20)$$
$$= 10\ 000 \times 1.486$$
$$= 14\ 860(元)$$

例 2-19 某企业基建三年，每年初向银行贷款 100 万元，年利率为 10%，银行要求建成投产后三年还款，问企业到时应偿还多少？

首先画出该企业的现金流量图，见图 2-10。

031

为了求出投产后三年即第六年末要偿还的金额，可先利用年金求终值的公式得出第二年末时应偿还的金额，然后再将第二年末的值复利到第六年末，即

$$F = 100 \times (F/A, 10\%, 3) \times (F/P, 10\%, 4)$$
$$= 100 \times 3.31 \times 1.464$$
$$= 484.6(万元)$$

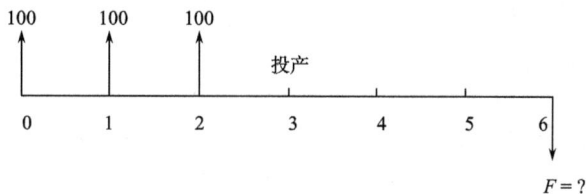

图 2-10　借款一次偿还

另外，也可将每年的现金流量分别复利到第六年末，然后再相加，即

$$F = 100 \times (F/P, 10\%, 6) + 100 \times (F/P, 10\%, 5)$$
$$+ 100 \times (F/P, 10\%, 4)$$
$$= 100 \times 1.772 + 100 \times 1.610 + 100 \times 1.464$$
$$= 484.6(万元)$$

这种方法特别适用于每年现金流量不相等时计算终值或现值的情况。

如果银行要求企业投产二年后分三年偿还，问企业平均每年应偿还多少？

这种情况下的现金流量图见图 2-11。

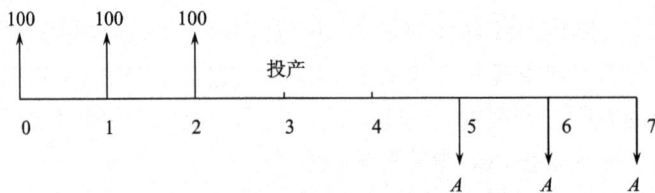

图 2-11　借款分期等额偿还

为了求 A，首先要求出第一个 A 前面一年（即第四年末）应偿还的金额，然后再利用年金现值的计算公式求 A，即

$$A = \frac{100 \times (F/A, 10\%, 3) \times (F/P, 10\%, 2)}{(P/A, 10\%, 3)}$$

$$= \frac{100 \times 3.31 \times 1.21}{2.487}$$

$$= 161.05 (万元)$$

第二节　投资的风险价值

资金的时间价值是在没有风险和没有通货膨胀条件下的社会平均资金利润率。在企业财务活动中，完全没有风险的投资几乎是不存在的，只是风险大小不同而已。风险是客观存在的，企业如何估计和计量风险、分散和降低风险，使企业能利用风险所带来的机会增加股东的收益，是财务管理需要研究的问题之一。

一、风险的概念及分类

（一）风险的概念

风险是指在一定条件下和一定时期内可能发生的各种结果的变动程度。当各种可能结果的变动程度大，风险也越大；而各种可能的结果变动程度小，风险也越小。

如果一种行动方案未来有多种可能的结果，称为这种行动方案有风险；如果一种行动方案未来只有一种结果出现，称为这种行动方案没有风险。

在投资决策中，往往根据决策所处的条件，将决策分成三种类型，即确定型决策、风险型决策和不确定型决策。确定型决策是指一种方案未来出现的结果是确定的。如将资金存入银行，则可获得 2.25％ 的利息率；如果投资某种国库券，则可获得 3.37％ 的利息率。由于未来的收益是确定的，投资者较易决策。风险型决策是指一种方案未来有多种结果出现，但每种结果出现的概率是已知的。如企业投资生产一种产品，如果销路好，收益率可达 30％；如果销路一般，收益率为 10％；如果销路差，收益率为 －10％。根据市场调查的资料分析，认为该种产品销路好的概率为 50％，销路一般的概率为 30％，销路差的概率为 20％，这就是风险型决策。不确定型决策是指一种方案未来有多种结果出现，但每种结果出现的概率是不知道的。如企业开发一种新产品，如果开发成功，可获80％的收益率；但如果开发失败，则获得－100％的收益率。至于新产品开发成功的概率有多大，事先无法知道，这就是不确定型决策。

风险型决策与不确定型决策虽然从定义上是有区别的，但实际上，风险型决策中各种可能结果出现的概率也并非是完全肯定的，不确定型决策中各种可能结果出现的概率也可以根据决策者个人的主观判断加以估计。因此，企业财务管理中往往将风险型和不确定型问题都视为风险型来对待。这时风险就理解为可测定概率的不确定性。概率的测定有两种：一种是客观概率，是指根据大量历史的实际数据推算出来的概率；另一种是主观概率，是在没有大量实际资料的情况下，人们根据有限资料和经验合理估计的。

风险可能给投资者带来超出预期的收益，也可能带来超过预期的损失。由于投资者关注损失的程度比关注收益的程度要强烈得多，故对风险的研究更多地是为了减少损失。因此，通常风险是指它不利的一面，从财务的角度来说，风险主要指无法达到预期收益的可能性。

（二）风险的类别

不同类别的风险具有不同的特征，其具体的风险控制方法也不同。因此，在研究风险管理时有必要对各种风险从不同角度加以分类。

1. 从个别投资主体的角度看，风险分为市场风险和公司特有风险

市场风险是指那些影响所有投资对象的因素引起的风险，如通货膨胀、高利率、经济衰退、国家政变、战争等。这类风险涉及的是企业所处的宏观环境，所有企业都受其影响，是企业无法控制的因素。这类风险，无论投资哪家企业都无法避免，不能通过有效的投资组合加以分散，因此也称为不可分散风险或系统风险。

公司特有风险是指发生于个别公司的特有事件造成的风险，如公司新产品开发失败、诉讼失败、工厂失火、员工罢工、设备事故等。这类风险涉及的是企业所处的微观环境，并非所有企业都会发生，是企业能够控制的因素。这类风险，对某家企业来说是不利因素，而对另一家企业来说则是有利因素。如诉讼失败，对失败一方是不利的，对胜诉一方则是有利的。因此，这类风险可通过有效的投资组合加以分散，也称为可分散风险或非系统风险。

2. 从企业本身的角度看，风险分为经营风险和财务风险

经营风险是指企业因经营上的原因而导致利润变动的风险，也称商业风险。从利润的构成因素可看出，影响经营风险的因素有产品销售量、销售价格、产品生产成本等。这些因素，企业可以对其产生影响，但不能完全控制，如产品销售量、销售价格，既取决于整个市场的需求量、竞争对手的情况，也与企业本身产品的质量、成本、推销努力的程度等有关；产品生产成本，既与原材料供应的价格有关，也与企业生产技术、工人和机器的效率有关。经营风险是普遍存在的，企业应通过加强市场调查、努力提高自身素质方面来降低经营风险。

财务风险是指因借款而增加的风险，是筹资决策带来的风险，也叫筹资风险。财务风险主要表现为两个方面：一是因借款而产生的丧失偿债能力的可能性；二是因借款而使企业所有者收益下降的可能性。企业负债经营会增加财务风险，但这并不意味着企业就不应借款，因为负债经营虽然能增加风险，但如果经营得当，也能给所有者带来额外的收益。

二、风险程度的衡量

风险的大小与未来各种可能结果变动程度的大小有关。因此，对风险程度的衡量，需要使用概率和数理统计方法。

（一）概率（P）

如果某一事件在相同的条件下可能发生也可能不发生，这类事件称为随机事件。概率是用百分数或小数反映的各个随机变量发生的可能性大小的数值。概率必须满足以下两个条件：

$$0 \leqslant P_i \leqslant 1 \quad (i = 1, 2, \cdots)$$

$$\sum_{i=1}^{n} P_i = 1$$

也就是说，①每个随机变量发生的概率最小为 0，最大为 1，概率越大就表示该事件发生的可能性越大，如果某一事件肯定会发生，则概率为 1；如果某一事件不可能发生，则概率为 0。②随机变量各种可能发生的概率之和必等于 1，即将全部可能发生的情况包括在内，应是必然的结果。

例 2-20 某企业投资一新产品，对未来市场的销路情况只能估计为好、一般、差三种。根据资料预测，有关的概率及收益率的情况见表 2-1。

表 2-1 某企业新产品销路的概率及收益率表

销路情况	概 率	收益率/%
好	0.5	30
一般	0.3	10
差	0.2	−10

表 2-1 说明，未来销路好的可能性有 0.5，在销路好时收益率可达 30%；销路一般的可能性有 0.3，在销路一般时收益率只能是 10%；销路差的可能性有 0.2，在销路差时收益率却为 −10%。

（二）期望值（$\overline{E}$）

期望值是随机变量的各个取值以其相应的概率为权数的加权平均数，它反映随机变量取值的平均化。

设某个随机变量有 n 个可能的取值，其值分别为 X_1，X_2，$\cdots$，X_n，其相应的概率分别为 P_1，P_2，$\cdots$，P_n，则

$$\overline{E} = X_1 P_1 + X_2 P_2 + \cdots + X_n P_n$$

$$= \sum_{i=1}^{n} X_i P_i$$

如上例，投资收益率的期望值

$$\overline{E} = 30\% \times 0.5 + 10\% \times 0.3 + (-10\%) \times 0.2 = 16\%$$

（三）方差 (σ^2)、标准差 (σ) 和离差率 (V)

期望值只能反映随机变量的加权平均值，不能反映随机变量的离散程度，因此还需利用方差、标准差、离差率等来反映投资的风险。

$$方差(\sigma^2) = \sum_{i=1}^{n} (X_i - \overline{E})^2 \times P_i$$

$$标准差(\sigma) = \sqrt{\sigma^2} = \sqrt{\sum_{i=1}^{n} (X_i - \overline{E})^2 \times P_i}$$

$$离差率(V) = \frac{\sigma}{\overline{E}}$$

如上例，则

$$方差(\sigma^2) = (30\% - 16\%)^2 \times 0.5 + (10\% - 16\%)^2$$
$$\times 0.3 + (-10\% - 16\%)^2 \times 0.2$$
$$= 2.44 \times 10^{-2}$$

$$标准差(\sigma) = \sqrt{\sigma^2} = \sqrt{2.44 \times 10^{-2}} = 15.62\%$$

$$离差率(V) = \frac{\sigma}{\overline{E}} = \frac{15.62\%}{16\%} = 0.98$$

方差和标准差都是用来表示随机变量与期望值之间离散程度的指标。在期望值相同的情况下，方差、标准差越大，表明各种可能结果的数值距离期望值越远，则期望值的代表性越差，风险越大；方差、标准差越小，表明各种可能结果的数值距离期望值越近，则期望值的代表性越强，风险越小。在期望值不同的情况下，应该使用离差率指标来衡量风险：离差率越大，风险越大；离差率越小，风险越小。

（四）正态分布

概率分布有两种类型：一种是离散型的概率分布，即随机变量只取有限个值，并且对应于这些值有确定的概率，如前面列举的销路情况只有三种就是离散型分布；另一种是连续型的概率分布，即随机变量有无数可能的情况出现，并且对每种情况都赋予一个概率。连续型概率分布中，正态分布是运用最多的一种分布。按照统计学的理论，不论总体分布是正态或非正态，当样本很大时，其样本平均数都呈正态分布。一

一般来说，如果被研究的量受彼此独立的大量偶然因素的影响，并且每个因素在总的影响中只占很小部分，那么这个总影响所引起的数量上的变化，就近似服从于正态分布，所以正态分布在统计上被广泛使用。

正态分布曲线见图 2-12。

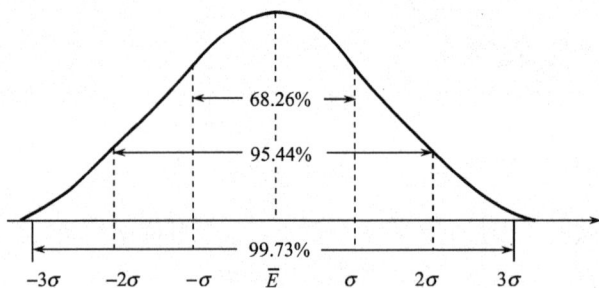

图 2-12 正态分布曲线图

正态分布具有以下特点。

（1）曲线关于 $X = \bar{E}$ 对称。

（2）当随机变量等于期望值 $\bar{E}$ 时，曲线处于最高点。且离期望值越近，概率越大；离期望值越远，概率越小，呈现钟形。

（3）曲线与横坐标所围成的面积等于 1，表示所有可能的结果都落在此面积内。

根据统计学的原理，在概率分布为正态分布的情况下，随机变量出现在期望值左右一个标准差范围内的概率有 68.26%，出现在期望值左右两个标准差范围内的概率有 95.44%，出现在期望值左右三个标准差范围内的概率有 99.73%，如图 2-12 所示。

假设前例所述某企业投资的收益率符合正态分布，期望值为 16%，标准差为 15.62%，为此可计算出该投资项目盈利的概率，即收益率在 0～∞部分的面积。首先计算 0～16%的面积，该区间相当于 16%/15.62%＝1.02 个标准差，根据正态分布曲线面积表（附录五），在期望值左或右 1.02 个标准差所对应的面积是 0.346 1。由于正态分布曲线与横坐标围成的面积等于 1，且在期望值左右是对称的，因此 16%～∞的部分占总面积的一半，即该投资项目盈利的概率等于 0.346 1＋0.5＝0.846 1。

另外，也可计算出该投资项目收益率在 20%以上的概率，即收益率在 20%～∞部分的面积。首先计算 16%～20%的面积，该区间相当于 $\frac{20\% - 16\%}{15.62\%} = 0.26$ 个标准差，根据正态分布曲线面积表，在期望值左或右 0.26 个标准差所对应的面积是 0.102 6，因此该投资项目收益率在 20%以上的概率等于 0.5－0.102 6＝ 0.397 4。

三、风险和收益率的关系

投资的风险收益是指投资者由于冒风险进行投资而获得的额外收益，又称投资风险报酬、投资风险价值。

由于市场竞争的原因，高风险的投资必须有高收益，否则就没有人投资；低收的投资必须风险也低，否则也没有人去投资。风险与收益的这种关系是客观存在的，而且投资者所冒的风险越大，得到的风险收益应该越高。也就是说，风险收益的大小应与所冒风险的大小成正比。

风险收益可以用绝对数表示，也可用相对数表示，即风险收益率。风险的大小用离差率来计量，因此有

风险收益率＝风险收益系数×离差率

那么，投资者期望的投资收益率应在无风险收益率的基础上再加上风险收益率，即

期望的投资收益率＝无风险收益率＋风险收益率

无风险收益率一般是指投资国库券的收益率，它包括通货膨胀附加率和资金的时间价值。

在西方金融学和财务管理学中，有许多模型论述风险和收益率的关系，其中一个最重要的模型为资本资产定价模型（capital asset pricing model，CAPM）。这一模型为

$$r_i = r_f + \beta_i(r_m - r_f)$$

式中，r_i 为第 i 种股票或第 i 种证券组合的期望收益率；r_f 为无风险收益率；β_i 为第 i 种股票或第 i 种证券组合的 β 系数；r_m 为证券市场组合的期望收益率。

例 2-21 已知巴林公司股票的 β 系数为 1.2，无风险收益率为 6%，股票市场组合的期望收益率为 12%，那么巴林公司股票的期望收益率为

$$r_i = 6\% + 1.2 \times (12\% - 6\%) = 13.20\%$$

四、风险收益的计算

由前面的论述可知，风险收益率取决于风险收益系数和离差率。离差率可以根据前面介绍的公式计算。而风险收益系数的确定，有以下几种方法。

（一）高低点法

根据以往同类项目投资收益率与离差率的历史资料，取其中最高与最低两点来确定风险收益系数，其计算公式如下：

风险收益系数＝（最高收益率－最低收益率）/（最高离差率－最低离差率）

例 2-22 某公司过去六项投资的收益率与离差率之间的关系如表 2-2 所示。

表 2-2 某公司六项投资的收益率与离差率表

投资项目名称	投资收益率/%	离差率
A	7	0.15
B	9	0.37
C	13	0.72
D	18	1.12
E	21	1.39
F	25	1.65

代入上述公式，得

$$风险收益系数 = \frac{25\% - 7\%}{1.65 - 0.15} = 0.12$$

当离差率为 0.98 时，有

$$风险收益率 = 0.12 \times 0.98 = 11.76\%$$

（二）回归分析法

风险收益系数可用以下直线回归方程求得：

$$y = a + bx$$

式中，y 为投资收益率；a 为无风险收益率；b 为风险收益系数；x 为离差率。

根据 x 和 y 的历史资料，运用最小二乘法，可以求出 a，b 的数值。

$$a = \frac{\bar{y} \sum x_i^2 - \bar{x} \sum x_i y_i}{\sum x_i^2 - \bar{x} \sum x_i}$$

$$b = \frac{\sum x_i y_i - \bar{x} \sum y_i}{\sum x_i^2 - \bar{x} \sum x_i}$$

对于上例，用回归分析法，先用表 2-3 求出 $\sum x_i$，$\bar{x}$，$\sum x_i^2$，$\sum y_i$，$\bar{y}$，$\sum x_i y_i$ 等值。

表 2-3　回归分析法计算 a 和 b 的相关数据

序号 i	x_i	$y_i\%$	$x_i y_i$	x_i^2
1	0.15	7	0.010 5	0.022 5
2	0.37	9	0.033 3	0.136 9
3	0.72	13	0.093 6	0.518 4
4	1.12	18	0.201 6	1.254 4
5	1.39	21	0.291 9	1.932 1
6	1.65	25	0.412 5	2.722 5
合计	5.40	93	1.043 4	6.586 8
平均	0.90	15.5		

代入上述公式，可求出 a，b 的值

$$a = \frac{15.5\% \times 6.586\ 8 - 0.90 \times 1.043\ 4}{6.586\ 8 - 0.90 \times 5.40} = 0.047\ 4$$

$$b = \frac{1.043\ 4 - 0.90 \times 93\%}{6.586\ 8 - 0.90 \times 5.40} = 0.119\ 5$$

回归直线方程为

$$y = 0.047\ 4 + 0.119\ 5x$$

风险收益系数为 0.119 5。

如果预测某项目的离差率为 0.98，则有

风险收益率 = 0.119 5 × 0.98 = 0.117 1 = 11.71%

期望投资收益率 = 0.047 4 + 0.119 5 × 0.98

= 16.45%

（三）专家意见法

以上两种方法都必须在历史资料比较充分的情况下采用。如果缺乏历史资料，可由国家或企业组织有关专家，根据经验加以确定。实际上，风险收益系数的确定，很大程度上取决于投资者对待风险的态度。如果投资者敢冒风险，风险收益系数就小；如果投资者不愿意冒风险，风险收益系数就大。

风险和收益的关系说明，风险越大，要求的收益率也越高。对于含风险的投资方案的选择，应遵循的原则是，投资收益率越高越好，风险越低越好。具体说来有以下几种情况：①如果两个投资方案的预期收益率基本相同，应当选择离差率较低的那一个投资方案；②如果两个投资方案的离差率基本相同，应选择预期投资收益率较高的那一个投资方案；③如果甲方案的预期投资收益率高于乙方案，而其离差率低于乙方案，则应当选择甲方案；④如果甲方案的预期投资收益率高于乙方案，而其离差率也高于乙方案，这时方案的选择主要取决于风险收益系数，也就是投资者对待风险的态度，风险收益系数越高，说明投资者越回避风险，风险的小幅度增加需要有大幅度的收益率提高作补偿。例如，有甲、乙两个投资项目，投资收益率分别为15%和25%，各自的离差率为0.8和2.0，无风险收益率为6%，投资者的风险收益系数为0.12，即离差率增加1，风险收益率要增加12%。乙方案的离差率比甲方案高1.2，则乙方案的风险收益率应比甲方案高0.12 × 1.2 = 0.144 = 14.4%，较大风险的乙方案才可取。但由于乙方案的风险收益率只比甲方案高（25% － 6%）－（15% － 6%）＝10%，说明投资者认为冒较大风险的乙方案所得到的额外风险收益率不足以补偿所冒的风险，这时应选择风险较小的甲方案。

复习思考题

1. 什么是资金的时间价值？

2. 什么是现金流量图？

3. 单利和复利的计算公式有什么区别？

4. 什么是现值和终值？

5. 名义利率与实际利率之间的关系如何？

6. 什么是年金？年金有哪几种类型？

7. 什么是风险？它有哪几种类型？

8. 风险是如何衡量的？

9. 什么是投资的风险价值？如何确定风险收益？

10. 风险和收益的关系如何？

练 习 题

1. 年初存入银行1 000元，若年利率为6%，一年复利一次，五年后的本利和是多少？

2. 某企业目前从银行获得 100 万元借款，银行要求六年后偿还 200 万元，问借款的年利率为多少？

3. 目前存入银行 5 000 元，当年利率为 8%、每年复利一次的情况下，几年后才能得到 10 000 元？

4. 若年利率为 12%，半年复利一次，其实际利率是多少？若每季复利一次，其实际利率是多少？若每月复利一次，其实际利率又是多少？

5. 年利率为 10% 时，八年期的复利终值系数、复利现值系数、年金终值系数、年金现值系数各为多少？

6. 某人准备存入银行一笔钱，以便在以后的 20 年中每年年末得到 3 000 元，设银行存款利率为 6%，计算该人目前应存入多少钱？

7. 某企业三年后需要 200 万元用于一项投资，当银行年利率为 8% 时，问企业每年末应存入银行多少资金？

8. 有一投资项目，初始投资 500 万元，企业要求的收益率为 10%，项目有效期为八年，问每年至少要收回多少资金项目才可行？

9. 某大型设备如采用一次性付款，需在购买时付款 100 万元，若从购买时分三年付款，则每年须付 40 万元。在年利率为 12% 的情况下，哪种付款方式对企业有利？

10. 如果一股优先股每年分得股利 1.50 元，投资者要求的收益率为 12%，问该优先股的价值应为多少？

11. 某企业投资一项目，基建三年，每年初向银行贷款 500 万元，年利率为 12%，银行要求建成投产一年后一次偿还，问共偿还多少？如果银行要求建成投产一年后分四年等额偿还，问每年应偿还多少？

12. 某企业准备投资开发新产品，现有三个方案可供选择。根据市场预测，三种不同市场状况的预计年收益率见下表。

市场状况	发生概率	预计年收益率/%		
		A 产品	B 产品	C 产品
繁荣	0.30	20	30	40
一般	0.50	10	10	15
衰退	0.20	0	—10	—10

试计算投资开发各种新产品的风险大小。

13. 某企业过去五项投资的收益率与离差率之间的关系见下表。

投资项目名称	投资收益率/%	离差率
A	6	0.10
B	8	0.28
C	11	0.45
D	15	0.96
E	20	1.48

分别采用高低点法和回归分析法计算该企业投资的风险收益系数。

第三章

企业资金的筹集

资金筹集是指企业向外部有关单位和个人或从企业内部筹措集中生产经营所需资金的一种财务活动。资金筹集是企业财务管理的首要任务，是资金运动的起点。从企业资金来源看，包括两个部分：一是所有者权益，二是企业的负债。

第一节 所有者权益和负债

一、所有者权益

所有者权益，是指企业资产扣除负债后由所有者享有的剩余收益。所有者权益也称股东权益或净资产，它包括企业所有者投入的资金，直接计入所有者权益的利得和损失以及通过企业生产经营活动所形成的利润积累。为了反映所有者权益的构成，便于投资者和其他报表阅读者了解企业所有者权益的来源及其变动情况，会计上把企业所有者权益分为实收资本（股份公司用股本表示）、资本公积、盈余公积及未分配利润四个部分。其中盈余公积和未分配利润统称为留存收益。

（一）实收资本

按照我国有关法律规定，投资者设立企业首先必须投入资本。实收资本是指投资者按照企业章程或合同、协议的约定，实际投入企业形成法定资本的价值。所有者向企业投入的资本，在一般情况下企业无需偿还，可以长期周转使用。根据我国《企业法人登记管理条例》规定，除国家另有规定外，企业的注册资金应与实收资本相一致。企业实收资本比原注册资金数额增减数超过 20％时，应持资金使用证明或验资证明，向原登记主管机关申请变更登记，如擅自改变注册资金或抽逃资金等，要受到工商行政管理部门的处罚。

实收资本是成立企业的启动资金，也是企业承担债务和风险的基础，没有实收资本，企业就很难取得借款，偿债就没有保证，企业也没有承担经营亏损的能力，自负盈亏就无法实现。实收资本的构成比例，即投资者的出资比例或股东的股份比例，通常是确定所有者在企业所有者权益中所占的份额和参与企业财务经营决策的基础，也是企业进行利润分配或股利分配的依据，同时还是企业清算时确定所有者对净资产的要求权的依据。会计上是设置"实收资本"科目（股份公司改用"股本"科目）来核算企业接受投资者投入的资本。

（二）资本公积

资本公积是企业收到所有者的超出其在企业注册资本（或股本）中所占份额的投资即资本溢价（或股本溢价）以及直接计入所有者权益的利得和损失。形成资本溢价（或股本溢价）的原因有溢价发行股票、投资者超额缴入资本等，直接计入所有者权益的利得和损失是指不应计入当期损益、会导致所有者权益发生增减变动的、与所有者投入资本或者向所有者分配利润无关的利得或者损失。

资本公积是一种资本储备形式，它可以按照法定程序转化为实收资本（或股本），是所有者权益的构成之一。资本公积与实收资本（或股本）的区别主要在于它不是法定的出资额，而是为了调节新老投资者的利益关系而由投资者多出资，或者是由于其他因素所形成。企业在创立时期，投资者认缴的出资额一般都是全部计入实收资本（或股本）的，但在企业发展过程中新加入的投资者的出资额就不一定全部计入实收资本（或股本）。因为创立时投入资本的风险比企业正常生产经营过程中新投入资本的风险要大而盈利能力相对低一些，创业者经过多年的经营，已形成了自己的品牌、技术、人才、企业文化、供销渠道、客户资源等无形资本，而这些自创的无形资产往往在账面上没有反映。新加入的投资者应该对创业者为形成这些无形资本而付出的代价给予补偿，所以新加入的投资者要付出大于原有投资者的出资额，才能取得与原投资者相同的持股比例。另外，由于资产的账面价值并不代表其实际价值，新投资者加入时需进行资产评估，而由于通货膨胀或过时贬值，评估后的资产价值可能高于或低于原账面价值。还有企业生产经营过程中实现的利润不一定全部分配给了股东，而是一部分留在企业，形成留存收益，但其并未转入实收资本（或股本）。因此新加入的投资者要与原投资者分享这部分留存收益，也要付出更多。

资本公积可用于扩大公司生产经营或者转为增加公司资本。

（三）盈余公积

盈余公积是指企业根据《公司法》等有关法规的规定，从企业当年实现的净利润中提取的积累资金，包括法定公积金和任意公积金。公司制企业的法定公积金按照税后利润的10%比例提取（非公司制企业也可按照超过10%的比例提取），法定公积金累计额为公司注册资本的50%以上时，可以不再提取。公司从税后利润中提取法定公积金后，经股东会或者股东大会决议，还可以从税后利润中提取任意公积金。非公司制企业经类似权力机构批准，也可提取任意公积金。盈余公积主要有三个用途：一是弥补亏损；二是扩大企业生产经营；三是转增资本（或股本）。

（四）未分配利润

未分配利润是企业留待以后年度进行分配的结存利润，也是所有者权益的组成部分。相对于所有者权益的其他部分来讲，企业对未分配利润的使用分配有较大的自主权。从数量上讲，未分配利润是期初未分配利润加上本期实现的净利润，再减去提取的各种盈余公积和分出利润后的余额。盈余公积和未分配利润统称为留存收益，即通过企业的生产经营活动而形成的资本。企业利润交纳所得税后，一部分分给投资者，一部分留在企业。无论是留在企业还是分给投资者，税后利润都属于所有者权益，留在企业的部分相当于原有投资者对企业的再投资。

二、负债

负债是指企业过去的交易或者事项形成的预期会导致经济利益流出企业的现时义务。它一般包括企业借入的资金和应付预收的款项等。

企业负债按其流动性，分为流动负债和非流动负债。

（一）流动负债

流动负债是指将在一年内或者超过一年的一个营业周期内偿还的债务，主要用于企业短期的资金需要，它包括短期借款、应付票据、应付账款、预收账款、应付职工薪酬、应交税费、应付利息、应付股利、其他应付款和一年内到期的长期借款等。

流动负债通常要用企业的流动资产或新的流动负债来偿还。因此，通过将流动负债与流动资产对比，可以大致反映出企业的短期偿债能力；同时，通过将可用于支付的流动资产（如货币资金、交易性金融资产和应收账款等）与近期需支付的流动负债进行对比，可以了解企业的清算能力。

（二）非流动负债

非流动负债是指偿还期在一年或者超过一年的一个营业周期以上的负债，也称长期负债，主要用于企业较长时期的资金需要，它包括长期借款、应付债券、长期应付款等。

筹措长期负债的目的主要是用于增加固定资产或经常性的流动资金需要。在企业权益资金无法满足企业长期资金需要的时候，通常是以长期负债来解决。由于债权人不能参与企业的经营管理，而且收益是固定的，因此企业可利用这一特点为企业的所有者带来更大的获利机会。企业的非流动负债通常依靠内部积累资金来偿还，也就是说，非流动负债偿还的保证不是目前的流动资产，而是企业未来的盈利能力。

第二节　权益资金的筹集

权益资金是指企业所有者投入企业的资金及经营中所形成的积累，它反映企业所有者的权益。其出资人是企业的所有者，拥有对企业的所有权，企业则可以独立支配其所占有的财产，拥有出资者投资形成的全部法人财产权。企业权益资金具有以下特点。

（1）权益资金的所有者拥有参与企业经营管理的权利，同时也要以投资额为限承担风险。

（2）权益资金的所有者不能直接从企业收回投资，除非企业解散清算，但可依法转让而间接收回投资。

（3）权益资金的投资收益不确定，收益的大小取决于企业经济效益的好坏。

（4）权益资金投资风险较大。一是当企业经营亏损或只有很少利润时，权益资金的投资者可能分不到任何利润；二是当企业发生重大亏损乃至破产清算时，权益资金的投资者只能在债权人之后分配剩余财产，如果企业破产还债后没有剩余财产，则权益资金的投资者将无法收回原始投资。

权益资金的筹资方式主要有股东直接投入、发行股票、企业内部积累等。

一、股东直接投入

股东直接投入是指企业按照"共同投资、共同经营、共担风险、共享利润"的原则直接吸收国家、法人、个人、外商投入资金的一种筹资方式。股东直接投入是企业向外筹集资金的重要方式，对于非股份公司而言，由于不能发行股票筹资，因此只能通过直接吸收股东投资的方式来筹集企业外部的资金。这种筹资方式手续比较简单，而且能很快形成企业的生产能力。

（一）股东直接投入的种类

为了明确产权关系，便于分清责任，根据投资主体的不同，企业采用股东直接投入方式筹集的资金一般可分为以下四类。

1. 国家资金

国家资金是国有企业权益资金的重要来源。原来国家对国有企业的拨款以及拨改贷后用税前利润还贷及减免税收的那一部分，都应作为国家投资，归属国家。国家投资在我国仍然是企业资金的主要来源，但只有国有企业才能采用这一筹资方式。

2. 法人资金

法人资金主要是指法人单位在进行横向经济联合时所产生的联营投资。随着企业对外投资、相互持股的增多，法人资金这种来源也越来越广泛。对于投资企业来说，不仅能密切与被投资企业的经济关系，获得投资收益，而且还可以分散风险，达到以小控大的目的。

3. 个人资金

个人资金是指企业内部职工或社会个人投入的资金。据国家统计局公布的数据，截至 2007 年末，我国居民储蓄存款余额已超过 17 万亿元人民币。由于银行存款利率的几次下降，为企业吸收个人投资提供了广泛的资金来源。个人资金虽不及国家资金、法人资金那么雄厚，但对于企业调动社会个人，特别是内部职工关心本企业经营的积极性具有重要意义。

4. 外国资金

改革开放以来，我国吸收外商投资逐年迅速增长，已成为企业筹集权益资金的一种重要方式。我国企业一般通过举办中外合资或合作经营企业来吸收外商投资。合资经营是一种股权式的合营，合营各方通常按出资比例，决定分享利润的份额和对风险及亏损所分担的责任，也关系到对企业管理的控制权。而合作经营是一种契约式合营，合作双方的责任、权益和义务由双方协商谈判，在合同中加以规定。吸收外商投资既可以为企业提供资金来源，引进国外先进设备和技术，又可以扩大出口，增加外汇收入及培训技术人员和经营管理人员。但只有经过我国政府批准的中外合资、合作经营企业才能采用这一筹资方式。

（二）股东直接投入的出资形式

我国《公司法》规定，股东可以用货币出资，也可以用实物、知识产权、土地使用权等可以用货币估价并可以依法转让的非货币财产作价出资。因此，企业在采用股东直接投入这一方式筹集资金时，股东可以采取以下多种出资形式。

1. 现金投资

股东以现金向企业投资是最常用的一种出资形式。由于现金是可以立即用于支付的交换媒介，因此，企业有了现金，就可以购建所需的设备、厂房等劳动资料及购买所需的原材料等劳动对象。对于现金出资的比例，有些国家已有规定，我国《公司法》规定，全体股东的货币出资金额不得低于注册资本的30%。有限责任公司注册资本的最低限额为人民币3万元，其中一人有限责任公司的注册资本最低限额为人民币10万元，而股份有限公司注册资本的最低限额为人民币5百万元。

2. 实物投资

投资各方除了以现金出资外，还可以企业所需的厂房、建筑物、设备、汽车等固定资产以及材料、燃料、商品等流动资产对企业进行投资。这种出资形式较现金出资更能快速形成企业的生产能力，但较现金出资的手续要复杂，因为以实物投资必须进行评估作价，核实财产。评估作价既可由双方按公平合理的原则协商确定，也可聘请各方同意的专业资产评估机构评定。

3. 无形资产投资

股东还可以知识产权、土地使用权等可以用货币估价并可以依法转让的无形资产向企业投资。由于无形资产没有实物形态，不具有流动性，未来提供的经济效益具有很大的不确定性，因此企业在吸收无形资产出资时一定要进行认真的调查研究和可行性分析，并进行合理的作价。

我国《公司法》规定，对作为出资的非货币财产应当评估作价，核实财产，不得高估或者低估作价。

（三）股东直接投入的优缺点

1. 股东直接投入的优点

（1）增强信誉和偿债能力。采用股东直接投入方式筹集的是企业的权益资金，因此采用股东直接投入方式能改善企业的财务状况，降低负债比率，增强企业的信誉和偿债能力。

（2）财务风险较小。采用股东直接投入方式筹集的资金，企业无需偿还，也没有固定的费用支出，相对于负债筹资而言，财务风险较小。

（3）快速形成生产能力。采用股东直接投入方式能直接获得投资者的现金、先进技术和设备，快速形成生产能力和产生投资效益。

2. 股东直接投入的缺点

（1）资金成本高。由于股东直接投入方式的投资者冒的风险较大，因此期望得到的收益也较高，相对于企业而言，使用这部分资金付出的代价也较大。另外，企业付给股东的利润是从税后利润中支出的，不能抵减所得税，其资金成本远比负债筹资高。

（2）分散企业控制权。股东直接投入方式的资金所有者，可按投资比例获得对企业的经营控制权，这样就会分散企业原有投资者对企业的控制权。

（3）产权流动性差。采用股东直接投入方式筹集的资金，是一种直接筹资，没有证券作为媒介，产权流动性差，不便于投资者通过转让收回投资。

二、普通股

股份公司筹集股本的方式是发行股票。股票是股份公司签发的、证明股东按其所持股份享有权利和承担义务的书面凭证，是股份公司筹集长期资金而公开发行的一种有价证券。股票按股东权利的不同可分为普通股和优先股。普通股是指在公司利润分配方面享有普通权利的股份，股东大会的选举权是根据普通股的股数计算的。优先股是指在公司利润分配及公司解散后的剩余财产方面较普通股有优先权的股份。我们先讨论普通股。

普通股是构成股份公司最基本的股份，普通股持有人是公司的最终所有者，离开了普通股，股份公司将不会存在；普通股本也是公司向外借债的基础。目前我国发行的股票全部为普通股。

（一）普通股的基本特征

普通股代表对公司剩余资产的所有权，普通股股东共同拥有公司，承担同公司所有权相联系的最终风险；但他们的责任只限于自己的投资额。普通股的基本特征如下几点。

1. 普通股没有到期日

普通股是公司永久性使用的股本，只要公司处于正常经营状态，股东就不能要求公司退股；只有在公司解散清算时，公司才需要将剩余财产分配给股东。股东可以将股票在证券市场上转让，间接收回投资。

2. 股利不确定

股利是从公司的税后利润中支付的，股利的多少取决于公司税后利润的大小及公司的股利支付政策。公司税后利润额大，现金充足，不需要资金进行再投资，则股利水平就可能高；反之，税后利润额小或公司遇到了很好的投资机会，则可少支付股利或不支付股利。

3. 普通股持有者的投资风险最大

尽管普通股股东承担的经济责任是有限的，即只限于自己的投资额，但其投资风险在公司的所有投资者中是最大的。因为公司一旦破产、倒闭、解散清算时，首先须偿还各种债务，在满足各种债权人的合法要求之后，如果还有剩余，也应先分配给优先股股东，在优先股股东分配完后，才轮到普通股股东，这种偿债顺序是法定的。因此，普通股股东的投资风险最大，这也说明普通股本是公司向外借债的基础。

4. 普通股筹资的资金成本高

普通股投资者在所有投资者中风险最大，根据收益与风险相配合的原则，普通股股东所要求的投资收益率也是最高的。另外，股利在公司交纳所得税后支付，因此从公司角度来说，筹集同样多的资金，采用普通股筹资的资金成本是最高的。

（二）普通股的价值

股票不是劳动产品，本身并没有价值，它只是一种财产所有权的凭证，但在实际工作中常使用以下几种股票价值的概念。

1. 票面价值

票面价值是指公司在发行股票时所标示的票面金额。其主要功能是确定每股股票在公司中所占的份额，还表明公司股东对每股股票所负有限责任的最高限额。我国《公司法》规定，招股说明书应当载明每股的票面金额，并规定普通股不得以低于票面金额的价格发行，否则，普通股股东就要对债权人承担股票的购价与面值之间差额的责任。实际上，普通股的面值一般总比市价低，即普通股一般总是溢价发行。在这种情况下，股本账户只反映面值，而发行价格高于面值的溢价收入，则单独反映在资本公积账户中。

2. 账面价值

账面价值是指在公司账面上反映出来的股票金额，它表示每股所代表公司资产的多少。全部普通股的账面价值等于公司资产净值减去流通在外的优先股面值，每股普通股账面价值等于全部普通股的账面价值除以流通在外的普通股股数。例如，某股份公司资产负债表中权益部分如下：优先股（面值 10 元）200 万元，普通股（面值 1 元）500 万元，资本公积 700 万元，留存收益 300 万元，权益合计为 1 700 万元，则每股普通股账面价值＝（1 700－200）÷500＝3 元。

3. 清算价值

清算价值是指在公司进行财产清算时，每股所代表的实际价值。从理论上来说，账面价值与其清算价值应当一致，但实际上并非如此。因为资产价格会随着物价水平的变化而变化，一些资产的清算价值小于它的账面价值，而另一些资产的清算价值则高于它的账面价值，但在多数情况下，每股清算价值都小于账面价值。

4. 内含价值

内含价值是投资者或股票行情分析者对某种股票分析得出的估计价值，它被认为是股票的真正价值。投资者将它同现行股价进行比较，以决定是否值得进行此项投资。

5. 市场价值

市场价值又称市场价格，就是通常所说的股票价格，它是股票在实际交易过程中所表现出来的价值。股票市场是一个不断变化的市场，股票价格也是不断变化的，不仅受公司财务状况、盈利状况、股利发放情况、未来发展前景等内部因素的影响，而且还要受国家政治局势、政府经济政策、投资者心理状态和报刊宣传鼓动等外部因素的影响。

（三）股票的发行方式与发行价格

1. 股票的发行方式

目前，我国股份公司发行股票的方式可分为两大类：一类是公开发行，即公司通过中介机构，公开向社会公众发行股票。我国股份有限公司采取向社会公开募集设立方式发行新股时，须由依法设立的证券公司承销的做法，就是这种发行方式。公开发行方式的发行范围广，发行对象多，易于足额募集股本，股票的变现力强，流通性好，而且有利于提高发行公司的知名度和扩大影响力；但手续繁杂，须经过中国证监会批准才能发行，且发行成本高。另一类是不公开发行，即公司不公开对外发行股票，只向少数特定的对象发行，不需经中介机构承销。我国股份有限公司采取发起设立方式和向特定对象募集设立方式发行新股时，就是这种方式。不公开发行方式的发行成本低，但发行范围小，股票变现性差。下面我们主要讨论公开发行股票的发行方式。

目前，世界各国股票的发行方式归纳起来有三种：累积订单方式、投标方式和固定价格方式。

（1）累积订单方式。这是美国等国家通常采用的招股方式。其一般过程是承销商在发行新股之前与发行人商定一个定价区间，然后进行市场推介，以便让投资者了解所发行的股票，并引起他们的购买兴趣。市场推介完成后，承销商将征集机构投资者及零售经纪商（其背后是散户投资者）的购买意向，了解在定价区间内的不同价格水平下的需求总量，从而最终确定出一个使发行量与市场需求相均衡的最终价格。这种方式较充分地考虑了市场因素，如在市场推介过程中，投资者反应不佳，即在原定的价格区间内没有足够的认购意向，主承销商可与发行人协商下调发行价格；而当市场反应良好时，承销商可以将发行价提高，或要求发行人增加发行证券的数量（其上限一般为原定发行量的15%），从而增加筹资金额。这种方式比较适合于机构投资者和代理经纪商占主要地位的较成熟的市场。

（2）投标方式。发行机构定出一个底价后，便由公众投资者自行出标竞价，所有出标价均不得低于底价，才有机会被考虑。投标时间截止后即开标，投标接纳与否视其出价高低而定，出价最高者将优先获配证券，再按顺序向下分配，直至发行数量全部被分配完为止。采用这种招股方式的主要有法国、荷兰和智利等国。

（3）固定价格方式。由承销商与发行人在公开发行前商定一个固定的发行价格，并据此价格进行公开募集，在发行期结束后，集中上市交易。采用这种定价招股方式的好处是投资者已知每股认购价，在申请认购时，财务安排有个预算，且该支新股的市盈率也为已知数目，普通投资者较易掌握。但若新股定价太低，便很容易出现超额认购现象，诱使大量生产资金或拆借资金涌入一级市场，造成金融波动。英国、日本等国家采用这种招股方式。

我国目前的股票发行方式主要有三种：资金申购上网定价发行、市值配售发行和累计投标询价发行。

资金申购上网定价发行方式是指保荐机构利用证券交易所的交易系统发行所承销的股票，投资者在指定的时间内以确定的发行价格通过与证券交易所联网的各证券营业网点进行委托申购股票的一种发行方式。投资者在进行委托申购时应全额缴纳申购款项。如果有效申购量小于或等于本次上网发行量，投资者按其有效申购量认购股票；如果有效申购数量大于本次上网发行量，则通过摇号抽签，确定有效申购中签号码，申购号码为中签号码的投资者认购股票。

市值配售发行方式则是指向二级市场投资者配售发行，是按投资者持有的已上市流通人民币A股市值向其进行股票配售的一种发行方式。交易所及证券登记结算公司计算新股招股说明书刊登日投资者持有的股票市值，投资者在申购日根据自己在市值计算日持有的可用于申购新股的市值申购新股，投资者的申购中签后再缴纳认购资金。

累计投标询价发行方式，就是股票发行者及其保荐机构通过向询价对象包括基金公司、券商、信托公司、财务公司、保险机构投资者和合格境外机构投资者（QFII）六大类机构投资者询价的方式来确定股票的发行价格。其价格确定机制的关键是两步询价，其中的初步询价只是一个价格区间，确定的发行价格在累计询价环节中向询价对象累计竞价来产生。累计投标询价完成后，发行人及保荐机构将其余的股票以固定价格的方式向社会公众发行。

上述三种发行方式中，资金申购上网定价发行与市值配售发行是一种价格确定、发行量确定的发行方式；而累计投标询价发行则是一种价格不确定、发行量不确定的发行方式。在近几年的首发股票公开发行过程中，发行人常常采用两种或两种以上的发行方式。2005 年试行询价制度后，发行方式通常采用网下累计投标询价发行与市值配售发行相结合的方式。2006 年，恢复资金申购发行后，首发股票采用网下累计投标询价与资金申购上网定价相结合的方式。

2. 股票的发行价格

股份公司在确定发行价格时应考虑股票的面值、每股净资产、每股税后利润及公司未来的盈利能力。

（1）股票面值。一般来说，股票的面值越大，股票发行价格相应也越高。如面值为 10 元的比面值为 1 元的股票发行价格要高。我国《公司法》规定，股票发行价格可以按票面金额，也可以超过票面金额，但不得低于票面金额，因此股票面值是股票发行价格的最低值。股份有限公司以超过股票票面金额的发行价格发行股份，所得的溢价款应当列为公司资本公积金。目前我国已发行股票的每股票面金额大多为 1 元。

（2）每股净资产。每股净资产也就是每股的账面价值。每股净资产越高，每股所代表的资产含量越高，发行价格相应也越高。股票发行价格一般不得低于每股净资产，否则将损害老股东的利益；但如果股票发行价格远远高于每股净资产，则对新股东不利，造成股票难以发行出去。因此，在考虑股票发行价格时，要兼顾新老股东的利益。

（3）每股税后利润及公司未来的盈利能力。股票的价值除了与每股净资产密切相关外，主要还是取决于公司的盈利能力。在确定股票发行价格时，既要考虑公司过去的盈利能力，更应重视公司未来的盈利能力。因为股票价格更多地反映公司未来的盈利情况，具有超前性。一般来说，每股税后利润越高，股票的发行价格也应越高。

股票的发行价格除了与发行公司自身的资产状况及盈利能力有关外，还与发行时股票交易市场的状况有关。当股票交易市场持续低迷时，股票发行价格就不能太高；而当股票交易市场交投兴旺时，股票发行价格就可以适当提高。

我国《公司法》规定，同次发行的同种类股票，每股的发行条件和价格应当相同；任何单位或者个人所认购的股份，每股应当支付相同价额。公司发行新股，可以根据公司经营情况和财务状况，确定其作价方案。2006 年 5 月 7 日证监会发布的《上市公司证券发行管理办法》中规定，上市公司向不特定对象公开募集股份（简称"公开增发"），发行价格应不低于公告招股意向书前 20 个交易日公司股票均价或前一个交易日的均价；采用向特定对象非公开发行股票方式（简称"定向增发"），发行价格不低于定价基准日前20个交易日公司股票均价的90％。

（四）普通股筹资的优缺点

1. 普通股筹资的优点

（1）普通股筹资没有固定的费用负担。公司有盈利才支付股利，无盈利则不必支付股利，甚至在有盈利的情况下，如遇资金短缺或有更有利的投资机会，也可不支付或少支付股利。

（2）普通股没有固定的到期日，是一项永久性的资金来源。利用普通股筹集的资金，公司一般不用偿还，除非公司清算才需偿还，因此保证了公司的最低资金需求，也减少了公司的财务风险，增加了公司的偿债能力。

（3）提高公司信誉等级，降低债务筹资成本。普通股本是公司的权益资金，它是公司承担各种债务的基础。因此，普通股筹资可以提高公司的信誉等级，为降低债务筹资成本提供了条件。

（4）普通股筹资比优先股、债券更容易、更灵活。因为普通股的预期收益比优先股和债券高，同时还代表着公司的所有权，它的价值不会因通货膨胀而贬值。因此，普通股特别适合期望得到较高收益也愿意承担风险的投资者。

2. 普通股筹资的缺点

（1）普通股筹资成本高。普通股的股利率通常比债券利率高，再加上股利从税后利润中支付，股利不能像债券利息那样抵减所得税，因此使普通股的资金成本比债券高得多。

（2）不能享受财务杠杆利益。当公司盈利水平较高时，利用普通股筹资不能像负债筹资那样提高现有权益资金收益率。

（3）分散控制权。增加普通股发行量，将削弱现有股东对公司的控制权。

综合考虑普通股筹资的优缺点，公司利用普通股筹资时，应考虑以下几个问题。

（1）当公司财务风险较大时，可发行普通股筹资，以降低财务风险，改善财务状况。

（2）当公司盈利水平较低时，应发行普通股筹资，以避免财务杠杆的负作用。

（3）当公司需增加较大规模资金时，可按原有权益负债比例，同时发行股票和债券，以避免公司控制权旁落他人。

三、优先股

优先股是公司股东权益的构成之一，与普通股有很多相似之处，但又具有债券的某些特征。

（一）优先股的特征

1. 优先股具有一定的优先权

这种优先权是相对于普通股而言的。优先股的优先权表现在两个方面：一是优先取得股息。当公司分配利润时，首先分给优先股股东，有剩余时，才分给普通股股东。二是优先分配剩余财产。当公司解散清算时，剩余财产首先分配给优先股股东，有剩余时，才分给普通股股东。因此，优先股的风险比普通股小。

2. 优先股的股息率预先确定，股息从税后利润中支付

优先股的股息率在发行时就预先规定，优先股股东每年应得的股息额等于股票的面值乘以股息率，这点类似于债券，但股息并非像债券利息那样必须支付不可，不支付优先股股息，并不一定意味着公司不履行合同义务或丧失偿付能力，这可能是由于公司的其他决策原因所致。另外，优先股股息从税后利润中支付，这点类似于普通股。

3. 优先股没有规定到期日

这一特征与普通股相同，但在优先股回收上，可以有两种特殊的处理方法：一是公司可在优先股的发行条款中规定回收的条件，以后按回收条件收回优先股，但一般的优先股发行公司并无回收的责任；二是公司可在优先股发行条款中规定优先股转换为普通股的条件，这种优先股在达到条件后可转换为普通股，这种转换过程实质上是优先股的回收过程。

4. 优先股没有参与权

优先股股东不能参加股东大会，没有选举和被选举董事的权利，也不能对公司重大经营决策进行表决，只有当公司研究与优先股有关的问题时，才有权参加表决。例如，讨论将一般优先股改为可转换优先股，或推迟优先股股利的支付时，才有权参加股东大会并有权表决。

（二）优先股筹资的优缺点

1. 优先股筹资的优点

（1）优先股没有固定的到期日，不用偿还本金。它实质上是一种永久性借款，优先股的收回由发行公司决定，这使得公司筹资具有很大的弹性，即当财务状况较差时发行，而当财务状况转好时收回。

（2）股利的支付既固定，又有一定的灵活性。由于优先股股利不是发行公司必须偿付的一项法定债务，因此固定股利的支付并不构成公司的法定义务。如果财务状况不佳，则可暂时不支付优先股股利，那么，优先股股东也不能像债权人那样迫使公司破产。

（3）能提高公司的举债能力，降低债务筹资成本。优先股与普通股一样，都是公司的权益资金，是公司承担各种债务的基础，因此发行优先股能增加公司权益资金比例，增加偿债能力，为降低债务筹资成本提供了条件。

（4）可产生财务杠杆利益，增加普通股收益。当公司的权益资金收益率高于优先股股息率时，由于优先股股息固定，发行优先股越多，普通股的收益就越高。

（5）不会影响普通股股东对公司的控制权。由于优先股股东没有参与权和表决权，因此，发行优先股对普通股股东的控制权没有任何影响。

2. 优先股筹资的缺点

（1）资金成本高。优先股的股息率通常大大高于债券的利息率，而且优先股的股息在税后利润中支付，不能抵减所得税，因而增加了公司的所得税负担。

（2）增加公司的财务负担。优先股需要支付固定股利，虽然公司可以不支付，但这会影响公司形象，进而对普通股市价产生不利影响，而且多数优先股尚未支付的股利可以累积到以后各年，这就会成为公司一项较重的财务负担，影响公司今后的发展。

（3）可能会产生财务杠杆的负作用。当公司权益资金收益率低于优先股股息率时，发行优先股越多，普通股的收益就越低。

综合考虑优先股筹资的优缺点，公司决定是否利用优先股筹资时，应考虑以下几个问题。

（1）当公司的权益资金收益率高于优先股股息率，同时公司负债比率过高，不适宜再增加负债时，发行优先股。

（2）当公司的经营风险较大，为了既减少风险，又使普通股股东获得最大的风险收益时，发行优先股。

（3）当公司必须发行股票，但又不愿意降低现有股东的控制权时，发行优先股。

四、企业内部积累

企业内部积累主要是指企业税后利润进行分配后所形成的盈余公积和未分配利润。企业的税后利润并不全部分配给投资者，而应按规定的比例提取法定公积金，还可以提取任意公积金。向投资者分配利润后，还有一部分未分配利润。盈余公积和未分配利润可投入到企业的再生产过程中去，这部分通过利润分配而形成的内部积累，可作为企业权益资金的一种来源，它相当于原有投资者对企业的一种再投资。

另外，企业计提的折旧费也是一种资金来源，它是从销售收入中转化来的新增货币资金。尽管折旧费并不增加企业的资金总量，但却能增加企业可以周转使用的现金，因而也可视为一种资金来源。

企业内部积累在外部筹资不畅的情况下，对于补充企业生产经营资金具有重要的作用。利用这种方式筹资，简便易行，不必向外部单位办理各种手续，而且也可以节省筹资费用。企业通过内部积累筹集的资金数量，与企业的经营业绩和利润分配政策有很大的关系。企业应加强内部经营管理，增收节支，通过增加利润来扩大内部积累。

第三节　长期负债资金的筹集

负债资金是指由企业过去的交易或者事项形成的现时义务，履行该义务预期会导致经济利益流出企业，即需要以资产或劳务偿付的那一部分资金，它反映债权人的权益，其出资人是企业的债权人，对企业拥有债权，有权要求企业按期还本付息。企业负债资金具有以下特点。

（1）债权人没有参与企业经营管理的权利，也不对企业的经营亏损承担责任。

（2）负债资金具有明确的偿还期限，到期必须偿还。

（3）负债资金的投资收益率预先确定，不受企业经营业绩好坏的影响。即使企业亏损，也必须按时向债权人支付利息；如果企业经营业绩好，债权人也不能获得额外的收益。

（4）负债资金投资风险相对较小。一是当企业经营亏损时，债权人也能按事先约定的利息率得到利息；二是当企业发生重大亏损乃至破产清算时，债权人也是在权益资金投资者之前分配企业的剩余财产。

负债资金按偿还时间的长短，分为非流动负债和流动负债。本节介绍非流动负债资金的筹集，流动负债资金的筹集将在第七章第三节"流动负债管理"中介绍。非流动负债资金的筹资方式主要有长期借款、发行债券、融资租赁等。

一、长期借款

长期借款是指企业向银行或其他金融机构借入的使用期限在一年以上的借款。长期借款一般用于长期资产项目。我国的长期借款一般用于增加固定资产，在借款时就规定了用途。如果企业资金需要有限，可采用银行借款方式；而当企业资金需求数量很大时，通过到资本市场上发行证券可能比银行长期借款更经济、更有利。

银行对企业提出的借款申请，一般要进行审核，内容包括企业财务状况、信用情况、盈利的稳定性、生产经营状况及发展前景、借款用途和期限、借款的担保品等。经过银行审核以后，如果银行决定接受借款申请，双方可进一步协商借款的具体条件，然后正式签订借款合同。合同中应明确规定借款金额、利率、期限和一些限制性条款。

（一）长期借款的优点

（1）借款所需时间较短。发行股票、债券等证券来筹集长期资金所需时间一般都比较长，因为发行前要做好申请、印刷证券等工作，发行时也需要一定时间；而银行借款相对于发行证券来说，能在更短的时间内取得资金。

（2）借款弹性较大。借款的期限、数量、利率可以由借贷双方直接商定，在借款期间，如果企业的情况发生了变化，也可与银行再进行协商，修改借款数量及条件，这比与债券持有人协商要方便得多。

（3）借款成本低。借款利息在所得税前支付，实际上抵消了部分所得税，同时，借款利率一般低于优先股或普通股的股息率。

（4）可产生财务杠杆作用。借款只需支付固定的利息，当企业的收益率高于借款的资金成本时，就可以提高权益资金的收益率。

（二）长期借款的缺点

（1）风险大。由于借款利息是固定的，且必须定期还本付息，在企业经营状况不佳时，可能会产生不能偿付的风险，甚至会引起破产。

（2）限制条款较多。长期银行借款都有许多限制条款，这些条款可能会限制企业的发展战略，影响今后的筹资能力。

（3）可能会产生财务杠杆的负作用。当企业的收益率低于借款资金成本时，借款越多，权益资金的收益就越低。

二、公司债券

债券是指公司或政府向社会公众筹集资金而向出资者出具的、确定债权债务关系的凭证，债券的发行人是债务人，债券的购买者是债权人。

从广义上说，债券包括国库券、金融债券、企业债券和公司债券。由于国库券的债务人是国家，它具有发行人地位特殊和无违约风险两大特点，因此，通常将国库券作为一种特殊的有价证券而从债券中分离出来。金融债券是由银行和非银行金融机构发行的债券，主要用于解决银行等金融机构的资金来源不足和期限不匹配的矛盾。由于银行等金融机构在一国经济中占有较特殊的地位，政府对它们的运营又有严格的监管，因此，金融债券的资信通常高于其他非金融机构债券，违约风险相对较小，具有较高的安全性。所以，金融债券的利率通常低于企业债券，但高于风险更小的国债和银行储蓄存款利率。企业债券是由中央政府部门所属机构、国有独资企业或国有控股企业发行的债券，且有大型银行、大型国有集团等对债券进行担保，具有很高的信用级别，属于具有"国家信用"的准政府债券。发债资金一般用于基础设施建设、固定资产投资、重大技术改造、公益事业投资等国计民生方面。公司债券是由股份有限公司或有限责任公司依照法定程序发行，约定在一定期限内还本付息的债券。公司债券没有强制要求担保措施，信用级别将取决于发债公司的资产状况、经营管理水平、持续盈利能力等。发债资金主要用于固定资产投资、技术更新改造、改善公司资金来源的结构、调整公司资产结构、降低公司财务成本、支持公司并购和资产重组等等。公司债券发行试点期间，公司范围仅限于沪深证券交易所上市的公司及发行境外上市外资股的境内股份有限公司。

公司债券按照其是否可以转换为股票，可划分为可转换债券和不可转换债券。这里讨论的公司债券是指不可转换债券，即普通债券；可转换债券将在后面单独讨论。

（一）公司债券的特征

1. 公司债券具有确定的期限，到期必须归还

公司发行债券所筹集的资金是公司的负债资金，公司不能永久使用，因此在确定债券期限时应充分考虑资金需要的时间以及偿债能力等因素。

2. 公司债券利息在发行时预先确定

发行债券的公司必须按照预定的利率和时间支付债券利息，不得提前或拖后。

3. 公司债券具有一定的风险性

这种风险性对于债权人和债务人都同时存在，尤其是债务人，风险更大。对于债务人来说，公司发行债券，增加了负债比率，必然增大了财务风险，不能及时归还到期债务的可能性增加，因此，公司发行债券应控制在适度的风险范围内。对于债权人来说，如果公司破产，没有剩余财产可用于归还债券本金和利息，债权人有可能连本金都丧失；即使公司不破产，但由于财务状况差，无法按期还本付息，也会给债权人造成损失，因此，投资者在购买公司债券时，也应充分考虑债券的风险。

（二）债券的基本要素

无论是哪一种债券，都应具备下述基本要素。

1. 债券面值

债券面值是债券票面所载明的金额。它是计算利息的本金，也是债券到期要偿还的债务金额。债券面值通常为整数，但金额差异可以很大，为了便于发行、转让，通常发行小面额债券。面额印在债券上，固定不变。我国发行的公司债券每张面值为100元。

2. 债券的期限

债券从发行之日起，到到期日之间的时间称为债券的期限。我国已发行的公司债券期限大多数在5～10年。确定债券期限时，应该充分考虑公司对资金需要的时间以及公司的偿债能力。

3. 债券的利率

债券的票面上必须载明利率，通常用年利率表示。债券利率既可以是固定利率，也可以是浮动利率。债券面值与利率相乘可得出年利息。在确定债券利率时，应参考债券有效期限内银行定期存款的利率或国库券的利率水平，并考虑本公司的信誉等级等因素。公司债券的利率应高于相同期限银行定期存款利率和国库券利率。

4. 债券的价格

债券价格是指发行债券的售价。债券的发行价格可等于面值（平价发行），也可以大于面值（溢价发行）或小于面值（折价发行）。在正常情况下，债券一般按面值发行，只有在债券利率确定后，突然遇到银行存款利率的调整，通货膨胀加剧，或者债券滞销等情况时，才需要调整债券的价格，改按溢价或折价发行。

（三）公司债券的发行方式与发行价格

1. 公司债券的发行方式

在西方，公司债券的发行有公开发行和私自发行。公开发行是指由投资银行或其他承销人在市场上出售公司债券。如果公开发行，发行公司必须指定一个够资格的信托人，以代表所有公司债券的持有者。信托人的义务是监督公司债券的发行是否合法，财务状况是否合理，是否能遵守发行公司债券时所订的各项契约。如果发行公司债券后不能履行其应尽的义务，信托人可代表公司债券的持有人采取必要行动。私自发行是指公司的债券不经投资银行或其他承销人在市场上公开发行，而是由债券的发行公司与团体投资者协商议价来发行。

债券的销售有代销和包销两种方式。

代销是由证券经营机构代理发行公司销售债券。其特点是代理机构不承担销售的风险，债券发行价格由发行公司确定，代理机构按销售额的一定比例收取代销手续费。这种方式公司承担的销售费用较低，但销售期限较长，销售风险由公司承担。

包销是由证券经营机构以一定的价格全部购买公司发行的债券，然后再以另一个价格对外销售，价差作为证券经营机构的销售手续费。其特点是销售风险由证券经营机构承担，未能对外销售出去的债券由证券经营机构认购。这种方式简单、快捷，公司无需承担销售风险，但价差较大，公司负担的债券销售费用高。

由中国证监会 2007 年 8 月 14 日颁布的《公司债券发行试点办法》中规定发行公司债券，应当由保荐人保荐，并向中国证监会申报。保荐人应当按照中国证监会的有关规定编制和报送募集说明书和发行申请文件，并对债券募集说明书的内容进行尽职调查。

2. 公司债券的发行价格

债券的发行价格，取决于债券的利率与投资者要求的收益率。债券的利率按同期银行存款利率或国库券利率再加上债券的风险收益率。风险收益率根据公司的信用等级确定，信用等级越高，风险收益率就越低。我国规定，公司债券的信用评级，应当委托经中国证监会认定、具有从事证券服务业务资格的资信评级机构进行。在确定债券利率时，应从发行公司和购买者两方面考虑：定得过高，公司就要增加债券的资金成本；定得过低，债券发行不出去。因此，债券的利率应与债券投资者要求的收益率基本一致。投资者要求的收益率也叫市场利率，是指购买债券的投资者所接受的由市场供求关系决定的均衡利率。在确定债券利率时，一般是按市场利率来确定，此时债券的发行价格就等于面值。但由于市场利率是经常变化的，而公司债券的利率一经确定就不能再进行调整，这样，当市场利率高于债券利率时，债券发行价格就会低于面值，即折价发行；当市场利率低于债券利率时，债券发行价格就会高于面值，即溢价发行。我国规定公司债券的发行价格由发行人与保荐人通过市场询价确定。

债券发行价格可以用债券理论价格公式计算确定。理论价格计算的原理是资金的时间价值理论。债券的理论价格是债券未来收益的现值，计算公式为

$$PV = \sum_{t=1}^{n} \frac{I}{(1+k)^t} + \frac{B}{(1+k)^n}$$

式中，PV 为债券的理论价格；I 为每期的利息额，它等于债券面值乘以债券票面利率；B 为债券面值；k 为市场利率；t 为计算利息的次序；n 为计算利息的总次数。

由于债券各期利息相等，因此上式可简化为

$$PV = I \times (P/A, k, n) + B \times (P/F, k, n)$$

例 3-1 某公司债券面值 100 元，期限 3 年，年利率为 8%，每年支付利息一次，到期一次归还本金。假定该债券发行时的市场利率分别为 8%，6%，10%，试计算不同市场利率时的发行价格。

当市场利率为 8% 时

$$发行价格 = 100 \times 8\% \times (P/A, 8\%, 3) + 100 \times (P/F, 8\%, 3)$$
$$= 8 \times 2.577 + 100 \times 0.793\ 8$$
$$= 100(元)$$

当市场利率为 6% 时

$$发行价格 = 100 \times 8\% \times (P/A, 6\%, 3) + 100 \times (P/F, 6\%, 3)$$
$$= 8 \times 2.673 + 100 \times 0.839\ 6$$
$$= 105.34(元)$$

当市场利率为 10% 时

$$发行价格 = 100 \times 8\% \times (P/A, 10\%, 3) + 100 \times (P/F, 10\%, 3)$$
$$= 8 \times 2.487 + 100 \times 0.751\ 3$$
$$= 95.02(元)$$

（四）债券筹资的优缺点

1. 债券筹资的优点

（1）资金成本低。由于债券利息通常低于优先股及普通股的股息，同时，债券利息在税前收益中支付，可以抵扣所得税，因此，债券的资金成本远远低于优先股及普通股的成本。

（2）能产生财务杠杆作用。债券的利息是固定的，当公司投资收益率高于债券资金成本时，多发行债券能给股东带来更大的收益。

（3）不会影响股东对公司的控制权。债券持有人只有到期收回本金和利息的权利，无权参与公司的经营管理，因此发行债券是维护股东权利的一种措施。

2. 债券筹资的缺点

（1）增加公司的财务风险。债券必须还本付息，是公司的固定支付费用，债券发行越多，负债比率越大，公司的财务负担越重，偿债能力就越低，破产的可能性就越大。

（2）可能产生财务杠杆的负作用。当债券资金成本高于公司投资收益率时，就会产生财务杠杆的负作用，此时，债券发行越多，股东的收益就越少。

（3）可能导致公司总资金成本上升。当公司负债比率超过一定限度时，公司财务风险和破产风险就会增加，由此导致债券成本、权益资金成本上升，从而导致总资金成本上升。

（4）降低公司的经营灵活性。在债券合同中，各种保护性条款使公司在股息策略、融资方式和资金调度等多方面受到制约，影响公司的正常发展和以后的筹资能力。

综合分析债券筹资的利和弊，公司在利用债券筹资时，应扬长避短，考虑以下几个问题。

（1）控制财务风险。根据公司所能承担的财务风险程度确定负债比率的上限，控制发行债券的数量。

（2）避免产生财务杠杆负作用。当公司投资收益率高于债券资金成本时，才能以发行债券筹资。

（3）充分发挥财务杠杆作用。在公司有足够的盈利能力及偿债能力的前提下，应尽可能利用负债筹资，以增加股东收益。

三、可转换公司债券

可转换公司债券，是一种赋予持有人在一定期间内依据约定的条件可以转换成股份的公司债券。从定义来看，可转换债券是建立在债券基础上的衍生证券；从资本级别上来看，其偿付地位优于优先股和普通股；从风险和收益的关系来看，其风险较小，可以获得稳定的利息收益（不考虑信用风险）。作为补偿，可转换债券的收益率应该小于优先股和普通股。因为具有可转换功能，所以它在一定的期限和满足一定的条件以后，可以转换为一定数额的普通股，从而在可控制的风险下，具有获得与普通股对应的较高风险收益的可能。

1997 年 3 月 25 日，经国务院批准，证券委发布了《可转换债券管理暂行办法》，2001 年 4 月 26 日证监会发布了《上市公司发行可转换公司债券实施办法》，2006 年 5 月 7 日证监会又发布了《上市公司证券发行管理办法》。这标志着我国证券市场的组成上，除了股票市场和普通债券市场外，又引入了前景看好的可转换债券市场。公司发行可转换债券的目的，实际上是通过赋予投资者一定的获取普通股票的权利，来换取低资金成本和少限制的融资条件。对投资者来说，可转换债券是一种很具灵活性的金融品种。它的持有人既可以获得可转换债券本金和利息的安全承诺，又可以在发债公司标的股票股价攀升时将其转换为股票，获得股票价差的收益。它兼具债券和股票的优点，在涨势中随股价上涨，在跌势中保本收息，称得上是一种进可攻、退可守，上不封顶、下有保底的投资工具。

由可转换债券的定义可知，它具有双重基本属性：债券性和期权性。首先可转换债券具有债券性。可转换债券的债券性体现在如果持有人在转换期内未转换成股票，发债公司必须定期支付利息和到期偿还本金，可以说可转换债券是公司债券的特殊形式。同时，可转换债券还具有期权性。可转换债券的期权性体现在可转换的选择权，这种选择权是一种权利，而不是一种义务。即在规定期限内，持有人既可以行使转换权利，将债券转换为既定数量的发债公司的普通股，也可以放弃转换权利，作为普通公司债券持有，获取利息和本金。投资者正是为了这样一种权利而愿意承担可转换债券利率较低所带来的损失。正是因为有了可转换的选择权，理论界通常认为可转换债券应归为股票期权的一种特殊形式，是一种衍生工具。但股票期权行使时不会导致股票数量变化，而可转换债券转换成股票时会导致股票数量增加。因此，应将可转换债券的期权理解成认股权证。

（一）可转换债券的特征

1. 可转换债券有明确的转换期限

转换期限是指发行公司受理债权转股权的期限。在转换期限内，债权人有选择是否转换的权利。如果在转换期限内没有转换成股票，发行公司则必须在债券到期日偿付本息；一旦转换成普通股票之后，就不能再转换成债券了。

2. 可转换债券的票面利率是确定的

发行可转换债券的公司对于未转换成股票的债券，必须按照预定的利率和时间支付债券利息。由于可转换债券除了利息收入外，还附加了转换成股票的期权收益部分，给投资者以较大的灵活性。因此，可转换债券的票面利率通常低于不可转换债券的票面利率，甚至低于银行存款利率，而且其利息可作为财务费用在税前扣除，抵减了部分所得税。所以，可转换债券的资金成本比其他筹资方式都低。

3. 可转换债券的转股价格在发行时预先确定

转股价格是指募集说明书事先约定的可转换债券转换为每股股份所支付的价格。投资者将可转换债券的转股价格与其股票的市场价格相比，决定是否转换。当股票的市场价格升到转股价格之上时，投资者可将其转为股票套现获利，否则，只能将其当作普通债券处理，静心等待期满兑现本息。但是否转换成股票的权利在于投资者。

4. 可转换债券是一种混合性证券

可转换债券在没有转换成股票之前，具有普通债券的特征，是债权性证券；一旦转换成股票以后，就具有股票的特征，是权益性证券。

（二）可转换债券的基本要素

可转换债券的基本要素包括标的股票、票面利率、期限、转股价格及调整与修正、赎回条款和回售条款等，这些要素对于可转换债券的成功发行及转换是非常重要的。其中转股价格的制定和调整、赎回条款和回售条款的设置都涉及转换条件，而可转换债券能否成功转股依赖于转换条件的设计。

1. 标的股票

可转换债券作为期权类的二级派生产品与期权一样，也有其标的物，即将来可转换债券可以转换成何种类型的股票。可转换债券的标的物一般是发行公司自己的普通股票，不过也有其他公司（如发债公司的上市子公司）的普通股票。在我国，通常的标的股票有 A 股、B 股、H 股、N 股等。

可转换债券的价值中包含标的股票的买权，因此，可转换债券的价格必然依赖于标的股票的变动情况，并与标的股票价格同向变动。

2. 票面利率

票面利率就是指可转换债券票面上所载明的利率。票面利率是可转换债券作为一种债券的重要特征，可转换债券固定的利息为投资者提供了保底收益，是投资可转换债券时需要考虑的一个基本要素。票面利率同时也在一定程度上构成了发行公司的融资成本，关系到公司未来几年中的利息负担问题。因此，票面利率最终确定在怎样一个水平上其实是发行公司和投资者利益权衡的结果。

在确定可转换债券的票面利率时，既要考虑当前市场利率水平和公司债券资信等级，还要考虑发行人未来效益预测等因素。如果预计未来标的股票价格高于转股价格越多，票面利率就可设置越低；反之，如果预计未来标的股票价格高于转股价格越少，则票面利率就应设置越高。通常而言，由于发行公司承担的风险较大，可转换债券的票面利率低于同期银行存款利率和企业债券利率。投资者之所以愿意承担这部分利差主要是为了获得转股后的股利或出售股票的价差。

我国《上市公司证券发行管理办法》第十六条规定，可转换债券的利率由发行公司与主承销商协商确定，但必须符合国家的有关规定。我国已发行的可转换债券票面利率一般都采用逐年递增，平均利率在 2% 左右。如 2008 年 8 月 21 日发行的"新钢转债"，各年的票面利率分别为 1.5%，1.8%，2.1%，2.4%，2.8%。

3. 期限

对于可转换债券而言，期限有两个含义，即债券期限和转股期限。债券期限即可转换债券发行之日至可转换债券到期还本日的年限。它与可转换债券的偿还密切相关，同时债券期限的长短也会影响到企业将募集的资金作何使用。若期限过短，企业将资金投入长期项目就会面临较大的财务风险（除非企业有另外的资金流入来支付本息），同时对投资者而言，债券期限较短，意味着可选择的转换机会自然也会少一些，可转换债券的投资价值受到影响。而期限过长，则发行人和投资者会面临更多的不确定因素，尤其是市场利率变动所带来的再投资风险。因此，对于发行公司来讲，债券期限的选择一定要视乎企业资金的具体使用计划，尽量使得债券期限与相关的项目获得收益的时间大致吻合，以保证可转换债券的还本付息。毕竟可转换债券最终能否转换是一个不确定数，出于财务上的稳健考虑，发行公司应将可转换债券作为负债来安排。而对于政府制定法规而言，应该注意可转换债券的最长期限不能规定得太短，以满足企业长期资金的使用要求。

可转换债券中的另一个期限即转股期限，是指可转换债券转换为股票的起始日至结束日的期间。转股期限的确定是发行公司决策的重要组成部分。一般来说，转股期限较长，将有利于持券人选择时机行使转换权，也有利于发行公司比较主动地应付期限之内出现的情况。转股期限通常有四种情况：一是发行后某日至到期前某日；二是发行后某日至到期日；三是发行日至到期前某日；四是发行日至到期日。在前面两种情况下，可转换债券有一段时间的锁定期限，在这段时间内，债券持有人不可以将债券转换成股票。通常上市公司发行可转换债券后为了避免股权过早被稀释，一般希望可转换债券保持一段时间债券的性质，因此，大多数情况下，是从发行日开始经过一段时间后设定转股期间的开始日。由于在发行时转股价格通常高于标的股票当时的市场价格，因此，投资者一般不会在可转换债券发行后立即行使转换权。

我国《上市公司证券发行管理办法》第十五条规定，可转换债券的期限最短为 1 年，最长为 6 年。目前我国发行的可转换债券多为 5～6 年。第二十一条规定，可转换债券自发行结束之日起 6 个月后方可转换为公司股票，转股期限由公司根据可转换债券的存续期限及公司财务状况确定。我国上市公司目前已发行的可转换债券，大多数规定在发行结束 6 个月后，少数规定在发行结束 12 个月后，持有人可以依据约定的条件随时转换股票。

4. 转股价格及调整与修正

转股价格是指募集说明书事先约定的可转换债券转换为每股股份所支付的价格。能将多少债券转换成一股股票，在发行时就已确定。如转股价格为 10 元，则一张 100 元的可转换债券到时可转换成 10 股股票。与之密切相关的另一个概念，即转股比率，是指行使转换期权时，每张可转换债券收到的普通股票数量。两者的关系如下：转股比率＝每张可转换债券面值/转股价格。理论上讲，可转换债券的发行主体应为上市公司，因此可转换债券的转股价格或转股比率与发行可转换债券时的股票市场价格存在下列关系：转股价格≥股票市价，否则就会存在套利机会，投资者可立即将可转换债券转为股票，获得无风险利润。转股价格与股票市价间的差额通常称为转股溢价，转股溢价＝转股价格－发行时股票市价，转股溢价率＝转股溢价/发行时股票市价。

转股价格的确定，直接涉及投资者与公司现有股东之间的利益关系。转股价格定得过高，会降低可转换债券的投资价值，从而失去对投资者的吸引力，增大发行风险；而转股价格定得过低，尽管能使可转换债券具有较高的投资价值，从而有效地吸引投资者认购，但加大了公司股权的稀释程度，损害公司原有股东的利益。所以，转股价格的确定，不仅要兼顾可转换债券投资者和原有股东双方的利益，有效地降低发行风险，同时还要在一定程度上降低转股风险。资本市场成熟的国家中，上市公司发行可转换债券，确定转股价格通常要综合考虑股票市价、债券期限、利息率、发行地点、上市地点等多种因素。一般以发行前一段时间股票市价的均价上浮一定幅度作为转股价格，通常上浮（即转股溢价率）5％～20％。转股溢价与发行时机密切相关，若选在股价低迷时发行，则转股溢价可以定得高一些；若股价处于较高位时，则转股溢价可以定得低一些。对于那些成长前景良好，但因种种原因目前股价较低的公司而言，正是由于转股溢价的存在，才使他们更倾向于利用可转换债券进行融资。当然，转股溢价越高，则投资者将债券转换为股票的时间必将延后，转股的可能性也会下降，因为只有当标的股票价格高于转股价格时，转换才会发生，如果投资者手中的可转换债券是在二级市场上以高于面值的价格购买的话，对标的股票价格的要求将会更高。我国《上市公司证券发行管理办法》第二十二条规定，转股价格应不低于募集说明书公告日前 20 个交易日该公司股票交易均价和前一交易日的均价。

可转换债券具有隐含的股权性质，一旦可转换债券持有人行使转换权，即成为公司股东，享有的权利与老股东无异。但是，如果因为种种原因使发行公司股份发生实质性变化，且使每股权益遭受到稀释时，如送红股、转增股本、增发新股、配股和派息等情况使股份或股东权益发生变化时，可转换债券的转股价格就会有所贬损，而可转换债券持有人在转换前无法通过接受红股或参与配股来得到补偿，将蒙受潜在的损失。同时股本的稀释，必然导致标的股票价格的下降，若不调整转股价格，转换实现的可能性减小，无论是对可转换债券投资者还是发行公司都是不利的。由于转股价格的调整主要是针对股权被稀释的情况，因此，在有的国家也称此类条款为"反稀释条款"。我国《上市公司证券发行管理办法》第二十五条规定，发行可转换债券后，因配股、增发、送股、派息、分立及其他原因引起上市公司股份变动的，应当同时调整转股价格。

设调整前转股价格为 P_0，调整后转股价格为 P_1，每股送红股数为 N，每股配股或增发新股数为 k，配股价或增发新股价为 A，每股派息为 D。

转股价格的调整通常有以下几种情况。

（1）送红股

$$P_1 = \frac{P_0}{1 + N}$$

（2）配股或增发新股

$$P_1 = \frac{P_0 + A \times K}{1 + K}$$

（3）送红股与配股或增发新股同时进行

$$P_1 = \frac{P_0 + A \times K}{1 + N + K}$$

063

（4）派息

$$P_1 = P_0 - D$$

在发行可转换债券后，公司有可能发生资产重组或融资行为，而这种行为往往又会使得公司的股票价格产生较大幅度的波动。如果它引起股票价格上扬，那么就由赎回条款来对投资者进行约束；如果它引起股票价格下跌，那么就得对转股价格进行向下修正，否则原定的转股价格就会高出当前的股价，使得转股不能进行。因此转股价格的修正是可转换债券设计中一个非常重要的保护投资者利益的条款，也称向下修正条款。该条款一般规定在可转换债券的存续期间，当标的股票连续一段时间（通常为30 天）低于当期转股价格的一定比例（通常为 10％～20％）时，发行公司有权对转股价格向下修正，修正后的转股价格一般为原转股价格的 70％～80％。转股价格向下修正，既可以保护可转换债券持有人的利益，在特定情况下对发行公司而言同样是有利的。因为转股价格相对标的股票过高，则持有人缺乏行使转换权的利益驱动，若不及时调整，将最终导致可转换债券转换率降低，发行公司将面临巨大的还本付息压力，发行可转换债券的目的也就难以实现。因此，转股价格适时向下修正无论对于发行公司还是投资者都是必要的。但修正后的转股价格一般不低于前 20 个交易日该公司股票交易均价和前一交易日的均价，也不得低于公司普通股的每股净资产。

5. 赎回条款

赎回是指发行公司在一定时期内可以提前收回未到期的可转换债券，赎回价格一般高于面值。不具有赎回条款的可转换债券，对于投资者而言，当标的股价长期大幅度地上涨时，尽管对可转换债券的投资回报没有上限控制，但对发行公司原有的股东来说，其利益将被较大地割让。赎回条款主要是为了保护可转换债券发行公司及其原有股东利益，当利率下调时，为避免利息损失，发行公司可发行利率更低的可转换债券来赎回原发行的可转换债券。或者在标的股票市场价格处于上涨的情况下，对可转换债券持有人可能获得的收益进行限制，使持有人行使转换权，从而加速转换过程，提高可转换债券的转换率。因此，赎回条款也被称为加速转换条款。赎回实质上属于提前偿还的一种方法，更多地考虑了发行人如何避免利率下调的风险、还本压力以及财务风险，是发行人的一种权利，而非义务。在同样条件下，附加此种条款时，发行公司要在提高票面利率或降低转股价格等方面向投资者适当让利，这也是发行公司向投资者转移风险的一种方式。赎回条款一般应包括以下几个要素。

（1）不可赎回期。是指从发行日起，可转换债券不可被赎回的时期。不可赎回期一般定为 1～3 年。不可赎回期越长，股票增长的可能性就越大，赋予投资者转换的机会也就越多，故越有利于投资者。因此，不可赎回期是为保护投资者利益而设置的。但并非所有可转换债券的赎回条款中都有不可赎回期，有的可转换债券发行后即存在赎回的可能性。这种情况常常给予较高的赎回价格，对投资人来说风险不大。

（2）赎回期。可转换债券不可赎回期结束后，即进入赎回期。赎回方式按时间通常分为定时赎回和不定时赎回两种。定时赎回通常是规定一系列的指定日期，到此日期，发行公司有权按原先确定的赎回价格赎回部分或全部的可转换债券；不定时赎回则根据标的股票的走势情况，按原先的有关规定进行赎回。

（3）赎回价格。赎回价格的确定，是公司股东和债权人利益均衡的结果。因为定价太高，会损害股东的利益；定价太低，又会损害债权人的利益。一般规定赎回价格为面值的103％～106％。离发行日期的时间越长，则赎回价格一般越低。

（4）赎回条件。这是赎回条款中最重要的因素。通常有两种情况：无条件赎回，即在赎回期内按照事先约定价格的赎回；有条件赎回，即在标的股票价格上涨到一定幅度，并在此维持了一段时间以后，发行公司可以按照约定的价格赎回。有条件赎回等于迫使投资者提前行使转换权，将可转换债券转换成公司的普通股票。国外通常把股票价格达到转股价格的100％～150％作为涨幅界限，同时在该价格水平上维持一定期限如30个交易日作为赎回条件。离发行日期的时间越长，涨幅要求越低。目前我国可转换债券的提前赎回都是有条件赎回，即基于股票价格上涨到一定幅度时的赎回。由于有条件赎回起到加速转换的作用，因而通常又称作加速条款。

我国上市公司发行的可转换债券都设置了赎回条款，包括到期赎回条款和有条件赎回条款。到期赎回条款规定在可转换债券期满后几个交易日（通常为5个交易日）内，发行公司将以高于可转换债券票面面值的一定比例（通常为5％左右）向投资者赎回全部未转股的可转换债券。有条件赎回条款规定在可转换债券转换期内，如果发行公司标的股票任意连续多少个交易日（如20或30日）的收盘价不低于当期转股价格的一定比例（通常为130％），发行公司有权按照债券面值的一定比例（通常为104％左右）的赎回价格赎回全部或部分未转股的可转换债券。

在赎回条款生效时，发行公司可以有两种支付方式：一种是直接支付现金赎回可转换债券；另一种是发行公司重新发行新的认股权证、可转换债券或其他工具，来赎回原先的可转换债券。两种还本付息的方式，实际上是公司在长期利益与短期利益之间进行某种权衡和调节。

6. 回售条款

回售是指可转换债券持有人有权在规定时期内以高于面值一定的溢价将可转换债券出售给发行人。不具有回售条款的可转换债券，对于投资者而言，当标的股价长期大幅度地下降时，其投资回报尽管有普通债券的价值保底，但由于可转换债券的票面利率通常都非常低，因而可转换债券的投资者也将会承受较大的损失。回售条款主要是为了保护投资者的利益，在公司股价表现不佳时，赋予投资者在指定的时期内，将可转换债券以高于面值一定比例的回售价格卖回发行公司的权利。在同样条件下，附加此种条款时，发行公司要在降低票面利率或提高转股价格等方面让投资者适当付出一些代价，这也是投资者向发行公司转移风险的一种方式。产生回售条款的直接原因在于，发行人为了吸引投资者认购，降低投资者的风险，使可转换债券发行顺利、筹资成功。回售条款一般应包括以下几个要素。

（1）回售时间。回售时间是事先约定的，一般定在整个期限最后1/3时间。对于10年期以上的可转换债券，大多规定后五年为回售时间，而且一般是每周年一次。

（2）回售价格。回售价格是事先规定好的，稍高于面值，它使可转换债券的实际利率比市场利率稍低，但远高于可转换债券的票面利率。正是因为这一点，使得投资者的利益受到有效的保护，降低了投资风险。因此，附有回售条款的可转换债券通常更受投资者的欢迎。

（3）回售条件。回售条件通常是发行公司承诺，在指定的日期，若可转换债券的收益率达不到约定的水平时，发行公司必须按照指定的利息率接受投资者回售的可转换债券。欧美市场通常以美国国库券的利率另加几个基点来计算投资者的收益率。

我国上市公司发行的可转换债券都设置了回售条款，包括有条件回售条款和附加回售条款。有条件回售条款规定在可转换债券转股期间或到期日前一段时间内，如果标的股票收盘价连续一段时间（通常为 20～30 个交易日）低于当期转股价格达到一定比例（通常为 70%～80%），经申请，可转换债券持有人有权将可转换债券全部或部分回售发行公司。附加回售条款规定在可转换债券存续期间内，如果本次发行所募集资金的使用与发行公司在募集说明书中的承诺相比出现重大变化，被中国证监会认定为改变募集资金用途的，持有人有权按面值的一定比例（通常为 104%）的价格向发行公司回售其持有的部分或全部可转换债券。

（三）可转换债券的价值

可转换债券的价值分析是公司利用这一融资工具所须首先考虑的问题。因为其他分析如资金成本、融资风险、可转换债券的设计等都要以价值分析作为基础。同时可转换债券的价值是决定投资者是否购买，是否出让以及是否转换为股票等投资决策的重要判断依据，所以它成为发行公司和投资者共同关注的焦点。

可转换债券具有债券的基本属性，也具有股权的隐含属性，在没有赎回条款和回售条款的情况下，可转换债券具有双重价值：一是作为普通债券的价值；二是作为普通股票的转换价值。

1. 作为债券的价值

可转换债券的债券价值是指倘若它永不被转换的话，每单位可转换债券的价值，也即把可转换债券的转换期权去掉，作为普通债券的价值。当可转换债券标的股票价格低于转股价格时，投资者一般不会选择转换，而是选择继续持有，这时可转换债券具有普通债券的价值。即在发行公司不违约的情况下，无论标的股票市价下降多少，可转换债券的价值也不能低于作为普通债券的价值。可转换债券的债券价值就是可转换债券在不进行转换的条件下所有未来现金流（包括利息和本金）按市场利率进行折现的价值，它其实是普通债券的理论价值。有关普通债券价值的计算，前面已作过介绍，这里就不再多说了。

例 3-2　某公司发行年利率 0.8% 的五年期面值为 100 元一张的可转换债券，发行一年后，如果市场利率为 5%，而该债券没有转换成标的股票时，作为普通债券的价值

$$PV = 100 \times 0.8\% \times (P/A, 5\%, 4) + 100 \times (P/F, 5\%, 4)$$
$$= 0.8 \times 3.546 + 100 \times 0.822\ 7$$

$$= 85.11(元)$$

这表明，该公司可转换债券发行一年后的最低价值为 85.11 元，即无论标的股票价格怎么下降，该公司可转换债券的价格最多也只能降到 85.11 元，因为投资者以 85.11 元的价格持有至最后到期也能获得 5％的市场利率，因而没有必要再降低价格抛售。

2. 转换为标的股票的转换价值

可转换债券的转换价值是指倘若立即转换的话，每张可转换债券转换成的标的股票的总价值。即

$$转换价值 ＝ 转换后标的股票市场价格 × 转股比率$$
$$转股比率 ＝ 每张可转换债券面值 / 转股价格$$

例 3-3　某公司发行年利率为 0.8％的五年期面值为 100 元一张的可转换债券，其转换价格为 10 元，即转股比率＝100/10＝10 股/张，当标的股票的市价为 12 元时，可转换债券的转换价值＝10×12＝120 元。

从以上公式可看出，转换价值是由转股比率与标的股票的市价决定的。而当转股价格未作调整时，转股比率也就不变。那么，转换价值的变化唯一与标的股价有关，因而转换价值的变化趋势与标的股价的变化趋势一致。

由于可转换债券行使转换期权后对原股权会产生稀释作用，进而影响标的股票的市场价格。因此在估计可转换债券的转换价值时，不能用转换前标的股票的市场价格，而应用转换后标的股票的市场价格，否则投资者将会由于转换而带来损失。

3. 可转换债券的投资分析

由于可转换债券是由普通的公司债券与股票的买入期权这两部分复合而成的，因此，可转换债券的市价也应由普通债券的市场价值与可转换债券买入期权的价格这两部分相加而成。普通债券的市场价值为可转换债券持有人提供了投资的保底价值；而可转换债券买入期权的价值取决于标的股价未来的走势，它为投资者提供了附加的投机价值。

如果可转换债券的市价低于其转换价值，人们将在市场上以市价购进可转换债券，并按其转股价格转换成标的股票，然后再将标的股票卖出，从中获取利润。如果可转换债券的市价低于其作为普通债券的价值，人们将在市场上以市价购进可转换债券，但不将其转为普通股票，以赚取高额利息收入所带来的超额利润。正是由于这类套利活动的存在，使得可转换债券的市价至少不低于它的转换价值或作为普通债券的价值。

由于可转换债券的市价具有下限但无上限的特点，使得可转换债券的市价经常高于其转换价值。可转换债券的市价高于其转换价值的差额被称之为转换溢价。转换溢价通常为转换价值的 5％～20％。

067

（四）分离交易可转换债券

分离交易可转换债券是一种附认股权证的公司债券，简单的可以理解成买债券送权证，债券与权证分离交易。分离交易可转换债券分离的纯债和认股权证赋予了上市公司一次发行两次融资的机会。分离交易可转换债券与普通可转换债券的本质区别在于债券与权证可分离交易。中国证监会 2006 年 5 月 7 日发布的《上市公司证券发行管理办法》首次将分离交易可转换债券列为上市公司再融资品种，并对其发行条件、发行程序、条款设定等方面作出较为具体的规定。分离交易可转换债券的期限包括债券期限、认股权证存续期和行权期。我国《上市公司证券发行管理办法》第二十九条规定分离交易可转换债券的期限最短为一年。第三十二条规定认股权证的行权价格应不低于公告募集说明书日前二十个交易日公司股票均价和前一个交易日的均价。第三十三条规定认股权证的存续期间不超过公司债券的期限，自发行结束之日起不少于 6 个月。第三十四条规定认股权证自发行结束至少已满 6 个月起方可行权，行权期间为存续期限届满前的一段期间，或者是存续期限内的特定交易日。分离交易可转换债券没有设立赎回条款和向下修正条款，回售条款规定只是当上市公司改变公告的募集资金用途时才赋予债券持有人一次回售的权利。

（五）可转换债券筹资的优缺点

1. 可转换债券筹资的优点

（1）资金成本低。可转换债券的利息率通常低于普通债券的利息率和银行贷款利率，投资者对转换价值预期越高，票面利率可设置越低。另外，可转换债券的利息可作为财务费用在税前扣除，抵减了部分所得税，因而使可转换债券的资金成本较其他筹资方式都低。

（2）比直接股票或债券筹资具有更大的优越性。发行可转换债券的基本目的往往是为了出售普通股票而并非债券，但由于各种原因，如企业新建、工程开工、成本高而一时又无盈利，从而使出售的股票价格较低，或者说，要筹集相同数量的资金需要发行更多的股票，从而稀释原有股权。由于可转换债券的转股价格通常高于标的股票的市价 5%～20%，因此，转换后比直接出售股票的股数要相对减少 5%～20%。由于可转换债券的利息率大大低于普通债券的利息率，即使转股失败，也比直接出售普通债券有利。

（3）比普通股票或债券筹资更容易。对于投资者来说，可转换债券既为投资者提供固定的利息收入和还本保证，同时又赋予投资者转换权，使投资者能分享公司业绩增长和股票增值的益处。因此，在我国目前条件下，发行可转换债券能被大多数投资者所接受。

2. 可转换债券筹资的缺点

（1）财务风险大。发行公司总是期望标的股票价格高于可转换债券的转股价格，从而完成其转换，由债务转化为所有者权益，公司无须偿付本金，相当于提前（或额外）发行股票，而不赋予这部分"股东"相应的"权益"。但如果公司经营不善，股价下跌，投资者不愿转换，那么，发行公司将面临还本付息的压力，此时无异于雪上加霜。

（2）不能得到财务杠杆的好处。一般来说，当公司未来盈利能力强时，发行普通债券可使股东得到财务杠杆的利益；而当公司未来盈利能力差时，发行普通股票可避免偿债的压力。而发行可转换债券却不能获得上述好处。因为只有当公司盈利能力强，标的股票价格上涨到高于转股价格时，投资者才会转换，而此时公司原有股东却得不到财务杠杆的利益；当公司盈利能力差时，投资者不会转换，公司又面临破产的风险，公司原有股东将会遭受更大的损失。

（3）资金成本低的优势有一定时间界限。只有当可转换债券未转换成标的股票以前，公司才能享受资金成本低的好处，一旦转换，这种优势将随之消失，而且当标的股票价格大幅上涨后，其成本也将大幅度上升。

四、融资租赁

租赁是指资产所有者出让资产的使用权供另一方使用，在使用期间，按期收取租金作为报酬的一种经济活动。租赁可分为经营租赁和融资租赁两种。

经营租赁也称临时租赁，它是解决企业对资产的短期需要的短期租赁，出租人不仅提供资产的使用权，也提供维修、保险等服务。经营租赁合同比较灵活，在合理限制条件范围内，可以解除租约，期满后资产归还给出租人。经营租赁不属于长期筹资的范围，只是满足企业对资产的临时需要，但可以避免因短期需要而花费大量资金购入长期资产，如设备等。

融资租赁也称财务租赁，它是解决企业对资产长期需要的长期租赁，其主要对象是设备。承租人可在资产的大部分使用寿命周期内，获得资产的使用权。出租人收取租金但不提供保养、维修等服务，承租人在租赁期间内对资产拥有实际的控制权，在租赁期满后可以优先购买该项资产。

（一）融资租赁的特征

（1）承租人有选择租赁物的权利和责任。一般由承租人向出租人提出正式申请，由出租人融通资金购买所需设备，然后交给承租人使用，设备的规格、型号、质量、技术验收等责任由承租人承担。

（2）租期较长。融资租赁的期限一般要超过资产寿命的 75%。

（3）租赁合同比较稳定。在融资租赁期间内，承租人必须连续支付租金，非经双方同意，中途不得退租。

（4）租赁期满后，资产处理方式灵活。可作价转让给承租人，也可由出租人收回，或延长租期，继续租赁。大多数做法是在承租人付清最后一笔租金后，其所有权归承租人所有。

（5）融资租赁构成企业的负债。融资租赁在会计上作为长期应付款处理，实际上它属于变相的分期付款购买资产形式，在每期所付的租金中，既包括买价的分期付款，又包括一定的利息支出，有时还包括出租人收取的手续费。

（6）在租赁期内，出租人一般不提供维修和保养方面的服务。

（二）融资租赁的形式

1. 直接租赁

直接租赁是指承租人直接向出租人承租其所需要的资产，并付出租金。直接租赁的主要出租人是制造商、金融公司、租赁公司等。除制造商以外，其他出租人都是向制造商或供应商购买资产，然后再出租给承租人的。

2. 售后租回

根据协议，企业将其资产卖给出租人，然后再从出租人手中租回该项资产。资产的售价相当于资产的市场价格。售后租回方式，出售资产的企业一方面可得到相当于资产售价的一笔资金，另一方面又可继续使用该项资产，但此时承租人已失去资产的所有权。从事售后租回的出租人通常是金融公司、保险公司、租赁公司等。

3. 杠杆租赁

这种形式的租赁除涉及承租人、出租人外，还涉及贷款人。出租人主要是利用贷款人的资金购买所需资产，他既是出租人，又是借款人，同时又拥有对资产的所有权，出租人所得租金首先用于偿还借款，如果不能及时偿还借款，那么，资产的所有权就要归贷款人所有。

（三）融资租赁筹资的优缺点

1. 融资租赁筹资的主要优点

（1）节省时间和费用。融资租赁是一种融资与融物相结合的筹资方式，而不像其他筹资方式那样，要等到筹集到足够的货币资金后才用货币资金去购买长期资产，这使得企业在筹到资金的同时，获得长期资产的使用权。

（2）融资租赁不需抵押，不需要相应的存款余额，又能满足企业对长期资产使用的要求。

（3）租金分期偿还，分散了集中、大量还本付息的风险。

（4）能减少拥有设备陈旧过时的风险。承租人只拥有设备的使用权，租赁期满可以不购入陈旧的设备，这样有利于减少陈旧化所带来的损失。

（5）融资租赁的租金是在所得税前支付的，租赁契约在税务部门认可后，实际上起到抵税作用。

（6）租赁筹资限制较少。债券和长期借款都有相当多的限制条款，但租赁筹资的限制条款要少得多。

2. 融资租赁筹资的主要缺点

（1）资金成本高。融资租赁的成本主要是租金，包括购价、出租人报酬、手续费、资产陈旧化风险损失等，其中出租人报酬通常高于借款利息，而且租金通常是在年初支付，这就使融资租赁的资金成本比债券和长期借款都要高。

（2）融资租赁合同不可撤销。当筹资企业在租赁期内发现承租的设备过时或不能给企业带来利润时，也不能中途解约，这将使企业背上沉重的包袱。

（3）不能享受设备残值。在融资租赁期末，筹资企业不能像购买设备那样得到残值。但如果合同中注明筹资企业可以在租赁期末作价买下所租设备，这一缺点则不明显。

复习思考题

1. 什么是所有者权益和负债？各自包括哪些内容？
2. 权益资金和负债资金各有哪些特点？
3. 权益资金的筹资方式有哪几种？各种筹资方式有什么优缺点？
4. 普通股有哪些基本特征？常用的价值概念有哪几种？
5. 股票的发行方式有哪几种？确定股票发行价格时应考虑哪些因素？
6. 优先股有哪些基本特征？
7. 长期负债资金的筹资方式有哪几种？各种筹资方式有哪些优缺点？
8. 公司债券有哪些特征？基本要素有哪些？
9. 债券的发行价格由哪些因素决定？
10. 什么是可转换债券？它有哪些特征？
11. 可转换债券的基本要素有哪些？为什么转股价格要进行调整与修正？
12. 可转换债券的赎回条款和回售条款各包括哪些要素？
13. 可转换债券具有哪些价值？为什么可转换债券的市价不低于它的转换价值或作为普通债券的价值？
14. 分离交易可转换债券与可转换债券主要有哪些区别？
15. 什么是租赁？它有哪几种形式？融资租赁有哪些特征？

练 习 题

1. 某企业发行面值为 100 元、期限为 5 年的债券，票面利率为 10%，试问：

（1）当市场利率为 8%，10%，12% 时，发行价格分别应是多少？

（2）在上述三种市场利率下，企业分别应用哪种发行价格？

2. 某公司发行年利率为 2% 的三年期面值为 100 元一张的可转换债券，约定转股价格为 20 元，发行时的市场利率为 8%，问其作为普通债券的价值是多少？当标的股票的市价为 25 元时，问其转换价值是多少？

第四章

资金成本与资金结构

第一节　资金成本

资金成本是财务管理一个十分重要的概念，企业在筹资、投资、利润分配时都必须考虑资金成本。

一、资金成本的概念和作用

（一）资金成本的概念

在市场经济条件下，企业筹集和使用资金都是要付出代价的，如银行借款、发行债券要向债权人付利息，吸收投资、发行股票要向投资者分配利润、股利。资金成本就是指企业为筹集和使用资金而付出的各种费用，它包括资金筹集费和资金使用费。资金筹集费是指在资金筹集过程中支付的各种费用，如发行股票、债券的手续费、律师费、评估费、公证费、担保费、广告费等；资金使用费是指使用资金而支付的费用，包括支付给投资者的无风险收益和风险收益两部分，如银行借款和发行债券的利息支出、发行股票的股利支出、吸收投资的利润分配等。资金筹集费通常在筹集资金时一次性发生，与使用资金的时间无关，可看作固定费用；而资金使用费与使用资金的数量、时间直接有关，可看作变动费用。

由于在不同情况下筹集资金的总额不同，为了便于比较，资金成本通常以相对数表示，即用资金成本率来表示（一般亦通称为资金成本）。

资金成本的产生是由于资金所有权与资金使用权分离的结果。资金作为一种特殊的商品，也有其使用价值，即能保证生产经营活动顺利进行，能与其他生产要素相结合而使自己增值。企业筹集资金以后，暂时地取得了这些资金的使用价值，就要为资金所有者暂时丧失其使用价值而付出代价，因而要承担资金成本。

资金成本是企业的一种支出，具有一般产品成本的基本属性，但又具有不同于一般产品成本的某些特性。产品成本是在劳动者、劳动对象、劳动资料等生产要素上的耗费，它的补偿是对一种实际已经发生的耗费的补偿；而资金成本是在资金这个生产要素上的耗费，它的补偿是属于收益的分配过程，根据资金的性质不同，其分配的先后顺序也不同。对于负债资金，由于使用这部分资金所付出的代价即利息是必须支付的，具有刚性的特点，因而可以进入财务费用而在所得税之前得到补偿；而对于使用权益资金所付出的代价，则要通过企业税后利润来加以补偿，具有弹性的特点。因而资金成本对于负债资金是确定的，而对于权益资金只是一个预测值。

（二）资金成本的作用

资金成本对于企业筹资、投资及日常经营管理，都具有重要作用。

1. 资金成本是选择筹资方式、拟订筹资方案的重要依据

企业可以通过吸收投资、发行股票、内部积累、银行借款、发行债券、融资租赁等方式筹集资金。但不同的筹资方式，其资金成本是不同的；不同的资金结构，其加权平均资金成本也是不同的。虽然负债资金的成本较低，权益资金的成本较高，但负债资金的财务风险较大，过多的负债资金不仅使权益资金的成本上升，而且使负债资金本身的成本也上升，从而使加权平均资金成本上升。因而在筹资方案的决策中，不仅要考虑个别资金成本，还要考虑筹资的组合。当然，资金成本并不是选择筹资方式所要考虑的唯一因素，各种筹资方式使用期的长短、取得的难易、偿还的条件、限制的条款等也应加以考虑。

2. 资金成本是评价投资项目可行性的主要经济标准

资金成本是企业筹集和使用资金所付出的各种费用。从企业追求的目标之一是盈利这一点来看，只有投资收益率大于资金成本的投资项目才是可行的。如果投资项目预期的投资收益率达不到资金成本，那么企业将不能支付利息或者是投资者不能获得期望的最低投资收益率。因此，资金成本是企业用以判断投资项目是否可行的"取舍率"。

3. 资金成本是评价企业经营成果的依据

资金成本对于资金使用者来说是一种付出的代价，但对投资者来说，资金成本是投资者的收益。投资者将资金让渡给企业，是期望从企业所获收益中分享一部分。如果企业不能通过生产经营产生收益，从而不能满足投资者的收益需要，那么投资者将不会把资金再投资于企业，从而使企业的生产经营活动难以正常进行。因此，资金成本在一定程度上成为衡量企业经营业绩好坏的重要依据。只有在企业实际投资收益率大于资金成本时，投资者的收益期望才能得到满足，企业的经营活动才能长久顺利进行下去，否则，企业的经营必须重新调整。

二、个别资金成本的计算

一般来说，企业筹集和使用的各种资金都要计算资金成本，但由于短期资金（主要是流动负债）占用的时间有限，且大部分是没有资金成本的（如应付账款、应付职工薪酬等），因而筹资决策中主要是计算长期资金的成本。在没有考虑资金时间价值的情况下，资金成本可用以下公式计算：

$$资金成本 = \frac{资金使用费}{筹集资金总额 - 资金筹集费}$$

即用企业使用资金所负担的费用同筹集资金净额的比率来反映。

这种计算简单、直观，在实务中应用较广，但它不够精确，特别是在债券溢价、折价发行或是资金筹集费占筹集资金总额的比例较高时，使得企业通过发行债券而实际筹得的资金量可能与名义上筹得的需支付利息和还本的资金量有差异，从而导致用以上公式计算的误差。以下的资金成本是以现金流量为基础进行计算的。

（一）债券的成本

债券成本由债券利息及债券发行费用两部分构成。如果企业发行债券的价格为 P，发行费用为 F，面值为 B，票面利率为 i，期限 n 年，每年末支付一次利息 I，其现金流量图见图 4-1。

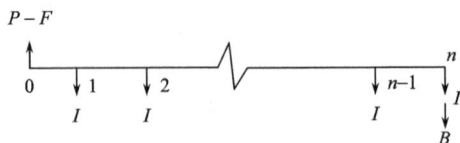

图 4-1　债券筹资的现金流量图

债券的税前资金成本就是使企业未来利息及本金支出的现值之和等于企业发行债券实际筹集到的资金总额时的折现率，即

$$\sum_{t=1}^{n} \frac{I}{(1+K)^t} + \frac{B}{(1+K)^n} = P - F$$

式中，$I = B \times i$；K 就是债券的税前资金成本。

由于企业债券的利息是在税前支付的，企业可少缴部分所得税，因此，企业债券的税后资金成本为

$$K_b = K \times (1 - T)$$

式中，T 为企业所得税税率。

由于投资者追求的是税后投资收益率，因此，资金成本通常也是以税后来表示的。

例 4-1　某企业发行债券 5 000 万元，按面值发行，期限五年，票面利率 12%，每年末支付一次利息，到期还本，发行费用为面值的 3%，所得税税率为 25%。从企业角度看，发行债券后的现金流量见图 4-2。

$$5\ 000-5\ 000\times 3\%=4\ 850$$

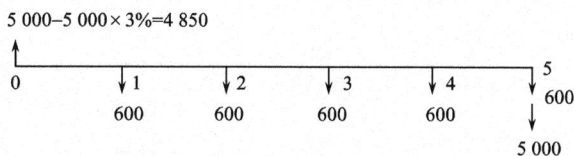

图 4-2 某债券现金流量图

该债券的资金成本计算过程如下。

设折现率为 12%，债券的现值为

$$\begin{aligned}
PV_1 &= 600\times(P/A,12\%,5)+5\ 000\times(P/F,12\%,5)\\
&= 600\times 3.605+5\ 000\times 0.567\\
&= 5\ 000(\text{万元})>4\ 850(\text{万元})
\end{aligned}$$

提高折现率，设为 13%，则债券的现值为

$$\begin{aligned}
PV_2 &= 600\times(P/A,13\%,5)+5\ 000\times(P/F,13\%,5)\\
&= 600\times 3.517+5\ 000\times 0.543\\
&= 4\ 824(\text{万元})<4\ 850(\text{万元})
\end{aligned}$$

由以上计算的结果，利用插值法可计算出债券的税前资金成本为

$$\begin{aligned}
K &= 12\%+\frac{5\ 000-4\ 850}{5\ 000-4\ 824}\times(13\%-12\%)\\
&= 12\%+\frac{150}{176}\times(13\%-12\%)\\
&= 12.85\%
\end{aligned}$$

税后资金成本为

$$\begin{aligned}
K_b &= K\times(1-T)=12.85\%\times(1-25\%)\\
&= 9.64\%
\end{aligned}$$

如果债券期限较长，每年末付利息，这时可把债券看作是永续年金。运用永续年金求现值的计算公式，得债券的税前资金成本

$$K=\frac{I}{P-F}=\frac{I}{P(1-f)}$$

式中，f 为债券资费用率。

如果债券不是每年末付利息，而是到期一次还本付息，而且不计复利，此时现金流量图见图 4-3。

根据前面的计算原理可得

$$\frac{B+B\times i\times n}{(1+K)^n}=P-F$$

$$K=\sqrt[n]{\frac{B+B\times i\times n}{P-F}}-1$$

075

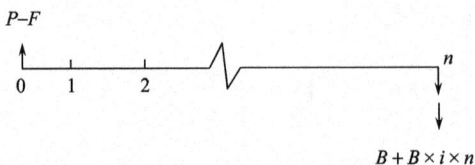

图 4-3 到期一次还本付息债券现金流量图

上例中，如果利息到期一次支付且不计复利，则债券的税前资金成本

$$K = \sqrt[5]{\frac{5\ 000 + 5\ 000 \times 12\% \times 5}{5\ 000 - 5\ 000 \times 3\%}} - 1 = \sqrt[5]{\frac{8\ 000}{4\ 850}} - 1 = 10.53\%$$

税后资金成本

$$K_b = 10.53\% \times (1 - 25\%) = 7.90\%$$

（二）银行借款的成本

银行借款的成本包括借款利息及银行手续费两部分，其计算原理与债券成本的计算原理完全相同。由于银行手续费相对借款总额来说很少，因此可以忽略不计，而且银行借款不存在债券溢价或折价等情况，筹集到的资金一般与计算利息及最后偿还的资金相等，因而银行借款成本的计算比债券成本的计算更简单。在每年末付利息、到期还本的情况下，银行借款年利率就是其税前资金成本。

例 4-2 某企业向银行借款 100 万元，年利率 12%，三年到期，按借款合同，企业每年末支付利息一次，到期一次还本，其现金流量图见图 4-4。

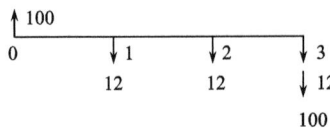

图 4-4 银行借款现金流量图

由于筹集到的资金为 100 万元，最后还本的资金也为 100 万元，且每年计算利息的本金也为 100 万元，因此其税前资金成本就等于银行借款利息率，即

银行借款的税前资金成本 = 12%

由于银行借款的利息也是在税前支付的，因此银行借款的税后资金成本为

$$K_d = 税前资金成本 \times (1 - 所得税税率)$$

如果银行要求企业每季或每半年支付一次利息，这时实际利率会大于名义利率，可根据名义利率与实际利率的关系求出银行借款的实际利率

$$K = \left(1 + \frac{i}{m}\right)^m - 1$$

式中，i 为银行借款名义年利率；m 为一年付息次数。如 $m=4$ 时，表示每季付息一次；$m=2$ 时，表示每半年付息一次，银行借款的税前资金成本就是其实际年利率。

上例中，如果银行要求企业每季付息一次，则银行借款的税前资金成本为

$$K = \left(1 + \frac{12\%}{4}\right)^4 - 1 = 12.55\%$$

（三）优先股的成本

优先股的成本包括支付给优先股股东的股利及发行费用。优先股的股利率通常是固定的，但没有到期日，是公司永久性资金来源，可按永续年金来对待。由于优先股股利是从税后利润中支付的，不能抵减所得税，其计算结果就是税后资金成本。

设优先股的发行价格为 P，发行费用为 F，公司每年支付的优先股股利为 D_p，则优先股的资金成本为

$$K_p = \frac{D_p}{P-F}$$

例 4-3 某股份公司按面值发行优先股 1 000 万元，年股利率为 12%，发行费用为 4%，该优先股的资金成本为

$$K_p = \frac{1\,000 \times 12\%}{1\,000 - 1\,000 \times 4\%} = 12.5\%$$

（四）普通股的成本

普通股的成本包括支付给普通股股东的股利及发行费用。由于普通股股利的不确定性，使得普通股成本的计算不像优先股那么简单。

从投资者的角度看，资金成本就是投资者的收益。投资者期望的投资收益率应该是无风险收益率加上风险收益率。风险收益率可根据发行普通股公司的风险等级加以估计，因此普通股的资金成本可根据投资者期望的投资收益加以估计。以下介绍两种常用的计算普通股成本的方法。

1. 以预计的未来股利为基础

若预计普通股未来的股利固定不变，则可参照优先股成本的计算方法计算普通股的成本，计算公式为

$$K_C = \frac{D_C}{P-F}$$

式中，K_C 为普通股成本；F 为发行费用；P 为普通股每股发行价格；D_C 为预计每股年股利额。

若预计普通股未来的股利在现有水平基础上按某一固定增长率不断增长，则普通股的成本就是使未来股利的现值与发行时筹集的资金总额相等时的折现率，即

$$P-F = \sum_{t=1}^{\infty} \frac{D_0(1+g)^t}{(1+K_C)^t}$$

式中，D_0 为当前年度的每股股利额；g 为普通股年股利增长率。

将上式变化一下，有

$$P-F = \sum_{t=1}^{\infty} \frac{D_0}{\left(\frac{1+K_C}{1+g}\right)^t} = \sum_{t=1}^{\infty} \frac{D_0}{\left(1+\frac{K_C-g}{1+g}\right)^t}$$

上式可看成是年金为 D_0，折现率为 $\dfrac{K_C - g}{1+g}$ 时永续年金求现值的情况，因此有

$$P - F = \frac{D_0}{\dfrac{K_c - g}{1+g}}$$

即

$$K_C = \frac{D_0(1+g)}{P-F} + g = \frac{D_1}{P-F} + g$$

式中，D_1 为第一年每股股利额。

例 4-4 某股份公司普通股的发行价格为 6.20 元，发行费用为每股 0.20 元，预计第一年末的股利为 0.60 元，今后每年增长 3%，该公司普通股的成本为

$$K_C = \frac{0.60}{6.20 - 0.20} + 3\% = 13\%$$

2. 按照资本资产定价模型法

$$K_C = r_f + \beta(r_m - r_f)$$

式中，r_f 为无风险收益率；β 为股票的贝他系数；r_m 为证券市场组合的期望收益率。

例 4-5 某公司普通股的 β 值为 1.2，证券市场组合的期望收益率为 10.5%，无风险收益率为 6%，则该公司普通股的成本为

$$K_C = 6\% + 1.2 \times (10.5\% - 6\%) = 11.4\%$$

（五）留存收益的成本

留存收益是指通过企业的生产经营活动而形成的净收益的积累，包括盈余公积和未分配利润两部分。一般企业都不会把全部收益分给投资者，而是留存一部分收益用于企业未来的发展。留存收益相当于投资者对企业进行再投资，是企业权益资金的一种重要来源。

就股份公司而言，通常优先股得到固定的股利外，不能参与公司其他收益的分配。因此，留存收益应属于普通股股东的权益。对这一部分投资，普通股股东同样要求有一定的投资收益。因此，留存收益成本的计算与普通股基本相同，不同的是留存收益不用考虑筹资费用，其计算公式为

$$K_r = \frac{D_1}{P} + g$$

式中，K_r 为留存收益的资金成本；其他符号的含义与普通股成本计算公式相同。

例 4-6 某公司普通股市价为 15 元/股，第一年末的股利为 1.20 元，以后每年增长 3%，则有

$$K_r = \frac{1.2}{15} + 3\% = 11\%$$

从以上计算可以看出，不同筹资方式的资金成本是不同的，我们可以从投资者的

角度来加以分析。企业的资金成本对于投资者来说就是投资收益，根据收益与风险的关系，我们知道投资风险越高，要求的投资收益也越高。对于负债资金，投资者可以得到固定的利息，而且到期能还本，即使企业清算，债权人也能优先得到清偿，投资风险相对较小，因此要求的投资收益也相对较低；对于权益资金，投资者在企业正常生产经营期间不能抽回投资，只能转让，优先股股利相对固定，而普通股股利则主要取决于企业经营的好坏，没有固定的股利收入，如果企业清算，权益资金的投资者在债权人之后进行清偿，投资风险较大，因而要求的投资收益也较高。另外，由于负债的利息在税前扣除，可以抵减所得税，因此，负债资金的资金成本远远低于权益资金的资金成本。根据风险收益对等原则，在一般情况下，各筹资方式的资金成本由小到大依次为：国库券、银行借款、抵押债券、信用债券、优先股、普通股等。

三、加权平均资金成本

企业筹集的资金，往往不是采用单一筹资方式，而是各种筹资方式的组合。为了正确进行筹资和投资决策，有必要计算确定企业全部长期资金的总成本，即加权平均资金成本。加权平均资金成本一般是以各种资金占全部资金的比重为权数，对个别资金成本进行加权平均确定的，其计算公式为

$$K_W = \sum_{i=1}^{n} K_i W_i$$

式中，K_W 为加权平均资金成本；K_i 为第 i 种个别资金成本；W_i 为第 i 种个别资金占全部资金的比重；n 为个别资金种类数。

加权平均资金成本根据 W_i 的取值不同有两种计算方法：一种是以账面价值为权数计算加权平均资金成本，称为账面价值法；另一种是以市场价格为权数计算加权平均资金成本，称为市价法。

（一）账面价值法

按账面价值法计算加权平均资金成本，首先应找出各类资金的账面价值，并计算各类资金账面价值占全部资金账面价值的百分比，即权数，然后以各类资金的资金成本与权数相乘，再加总，即得加权平均资金成本。

例4-7 某公司各类资金的账面价值和资金成本如表4-1所示。

表4-1 各类资金的账面价值和资金成本

资金种类	账面价值/万元	资金成本/%
债券（面值1 000元）	1 000	6
长期银行借款	2 000	5.5
优先股（50万股）	500	11
普通股（5 000万股）	5 000	13
留存收益	1 500	12.5
合计	10 000	

根据表 4-1 中的资料可得

$$加权平均资金成本 = \frac{1\ 000}{10\ 000} \times 6\% + \frac{2\ 000}{10\ 000} \times 5.5\% + \frac{500}{10\ 000} \times 11\%$$

$$+ \frac{5\ 000}{10\ 000} \times 13\% + \frac{1\ 500}{10\ 000} \times 12.5\%$$

$$= 10.625\%$$

账面价值法的优点有以下几点。

(1) 资料易取，计算简便。

(2) 由于账面价值不随市价的变动而变动，因此计算结果相对稳定。

(3) 当市价受企业外部因素影响较大，不能反映企业资金的真实价值时，此方法是唯一可以用来估计资金成本的方法。

账面价值法的缺点有以下几点。

(1) 账面价值反映的是资金的历史成本资料，用于分析当前的筹资或投资方案是不合理的。

(2) 不利于股东价值最大化目标的实现。

(二) 市价法

按市价法计算加权平均资金成本，首先应确定各类资金的市场价格，并计算各类资金市场价值占全部资金市场价值的百分比，即权数，然后以各类资金的资金成本与权数相乘，再加总，即得加权平均资金成本。

例 4-8 承上例，设债券的市价为每张 1 050 元，优先股的市价是每股 10.5 元，普通股的市价是每股 2.6 元，则有

$$债券的市价 = \frac{1\ 000}{1\ 000} \times 1\ 050 = 1\ 050（万元）$$

长期银行借款没有市价，仍以账面价值反映。

$$优先股的市价 = 50 \times 10.5 = 525（万元）$$

普通股的市价不仅反映普通股本身的市场价值，还包括留存收益的市场价值。留存收益的所有权属于企业原有投资者，就股份公司而言，属于普通股股东，留存收益可看作是普通股股东对企业的再投资，即将留存收益资本化，留存收益的多少可在普通股的市价中反映出来。由此可见，普通股与留存收益的市场价值之和应为 2.6 × 5 000 = 13 000 万元，各自的市场价值应按其在账面价值中所占的比重来确定。本例中，普通股与留存收益的账面价值之和为 6 500 万元，其中普通股占 5 000/6 500 = 10/13，留存收益占 1 500/6 500 = 3/13，因此普通股的市价是 13 000 × 10/13 = 10 000 万元，留存收益的市价是 13 000 × 3/13 = 3 000 万元。

$$各类资金的市价之和 = 1\ 050 + 2\ 000 + 525 + 10\ 000 + 3\ 000$$

$$= 16\ 575（万元）$$

$$加权平均资金成本 = \frac{1\ 050}{16\ 575} \times 6\% + \frac{2\ 000}{16\ 575} \times 5.5\% + \frac{525}{16\ 575} \times 11\%$$

$$+ \frac{10\ 000}{16\ 575} \times 13\% + \frac{3\ 000}{16\ 575} \times 12.5\%$$

$$= 11.5\%$$

市价法的优点有以下几点。

（1）计算结果能反映实际情况，用于分析当前的筹资或投资方案是否合理。

（2）公司的价值必须以市价来衡量，因此市价法有利于股东价值最大化目标的实现。

市价法的缺点有以下几点。

（1）计算比较复杂。一是要确定市价，二是要将市价在普通股和留存收益之间进行分配。

（2）资金成本会随市价的波动而不断变动，影响到资金成本计算结果的稳定性。

（3）当市价受企业外部因素严重影响时，计算结果不能真实反映企业资金的真实成本水平。

账面价值法和市价法各有优缺点，究竟应采用何种方法计算加权平均资金成本，主要看计算资金成本的目的。一般来说，如果是为了考察、分析过去的筹资成本，可以考虑用账面价值法计算；如果是为了进行新的筹资或投资方案决策，则应选用市价法计算。但无论是采用哪种方法计算加权平均资金成本，其前提是必须假定它实际上将按照规定的比例筹集资金。如果实际各类资金的筹资比例与计算加权平均资金成本时所规定的比例不同，就会使企业真实的加权平均资金成本与计算出来的用于筹资、投资决策的加权平均资金成本产生偏差，从而导致决策失误。

四、边际资金成本

（一）边际资金成本的概念与计算

边际资金成本是指资金每增加一个单位而增加的成本。企业在追加筹资时往往要用边际资金成本来决策。

由于企业不能以某一固定资金成本来筹措无限的资金，当其筹集的资金超过一定数量时，资金成本就会比原来增加，这时用原来的加权平均资金成本就不能反映目前所使用资金的成本，这时就有必要考虑新筹资金的成本，即边际资金成本。

当企业新筹资金的方式不止一种时，边际资金成本也是按加权平均法计算的，这时也称为加权平均边际资金成本。

下面举例说明边际资金成本的计算。

例 4-9　南洋公司目前拥有长期资金 10 000 万元，其中长期债务 3 000 万元，优先股 1 000 万元，普通股及留存收益 6 000 万元。现在公司拟筹措一笔资金进行项目投资，其边际资金成本的计算步骤如下。

（1）分析资金市场状况及公司的有关条件，确定各种筹资方式随新筹资金规模的增加而变化的资金成本分界点，如表 4-2 所示。

表 4-2   各种筹资方式成本分界点

筹资方式	新筹资金的范围/万元	边际资金成本/%
发行债券	0~120	6
	120~600	7
	>600	9
发行优先股	0~50	10
	>50	11
发行普通股	0~600	12
	600~1 500	13
	>1 500	14

表 4-2 说明，发行债券规模在 0~120 万元时，资金成本为 6%；发行债券规模在 120 万~600 万元时，超过 120 万元的部分其资金成本为 7%，未超过 120 万元的部分其资金成本仍为 6%；发行债券规模超过 600 万元时，超过 600 万元的部分其资金成本为 9%，这也是边际资金成本本身所说明的含义。

（2）确定新筹资金的资金结构。南洋公司的财务人员经过认真分析，认为目前的资金结构即为最优资金结构，因此新筹资金的资金结构仍为债券 30%，优先股 10%，普通股 60%。

（3）计算筹资总额的成本分界点。根据已确定的各种筹资方式的资金成本分界点及新筹资金的资金结构，可计算出筹资总额的成本分界点，计算公式为

$$筹资总额成本分界点 = \frac{某种筹资方式的成本分界点}{该种筹资方式的资金在新筹全部资金中所占的比重}$$

筹资总额成本分界点的计算如表 4-3 所示。

表 4-3   筹资总额成本分界点计算表

筹资方式	资金成本/%	各种筹资方式的成本分界点/万元	筹资总额的成本分界点/万元	筹资总额的范围/万元
发行债券	6	120	120/0.3=400	0~400
	7	600	600/0.3=2 000	400~2 000
	9	>600	—	>2 000
优先股	10	50	50/0.1=500	0~500
	11	>50	—	>500
普通股	12	600	600/0.6=1 000	0~1 000
	13	1 500	1 500/0.6=2 500	1 000~2 500
	14	>1 500	—	>2 500

（4）计算加权平均边际资金成本。根据上一步计算出的筹资总额成本分界点，可以得到筹资总额的范围为六组：0~400 万元；400 万~500 万元；500 万~1 000 万

元；1 000 万～2 000 万元；2 000 万～2 500 万元；2 500 万元以上。对以上六组筹资范围分别计算加权平均边际资金成本，如表 4-4 所示。

表 4-4　加权平均边际资金成本计算表

组号	筹资范围/万元	筹资方式	资金结构/%	资金成本/%	边际资金成本/%
1	0～400	发行债券	30	6	1.8
		优先股	10	10	1
		普通股	60	12	7.2
第一个筹资总额范围的边际资本成本＝10%					
2	400～500	发行债券	30	7	2.1
		优先股	10	10	1
		普通股	60	12	7.2
第二个筹资总额范围的边际资本成本＝10.3%					
3	500～1 000	发行债券	30	7	2.1
		优先股	10	11	1.1
		普通股	60	12	7.2
第三个筹资总额范围的边际资本成本＝10.4%					
4	1 000～2 000	发行债券	30	7	2.1
		优先股	10	11	1.1
		普通股	60	13	7.8
第四个筹资总额范围的边际资本成本＝11%					
5	2 000～2 500	发行债券	30	9	2.7
		优先股	10	11	1.1
		普通股	60	13	7.8
第五个筹资总额范围的边际资本成本＝11.6%					
6	＞2 500	发行债券	30	9	2.7
		优先股	10	11	1.1
		普通股	60	14	8.4
第六个筹资总额范围的边际资本成本＝12.2%					

（二）边际资金成本与企业投资决策

由于边际资金成本最能反映新筹资金的资金成本情况，因此在投资项目决策中应以边际资金成本为折现率，对投资项目的净现值进行分析，或者把投资项目的内部收益率与边际资金成本进行对比。对于新筹资金所投资的项目，只有用边际资金成本作为决策的依据，才能正确地评价投资项目的经济效益。

承上例，假设南洋公司目前有 A，B，C，D，E，F 六个可供选择的投资项目，这些投资项目彼此是独立的，也就是选择其中某一个投资项目并不影响对其他投资项目的选择，这六个项目投资的金额及内部收益率见表 4-5。

表 4-5 投资项目的投资额和内部收益率

投资项目	A	B	C	D	E	F
投资额/万元	300	500	800	600	400	500
内部收益率/%	17	16	14.5	13	12	10.5

为了正确地进行投资决策，现将南洋公司的边际资金成本和各投资项目的内部收益率绘制在同一个直角坐标系中，见图 4-5。

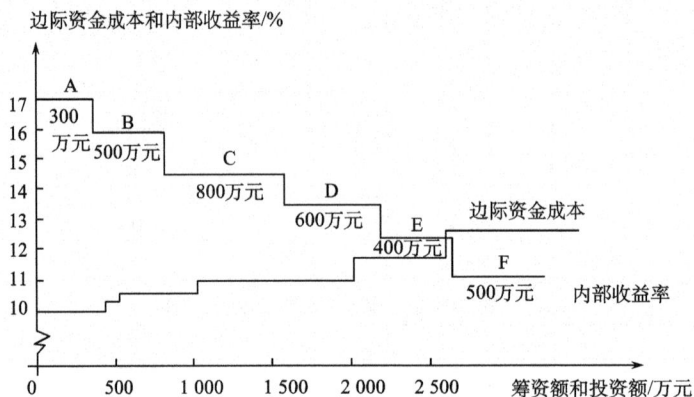

图 4-5 边际资金成本与内部收益率的关系

图 4-5 中，投资项目内部收益率是随着投资额的增加从高到低顺序排列的，而筹资成本却随着筹资额的增加不断提高，这样作图才能保证投资总收益与筹资总成本之差达到最大。从图 4-5 中还可看出，凡内部收益率超过其边际资金成本的项目，如 A，B，C，D 等项目，都可进行投资；凡内部收益率低于其边际资金成本的项目，如图中的 F 项目，则不宜进行投资；至于内部收益率一部分大于其边际资金成本，一部分小于其边际资金成本，如图中 E 项目，则要分析该项目投资后所增加的投资收益是否大于其增加的筹资成本，如果是的话，则该项目是可投资的，反之则不应该投资。经过分析，投资 E 项目所增加的投资收益＝400×12％＝48 万元，增加的筹资成本＝300×11.6％＋100×12.2％＝47 万元。由于增加的投资收益大于增加的筹资成本，因此 E 项目应该投资。

从以上分析可得出，南洋公司应筹集 2 600 万元资金，投资 A，B，C，D，E 五个投资项目，其投资总收益＝300×17％＋500×16％＋800×14.5％＋600×13％＋400×12％＝373 万元，其筹资总成本＝400×10％＋100×10.3％＋500×10.4％＋1 000×11％＋500×11.6％＋100×12.2％＝282.5 万元。

第二节 财务杠杆

杠杆是一个应用很广泛的概念，并非为财务管理理论所特有，在工程技术、经济学等很多学科中都应用着杠杆理论。在企业财务管理中，应用最广的是财务杠杆。

一、财务杠杆的定义及财务杠杆系数的计算

财务杠杆反映息税前收益与普通股每股收益之间的关系，特别用于衡量息税前收益变动对普通股每股收益变动的影响程度。

设 EBIT（earnings before interests and taxes）为息税前收益；I 为利息；t 为企业所得税税率；D_P 为优先股股利；N 为发行在外的普通股股数；EPS（earnings per share）为普通股每股收益。

我们可以将普通股每股收益与息税前收益的关系用下式表示：

$$\text{EPS} = \frac{(\text{EBIT} - I) \times (1 - t) - D_P}{N}$$

从上式可看出，普通股每股收益与息税前收益之间是一种线性关系，随着息税前收益的增加，普通股每股收益也是增加的。为了反映息税前收益变动对普通股每股收益变动的影响程度，我们引入财务杠杆系数（degree of financial leverage，DFL），它的定义为

$$\text{DFL} = \frac{\Delta \text{EPS}/\text{EPS}}{\Delta \text{EBIT}/\text{EBIT}}$$

财务杠杆系数的定义式是指息税前收益变动的百分比所引起的普通股每股收益变动百分比的幅度。

例 4-10 现有 A，B 两个公司，其资金总额均为 5 000 万元，息税前收益相等，息税前收益的增长率也相同，不同的只是资金结构。A 公司全部资金都是普通股（每股面值 1 元，共 5 000 万股）；B 公司除有普通股 2 000 万元（每股面值 1 元，共 2 000 万股）外，还有年利率 7% 的公司债券 2 000 万元和年股利率 12% 的优先股 1 000 万元。两个公司本年度息税前收益均为 800 万元，下年度息税前收益将增长 25%，设公司所得税税率为 25%，下面分析两个公司的财务杠杆系数。

首先看 A 公司。已知 EBIT = 800 万元，$I = 0$，$t = 25\%$，$D_p = 0$，$N = 5\,000$ 万股。

$$\text{EPS} = \frac{(800 - 0) \times (1 - 25\%) - 0}{5\,000} = 0.12(\text{元})$$

$$\Delta \text{EBIT} = 800 \times 25\% = 200(\text{万元})$$

$$\Delta \text{EPS} = \frac{(1\,000 - 0) \times (1 - 25\%) - 0}{5\,000} - 0.12 = 0.03(\text{元})$$

则

$$DFL = \frac{\Delta EPS/EPS}{\Delta EBIT/EBIT} = \frac{0.03/0.12}{200/800} = \frac{25\%}{25\%} = 1$$

由于 A 公司全部资金都是普通股，没有负债和优先股等固定利息或固定股利的资金，因此息税前收益增长 25%，普通股每股收益也是增长 25%，财务杠杆系数为 1，也就是没有财务杠杆的作用。

再看 B 公司。已知 EBIT＝800 万元，$I = 2\,000 \times 7\% = 140$ 万元，$t = 25\%$，$D_p = 1\,000 \times 12\% = 120$ 万元，N＝2 000 万股。

$$EPS = \frac{(800 - 140) \times (1 - 25\%) - 120}{2\,000} = 0.187\,5(元)$$

$$\Delta EBIT = 800 \times 25\% = 200(万元)$$

$$\Delta EPS = \frac{(1\,000 - 140) \times (1 - 25\%) - 120}{2\,000} - 0.187\,5 = 0.075(元)$$

则

$$DFL = \frac{\Delta EPS/EPS}{\Delta EBIT/EBIT} = \frac{0.075/0.187\,5}{200/800} = \frac{40\%}{25\%} = 1.60$$

由于 B 公司除普通股外，还有负债和优先股。我们知道，不论企业息税前收益有多少，负债的利息和优先股的股利通常是固定不变的，当息税前收益增加时，每 1 元收益所负担的固定利息及股利就会相应减少，这就能给普通股股东带来更多的收益；反之，当息税前收益减少时，每 1 元收益所负担的固定利息及股利就会相应增加，从而会减少普通股的收益。由计算结果可看出，B 公司息税前收益增长 25%，普通股每股收益却增长 40%，从而财务杠杆系数为 1.60，当普通股每股收益的变动幅度大于息税前收益的变动幅度时，财务杠杆才起作用。

以上是财务杠杆系数的定义式，在实际工作中运用的计算公式为

$$DFL = \frac{EBIT}{EBIT - I - \dfrac{D_P}{1-t}}$$

这一计算公式是从定义公式中推导出来的。

如上例，A 公司的财务杠杆系数

$$DFL = \frac{800}{800} = 1$$

B 公司的财务杠杆系数

$$DFL = \frac{800}{800 - 140 - \dfrac{120}{1-25\%}} = 1.60$$

从财务杠杆系数的计算公式中可看出，财务杠杆系数与息税前收益有关，不同的息税前收益有不同的财务杠杆系数，随着息税前收益的增加，财务杠杆系数会呈下降的趋势。当一个公司既没有负债也没有优先股时，财务杠杆系数在任何息税前收益的时候都等于 1。

二、财务两平点分析

财务两平点是指使普通股每股收益为零的息税前收益额，即

$$\frac{(\text{EBIT} - I) \times (1 - t) - D_P}{N} = 0$$

由于 N 不能为零，因此有

$$(\text{EBIT} - I) \times (1 - t) - D_P = 0$$

这样，财务两平点为

$$\text{EBIT} = I + \frac{D_P}{1 - t}$$

在例 4-10 中，B 公司 $I = 140$ 万元，$D_P = 120$ 万元，$t = 25\%$，则财务两平点为
$\text{EBIT} = 140 + \dfrac{120}{1 - 25\%} = 300$ 万元。也就是当息税前收益为 300 万元时，普通股股东没有收益。当息税前收益超过财务两平点后，普通股股东才有收益；而当息税前收益小于财务两平点后，普通股股东就要为此承担亏损。因此，财务两平点对普通股股东来说是盈亏分界点。

另外，根据财务杠杆系数的计算公式，我们发现，在财务两平点的财务杠杆系数为∞，而超过财务两平点后，财务杠杆系数为正，且随着息税前收益的增加，财务杠杆系数呈下降的趋势。但当息税前收益处于 0 到财务两平点之间时，财务杠杆系数为负，且随着息税前收益的增加，财务杠杆系数的绝对值越大。当息税前收益小于 0 时，财务杠杆系数为正，且随着息税前收益绝对值的下降而呈下降的趋势。

三、财务杠杆作用

财务杠杆作用是指负债和优先股筹资在提高企业所有者收益中所起的作用。由于负债的利息与优先股的股利是固定不变的，这就使具有负债或优先股的企业其所有者收益的增长幅度大于息税前收益的增长幅度，从而产生财务杠杆的作用。但是，财务杠杆作用有正也有负，下面通过举例来分析产生财务杠杆正负作用的条件。

例 4-11　仍以上述 A，B 公司为例。从以上结果可看出，当本年度息税前收益为 800 万元时，有负债和优先股的 B 公司其普通股每股收益比没有负债和优先股的 A 公司要高。也就是说，负债和优先股筹资在提高企业所有者收益中起到了正的作用。

设本年度息税前收益为 400 万元，其他条件与前例相同，这时有

A 公司普通股每股收益 $\text{EPS}_A = \dfrac{(400 - 0) \times (1 - 25\%) - 0}{5\ 000} = 0.06$（元）

B 公司普通股每股收益 $\text{EPS}_B = \dfrac{(400 - 140) \times (1 - 25\%) - 120}{2\ 000}$

$$= 0.037\ 5\text{（元）}$$

从以上的计算可以看出，尽管两个公司的息税前收益都为 400 万元，但普通股每股收益却不同，有负债和优先股的 B 公司其普通股每股收益比没有负债和优先股的

A 公司要低。也就是说，负债和优先股筹资在提高企业所有者收益中起了负的作用。

假设本年度息税前收益为 500 万元，其他条件不变，则有

A 公司普通股每股收益 $EPS_A = \dfrac{(500-0)\times(1-25\%)-0}{5\,000} = 0.075(元)$

B 公司普通股每股收益 $EPS_B = \dfrac{(500-140)\times(1-25\%)-120}{2\,000}$

$$= 0.075(元)$$

从以上的计算可以看出，当息税前收益为 500 万元时，A，B 公司普通股每股收益相等。也就是说，负债和优先股筹资既没有提高企业所有者收益，也没有降低企业所有者收益。

为了得到负债和优先股筹资产生财务杠杆正、负作用的条件，先来分析负债和优先股的成本。B 公司负债的利息率为 7%，其税前资金成本也就是 7%；B 公司优先股的股利率为 12%，其税前资金成本为 12%/(1−25%)＝16%；B 公司负债和优先股税前的加权平均资金成本为 $7\%\times\dfrac{2\,000}{3\,000}+16\%\times\dfrac{1\,000}{3\,000}=10\%$。当息税前收益为 800 万元时，其息税前收益率为 $\dfrac{800}{5\,000}=16\%$，大于负债和优先股税前的加权平均资金成本。也就是说，负债和优先股所筹资金的收益除支付负债的利息和优先股的股利以外还有剩余，这些剩余部分就会加到普通股上进行分配，从而使普通股每股收益提高，因此我们看到有负债和优先股的 B 公司其普通股每股收益比没有负债和优先股的 A 公司要高。当息税前收益为 400 万元时，其息税前收益率为 $\dfrac{400}{5\,000}=8\%$，小于负债和优先股税前的加权平均资金成本，也就是说，负债和优先股所筹资金的收益不足以支付负债的利息和优先股的股利，不足部分须从普通股的收益中拿出一部分去支付，从而使普通股每股收益降低，因此我们看到有负债和优先股的 B 公司其普通股每股收益比没有负债和优先股的 A 公司要低。而当息税前收益为 500 万元时，其息税前收益率为 $\dfrac{500}{5\,000}=10\%$，刚好等于负债和优先股税前的加权平均资金成本，也就是说，负债和优先股所筹资金的收益刚好够支付负债的利息和优先股的股利，既没有剩余，也没有不足，因而普通股每股收益与没有负债和优先股的情况完全相同。

由上分析我们可以得出以下结论：当息税前收益率高于负债和优先股税前的加权平均资金成本时，将会产生财务杠杆的正作用，采用负债和优先股筹资是有利的；当息税前收益率低于负债和优先股税前的加权平均资金成本时，将会产生财务杠杆的负作用，采用负债和优先股筹资是不利的；而当息税前收益率等于负债和优先股税前的加权平均资金成本时，采用负债和优先股筹资对普通股收益的增加没有帮助。

四、财务杠杆与财务风险

财务风险是指企业为了取得财务杠杆利益而利用负债和优先股等方式筹集资金时，增加了破产机会或普通股每股收益大幅度变动的机会所带来的风险。

　　企业为了取得财务杠杆利益，就要增加固定性费用支出的负债或优先股。从财务杠杆系数的计算公式可看出，负债和优先股占的比重越大，财务杠杆系数就越大。财务杠杆系数大，一方面说明当息税前收益有一个小的增长时，普通股每股收益就有一个较大的增长；但反过来，也说明当息税前收益有一个小的下降时，普通股每股收益将有一个较大的下降。因此，可通过财务杠杆系数的大小来衡量财务风险的大小。财务杠杆系数大，普通股每股收益的波动幅度就大，因而财务风险也大；财务杠杆系数小，普通股每股收益的波动幅度就小，因而财务风险就小。由此看出，财务风险与财务杠杆系数成正比关系。

　　仍以前述的 A，B 公司为例，假设本年度息税前收益为 800 万元，预计下年度息税前收益将增长 25％。由于 A 公司的财务杠杆系数为正，因此我们已经得到 A 公司普通股每股收益也将增长 25％；而 B 公司的财务杠杆系数为 1.6，因此 B 公司普通股每股收益将增长 $1.6 \times 25\% = 40\%$。但如果预计下年度息税前收益将下降 25％，显然 A 公司普通股每股收益只下降 25％，即 $EPS_A = 0.12 \times (1 - 25\%) = 0.09$ 元；而 B 公司普通股每股收益则下降 40％，即 $EPS_B = 0.187\,5 \times (1 - 40\%) = 0.112\,5$ 元。

　　由此可以看出，财务杠杆具有两面性，负债和优先股既能给普通股股东带来收益，也会增加财务风险。企业不能因为财务风险的存在而拒绝采用负债和优先股筹资，而是要适度地运用财务杠杆，只要息税前收益率大于负债和优先股税前的加权平均资金成本，财务杠杆的正作用就能使普通股每股收益增加。

第三节　资金结构

　　资金结构是指企业资金总额中各种资金来源的构成比例。广义地说，资金结构应指企业全部资金的构成。但由于长期资金是企业资金中主要的部分，所以狭义的资金结构是指长期资金的构成，也称资本结构。

　　企业的资金来源总的可以分为两大类：一类是权益资金，另一类是负债资金。资金结构的确定总的来说就是确定负债比率。

一、资金结构中负债的意义

1. 一定程度的负债有利于降低企业的资金成本

　　根据风险和收益对等的原则，风险越小，投资者要求的收益也越小。企业利用负债资金要定期支付利息并按期还本，债权人的收益是稳定的，投资风险相对较小，因而负债的利息率一般要低于权益资金的收益率。另外，负债的利息计入财务费用，从税前支付，可抵减部分所得税，因此负债资金的成本远远低于权益资金的成本。所以，一定程度的负债有利于降低企业的资金成本。

2. 负债筹资具有财务杠杆作用

　　由上一节的分析可以看出，负债资金所占比重越大，财务杠杆系数也越大，财务

杠杆作用就越明显。当息税前收益率大于负债利息率时，就会产生财务杠杆的正作用，使得负债经营给投资者带来更多的收益。

3. 负债经营会加大企业的财务风险

对于负债资金，企业必须按期还本付息，而且支付利息是企业的法定义务，不论企业是否有利润，都必须向债权人支付利息，否则就面临破产的危险；但向权益资金的投资者分配利润则不是企业法定的义务。由此可见，负债经营会加大企业的财务风险，财务风险增加后，反过来又会使权益资金的投资者和债权人所要求的收益提高，从而提高各自的资金成本。

二、资本结构理论

资本结构理论是西方财务管理理论中的三大核心理论之一，在西方已有相当广泛的研究，形成了各种各样的理论流派。现代资本结构理论源于 20 世纪 50 年代，莫迪格利尼（Franco Modigliani）和米勒（Merton Miller）（简称 MM）是现代资本结构理论的创始人；70 年代的权衡理论标志着资本结构理论的发展；进入 70 年代后期，对信息不对称现象的研究逐渐渗透到各个经济学研究分支领域，信息经济学、博弈论、委托代理理论等不对称信息研究理论得到重大发展和突破，众多学者也开始从不对称信息的角度来研究公司融资结构问题。这些理论研究并不是继续延续以前公司融资理论中只注重税收、破产等"外部因素"对企业最优资本结构的影响，而是试图通过信息不对称理论中的"信号"、"动机"、"激励"等概念，从公司"内部因素"来展开对公司融资问题的分析，将现代资本结构理论中的权衡问题转化为结构或制度设计问题，为资本结构理论研究开辟了新的研究方向。下面将对资本结构的代表理论进行介绍。

（一）MM 理论

1958 年 6 月，MM 在《美国经济评论》上发表题为《资本成本、公司理财和投资理论》一文，同年 9 月在《美国经济评论》上发表题为《资本成本、公司理财和投资理论：答读者问》一文，1963 年在《美国经济评论》上再次发表《税收和资本成本：校正》一文。这三篇文章，首次以严格、科学的方法研究资本结构与企业价值的关系，形成了著名的"MM 资本结构理论"，为现代财务管理理论的发展作出了重要贡献。

1. 理想环境下的 MM 理论

MM 得出结论：在理想环境下，企业的价值只依赖于企业的息税前收益，和借债多少没有关系。

所谓理想环境，就是存在以下假设条件。

（1）企业的经营风险可以用息税前收益的标准差来进行计量，有相同经营风险的企业被认为风险相同。

（2）企业的投资者与经理层具有完全相同的有关企业的信息，即假设信息是对称的。

（3）投资者在投资时不存在交易成本。

（4）投资者，包括机构和个人，都可以以同一利率借款和贷款，不管企业和个人负债多少，借贷利率都是无风险利率。

（5）不存在企业所得税和个人所得税。

（6）企业的现金流量是一种永续年金，即企业的息税前收益处于零增长状态。

如果用 V_U 和 V_L 分别表示没有负债的公司（记作公司 U）和存在负债的公司（记作公司 L）的价值。用 E_U 表示公司 U 的权益的价值，用 E_L 和 D_L 分别表示公司 L 的权益和负债的价值，用 K_a 和 K_{eU} 分别表示公司 L 和公司 U 的资金成本，K_d 表示公司 L 的负债资金成本。MM 提出如下命题。

命题 I：在上述假定下

$$V_L = V_U$$

即举债公司的价值与不举债公司的价值相等，其中

$$V_L = D_L + E_L = \frac{\text{EBIT}}{K_a}$$

$$V_U = E_U = \frac{\text{EBIT}}{K_{eU}}$$

上式还说明，无负债公司 U 的权益资金成本 K_{eU} 等于有负债公司 L 的加权平均资金成本。企业的价值独立于负债比率，与资本结构无关，它等于具有相同经营风险的没有负债的企业价值。

命题 II：

$$K_{eL} = K_{eU} + (K_{eU} - K_d)\frac{D_L}{E_L}$$

即有负债公司 L 的权益资金成本 K_{eL} 比同一经营风险的无负债公司 U 的权益资金成本 K_{eU} 要高，高出部分体现为财务风险溢价，该风险溢价与 D_L/E_L 成正比：负债比率越高，K_{eL} 越大。

MM 在理想环境下得出的结论非常简单：在不存在所得税的情况下，企业的资本结构对企业的价值和资金成本不产生任何影响。

2. 存在企业所得税条件的 MM 理论

如果考虑企业所得税，MM 得出如下两个命题。

命题 I：负债公司的价值等于有相同风险但无负债公司的价值加上税盾的现值，即

$$V_L = V_U + T_c \times D_L$$

式中，T_c 为企业所得税税率。

命题 II：

$$K_{eL} = K_{eU} + (K_{eU} - K_d)(1 - T_c)\frac{D_L}{E_L}$$

命题 I 说明，在存在企业所得税的情况下，企业的价值随着负债而增加。当负债达到 100％时，企业价值最大。

3. 有个人所得税情况下的企业价值

MM 中的米勒提出了一个把企业所得税和个人所得税都考虑在内的关于企业价值与负债比例关系的模型。

设权益资金投资者个人所得税税率为 T_{pe}，债权人利息收入的个人所得税税率为 T_{pd}。米勒得出如下模型：

$$V_L = V_U + \left[1 - \frac{(1 - T_c)(1 - T_{pe})}{1 - T_{pd}}\right] \times D_L$$

一般情况下，$1 - \dfrac{(1 - T_c)\ (1 - T_{pe})}{1 - T_{pd}} > 0$，因此，为了使企业价值最大化，企业应有 100％的负债，即企业的资金都由负债构成。

从逻辑上讲，100％的负债，就不存在股东了，债权人变成了实际上的股东。从实际上考察，没有一家企业是 100％负债的，所以学者们对 MM 理论和米勒模型持相当的怀疑态度。一般认为这些理论的推导本身没有错误，问题来自理论的假设。假设如果不符合实际，结论也就极可能不符合实际。

MM 假设信息是对称的，实际上经理层比投资者掌握更多的信息；MM 假设不存在交易成本，实际上资金转移有经纪人费用，因而会阻碍套利交易的进行；MM 假定企业和个人完全可以以相同利率借贷，但个人借贷利率往往要高于企业；MM 假定不论举债多少，企业或个人均以无风险利率借贷，实际上随着负债的增加，风险也是不断增加的；MM 假定收益不变，处于零增长状态，实际上企业的收益是变化的，收益多时，企业可以从负债中得到最大的减税利益，而当收益少或无收益时，企业获得的减税利益很少甚至无减税利益。

尽管 MM 理论存在众多假设，但它能够从数量上揭示资本结构的最本质的问题，即资本结构与企业价值的关系。后人的发展就是放松部分假定，使理论更接近事实。

（二）权衡理论

MM 理论只考虑负债带来的纳税利益，却忽略了负债带来的风险和额外费用。既考虑负债带来的利益也考虑由负债带来的各种成本，并对它们进行适当平衡来确定资本结构的理论，叫权衡理论。权衡理论是在 MM 理论的基础上产生的，因此也称发展的 MM 理论。由于考虑了更多的现实因素，因此更能符合实际情况。

1. 财务危机成本

财务危机是指企业没有足够的偿债能力，不能及时偿还到期债务。许多企业都可能经历财务危机的困扰，其中一些企业还可能破产。当一个企业出现财务危机时，可能会出现以下情况：①大量债务到期，债权人纷纷上门讨债，企业不得不以高利率借款以便清偿到期债务；②当陷入财务危机的客户和供应商意识到企业出现问题时，他们往往不再来购买产品或供应材料，这可能会引起企业破产；③当企业出现严重的财务危机时，为解燃眉之急，管理人员往往会出现短期行为，如推迟机器的大修，变卖企业有用的资产以获取资金，降低产品质量以节约成本费用，这些短期行为均会降低企业的市场价值；④当破产案件发生时，所有者和债权人长期争执不休，从而导致存货和固定资产的损坏或过时，损害企业资产的价值；⑤当破产案件发生时，律师费、诉讼费和其他行政开支会花费掉企业大量财富，这也会降低企业价值。总之，当财务危机发生时，即使最终企业不破产，也会产生大量的额外费用或机会成本，这便是财务危机成本。财务危机成本是由负债造成的，财务危机成本会降低企业价值。

2. 代理成本

债权人和股东之间实际上是一种委托-代理关系。如果没有任何限制，管理者就会利用债权人的钱只为股东谋利益，而损害债权人的利益。例如，管理者可能先借入少量风险小的债务，支付较低的利息率，然后又突然发行大量债务，这样风险加大，股东和债权人要求的收益率都增加，使企业的加权平均资金成本上升，企业价值下降，从而使原债权人承担了亏损。再如，管理者还可以调整资产结构，卖掉低风险的资产，投资比债权人预期风险要高的资产，如果未来运作成功，股东是最大受益者，运作不好出现财务危机，债权人却要遭受损失。

债权人为了保护自身的利益，通常在借款合同中加入一些限制性条款。这些条款在一定程度上阻碍和约束着企业的经营活动，可能使企业丧失投资机会或筹资机会，导致机会损失。为了执行各种限制性条款，债权人还必须对企业进行监督，从而发生额外的监督费用。以上所说的机会损失和监督费用，就是代理成本。代理成本的存在会提高负债成本而降低负债利益。

3. 权衡理论的提出

按照 MM 理论，当存在企业所得税时，负债会增加企业的价值，即

$$V_L = V_U + T_c \times D_L$$

也就是当负债为 100% 时，企业价值达到最大。当把财务危机成本和代理成本考虑进去后，企业价值的计算公式变为

$$V_L = V_U + T_c \times D_L - PV(FDC) - PV(AC)$$

式中，PV(FDC) 为预期财务危机成本的现值；PV(AC) 为代理成本的现值。

权衡理论可用图 4-6 加以说明。

从图 4-6 中看出，如果只有负债税盾而没有财务危机成本和代理成本时，企业价值会随负债比率的增大而上升，因此，最优资本结构为负债比率 100%。实际上，随着负债比率的增大，各种负债的成本会上升，同时发生财务危机的概率也会增加。当

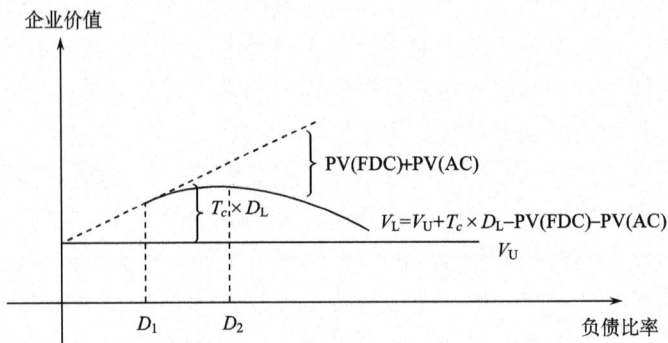

图 4-6　权衡理论示意图

负债比率未超过 D_1 点时，财务危机成本和代理成本都不明显；当负债比率达到 D_1 点时，财务危机成本和代理成本开始变得重要，负债税盾利益开始被财务危机成本和代理成本所抵消；当负债比率达到 D_2 点时，边际负债税盾利益恰好等于边际财务危机成本与边际代理成本之和，企业价值最大，达到最优资本结构；当负债比率超过 D_2 点后，财务危机成本和代理成本大于负债税盾利益，导致企业价值下降。按照权衡理论，企业有其最优资本结构，这就是图中的 D_2 点，当负债比率在此点时，企业价值达到最大。

虽然财务危机成本和代理成本难以准确计量，导致权衡理论无法找到确切的最优资本结构，但权衡理论可以说明以下几个财务变量的关系。

（1）经营风险小的企业可以较多地利用负债，而经营风险大的企业只能利用较少的负债。因为风险大的企业，出现财务危机的可能性大，财务危机的成本较大。

（2）有形资产多的企业，如房地产开发企业、航空公司、饭店、一般机械制造企业，负债比率可以高一些；而无形资产多的企业，如高技术企业以及专利、商誉和发展机会很值钱的企业，负债比率应低一些。因为当财务危机发生时，有形资产能以更合理的价值变现，以便于偿还到期债务，财务危机成本会低一些。

（3）税率高的企业负债比率应高一些，税率低的企业负债比率应低一些。因为所得税税率高，税盾现值就大，给企业增加的价值就多。

权衡理论通过加入财务危机成本和代理成本，使得资本结构理论变得更加符合实际，同时指明了企业存在最优资本结构。

（三）优序融资理论

迈尔斯（Myers）的优序融资理论最早系统地将不对称信息引入企业融资理论研究。迈尔斯提出："如果一般人能够通过假设管理者拥有特定的信息，并且预测哪类选择会被投资者解释为好消息或坏消息的模型，如此，就取得了某些进展。"迈尔斯采用了另一位经济学者唐纳森（Donaldson）早期提出的观点，即通过对一些大公司融资行为的研究认为，管理者对靠内部融资来解决所需的资金有某种强烈的偏好，除非万不得已，管理者很少对外发行股票。迈尔斯认为企业经营者比投资者更多地掌握企业未来收益与投资风险等内部信息，因此，投资者只能通过经营者传达出来的信息间接地评价市场价值。企业资本结构就是一种把内部信息传达给市场的信号工具。当企业发展前景较好时，负债融资能够以较低的资金成本获取较高的利润；反之，当前景暗淡或投资项目风险较大时，企业偏向于股票融资。因此，负债率上升是一个积极的信号，表明经营者对企业未来收益有较高的期望，而发行新股则会被市场认为是前景不佳。所以，在存在不对称信息的情况下，总是鼓励企业少用股票融资，多用负债融资，但利用负债又容易引起企业财务危机成本和代理成本的上升。为此，迈尔斯于1984年在《资本结构之谜》一文中提出了关于企业融资的优序理论（the pecking order theory），即融资先通过内部资金进行，然后利用负债，最后才发行股票。

按迈尔斯的解释，优序融资理论的主要内容包括四个方面。

（1）企业偏好内部融资。

（2）根据投资机会制定目标股利支付率，尽量避免股利的突然变化。

（3）严格的股利政策，加上盈利性和投资机会的不可预测波动性，意味着内生现金流量有时比资本支出多，有时比资本支出少。如果多的话，则公司用于偿还负债或投资有价证券；如果少，则减少现金余额或出售有价证券。

（4）如果需要外部融资，首先发行最安全的证券，也就是开始于负债，然后是可能的混合证券如可转换债券，再然后是作为最后求偿权的权益。

在优序融资理论中，不存在事先确定的资产负债比率，普通股权益有两种来源，一是保留盈余，变成了首选融资手段，而发行普通股却变成了托底的选择。迈尔斯明确指出，其优序融资理论的核心主要有两点：企业偏好内部融资；如果需要外部融资，则偏好债券融资。迈尔斯在对1965～1982年美国企业融资结构进行分析时发现，这段时期美国企业内部积累资金占资金来源总额的61%，发行债券占23%，发行股票仅占2.7%，这进一步证实了优序融资理论的正确性。内源融资主要来源于企业内部自然形成的现金流，它等于净利润加上折旧再减去股利。由于内源融资不需要和投资者签订契约，也无需支付各种费用，所受限制少，因而是首选的融资方式；其次是低风险债券，其信息不对称的成本可以忽略；再次是高风险债券；最后在不得已的情况下企业才发行股票。

随后，在与迈基里夫（Majluf）共同合作的《企业知道投资者所不知道信息时的融资和投资决策》一文中建立的迈尔斯-迈基里夫模型，系统地论证了这一观点。他们首先认为信息的不对称现象是因为控制权和管理权的分离而自然产生的，在不对称信息下，管理者（也称内幕人）比市场或投资者（也称外部人）更为了解企业的收益和投资的真实情况，外部人只能根据内幕人所传递的信号来重新评价他们的投资决策。企业资本结构、财务决策或股利政策都是内幕人传递信号的手段。假设企业为投资新项目必须寻找新的融资方式，先考虑证券发行情况，由于管理者比潜在的投资者更为知道投资项目的实际价值，如果项目的净现值是正的，说明项目具有较好的获利能力，这时候，管理者代表老股东的利益，不愿意发行新股以免把包含有项目好消息的信号传递给投资者，从而把投资收益转让给新的股东（投资者）。投资者在知道管理者这种行为模式后，自然变成把企业发行新股信息当成一种坏消息，在有效市场假设下，投资者根据项目价值重新正确地进行估价，从而影响到投资者对新股的出价，企业融资成本可能变成超过净现值，由此可以看出信息不对称对企业融资和投资决策的影响。迈尔斯和迈基里夫的研究表明，当股票价格高估时，企业管理者会利用其内部信息发行新股。投资者会意识到信息不对称的问题，因此当企业宣布发行股票时，投资者会调低对现有股票和新发股票的估价，导致股票价格下降和企业市场价值降低。

另一位优序融资学派学者纳拉亚南（Narayanan）用一种略为不同的方法得出了与迈尔斯-迈基里夫模型相类似的结论。纳拉亚南提出在信息不对称的世界里，外部人比内幕人更少知道企业的质量，他们只能以平均质量来对企业进行估价。所以，质量好、有盈利的企业会想方设法，如通过债务的使用，把质量差、无利润的企业最终挤出市场。质量差企业的剔除将增加市场上剩余企业的平均质量，这对仍留在市场上的企业有好处。纳拉亚南解释说，当企业所有证券都被市场低估时，企业肯定会偏向无风险债务融资，因为无风险债务是不会被低估的。

纳拉亚南的模型与迈尔斯-迈基里夫模型很相似，所不同的是，迈尔斯和迈基里夫认为信息不对称不仅存在于需要融资的项目，而且存在于企业现有的资产中。所以，迈尔斯和迈基里夫更为关心企业在资本市场为新项目融资时对企业现有资产估价的影响。而纳拉亚南则只考虑新投资机会的信息不对称现象，他认为其模型无论对没有现有资产、新成立企业或者从企业分拆出来的某一部分都能适用。此外，纳拉亚南指出，在迈尔斯-迈基里夫模型里，内幕人因为完全知道企业未来现金流量的情况，所以他们不用考虑任何不确定性，这样对内幕人来说，债务融资实际上相当于无风险；而在纳拉亚南模型里，所有的投资者都必须面临对投资的风险抉择问题，所以债务是有风险的。更为重要的区别，以迈尔斯-迈基里夫模型的观点，除非新投资项目的净现值与企业现有资产相差比较大，否则，企业宁愿放弃这种新的投资机会，也不愿让没有获得适当信息的市场低估企业现有资产的价值，这样从整个社会来讲，会造成某些福利损失；而纳拉亚南并不认为企业会轻易放弃任何有利可图的投资机会，企业考虑更多的是如何使市场超估企业的价值，为此，企业甚至也会投资净现值为负的项目。优序融资理论解释为什么大多数盈利能力强的公司通常借得少，不是因为他们有较低的目标负债比率，而是因为他们不需要外部资金；盈利能力差一些的公司发行债务是因为他们没有足够的内部资金用于资本投资项目，因为负债融资是外部融资的第一顺序。

迈尔斯等的优序融资理论另外一个非常重要的贡献就是将企业融资问题通过信号的传递与证券市场的反应充分地直接联系起来，而回避了以前理论中必须通过资本资产定价模型才能间接联系的效果，而使得企业融资问题通过证券市场得到大量的实证分析。

（四）代理成本理论

詹森和麦克林（Jensen and Meckling）认为，代理成本是企业所有权结构的决定因素，代理成本的存在源于经营者不是企业的完全所有者（即存在外部股权）这样一个事实。在这种情况下，经营者的工作努力可能使他承担全部成本而仅获得部分收益；同理，当他在职消费时，他得到全部好处却只承担部分成本，其结果是经营者的工作积极性不高，却热衷于追求在职消费。因此，企业的市场价值也就低于经营者是完全所有者时的市场价值。这两者之间的差额就是外部股权的代理成本，它是外部所有者理性预期之内必须要由经营者自己承担的成本。让经营者成为完全所有者可以解决代理成本问题，但是这又受到经营者自身财富的限制。债券融资可以突破这一限制，但是债券融资可能导致另一种代理成本，即经营者作为剩余索取者有更大的积极性去从事有较大风险的项目，因为他能够获得成功的收益，并借助有限责任制度把失败的损失推给债权人。当然，这种债权的代理成本也得由经营者来承担，因为债权人也有其理性预期，从而债券融资比例上升导致举债成本上升。詹森和麦克林在对股权和债权的代理成本进行分析的基础上得出的基本结论是：均衡的企业所有权结构是由股权代理成本和债权代理成本之间的平衡关系来决定的，企业的最优资本结构是使两种融资方式的边际代理成本相等从而总代理成本最小时的资本结构。

与企业融资有关的委托-代理关系主要表现为股东与经营者、股东与债权人之间的委托-代理关系。巴纳、郝根和森伯特（Barnea，Haugen and Senbet）认为由企业融资中的代理关系所可能导致的代理成本包括以下四个方面：①股东与经营者之间的代理关系产生的经营者的非生产性消费和过度投资；②股东与债权人之间的代理关系所产生的资产替代和投资不足；③新旧股东之间的信息不对称所产生的投资不足；④股东与债权人之间的代理关系所产生的债权人的过度清算和企业破产等。

企业融资中的委托-代理关系的形成和调整主要是通过资本市场来进行的。股东对经营者的监督、约束主要通过资本市场上的兼并、重组、敌意收购等法人控制市场的形式来实施的。

由于资本市场的存在，企业融资中的委托-代理关系可能导致的代理成本将全部由代理人负担。因为如果资本市场上投资者能够预期到企业可能发生的代理成本，则作为投资者的股东对经营者或者是债权人对股东所拥有的企业价值的评价就会减去代理成本的部分。

（五）控制权理论

20 世纪 80 年代，在以美国为主的主要发达国家资本市场上发生了以企业并购和反并购为主要形式的大规模企业法人控制权争夺活动。这一时期的并购活动主要是通过改变企业资本结构，达到获取目标企业控制权或维持对现有企业控制权的目的。人们发现融资结构不仅会引起剩余收益的分配，而且还会引起剩余控制权的分配。在经过一系列的收购与反收购之后，美国企业的资本结构中，股权资本的比例大幅度下降，而负债的比率却大幅度上升。1980～1989 年，美国制造业所属企业的资本结构中，股权资本占总资产的比率由 49.6％下降到 40.5％，而同期长期负债占总资产的比率由 34％上升到 59％。

控制权理论的代表人物有哈里斯与雷维夫、斯图茨以及阿洪与伯尔顿等。哈里斯与雷维夫（Harris and Raviv）特别关注企业管理者通过改变自己所持股票的比例，操纵或影响股权收购的能力。管理者被假定既从其股份又从其控制权本身获得收益。相对来说，管理者股份越大，掌握控制权和获得收益的概率就越大，企业价值或外部股东的收益就越小，潜在股权收购成功的可能性就越小。从某种意义上说，管理者与潜在股权收购者之间的控制权之争取决于其拥有股权的多少。由于个人财富有限，借贷能力又受到限制，这就使管理者要想在接管活动中或大型企业中控制大部分的股权相当困难，因此，在其他因素一定的情况下，企业融资结构中债务或诸如优先股和认股权证这类没有投票权的融资工具越多，管理者的控制权就越大。

哈里斯与雷维夫主要探讨了詹森和麦克林所提出的股东与管理者之间利益冲突所引发的代理成本问题，他们分别用静态和动态两个模型说明在通常情况下管理者是不会从股东的最大利益出发的，因此他们必须要被监督和戒律，而债务正是作为一种惩戒工具。债务不仅使股东具有法律上的权利强制管理者提供有关企业各方面的信息，让股东能够通过对信息的分析决定是否继续经营还是进行清偿。所以"最优的负债数量取决于在信息和惩戒管理者机会的价值与发生调查成本的概率之间的权衡"。

斯图茨（Stulz）的分析框架与哈里斯-雷维夫的分析框架基本相同。但是，斯图茨将分析的重点放在了现任管理者股权的变化对外部股东预期收益以及并购实际发生概率的影响方面。斯图茨认为，随着现任管理者在企业中持股比率的上升，外部竞争者进行要约收购时提供给企业外部投资者的股权溢价将上升，但同时，要约收购实际发生的概率也会降低，外部股东实际获得的股权溢价收益也会减少。斯图茨还从投票权控制的角度来分析股东与管理者的利益冲突。斯图茨强调说，管理者对投票权的控制比例（a）是决定詹森和麦克林所说的企业所有权结构的一个重要因素，随着管理者控制 a 能力的增强，股东财富的增加或减少都取决于 a 是大还是小。更为重要的是，管理者可以通过不同的资本结构来改变 a，所以，"我们分析的一个重要结论是资本结构的变动通过它们对 a 的作用影响企业的价值。"哈里斯-雷维夫和斯图茨对资本结构与管理者对投票权的控制之间关系的认识让学术界产生了若干新的认识。例如，最优负债与权益比例的存在或许是因为管理者更容易控制最优投票权的需要：债务杠杆可以成为蹩脚管理者反对兼并的一种办法。邓和迪安吉罗（Dewing and De Angelo）通过 1962～1983 年敌意收购中出现的 33 件遭到管理者抵御的案例的分析发现，在其中 48％的案例里，管理者是经由改变资本结构来达到反收购的目的的。这一现象无法解释为管理者是以股东利益为重，因为企业在公告资本结构改变时，股东遭受的平均财富损失在统计上相当之显著。邓和迪安吉罗于是认为，改变资本结构主要是遵从管理者的意志，所以，他们得出和哈里斯-雷维夫和斯图茨相同的结论，即"包括资本结构和所有权结构在内的财务政策要受到企业控制权市场的影响"。

阿洪与伯尔顿（Aghion and Bolton）分析了剩余控制权的分配以及不同的企业控制权分配对企业融资及投资的可能影响，在交易成本和合约不完全的基础上提出一种与财产控制权非常相关的企业融资理论。他们假定市场上有这样两个人：一个是有资本无技术的投资者，另一个是无资本有技术的企业家，两者在市场上相遇后签订了长期合约。由于企业家既追求货币报酬又追求非货币报酬（如个人声誉和在职消费），而投资者只追求货币报酬，所以双方的利益目标包含潜在的冲突。如果合约是完全的，那么合约可以化解双方的利益冲突。但是由于未来是不确定的，合约也就不可能完全，剩余控制权的分配由此就变得很重要。他们认为债务融资和股票融资不仅收益索取权不同，而且控制权安排上也不相同。通常，债务融资契约是和破产机制相联系，而股票融资契约是与在保持清偿能力下的企业经营控制权相联系。在阿洪和伯尔顿的模型中有三种情况：①如果融资方式是发行有投票权的普通股，那么股东掌握剩余控制权；②如果融资方式是发行无投票权的优先股，那么管理者拥有剩余控制权；③如果融资方式是债务融资，那么在管理者能按期偿还债务的前提下，管理者拥有剩余控制权，否则剩余控制权便由管理者转移到债权人手中，即企业破产。从本质上讲，企业融资方式的选择在很大程度上影响企业控制权的变化。阿洪和伯尔顿证明，在合约和信息不完全的情况下，融资结构的选择就是控制权在不同证券持有者之间分配的选择；最优的负债比率应该是在该负债水平上导致企业破产时将控制权从股东转移给债权人。在阿洪和伯尔顿的理论中，剩余控制权产生了，而且不完全合约是剩余控制权的前提。

（六）信号理论

罗斯与利兰德和派尔把信号理论引入到资本结构理论中。罗斯（Ross）认为，如果企业理财的目标是企业价值最大化，市场定价过程是完整无缺的，那就必须在MM定理之外另外寻找一种资本结构理论。为此，罗斯提出一个"根据现实世界的结构特点对MM定理进行修正后得出的模型"，又称"激励-信号"模型，目的是为了"通过与管理者激励结构的联系，演变出一种与MM定理相一致的财务结构最优决定理论"。在不对称信息条件下，管理者对企业未来收益和投资风险有充分的信息，而投资者却不知道。罗斯的信号理论认为，管理者对融资方式的选择实际上向投资者传递了企业经营的信息，由于破产可能性与负债水平正相关却与企业质量负相关，投资者将企业发行股票融资理解为企业资产质量恶化、财务状况不佳的信号，而债务融资则显示了管理者对企业的未来业绩有着良好的预期，是企业经营良好的信号。当企业的经营业绩较差时，由于债务有较高的破产边际成本，低质量企业的管理者就不敢模仿高质量企业增加较多的债务。也就是说，越是发展前景看好的企业，负债比率就会越高；越是发展前景看淡的企业，负债比率就会越低。投资者可以凭借企业的负债比率来判断企业预期市场价值的高低，即企业质量的高低，从而确定自己的投资组合。如果管理者没有增加企业市场价值的动机，那么他就不会通过改变企业资本结构中的负债比率，来向市场发布有关企业方面的融、投资信息。为了使债务融资机制成为正确的信号传递，罗斯对破产企业的管理者加上了惩罚约束，从而使负债比率变成可靠的消息。这一模型的主要经验结果是，破产概率与企业质量负相关而与负债比率正相关，企业的市场价值与负债比率正相关。

利兰德和派尔（Leland and Pyle）提出，在信息不对称条件下，为了使投资项目的融资能够顺利地进行，借贷双方就必须交流信息。他们认为，这种交流可以通过信号的传递来进行。譬如掌握了内幕信息的企业家本身也对申请融资的项目进行投资，这本身就向贷方传递了一个信号，即项目本身包含有"好的消息"，也就是说，企业家进行投资的意愿本身就可以作为一个投资项目质量的信号。一般来说，投资者（或贷款人）将企业家自身愿意投入投资项目的比例看成是投资项目期末真实价值的无噪音信号。利兰德和派尔从均衡条件下推出三个命题：①只有当投资项目的真实市场价值超过其成本，投资项目才会进行；②无论任何关于投资项目的信号价值有多大，投资项目的风险或者是企业家对风险规避程度的增加都会减少企业家对投资项目均衡状态时权益的份额；③在任何有关投资项目的信号水平上，风险的增加会增加企业家的预期效用。从这三个命题，利兰德和派尔推断出另外两个反 MM 定理的命题：①给定投资项目的真实情况，项目的风险越大，意味着债务的最优水平越低；②与可能的破产成本无关，带有风险性收益的企业，其最优负债水平也越低。

信号传递理论认为，公司经营者对融资方式的选择实际上向投资者传递了信号，投资者将公司发行股票看成是公司资产质量恶化的信号，而债务融资则是资产质量良好的信号，即资产负债率成为公司内部信息传递给市场上投资者的工具。所以，高质量的公司由于盈利能力强，因而负债率高。

三、企业资金结构的优化

（一）优化资金结构应考虑的主要因素

1. 企业的经营风险

企业目前及未来的息税前收益是企业确定负债比率、优化资金结构的重要依据，因此，优化资金结构首先需要考虑企业的经营风险。经营风险是指企业因经营上的原因，如销售量、销售价格、产品成本等，而导致息税前收益变动的风险。一般来说，企业的销售量很容易受到外部因素的影响而大幅度上下波动，从而使企业息税前收益也大幅度波动，因而企业会面临较大的经营风险。

企业负债筹资由于负债利息固定而具有财务杠杆作用，使得普通股每股收益的变动幅度大于企业息税前收益的变动幅度。在一定的息税前收益下，企业负债比率越大，固定支付的利息越多，财务杠杆作用越大。企业优化资金结构以利用财务杠杆作用增大每股收益时，必须考虑到企业的经营风险。企业的经营风险在财务杠杆的"放大"作用下，会对每股收益产生更大的影响。假定某企业的经营杠杆系数（经营杠杆系数定义为息税前收益变动率与销售量变动率之间的比率）为 2.5，在某一息税前收益时的财务杠杆系数为 1.2，此时，如果企业销售量下降 20%，那么息税前收益将下降 $20\% \times 2.5 = 50\%$，每股收益将下降 $50\% \times 1.2 = 60\%$。因此，经营风险是影响企业优化资金结构的重要因素。经营风险较高的企业，在确定资金结构时应降低负债比率，以保持较低的财务风险；经营风险较低的企业，则可适当增加负债比率，以获取较大的风险收益。

经营风险是企业从事经营活动本身所具有的风险。经济的景气程度、企业所处的行业、技术进步速度、产品价格、产品的需求、投入要素的价格、企业成本的固定程度及当投入要素价格发生变化后企业调整销售价格的能力等，都会影响企业的息税前收益水平。在衡量企业经营风险的大小时，这一切均应予以充分考虑。

2. 企业目前及未来的盈利能力

企业在优化资金结构时，必须将其盈利能力与资金成本进行对比。在资金总量不变的条件下，企业举债筹资或提高负债比率以取得更高的每股收益或权益资金收益率的前提是：企业息税前收益率要高于其负债资金的利息率。如果企业经营业绩不佳，息税前收益率很低，那么举债经营或提高负债比率反而会降低每股收益或权益资金收益率。企业追加投资的前提是：追加投资的边际投资收益率大于边际资金成本。当边际投资收益率等于边际资金成本时，不再追加投资；如果边际投资收益率小于边际资金成本，追加投资反而会减少收益。

资金结构的确定是企业中长期的决策，因此企业在确定资金结构时，不但要考虑目前的盈利能力，还必须预测未来的盈利情况。企业处于成长阶段时，增长速度快，盈利能力强，权益资金不能满足其发展的需要，这时可以具有较高的负债比率。企业进入成熟期后，增长速度放慢，盈利能力下降，此时企业应适当地降低负债比率。如果企业预计将从成长期进入成熟期，虽然现在企业有较高的盈利能力，但企业也应适当地降低负债比率，而不是继续提高负债比率。另外，即使企业目前盈利能力较强，但预计市场将不景气，企业盈利能力将大幅度下降，企业则不应提高负债比率，甚至还要调低负债比率。

3. 企业目前及未来的财务状况

企业的财务状况如何会影响到企业的筹资方式、筹资规模和筹资成本，因此它是优化资金结构时需要考虑的又一重要因素。财务状况包括企业资金的来源与运用情况、资金的周转速度、企业资产的变现能力等内容。财务状况好的企业，偿债能力相对较强，因而能够承受较大的财务风险，但这并不意味着企业可以提高负债比率，因为财务状况好并不表明企业的盈利能力强。对于财务状况好的企业来说，如果企业的息税前收益率低于负债利息率，则提高负债比率会加大财务杠杆的负作用，每股收益更低。对于财务状况差的企业来说，如果企业的息税前收益率高于负债利息率，那么企业也是可以举借长期负债的。但由于财务状况差，一方面使企业借债发生困难，另一方面也可能使企业被迫出卖长期资产以偿还债务，这对企业未来的盈利能力有一定的影响。

在考虑企业财务状况时，不仅要看到目前的情况，而且要充分预测未来的情况。资金结构的确定不是一项短期的决策，而是对企业有较大影响的中长期决策。企业在确定资金结构时，若只考虑目前的财务状况，那么就极有可能会因未来的财务状况而迫使企业在短期内进行资金结构调整，甚至使企业陷入困境。资金结构与财务状况是互为影响的，企业的财务状况是企业进行资金结构决策的依据之一，而企业的资金结构又会对未来的财务状况产生较大影响，分析资金结构时必须考虑到这一点。

4. 债权人和股东的态度

债权人和股东关心的问题之一是企业的收益与风险。当企业决定调整现有的资金结构，尤其是决定提高负债比率时，债权人和股东一般是会积极关注的。随着负债比率的提高，企业的风险将越大，债权人和股东所要求的收益率也将提高。在低负债条件下，提高负债比率可以降低企业资金成本；但当负债达到一定比例时，风险的增大会使资金成本上升；当企业负债比率过大时，债权人和股东将会对企业失去信心，企业无法继续举债，股票价格下跌。因此，企业在决定资金结构时有必要充分考虑债权人和股东的心理承受力。

股东关心的另一个问题是其对企业的控制权。对于拥有控股权的股东来说，增发新的股票可能会减少他们的持股比例，从而削弱其对企业的控制权。因此，他们会关心不同筹资方式对其控股能力的影响。在这一点上，他们可能更倾向于举债筹资而不是发行股票。

5. 管理人员的态度

管理人员在确定企业资金结构时，通常要考虑灵活性、风险等有关因素。这些因素的相对重要性随企业性质和具体情况的不同而不同。灵活性是现行筹资决策和资金结构对企业未来筹资方式可能产生的影响。举债筹资使企业的负债比率上升，可能会使企业无法再借入资金，因而在以后一定时期内只能靠发行股票来筹资，这导致企业筹资的灵活性降低。管理人员在确定资金结构时，一般会保留一定的闲置借债能力，以备应付出现突发情况时的不时之需。在确定资金结构时，若管理人员讨厌风险，那么其可能较少利用财务杠杆，尽量减少负债资金的比例；如果管理人员具有冒险精神，那么其可能最大限度地提高负债比率，以充分利用财务杠杆，使每股收益达到最大。

（二）最优资金结构的确定

1. 收益最大分析

评价企业资金结构优劣的标志之一，是视其能否在一定的息税前收益水平下为所有者提供较大的收益。

在非股份制企业中，投资者的收益是用权益资金收益率来衡量的。因此，非股份制企业优化资金结构的方法之一，就是分析不同资金结构下权益资金收益率的大小，找出在一定息税前收益水平下使权益资金收益率最大的资金结构。现举例说明。

例 4-12 某企业拟筹资 200 万元，这笔资金的息税前收益为 28 万元，该企业负债资金与权益资金的比例有以下四种安排。

（1）全部为权益资金。

（2）权益资金 150 万元，负债资金 50 万元，此时负债资金的利息率为 8%。

（3）权益资金 100 万元，负债资金 100 万元，此时负债资金的利息率为 10%。

（4）权益资金 50 万元，负债资金 150 万元，此时负债资金的利息率为 13%。

问应选择哪种资金结构？

通过计算四种资金结构下的权益资金收益率，即可确定最优资金结构。

$$权益资金收益率 = \frac{28}{200} \times 100\% = 14\%$$

$$权益资金收益率 = \frac{28 - 50 \times 8\%}{150} = 16\%$$

$$权益资金收益率 = \frac{28 - 100 \times 10\%}{100} = 18\%$$

$$权益资金收益率 = \frac{28 - 150 \times 13\%}{50} = 17\%$$

由此可见，权益资金 100 万元，负债资金 100 万元的资金结构为最优资金结构，因为此时权益资金收益率最高。

在股份制企业中，普通股股东的收益大小是以每股税后净收益来衡量的。因此，股份制企业优化资金结构的方法之一，就是分析不同资金结构下每股收益的大小，找出在一定息税前收益水平下使每股收益最大的资金结构。现举例说明。

例 4-13 假设华新公司息税前收益为 0 的可能性为 20%，息税前收益为 400 万元的可能性为 60%，息税前收益为 800 万元的可能性为 20%。目前华新公司的全部资金都是利用发行股票筹集，股票账面价值 2 000 万元，每股面值 20 元，公司的所得税税率为 25%。在其他因素保持不变的条件下，华新公司以负债替代部分权益资金。在各负债比率下，公司的负债利率如表 4-6 所示，随着负债比率的提高，公司风险增加，债权人要求的利息率加速上升。

表 4-6　不同负债比率下的负债利率

负债额/百万元	负债比率/%	负债利率*/%
2	10	8.0
4	20	8.3
6	30	9.0
8	40	10.0
10	50	12.0
12	60	15.0

*与债权人（投资银行）协商而得。

我们可以计算出在不同负债比率下，每股收益的期望值及标准差，如表 4-7 所示。

表 4-7 不同负债比率下的每股收益期望值和标准差

负债比率/%	每股收益的期望值/元	每股收益的标准差/元
0	3.00	1.90
10	3.20	2.11
20	3.44	2.37
30	3.71	2.71
40	4.00	3.16
50	4.20	3.79
60	4.13	4.74

如表 4-7 所示，在没有负债的情况下，华新公司每股收益的期望值为 3.00 元。当公司用负债资金代替权益资金时，在负债比率达到 50% 之前，每股收益的期望值不断增大；当负债比率超过 50% 以后，由于负债利率的加速上升，致使支付利息过多，引起每股收益下降。因此，负债比率为 50% 的资金结构是使华新公司股东每股收益最大的最优资金结构。

如果企业因生产发展需要再筹集资金，可以利用发行股票来筹集，也可以利用发行债券来筹集。究竟是发行股票还是发行债券，通过分析不同情况下每股收益的大小，就可得出结论。下面举例说明。

例 4-14 华发公司原有资金 1 000 万元，其中普通股 400 万元（面值 1 元，400 万股），留存收益 200 万元，银行借款 400 万元，年利率 10%。现准备扩大经营规模，增资 600 万元，筹资方案有以下三种。

（1）全部发行普通股。增发 300 万股普通股，每股面值 1 元，发行价格 2 元。

（2）全部发行债券。发行 600 万元债券，年利率 12%。

（3）一部分发行普通股，一部分发行债券。增发 200 万股普通股，每股面值 1 元，发行价格 2 元；发行债券 200 万元，年利率 11%。

设公司所得税税率为 25%，问应选择哪种筹资方案？

对于以上问题，我们可采用每股收益无差别分析方法。这种方法是利用每股收益的无差别点进行分析。所谓无差别点，就是使不同资金结构下的每股收益相等的息税前收益额。这种方法的步骤如下。

（1）分别列出以上三种方式的每股收益与息税前收益的关系式。

若采用第一种方案，华发公司资金结构将为普通股 700 万元，资本公积 300 万元，留存收益 200 万元，银行借款 400 万元。普通股每股收益为

$$EPS_1 = \frac{(EBIT - 400 \times 10\%) \times (1 - 25\%)}{700}$$

$$= \frac{(EBIT - 40) \times 75\%}{700}$$

若采用第二种方案，华发公司资金结构将为普通股 400 万元，留存收益 200 万元，银行借款 400 万元，债券 600 万元。普通股每股收益为

$$EPS_2 = \frac{(EBIT - 400 \times 10\% - 600 \times 12\%) \times (1 - 25\%)}{400}$$

$$= \frac{(EBIT - 112) \times 75\%}{400}$$

若采用第三种方案，华发公司资金结构将为普通股 600 万元，资本公积 200 万元，留存收益 200 万元，银行借款 400 万元，债券 200 万元。普通股每股收益为

$$EPS_3 = \frac{(EBIT - 400 \times 10\% - 200 \times 11\%) \times (1 - 25\%)}{600}$$

$$= \frac{(EBIT - 62) \times 75\%}{600}$$

（2）确定不同资金结构的无差别点。

令 $EPS_1 = EPS_2$，即

$$\frac{(EBIT - 40) \times 75\%}{700} = \frac{(EBIT - 112) \times 75\%}{400}$$

可得方案 1 与方案 2 的无差别点

$$EBIT = 208（万元）$$

令 $EPS_1 = EPS_3$，即

$$\frac{(EBIT - 40) \times 75\%}{700} = \frac{(EBIT - 62) \times 75\%}{600}$$

可得方案 1 与方案 3 的无差别点

$$EBIT = 194（万元）$$

令 $EPS_2 = EPS_3$，即

$$\frac{(EBIT - 112) \times 75\%}{400} = \frac{(EBIT - 62) \times 75\%}{600}$$

可得方案 2 与方案 3 的无差别点

$$EBIT = 212（万元）$$

（3）根据息税前收益的大小选择方案。

若将三个方案下公司的息税前收益与每股收益的关系在同一坐标图上描绘下来（图 4-7），便能更清楚地看出公司在各个不同的息税前收益水平上应选择哪一个筹资方案，以确定哪种资金结构最优。

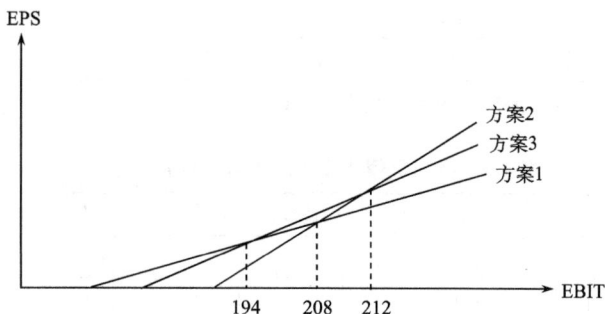

图 4-7 息税前收益与每股收益的关系

从图 4-7 可以看出，当公司的息税前收益预计将低于 194 万元时，采用第一方案，即增发普通股，能提供较大的每股收益；当公司的息税前收益预计将大于 194 万元，但小于 212 万元时，采用第三方案，即增发一部分普通股和一部分债券，能提供较大的每股收益；当公司的息税前收益预计将大于 212 万元时，采用第二方案，即发行债券，能提供较大的每股收益。

2. 资金成本最低分析

企业资金成本是各类资金成本的加权平均数，即负债资金和权益资金的加权平均数。由于债权人比股东承担较小的投资风险而要求较低的收益率，而且负债利息是纳税减项，因此在企业各类资金中，负债资金的成本是最低的。企业通过举债的方式筹集到成本较低的资金，便能在一定程度上降低企业的资金成本。通过对不同资金结构资金成本的分析，便可以确定资金成本最低的最优资金结构。

以前述华新公司为例，表 4-8 列示了不同负债比率时的负债利率、估计的 β 值和权益资金成本。随着负债的增加，投资者所承担的风险也相应增加，因此，其负债利率也必然随之上升。同样道理，权益资金的成本也会相应提高。如表 4-9 所示，在没有负债的情况下，华新公司的资金成本为 12%。随着负债比率的提高，加权平均资金成本 K_w 会下降，这是因为由 K_s 引起的加权平均成本的增加，抵消不了由 K_d 引起的成本的下降。但是在负债比率达到 40% 之后，K_s 引起的成本的增加无法被 K_d 引起的成本的下降所抵消，所以 K_w 开始增加，以后更会因为 K_d 的增加，K_w 迅速上升。当 K_w 达到最低时的资金结构为最优资金结构，即负债资金和权益资金分别占资金总额的 40% 和 60% 的资金结构是华新公司的最优资金结构。

表 4-8　不同负债比率下的权益资金成本

负债比率（d）/%	负债利率（K_d）/%	估计的 β 值（β_i）	权益资金成本（K_s^*）/%
0	—	1.0	12.0
10	8.0	1.1	12.6
20	8.3	1.2	13.2
30	9.0	1.3	13.8
40	10.0	1.4	14.4
50	12.0	1.6	15.6
60	15.0	2.0	18.0

* $K_s = r_f + \beta_i(r_m - r_f)$，其中投资银行估计：$r_f = 6\%$（无风险收益率），$r_m = 12\%$（市场组合的期望收益率）。

表 4-9　不同负债比率下的加权平均资金成本

负债比率（d）/%	负债利率（K_d）/%	权益资金成本（K_s）/%	加权平均资金成本（K_w^*）/%
0	—	12.0	12.00
10	8.0	12.6	11.94
20	8.3	13.2	11.81

续表

负债比率（d）/%	负债利率（K_d）/%	权益资金成本（K_s）/%	加权平均资金成本（K_w^*）/%
30	9.0	13.8	11.69
40	10.0	14.4	11.64
50	12.0	15.6	12.30
60	15.0	18.0	13.95

＊ $K_w = K_d(1-t) \times d + K_s(1-d)$（$t$ 为所得税税率）。

3. 两种分析的比较

上述两种分析方法的结果往往是不一致的，使资金成本最低的资金结构未必就能实现收益最大。如前例华新公司的资金结构，根据每股收益最大所确定的资金结构为负债资金和权益资金各占资金总额的 50%，而根据资金成本最低所确定的资金结构为负债资金和权益资金各占资金总额的 40% 和 60%。两种分析方法的差异关键在于对权益资金成本的处理。收益最大分析忽略了权益资金成本，而资金成本最低分析则必然会考虑权益资金成本。由于权益资金成本随负债比率的增大而加速上升，因而资金成本最低时的负债比率要低于收益最大时的负债比率。资金成本最低分析的优点是考虑了收益与风险的关系，风险增大，股东要求的收益率也随之增大。收益最大分析的优点是所确定的资金结构能使每股收益或权益资金收益率达到最大。

（1）资金成本最低分析的不足。企业计算资金成本的初衷并不是为了优化资金结构，而是为长期投资决策提供依据。若投资项目的内部收益率大于资金成本，则投资方案是可取的。资金成本越低，长期投资获利的机会越多，获利的可能性越大。在无资金总额限制下，企业进行投资不仅要考虑资金成本，还要考虑边际资金成本。企业追加投资的边际资金成本有可能大于追加投资前的资金成本，从而使追加投资后企业总资金成本上升，但只要追加投资的边际投资收益率大于边际资金成本，则追加投资会提高所有者收益。当边际投资收益率等于边际资金成本时，不再追加投资，所有者收益最大。在资金总额固定不变的情况下，资金成本最低分析的不足是没有充分利用财务杠杆使收益最大。在资金总额不变的情况下，企业可以确定一个资金成本最低的资金结构，此时若再提高负债比率，风险增大会使资金成本上升，但收益也可能会提高。如前例华新公司，表 4-7 与表 4-9 说明，在负债比率为 40% 时，资金成本最低为 11.64%，每股收益为 4.00 元；负债比率增大到 50% 时，资金成本上升到 12.30%，而每股收益也上升到 4.20 元。

（2）收益最大分析的不足。收益最大分析在整个分析过程中只考虑了债权人对风险的态度，完全忽视了股东对风险的态度。收益最大分析在优化资金结构时，隐含着这样一个假定，即股东只追求收益而不顾风险，这一假定是不合理的。股东作为一个理性的投资者，与债权人一样也是有避险心理的，他们在进行投资决策时是会对风险与收益进行权衡的。在收益最大的资金结构下的收益与风险并不一定能够满足股东的要求。

（3）两种分析的综合。如前所述，资金成本最低分析和收益最大分析各自具有优点与不足，为此，有必要寻找新的分析标准以综合它们的优点，克服它们的不足。根据现代财务管理的目标——股东财富最大化，在不考虑外部因素，而仅考虑企业内部经营成果的条件下，可以获得这一新的分析标准——股票价格最大或单位投资价值最大。股东财富最大化是指通过企业的合理经营，采用最优的财务决策，在考虑资金时间价值和风险价值的情况下，使企业的总价值达到最高，进而使股东财富达到最大。股东财富最大化的财务目标，在股份制企业中可演变为股票价格最高，在非股份制企业中可演变为单位投资价值最大。股票价格以每股收益与权益资金成本的比值来反映，单位投资价值以权益资金收益率与权益资金成本的比值来反映。以股票价格最高或单位投资价值最大来优化资金结构，既考虑了股东的收益，又考虑了股东对风险的态度，它综合了资金成本最低分析和收益最大分析的优点。

仍以华新公司为例，以股票价格最大确定最优资金结构的计算结果如表 4-10 所示。在没有负债的情况下，公司预期的股票价格为 25 元；当公司用负债资金代替权益资金时，在负债比率达到 40% 之前，其预期的股票价格不断提高；当负债比率超过 40% 之后，由于预期的每股收益增加幅度小于股东要求的收益率增加幅度，引起预期股票价格下降；负债比率超过 50% 以后，公司风险更大，负债资金成本大幅度增加，导致预期的每股收益下降。而股东要求的收益率上升，从而使股票价格下降得更快。从表 4-10 看出，负债比率为 40% 的资金结构是使公司预期股票价格最大的资金结构，即最优资金结构。

表 4-10　不同负债比率下的股票价格

负债比率（d）/%	权益资金成本（K_s）/%	每股收益的期望值（EPS）/元	预期的股票价格（P^*）/元
0	12.0	3.00	25.00
10	12.6	3.20	25.40
20	13.2	3.44	26.06
30	13.8	3.71	26.88
40	14.4	4.00	27.78
50	15.6	4.20	26.92
60	18.0	4.13	22.94

$* P = \dfrac{\text{EPS}}{K_s}$。

复习思考题

1. 什么是资金成本？它包括哪些费用？
2. 资金成本与产品成本有什么不同？
3. 资金成本具有什么作用？
4. 权益资金成本与负债资金成本各自有何特点？
5. 什么是加权平均资金成本？账面价值法与市价法各有哪些优缺点？
6. 什么是边际资金成本？它与企业的投资决策有什么联系？
7. 什么是财务杠杆？它与财务风险有何关系？

8. 什么是财务杠杆作用？在什么条件下可产生财务杠杆作用？

9. 什么是资金结构？资金结构中的负债具有什么意义？企业在什么条件下可采用负债筹资？

10. 各种资本结构理论对确定最优资本结构有什么影响？

11. 在确定资金结构时应考虑哪些因素？

12. 确定最优资金结构的收益最大分析与资金成本最低分析有哪些不足？如何克服？

练 习 题

1. 某公司按面值发行 5 年期的债券 10 亿元，票面年利率 6％，每年付息一次，到期还本，发行费率为 3％，该公司所得税税率为 25％，试计算其债券成本。

2. 某股份公司普通股市价为每股 12.5 元，现准备增发 6 000 万股，预计筹资费率为 4％，第一年预计股利为 1.2 元，以后每年股利增长率为 5％，试计算该公司本次增发普通股的资金成本。

3. 某企业今年年初有一投资项目，需资金 5 000 万元，通过以下方式来筹集：发行债券 1 200 万元，成本为 10％；长期借款 800 万元，成本为 8％；普通股 2 500 万元，成本为 15％；留存收益 500 万元，成本为 14.5％。试计算其加权平均资金成本。

4. 某企业有 A，B，C，D，E 五个可供选择的投资项目，各自的投资额及内部收益率如下表所示。

项　目	内部收益率/％	投资额/万元
A	20.5	200
B	18	300
C	23	300
D	25	600
E	16	400

该企业采用银行借款和发行普通股两种方式筹资，两者比例分别为 30％ 和 70％。两种筹资方式的边际资金成本如下表所示。

筹资方式	筹资金额/万元	边际资金成本/％
银行借款	0～150	12
	150～300	14
	300 以上	18
发行普通股	0～210	16
	210～560	19
	560～840	22
	840 以上	25

请根据以上资料作投资及筹资决策分析，确定可行的方案，并计算该方案的投资总收益和筹资总成本。

5. 某股份公司资金总额为 8 000 万元，其中债券 3 000 万元，年利率为 8％；优先股 1 000 万元，年股利率为 12％；普通股 800 万股。公司所得税税率为 25％，今年的息税前收益为 1 200 万

元，试计算

(1) 该公司的财务杠杆系数；

(2) 普通股每股收益；

(3) 财务两平点；

(4) 当息税前收益增加 20%时，每股收益应增加多少？

6. 某公司原有资金 5 000 万元，其中普通股 2 000 万元（面值 1 元，2 000 万股），留存收益 1 000 万元，银行借款 2 000 万元，年利率 9%。现准备扩大经营规模，增资 2 000 万元，筹资方案有两种

(1) 全部发行普通股。增发 1 000 万股普通股，每股面值 1 元，发行价格 2 元。

(2) 全部发行债券。发行 2 000 万元债券，年利率 12%。

设公司所得税税率为 25%，问应选择哪种筹资方案？

固定资产投资

广义地说，投资是指以收回更多的现金为目的而发生的现金支出。例如，购买国库券、公司股票、公司债券、金融债券以及购置生产设备、兴建工厂等都属于投资行为。这一章的投资是指固定资产投资，即投入资金购建和改造生产设备、厂房等固定资产，以形成或扩大生产经营能力，不是指股票、债券等证券投资或其他投资。

固定资产投资决策又称资本支出决策，是对企业未来的经营方向、发展规模以及经营效益等都具有长期而且重要影响的决策。其主要特点是：投资金额大，回收时间长，投资决策要考虑的因素多而且复杂，风险性大，投资项目一经建成，要想改变是相当困难的。投资结果会长期影响以至决定企业的生产经营规模、技术装备程度以及企业的经济效益。因此，投资固定资产，必须科学、周密地规划和设计，既要研究投资项目的必要性，又要分析技术上的可行性和经济上的合理性。

第一节　固定资产概述

一、固定资产的特点

固定资产是指使用期限超过一年的房屋、建筑物、机器、机械、运输工具以及其他与生产、经营有关的设备、器具、工具等。不属于生产经营主要设备的物品，单位价值在 2 000 元以上，并且使用年限超过两年的，也应当作为固定资产。

固定资产是指同时具有下列特征的有形资产：①为生产商品、提供劳务、出租或经营管理而持有。②使用寿命超过一个会计年度。如房屋、建筑物、机器、机械和其他生产设备、电子设备、运输工具、器具、工具、家具等。

固定资产是企业再生产过程不可缺少的物质技术基础，在科学技术不断发展的今天，没有这些物质技术基础，企业的再生产活动是无法进行的。企业的固定资产种类繁多，所起作用也各不相同。有些固定资产直接作用于劳动对象上，使劳动对象变为产品，如生产设备、动力设备等；有些固定资产不直接参加再生产活动，而是为生产活动提供必要的条件，如厂房、建筑物、管理工具等。固定资产的特点如下。

1. 为生产商品、提供劳务、出租或经营管理而持有

企业持有固定资产的目的是为了生产商品、提供劳务、出租或经营管理，即企业持有的固定资产是企业的劳动工具或手段，是为了给企业的生产经营活动提供条件，而不是用于出售的产品，这是区别固定资产与流动资产的一个重要标志。作为企业商品、产品等流动资产，其目的是为了销售，虽然企业购置某些资产的单位价值高，存放时间也可能较长，但只要其购置的目的是为了出售，就不能作为固定资产而应列为流动资产。例如，机床厂生产出来的机床，目的是为了出售，应列为流动资产；而机械加工企业运用机床加工零部件，其机床就应作为固定资产。

2. 使用寿命超过一个会计年度

固定资产的使用寿命，是指企业使用固定资产的预计期间，或者该固定资产所能生产产品或提供劳务的数量。如房屋建筑物的使用寿命表现为企业对该房屋建筑物的预计使用年限，而汽车或飞机等则按预计行驶或飞行里程估计使用寿命。固定资产的使用寿命超过一个会计年度，意味着固定资产属于非流动资产，随着使用和磨损，通过计提折旧方式逐渐减少账面价值。

3. 固定资产是有形资产

固定资产具有实物特征，这一特征将固定资产与无形资产区别开来。有些无形资产可能同时符合固定资产的其他特征，如无形资产为生产商品、提供劳务而持有，使用寿命超过一个会计年度，但是由于其没有实物形态，所以不属于固定资产。

4. 能够多次参加生产经营过程而不改变其实物形态

固定资产作为一种劳动手段，直接或间接作用于劳动对象上，使劳动对象变为产品。在这个过程中，固定资产基本保持原有的物质形态和性能，并不断地发挥其作用，直到完全丧失其使用价值。因此，固定资产的价值补偿是随着固定资产的使用而逐渐进行的，而实物更新则要到固定资产报废时才能完成。

二、固定资产的计价

企业固定资产按实物量指标计算，表现为房屋多少平方米、机器多少台、运输汽车多少辆等等。通过实物量指标，可以掌握企业的技术装备情况，确定企业的生产能力。固定资产一方面要从实物量方面进行反映，另一方面还要从价值量方面进行反映。实物量指标虽有反映具体的特点，但不能汇总，不利于综合反映固定资产的总体情况。为此，还必须利用货币作为统一计量单位，对固定资产进行计价。

固定资产一般有以下几种计价方法。

1. 按原始价值计价

原始价值也称原值或原价，是指取得固定资产时所发生的全部成本。固定资产应当按照原始价值进行初始计量。取得固定资产的成本包括企业为购建某项固定资产达到预定可使用状态前所发生的一切合理的、必要的支出。固定资产的原始价值不仅能反映企业固定资产的原始投资以及经营规模，同时也是计提折旧的基础。

2. 按重置成本计价

重置成本也称现行成本，是指按照当前市场条件，重新取得同样一项资产所需支付的金额。按重置成本计价一般是在无法确定其原始价值的时候，如出现盘盈的固定资产、接收捐赠的无附单据的固定资产。固定资产的重置成本可以比较真实地反映固定资产的现时价值和规模。

3. 按净值计价

固定资产净值也称折余价值，是指固定资产原始价值扣除其累计折旧后的余额。固定资产净值反映的是固定资产未损耗的那部分价值，它反映企业尚未回收的那部分固定资产投资。按净值计价，一般是用于计算固定资产处置利得或损失以及资产负债表中的固定资产账面价值。

4. 按可收回金额计价

固定资产可收回金额，是指固定资产公允价值减去处置费用后的净额与固定资产预计未来现金流量的现值两者之间较高者。如果固定资产不能够为企业带来经济利益或者带来的经济利益低于其账面价值，原账面价值就不能反映固定资产的实际价值，其结果会导致企业固定资产虚增和利润虚增。因此，当企业固定资产的可收回金额低于其账面价值时，即表明固定资产发生了减值，企业应当确认固定资产减值损失，此时固定资产的账面价值减记至可收回金额。

三、固定资产折旧

（一）固定资产折旧的概念

折旧，是指在固定资产使用寿命内，按照确定的方法对应计折旧额进行系统分摊。固定资产在使用期限内不断发生损耗，它的价值根据损耗程度逐渐转移到有关的成本或费用中去，并从企业销售收入中得到相应的补偿。固定资产损耗价值的转移就称为折旧。

固定资产损耗包括有形损耗和无形损耗两种。有形损耗是指固定资产在使用过程中，由于摩擦、振动、疲劳等原因使固定资产质量变坏而造成的机械磨损，以及固定资产在闲置过程中由于自然力影响造成的自然损耗。无形损耗是指由于劳动生产率提高和科学技术的进步，使原来固定资产的价值降低。

固定资产损耗价值的补偿有两种情况：一种是对于固定资产本身价值在使用期间逐渐损耗的补偿，这就是我们通常所说的折旧；另一种是由于固定资产各个构成部分的耐磨程度和使用条件不同，为了维持固定资产正常发挥作用，需要对损耗程度不同的构成部分进行系统地恢复而发生的费用，这部分称为修理费用。

固定资产修理费用同折旧费用一样，也应计入相应的成本费用中去，从销售收入中得到补偿。但修理费用同折旧费用不同，修理费用是实际已经花费或不久将要花费的支出，它是一种减少企业营运资金的费用；而折旧费用实际并没有支付，它只是表明固定资产本身价值的一种减少，从固定资产实物形态上来看并没有改变，因此，它是一种不减少企业营运资金的费用，这部分损耗价值在企业销售收入中补偿后将以货币形态存在，实际上等于增加了企业的营运资金。

（二）影响固定资产折旧的因素

在实际工作中，固定资产折旧是按会计期（年、月）计提的。因此，必须明确影响固定资产折旧的因素，以便作为计提依据。

1. 固定资产折旧基数

固定资产折旧是对固定资产本身损耗价值的补偿，从这个意义上说，固定资产折旧应以原始价值为基数，也就是固定资产在整个使用期间的累计折旧加报废时的净残值应等于原始价值。这种以原始价值作为折旧基数的做法只能使固定资产在价值上得到补偿，而不一定使固定资产在实物上也完全得到补偿。由于资金时间价值的作用和物价水平变动以及通货膨胀的影响，再加上固定资产使用期限较长，故固定资产原始价值收回后，实际不能实现固定资产原来规模的更新，对企业而言，相当于部分资金转化为利润而虚耗了，企业生产经营规模也缩小了。所以，从这个意义上说，固定资产折旧应以重置完全价值为依据，以便等到固定资产报废时收回的折旧加净残值刚好能够实现固定资产原来规模的更新，以维持企业原有生产经营规模不变。但是，由于重置完全价值经常变化，不易确定，同时，采用重置完全价值后也会引起一系列的特殊会计问题，具体操作也相当复杂，因此我国《企业会计准则第 4 号——固定资产》中规定，应计折旧额，是指应当计提折旧的固定资产的原价扣除其预计净残值后的金额。

2. 固定资产预计净残值

固定资产预计净残值是指假定固定资产预计使用寿命已满并处于使用寿命终了时的预期状态，企业目前从该项资产处置中获得的扣除预计处置费用后的金额。固定资产净残值属于固定资产的不转移价值，不应计入成本、费用中去，在计算固定资产折旧时，采取预估的方法，从固定资产原值中扣除，到固定资产报废时直接回收。固定资产净残值占固定资产原值的比例一般在 3%～5%。

3. 固定资产减值准备

固定资产减值准备是指固定资产已计提的固定资产减值准备累计金额。固定资产计提减值准备后，应当在剩余使用寿命内根据调整后的固定资产账面价值（固定资产账面余额扣减累计折旧和累计减值准备后的金额）和预计净残值重新计算折旧率和折旧额。

4. 固定资产使用寿命

固定资产使用寿命是指企业使用固定资产的预计期间，或者该固定资产所能生产产品或提供劳务的数量。固定资产使用寿命直接影响各期应提的折旧额，从而影响成本、利润以及企业的营运资金。固定资产使用寿命取决于它的物理性能、使用情况、使用条件、维护保养的好坏和科学技术的进步情况等。因此在确定固定资产使用寿命时，既要考虑由于固定资产的使用以及自然力的作用而带来的有形损耗，也要考虑科学技术进步等原因使固定资产价值贬低而产生的无形损耗。有些固定资产尽管在物理性能上看起来仍然可以继续使用，但由于耗能高，耗材料多，生产效率低，从其效能和经济角度上来看则应提前报废。固定资产使用寿命越短，固定资产折旧就越大，投资就越快收回。我国《企业会计制度》中规定，企业应当根据固定资产的性质和消耗方式，合理地确定固定资产的使用寿命。各企业应结合本企业固定资产的负荷程度、工作条件、维护修理以及技术进步等具体情况，合理地确定固定资产使用寿命。

（三）固定资产折旧方法

从理论上讲，固定资产折旧应反映固定资产价值的损耗。然而固定资产价值损耗的大小是很难使用技术方法进行精确测定的，因而只能相对地计算。企业应当根据与固定资产有关的经济利益的预期实现方式，合理选择折旧方法。

目前计算固定资产折旧的方法很多，主要有年限平均法、工作量法、双倍余额递减法、年数总和法等。企业选用不同的折旧方法，将影响固定资产使用寿命期间内不同时期的折旧费用，从而影响到企业的成本、费用的计算，也影响到企业的利润和纳税，从而影响到国家的财政收入。因此，对固定资产折旧方法的选用，不能随意确定。一般来讲，计算出各期折旧额，要力求基本上反映固定资产的价值损耗，同时还要考虑企业总体效益和企业的生存发展需要。

1. 年限平均法

年限平均法又称直线法，是指将固定资产的应计折旧额均衡地分摊到固定资产预计使用寿命内的一种方法。采用这种方法计算的每期折旧额均相等。当固定资产各期负荷程度相同时，各期应分摊相同的折旧费，这时采用年限平均法计算折旧是合理的。计算公式如下：

$$某项固定资产年折旧额 = \frac{该项固定资产原价 - 预计净残值}{该项固定资产预计使用寿命}$$

在实际工作中，由于固定资产经常会发生变动，为简化计算，固定资产年（月）折旧额是按原价乘以年（月）折旧率计算的

$$年折旧率 = \frac{1 - 预计净残值率}{预计使用寿命（年）} \times 100\%$$

$$月折旧率 = 年折旧率 \div 12$$

$$年（月）折旧额 = 固定资产原价 \times 年（月）折旧率$$

例 5-1 某设备按年限平均法计算折旧，原始价值 50 000 元，预计使用 5 年，预计残值 2 500 元，预计清理费用 500 元，则

$$年折旧额 = \frac{50\ 000 - (2\ 500 - 500)}{5} = \frac{48\ 000}{5} = 9\ 600（元）$$

$$年折旧率 = \frac{9\ 600}{50\ 000} \times 100\% = 19.2\%$$

2. 工作量法

工作量法是根据实际工作量计算每期应提折旧额的一种方法。如果固定资产各期负荷程度不同，采用年限平均法计算折旧时，不能反映固定资产的实际使用情况，提取的折旧数与固定资产的损耗程度也不相符，此时采用以实际工作量来计提折旧是合理的。其计算公式如下：

$$单位工作量折旧额 = \frac{固定资产原价 \times (1 - 预计净残值率)}{预计总工作量}$$

某项固定资产年（月）折旧额＝该项固定资产当年（月）工作量×单位工作量折旧额

例 5-2 某大型设备采用工作量法计算折旧，原始价值 200 000 元，预计可以使用 8 000 小时，预计报废时残值 12 000 元，预计清理费用 4 000 元，某年工作量为 1 500 小时，则

$$单位工作量折旧额 = \frac{200\ 000 - (12\ 000 - 4\ 000)}{8\ 000} = 24（元）$$

$$某年折旧额 = 1\ 500 \times 24 = 36\ 000（元）$$

3. 双倍余额递减法

双倍余额递减法是指在不考虑固定资产预计净残值的情况下，根据每期期初固定资产原价减去累计折旧后的余额和双倍的直线法折旧率计算固定资产折旧的一种方法。由于固定资产账面净值会随着固定资产的使用而逐渐减少，而年折旧率各年又不变，因此各年折旧额会随着账面净值的下降而减少，它是一种加速折旧方法。这种方法确定折旧率时可先不考虑固定资产净残值，而放在最后几年去扣除，计算公式如下：

$$年折旧率 = \frac{2}{预计使用寿命（年）} \times 100\%$$

某年折旧额 = 固定资产年初账面净值×年折旧率

因为折旧额的计算是以固定资产账面净值乘以折旧率，所以往往会造成最后一年提完折旧后剩下的净值不等于净残值，一般是高于净残值。因此，实行双倍余额递减法计提折旧的固定资产，应当在其固定资产预计使用寿命到期前两年内，将固定资产账面净值扣除预计净残值后的净额平均摊完。

例 5-3 某设备采用双倍余额递减法计算折旧，原始价值为 60 000 元，预计净残值为 960 元，预计使用 5 年，则

年折旧率 $=\dfrac{2}{5}\times100\%=40\%$

第一年折旧额 $=60\,000\times40\%=24\,000$（元）（累计折旧 24 000 元）

第二年折旧额 $=(60\,000-24\,000)\times40\%=14\,400$（元）（累计折旧 38 400 元）

第三年折旧额 $=(60\,000-38\,400)\times40\%=8\,640$（元）（累计折旧 47 040 元）

第四年折旧额 $=\dfrac{60\,000-47\,040-960}{2}=6\,000$（元）（累计折旧 53 040 元）

第五年折旧额 $=6\,000$（元）（累计折旧 59 040 元）

4. 年数总和法

年数总和法是将固定资产的原价减去预计净残值的余额乘以递减折旧率来计算固定资产折旧的一种方法。由于各年折旧基数不变，而各年的折旧率随着固定资产的使用而逐渐下降，因此各年折旧额也随之减少，它也是一种加速折旧方法，计算公式如下：

某年折旧额 =（固定资产原价 - 预计净残值）×该年折旧率

某年折旧率 $=\dfrac{\text{某年尚可使用年数}}{\text{预计使用寿命内各年尚可使用年数之和}}\times100\%$

$=\dfrac{\text{预计使用寿命 - 已使用年限}}{\text{预计使用寿命×（预计使用寿命 + 1）÷2}}\times100\%$

例 5-4 某设备采用年数总和法计算折旧额，原始价值 75 000 元，预计净残值 3 000 元，预计使用 5 年，则

第一年折旧率 $=\dfrac{5-0}{5\times(5+1)\div2}\times100\%=\dfrac{5}{15}$

第一年折旧额 $=(75\,000-3\,000)\times\dfrac{5}{15}=24\,000$（元）

第二年折旧率 $=\dfrac{5-1}{5\times(5+1)\div2}\times100\%=\dfrac{4}{15}$

第二年折旧额 $=(75\,000-3\,000)\times\dfrac{4}{15}=19\,200$（元）

第三年折旧率 $=\dfrac{5-2}{5\times(5+1)\div2}\times100\%=\dfrac{3}{15}$

第三年折旧额 $=(75\,000-3\,000)\times\dfrac{3}{15}=14\,400$（元）

$$第四年折旧率＝\frac{5-3}{5\times(5+1)\div2}\times100\%＝\frac{2}{15}$$

$$第四年折旧额＝(75\ 000-3\ 000)\times\frac{2}{15}＝9\ 600（元）$$

$$第五年折旧率＝\frac{5-4}{5\times(5+1)\div2}\times100\%＝\frac{1}{15}$$

$$第五年折旧额＝(75\ 000-3\ 000)\times\frac{1}{15}＝4\ 800（元）$$

上述几种折旧方法中，年限平均法比较适合于常年均衡使用且效用基本不变的固定资产，如房屋、建筑物、常年使用的设备等；工作量法一般适用于那些单位工作量损耗程度均衡，而在年度或月份内损耗并不均衡的固定资产，如大型、精密设备、运输车辆等。双倍余额递减法、年数总和法等加速折旧方法的理论依据是：固定资产在不同使用年限提供的经济效益是不同的。一般来说，固定资产效用随时间推移有递减的趋势，固定资产在其使用前期工作效率相对较高，所带来的经济利益也较多；而在其使用后期，工作效率一般呈下降趋势，因而，所带来的经济利益也就逐渐减少。另外，固定资产在不同的使用年限发生的维修费用也不一样，固定资产的维修费用将随着其使用时间的延长而不断递增。按照收益费用配比原则，应在固定资产使用的前期多提折旧，后期少提折旧。这样，不但可以平衡固定资产的使用费，而且可以减少固定资产随生产率、科技进步而贬值或淘汰的危险，有利于企业尽快收回投资，回避风险。采用加速折旧，在固定资产使用前期必然增加企业的成本费用，减少利润，而在后期相应地减少企业的成本费用，增加利润。由于固定资产折旧总额不变，因此，采用加速折旧，实际是推迟交纳税金，但不会减少税金总额，对企业来说，相当于国家给企业提供了无息贷款。我国《企业会计准则第4号——固定资产》中规定，企业应当根据与固定资产有关的经济利益的预期实现方式，合理选择固定资产折旧方法。可选用的折旧方法包括年限平均法、工作量法、双倍余额递减法和年数总和法等。固定资产的折旧方法一经确定，不得随意变更。

第二节　投资项目的现金流量

一、现金流量的概念

由一个投资项目引起的在未来一定期间内所发生的现金支出与现金收入的数量，统称为现金流量。现金的支出称为现金流出，现金的收入称为现金流入。这里的"现金"是广义的现金，它不仅包括各种货币资金，而且还包括因项目需要而投入的企业拥有的非货币资源的变现价值。例如，一个项目需要使用原有的厂房、设备和材料等，则相关的现金流量是指它们的变现价值，而不是其账面成本。

在分析评价投资项目的经济效益时，使用现金流量来表示实际收到和支出的现金数，而不是使用会计上的营业收入和营业成本来表示预期的收入和支出，因为对企业的投资决策来说，现金起着最重要的作用。企业支出现金进行投资，目的在于将来取得较多的现金报酬，企业只有收到了现金，才能进行再投资，向债权人支付借款本息和向投资者分配利润。而会计上的营业收入和营业成本没有考虑资金的时间价值，会计核算采用的是权责发生制原则，应收未收款作为收入，而应付未付款作为支出。另外，购买固定资产的支出，在会计上不算费用支出，只有折旧才算费用支出；但从现金流量的角度看，购买固定资产是现金的流出，而折旧却是一种不减少现金的费用，它通过产品销售收回了现金。因此，折旧相当于一种现金流入。

二、现金流量的构成

投资项目的现金流量，一般由以下三个部分构成。

（一）现金流出量

一个投资项目的现金流出量，是指该项目引起的企业现金支出的增加额。虽然一个项目的现金流量会随投资方式的不同而有所区别，但现金流出量通常包括如下几个方面。

（1）建设投资。由工程费用（包括建筑工程费、设备购置费、安装工程费）、工程建设其他费用和预备费（包括基本预备费和涨价预备费）组成。建设投资中的各分项分别形成固定资产、无形资产和其他资产。

（2）营运资金投资。是指运营期内长期占用并周转使用的资金，其数量为项目投产后相应增加的流动资产扣除流动负债后的余额，国内也称流动资金。流动资产一般包括存货、库存现金、应收账款和预付账款；流动负债一般只考虑应付账款和预收账款。营运资金投资是一种周转性资金，虽然在项目寿命后期可以收回，但由于资金的时间价值，在分析时必须考虑该项现金支出。

（3）营业现金支出。是指项目投产后，在其寿命期内由于生产经营的需要而增加的现金支出，也称经营成本或付现成本。包括外购原材料、燃料及动力费、工资及福利费、修理费、办公差旅保险等其他费用。经营成本是总成本费用中不包含折旧、摊销以及利息的那部分成本。

（4）维持运营投资。是指项目运营期内设备、设施等需要更新或拓展时所需要的投资。某些项目在运营期需要投入一定的固定资产投资才能得以维持正常运营，此时需估算项目维持运营的投资费用。

（5）各项税费。项目所涉及的税费有营业税金及附加和所得税。营业税金及附加主要包括增值税、营业税、关税、消费税、资源税、土地增值税、城市维护建设税和教育费附加。

（二）现金流入量

一个投资项目的现金流入量，是指该项目引起的企业现金收入的增加额。通常包括如下几个方面。

（1）营业现金流入。是指项目投产后，在其寿命期内由于销售产品或提供服务所取得的收入，如销售收入、其他营业收入等。一般是由产品或服务的价格和数量两个因素确定，在项目运营期内，营业现金流入可能是变化的。

（2）回收固定资产余值。是指在项目的寿命期末，可回收的固定资产余值，即折旧的净残值或固定资产的转售价值。

（3）回收的营运资金。是指在项目寿命后期，原有垫支在营运资金上的投资回收。所有回收的营运资金应等于所有营运资金投资。

（三）净现金流量

净现金流量是指一定期间的现金流入量和现金流出量的差额。这里所说的"一定时期"，有时是指一年，有时是指投资项目持续的整个寿命期内。现金流入量大于现金流出量时，净现金流量为正值；反之，净现金流量为负值。

运营期内的净现金流量是指运营期内的现金流入量与现金流出量的差额。运营期内的现金流入量主要是营业收入，现金流出量主要是经营成本和各项税费。营业收入和总成本费用中虽然有一些应收、应付、待摊、预提费用等，属于非现金收入或支出项目，但如果它们为数不大，或期末数比较固定，就可不予考虑。而在总成本费用中除折旧和摊销外，一般都是以现金支付的。在这种情况下，运营期内净现金流量的计算可以简化为

所得税前净现金流量＝营业收入－营业税金及附加－经营成本

　　　　　　　　＝营业收入－营业税金及附加－（总成本费用－折旧摊销）

　　　　　　　　＝利润总额＋折旧摊销

所得税后净现金流量＝营业收入－营业税金及附加－经营成本－所得税

　　　　　　　　＝所得税前净现金流量－所得税

　　　　　　　　＝净利润＋折旧摊销

三、现金流量的预测

在投资项目分析中，预测未来现金流量是很关键的一步。由于投资项目实施后，每年的收入往往受未来各种因素变动的影响，如营业收入不仅取决于企业内部产品本身的特性及推销努力的程度，更重要的是取决于市场的需求情况和竞争对手的情况，另外还受到国家的经济发展水平、科学技术的发展程度、同行的竞争能力等的影响。所有这些外部因素，在预测时都难以准确估计。未来的支出也受到原材料价格、能源价格、生产效率等多种因素的影响。因此，要较准确预测未来时期的现金流量是极其困难的，特别是预测今后更长一段时间的现金流量，不定因素就更多。一般来说，现金流入量的预测比现金流出量的预测更复杂。因此，预测现金流量时，需要企业有关部门的参与。例如，销售部门负责预测售价和销量，涉及产品价格弹性、广告效果、竞争者动向等；产品开发和技术部门负责估计投资项目的资本支出，涉及研制费用、设备购置、厂房建造等；生产和成本部门负责估计制造成本，涉及原材料采购价格、生产工艺安排、产品成本等。财务人员的主要任务是：为销售、生产等部门的预测建立共同的基本假设条件，如物价水平、折现率、可供资源的限制条件等；协调参与预测工作的各部门人员，使之能相互衔接与配合，防止预测者因个人偏好或部门利益而

高估或低估收入和成本。

在确定投资项目的现金流量时，所应遵循的最基本原则是：只有增量现金流量才是与项目相关的现金流量。所谓增量现金流量，是指接受或拒绝某个投资项目后，总现金流量因此而发生的变动。只有那些由于采纳某个项目引起的现金支出增加额，才是该项目的现金流出；只有那些由于采纳某个项目引起的现金收入增加额，才是该项目的现金流入。站在项目投资者（企业）的角度所进行的财务评价，是以项目净收益最大化为目标，考察项目的盈利能力、清偿能力、生存能力，所以一般只需计算项目（企业）范围内的直接支出或收入，对于那些虽然由项目的实施所引起但发生在项目之外，不为企业所支付或获取的间接（外部）费用和效益，则不予计算在内。而站在政府或国家整体角度进行的经济费用效益评价，是以实现社会资源的最优配置和有效利用为目的，考察项目的经济效益和对社会福利所作出的贡献，以及整个社会为项目付出的代价，评价项目的经济合理性。这时应着眼于项目引起的社会资源的变动，将整个国家作为独立的经济系统进行分析，包括项目产生的直接效益和费用、间接（外部）效益和费用，不仅包括有形外部效益和费用，还包括无形外部效益和费用。

第三节 投资项目的经济评价方法

121

一个投资项目是否可行，应从多个角度进行评价。从技术角度，要看项目采用的技术是否先进，目前的技术水平能否满足项目的需要；从生产角度，要看实施项目的原材料、动力供应是否充足，公司的技术装备以及劳动力的培训与配备能否满足该项目投产后生产的需要；从经济角度（或从财务角度），主要是预测投资项目各年的现金流量，分析投资项目可能遇到的风险以及投资效益，从经济上论证投资项目的可行性。经济分析是项目可行性研究的一个重要部分，是投资决策中不可缺少的重要环节。

投资项目的经济评价方法很多，一般可分为两大类：一类是静态分析法，另一类是动态分析法。

一、静态分析法

静态分析法又称非贴现法，其特点是不考虑资金的时间价值，直接根据不同时期的现金流量分析项目的经济效益。静态分析法计算简单，易于理解和掌握；但这种方法未能考虑资金的时间价值，将若干年以后的资金与当前的资金等量齐观，因此往往不能正确地反映投资项目的经济效益。静态分析法一般只适用于对项目的初选评估。常用的静态分析指标有投资回收期和平均利润率。

（一）投资回收期

投资回收期是指以投资项目的各年净现金流量来回收该项目的原始投资额所需的时间（年数）。

投资回收期的计算方法，因各年净现金流量是否相等而各有不同，现分述如下。

1. 若各年的净现金流量相等

$$预计投资回收期(年) = \frac{原投资额}{年净现金流量}$$

如果投资项目的各年净现金流量完全相等，但由于寿命周期末有残值，以致最后一年的净现金流量与其他各年发生差异。在这种情况下，为了简化计算，也可以将残值平均分摊到各年的净现金流量内。

2. 若各年的净现金流量不等

预计投资回收期应根据各年末的累计净现金流量与各年末尚未回收的投资余额进行计算。

例 5-5 南华公司有 A，B，C 三个投资项目，各年营业利润、净现金流量及累计净现金流量如表 5-1 所示。

表 5-1　投资项目各年的利润和现金流量　　　　　　　　单位：元

年份	项目 A			项目 B			项目 C		
	各年营业利润	各年净现金流量	累计净现金流量	各年营业利润	各年净现金流量	累计净现金流量	各年营业利润	各年净现金流量	累计净现金流量
0		−100 000			−100 000			−100 000	
1	0	20 000	20 000	5 000	30 000	30 000	10 000	30 000	30 000
2	10 000	30 000	50 000	15 000	40 000	70 000	20 000	40 000	70 000
3	10 000	30 000	80 000	25 000	50 000	120 000	20 000	40 000	110 000
4	20 000	40 000	120 000	5 000	30 000	150 000	10 000	30 000	140 000
5	30 000	50 000	170 000				10 000	30 000	170 000

从表 5-1 中看出，项目 A 前三年累计已收回 80 000 元，与投资额 100 000 元相比，还差 20 000 元，第四年可收回 40 000 元，因此 20 000 元只需 0.5 年即可收回。即

$$项目 A 的投资回收期 = 3 + \frac{100\,000 - 80\,000}{40\,000} = 3.5(年)$$

同样可求得

$$项目 B 的投资回收期 = 2 + \frac{100\,000 - 70\,000}{50\,000} = 2.6(年)$$

$$项目 C 的投资回收期 = 2 + \frac{100\,000 - 70\,000}{40\,000} = 2.75(年)$$

采用投资回收期指标评价投资项目，应先确定一个要求的投资回收期，它一般是投资项目经济寿命的一半。若预计的投资回收期比要求的投资回收期短，则负担的风险程度就比较小，项目可行；若预计的投资回收期比要求的回收期长，则负担的风险

程度就比较大，项目不可行。假如上例南华公司要求的投资回收期为 3 年，则项目 B 和项目 C 可行，项目 A 不可行。在多个可行方案中，如仅从该项指标出发，应选择投资回收期最短的方案，即项目 B。

投资回收期的概念容易理解，计算也比较简便，由于它强调资金的回收，因此对减少企业投资风险是有意义的。但这种指标没有考虑资金的时间价值，也没有考虑回收期满后的现金流量状况，因此不能用它来准确评价投资项目的经济效益。仅用投资回收期的长短作为选择方案的标准，可能做出错误的决策。上例中的项目 B 回收期短于项目 C，但不能以此判断项目 B 一定优于项目 C。因此，通常都是把投资回收期指标与其他评价指标结合起来加以应用。

（二）平均利润率

平均利润率是投资项目各年利润的平均数与该投资项目平均投资额的比率。其计算公式如下：

$$年平均利润率 = \frac{年平均利润}{年平均投资额}$$

式中，年平均利润是投资项目寿命期内各年利润之和除以使用年数；年平均投资额是投资项目寿命期内各年平均投资之和除以使用年数，其中各年平均投资是以各年年初和年末账面净值之和除以 2 求得。当采用年限平均法提折旧时，有

$$平均投资额 = （初始投资额 + 净残值） \div 2$$

根据表 5-1 中的资料，可以分别求得三个项目的年平均利润、年平均投资额和年平均利润率

$$项目 A 的年平均利润 = \frac{0 + 10\ 000 + 10\ 000 + 20\ 000 + 30\ 000}{5}$$
$$= 14\ 000（元）$$

$$项目 B 的年平均利润 = \frac{5\ 000 + 15\ 000 + 25\ 000 + 5\ 000}{4}$$
$$= 12\ 500（元）$$

$$项目 C 的年平均利润 = \frac{10\ 000 + 20\ 000 + 20\ 000 + 10\ 000 + 10\ 000}{5}$$
$$= 14\ 000（元）$$

$$项目 A 的年平均投资额 = \frac{100\ 000 + 0}{2} = 50\ 000（元）$$

项目 B 和项目 C 的年平均投资额与项目 A 相同。

$$项目 A 年平均利润率 = \frac{14\ 000}{50\ 000} \times 100\% = 28\%$$

$$项目 B 年平均利润率 = \frac{12\ 500}{50\ 000} \times 100\% = 25\%$$

$$项目 C 年平均利润率 = \frac{14\ 000}{50\ 000} \times 100\% = 28\%$$

采用平均利润率指标评价投资项目,应先确定一个要求的投资利润率。若平均利润率大于要求的投资利润率,投资项目可行;反之,则不可行。如上例,设南华公司要求的投资利润率为 26%,则项目 A 和项目 C 可行,项目 B 不可行。在多个可行方案的比较中,如仅从该项指标出发,应选择平均利润率最高的方案。

平均利润率能说明各种投资项目的利润水平,易于理解,便于计算。但这种指标没有考虑资金的时间价值,没有考虑现金流量发生的时间,因此不能反映投资项目真实的经济效益。

如上例中,项目 A 和项目 C,年平均利润率都为 28%,现金流量总额是相等的,但发生的时间先后不同,如果考虑资金的时间价值,显然项目 C 优于项目 A,因为项目 C 前期现金流量要大于项目 A。另外,在投资额不等的各种投资项目中,平均利润率高的项目不一定能实现企业利润最大化。因此,仅根据平均利润率的高低选择方案,有时会得出错误的结论。

我国 2006 年 7 月由国家发展改革委和建设部发布的《建设项目经济评价方法与参数》(第三版)中提到的两个静态盈利能力指标为总投资收益率和项目资本金净利润率,其计算公式如下:

$$总投资收益率 = \frac{年平均息税前利润}{项目总投资} \times 100\%$$

$$项目资本金净利润率 = \frac{年平均净利润}{项目资本金} \times 100\%$$

总投资收益率表示总投资(包括项目权益资金和项目债务资金)的盈利水平,当总投资收益率高于同行业的收益率参考值,表明用总投资收益率表示的盈利能力满足要求;项目资本金净利润率表示项目资本金(即项目权益资金)的盈利水平,当项目资本金净利润率高于同行业的净利润率参考值,表明用项目资本金净利润率表示的盈利能力满足要求。

二、动态分析法

动态分析法又称贴现法,其特点是考虑了资金的时间价值,并将未来各年的现金流量统一折算为现时价值,再进行分析评价。动态分析法精确、全面地考虑了投资项目整个寿命期内的收益情况,但计算方法比较复杂。动态分析法一般适用于对投资项目的详细可行性研究。常用的动态分析指标有净现值、等年值、获利指数和内部收益率。

(一)净现值

净现值(net present value,NPV)就是将投资项目投入使用后的净现金流量按资金成本或企业要求的最低投资收益率折算为现值,减去初始投资以后的余额。

对于任何投资项目,投资者总是希望未来获得的收益的总金额要比原来投资的金额更多一些,即价值增值。但未来得到的收益和原投资额发生在不同时期,根据资金的时间价值观念,不同时期资金的价值是不相等的,对比时必须统一在同一个"时点"上。因此，把一项投资在未来期间所能获得的各种收益按照资金成本或企业要求的最低投资收益率折算成现值后相加，然后将它和原投资额折成的现值（如为一次投资，即原投资；若为分期投资，则需分别按资金成本折成现值，再予以相加）进行对比，其差额就是净现值。

净现值的计算公式为

$$NPV = \frac{NCF_1}{1+K} + \frac{NCF_2}{(1+K)^2} + \cdots + \frac{NCF_n}{(1+K)^n} - I$$

$$= \sum_{t=1}^{n} \frac{NCF_t}{(1+K)^t} - I$$

式中，NCF_t 为第 t 年的净现金流量；K 为资金成本或要求的最低投资收益率；n 为项目预计使用年限；I 为初始投资额。

在实际工作中，由于投资项目的未来收益往往有一些复杂情况，故其净现值的计算可按以下步骤进行。

1. 根据资金成本计算未来收益的总现值

它包括以下两个部分，需加以合计。

（1）将各年的营业净现金流量折成现值。若各年的营业净现金流量相等，按年金折成现值；若各年的营业净现金流量不相等，则分别按普通复利折成现值，然后进行相加。

（2）将固定资产的期末残值，或中途变价收入以及期末回收的营运资金按普通复利折成现值。

然后，将（1）与（2）加总，即构成未来收益的总现值。

2. 计算投资项目的净现值

其公式如下：

净现值 ＝ 未来收益总现值 － 原投资额的现值

如果净现值大于零，说明投资项目的投资收益除达到资金成本外还有剩余，即投资项目的投资收益率大于资金成本，项目可行；若净现值小于零，说明投资项目的投资收益不足以支付资金成本，即投资项目的投资收益率小于资金成本，项目不可行。

根据表 5-1 中资料，假设资金成本为 10%，可分别求得三个项目的净现值如下：

$$
\begin{aligned}
NPV(A) =\ & 20\,000 \times (P/F, 10\%, 1) + 30\,000 \times (P/F, 10\%, 2) \\
& + 30\,000 \times (P/F, 10\%, 3) + 40\,000 \times (P/F, 10\%, 4) \\
& + 50\,000 \times (P/F, 10\%, 5) - 100\,000 \\
=\ & 20\,000 \times 0.909 + 30\,000 \times 0.826 + 30\,000 \times 0.751 \\
& + 40\,000 \times 0.683 + 50\,000 \times 0.621 - 100\,000 \\
=\ & 23\,860(元) \\
NPV(B) =\ & 30\,000 \times (P/F, 10\%, 1) + 40\,000 \times (P/F, 10\%, 2)
\end{aligned}
$$

$$\qquad\qquad +50\,000\times(P/F,10\%,3)+30\,000\times(P/F,10\%,4)-100\,000$$

$$=30\,000\times0.909+40\,000\times0.826+50\,000\times0.751$$

$$\qquad\qquad +30\,000\times0.683-100\,000$$

$$=18\,350(元)$$

$$NPV(C)=30\,000\times(P/F,10\%,1)+40\,000\times(P/F,10\%,2)$$

$$\qquad\qquad +40\,000\times(P/F,10\%,3)+30\,000\times(P/F,10\%,4)$$

$$\qquad\qquad +30\,000\times(P/F,10\%,5)-100\,000$$

$$=30\,000\times0.909+40\,000\times0.826+40\,000\times0.751$$

$$\qquad\qquad +30\,000\times0.683+30\,000\times0.621-100\,000$$

$$=29\,470(元)$$

由于项目 A，B，C 的净现值都大于零，说明项目 A，B，C 都可行。其中项目 C 的净现值最大，项目 A 次之，项目 B 再次之。净现值越大，说明投资项目越优。

由于净现值考虑了资金的时间价值，因此现金流量发生的时间先后就会影响净现值的大小。如项目 A 和项目 C，虽然初始投资相同，净现金流量总额相等，但项目 C 前期净现金流量大于项目 A，因此，折成现值后，就会使项目 C 的净现值大于项目 A，而平均利润率则反映不出现金流量发生时间先后的影响。

（二）等年值

等年值（equivalent annual value，EAV）就是把投资项目的所有现金流量都等额分摊到各年所得到的值。等年值可以表示等年现金流入量、等年现金流出量以及等年净现金流量。等年值指标特别适用于评价产出相同但费用不同的各投资方案的优劣，因为此时只需比较各方案的年费用大小即可。

例 5-6 迄今为止，某工厂使用人力搬运各种物料，每年的劳务费用支出为 200 000 元。某顾问公司前来建议采用一种运送带，运送带安装后的价值为 300 000 元，使用后劳务费用支出可减至 50 000 元，运送带使用时，各项支出如下：电费 12 000 元，保养费 24 000 元，保险等杂费 2 000 元，估计运送带可用 6 年，试问该工厂是否值得安装运送带？（设资金成本为 12%）

由于不论是否使用运送带，其效果都是将物料从某一地方移到另一地方，因此，只需比较其费用即可。

$$安装运送带后等年费用=50\,000+12\,000+24\,000+2\,000+\frac{300\,000}{(P/A,12\%,6)}$$

$$=88\,000+\frac{300\,000}{4.111}$$

$$=160\,975(元)$$

由于安装运送带后每年的费用小于安装前每年的费用，因此该工厂值得安装这一运送带。

等年值指标也可用于评价寿命期不同的各投资方案的优劣。由于投资项目的寿命期会影响净现值，因此，寿命期不同的各个方案比较优劣时，如按净现值的大小来做决策就不一定合理，因为寿命期短的方案，在其寿命终止后，企业可以进行与原来项目同样的再投资，如果再投资额与各年的净现金流量与原来相同，这时就可通过计算各年平均的净现金流量即等年净现金流量，并以等年值的大小进行决策。

根据表 5-1 中的资料，可知项目 A，C 的寿命期为 5 年，项目 B 的寿命期为 4 年，三个项目的等年净现金流量计算如下：

$$\text{EAV(A)} = \frac{23\ 860}{(P/A,10\%,5)} = \frac{23\ 860}{3.791} = 6\ 294(\text{元})$$

$$\text{EAV(B)} = \frac{18\ 350}{(P/A,10\%,4)} = \frac{18\ 350}{3.170} = 5\ 789(\text{元})$$

$$\text{EVA(C)} = \frac{29\ 470}{(P/A,10\%,5)} = \frac{29\ 470}{3.791} = 7\ 774(\text{元})$$

从等年净现金流量的大小来看，项目 C 最优，项目 A 次之，项目 B 再次之。

如果寿命期短的方案不能进行再投资，或再投资额及各年现金流量都无法确定，则不宜用等年值指标评价，从投资项目本身的经济效益来看，还是以净现值指标评价比较合适。

净现值和等年值指标都考虑了资金的时间价值，能够反映各种投资项目可以得到的收益情况或支出的费用情况。由于折现率采用的是资金成本，因此对再投资来说，这种折现率是现实的。

净现值和等年值指标都是用绝对金额来表示的。用绝对金额表示，不能反映花了多少本钱才得到这个净现值或等年值，也不能说明单位投资的效益。在资本有限量的情况下，只根据各个投资项目的绝对金额做出决策，还不能争取实现最大的投资收益。假如一家公司投资 100 万元，净现值为 30 万元，而另一家公司投资 60 万元，净现值也是 30 万元，显然它们的经济效益是不同的。因此，我们还可以通过使用无量纲比例值的经济评价指标，来使人们更明显地看出方案之间的差异。下面介绍的就是无量纲的经济评价指标。

（三）获利指数

获利指数（profitability index，PI）就是投资项目未来收益按照资金成本折算的总现值与初始投资额之比。获利指数也称现值指数，其计算公式如下：

$$\text{PI} = \frac{\sum_{t=1}^{n} \dfrac{\text{NCF}_t}{(1+K)^t}}{I}$$

上面公式与净现值计算公式所用的数据相同，只是净现值为未来收益的总现值与初始投资额之差，而获利指数为两者之比。

当投资项目的获利指数大于 1 时，净现值大于零，项目可行；当获利指数小于 1 时，净现值小于零，项目不可行。

根据表 5-1 中的资料及净现值的计算结果，可以分别求得三个项目的获利指数如下：

$$PI(A) = \frac{123\ 860}{100\ 000} = 1.238\ 6$$

$$PI(B) = \frac{118\ 350}{100\ 000} = 1.183\ 5$$

$$PI(C) = \frac{129\ 470}{100\ 000} = 1.294\ 7$$

获利指数考虑了单位投资额所取得的效果，因此有较广的适用性，但它只是一个相对指标，不能表现投资项目实际获得的总收益。如果以获利指数的大小来选择方案，可能与净现值得出的结论不一致，在资本无限量的情况下，还是采用净现值指标为好。

（四）内部收益率

内部收益率（internal rate of return，IRR）是指使投资项目净现值等于零的贴现率。也就是说，根据这个收益率对投资项目的净现金流量进行折现，使未来收益的总现值正好等于该项目初始投资额。内部收益率是考虑了资金时间价值后的实际投资收益率，因此，当内部收益率大于资金成本或要求的最低投资收益率，说明项目可行；反之，则不可行。

内部收益率的计算方法，因各年净现金流量是否相等而有所不同，现分述如下。

1. 若各年净现金流量相等

（1）先求年金现值系数。因为

$$NPV = \sum_{t=1}^{n} \frac{NCF_t}{(1+IRR)^t} - I = 0$$

而

$$NCF_1 = NCF_2 = \cdots = NCF_n = NCF$$

因此有

$$NCF \times (P/A, IRR, n) - I = 0$$

即

$$(P/A, IRR, n) = \frac{I}{NCF}$$

（2）查年金现值系数表，在已知期数（寿命期）的同一行中找出与上述年金现值系数相邻近的较小和较大的两个折现率。

（3）根据上述两个邻近的折现率与已求得的年金现值系数，采用插值法计算出该投资项目的内部收益率的近似值。

2. 若各年的净现金流量不相等

（1）先估计一个折现率，并按此折现率计算未来各年净现金流量的现值，然后加计总数，求出未来收益的总现值，再与原始投资额比较。若净现值为正数，即表明原先估计的折现率低于该项目的实际投资收益率，应提高原估计的折现率，再进行测试；如果净现值是负数，即表示原估计的折现率高于该项目的实际投资收益率，应降低原估计的折现率，再进行测试。如此反复测试，最终要求找出相邻近的一个正数的净现值与一个负数的净现值所代表的两个折现率。

（2）根据内部收益率就是使投资项目净现值等于零的原理，把前面找出来的两个邻近的折现率，采用插值法，即可计算出该投资项目的内部收益率的近似值。

现以表 5-1 中的项目 A 为例，说明内部收益率的计算方法。

先估计一个折现率，如 17%，此时净现值为 1 892 元。应提高折现率，如 18%，此时净现值为 −759 元。

通过以上两次测试，取得邻近的两个正、负净现值所代表的折现率为 17% 和 18%，即表明该投资项目内部收益率就在 17%～18%。由于内部收益率与净现值并不是线性关系，因此插值必须在净现值接近于零的正、负两个值之间进行，否则，两个净现值之间的差距越大，计算的结果越不精确。插值计算如图 5-1 所示。

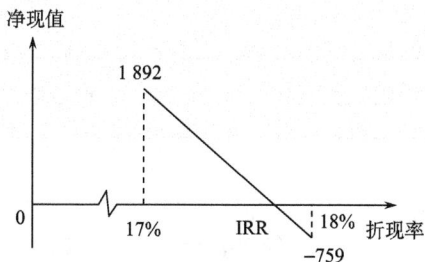

图 5-1　内部收益率的插值计算

由于

$$\frac{\text{IRR} - 17\%}{18\% - 17\%} = \frac{1\ 892}{1\ 892 + 759}$$

得

$$\text{IRR} = 17.71\%$$

同样方法可求出项目 B 和项目 C 的内部收益率

$$\text{IRR(B)} = 18.03\%$$

$$\text{IRR(C)} = 21.12\%$$

内部收益率反映了投资项目的真实收益情况，容易被人所理解。但它假定投资项目每年收回的资金都可以用来再投资，并且假定项目寿命期内收回资金的再投资收益率与内部收益率一样，这种情况对于内部收益率高的项目，有时是不实际的。况且，内部收益率高的项目，不一定就是最优项目。如投资额小的项目，尽管内部收益率高，但对企业的总收益贡献不大；而投资额大的项目，虽然内部收益率低一些，但对企业的总收益贡献更大。另外，如果一个投资项目的现金流量是交错型的，即净现金流量从正变到负，又从负变为正，如此反复，则这个项目可能有几个内部收益率，其个数要视净现金流量序列中正、负号变动的次数而定。这时以内部收益率作为投资项目的决策依据，将很难决定选择哪一个内部收益率用于评价最为合适。

三、动态分析指标的比较

上述四种动态分析指标，对于独立的投资项目来说，都能取得一致的结论；但对于多个互相排斥的投资项目，采用不同的指标评价，得出的结论可能一致，也可能不一致。产生不一致的原因往往是由于各项目投资额大小不同、未来现金流量的时间先后不同、项目寿命期不同等。

（一）净现值和内部收益率的比较

净现值是用绝对金额来表示投资项目的效益，而内部收益率是用相对数来表示投资项目的效益。用这两种方法对互斥的投资项目进行评价，得出的结论在多数情况下是一致的；但在以下几种情况下可能会产生不一致。

1. 初始投资额不同

如果项目甲的初始投资额大于项目乙的初始投资额，则可能出现用净现值评价时，项目甲优于项目乙，而用内部收益率评价时，项目乙优于项目甲。

例 5-7 现有甲、乙两个投资项目，各自的初始投资额及各年的净现金流量如表 5-2 所示。

表 5-2 项目的初始投资和净现金流量

内　　容	年	项目甲/元	项目乙/元
初始投资	0	100 000	10 000
净现金流量	1	35 000	4 000
	2	35 000	4 000
	3	35 000	4 000
	4	35 000	4 000

假设资金成本为 10%，通过计算可得出

$$\begin{aligned}
\text{NPV}_{甲} &= 35\,000 \times (P/A,10\%,4) - 100\,000 \\
&= 35\,000 \times 3.17 - 100\,000 \\
&= 10\,950(元) \\
\text{NPV}_{Z} &= 4\,000 \times (P/A,10\%,4) - 10\,000 \\
&= 4\,000 \times 3.17 - 10\,000 \\
&= 2\,680(元) \\
\text{IRR}_{甲} &= 14.96\% \\
\text{IRR}_{Z} &= 21.86\%
\end{aligned}$$

由上述计算结果可看出，按净现值评价，项目甲优于项目乙；按内部收益率评价，项目乙优于项目甲。

另外，我们还可以计算出在不同折现率情况下甲、乙项目的净现值，见表5-3。

表 5-3　不同折现率下的净现值

折现率/%	NPV甲/元	NPV乙/元
0	40 000	6 000
5	24 110	4 184
10	10 950	2 680
15	−75	1 420
20	−9 385	356
35	−17 330	−552

将表 5-3 的计算结果以折现率为横坐标、净现值为纵坐标绘入图 5-2 中。

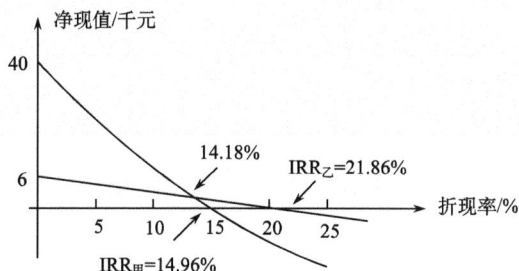

图 5-2　不同折现率的净现值对比图

为了得到甲、乙项目净现值相等时的折现率，可令

$$35\ 000 \times (P/A, \text{IRR}_{\text{甲-乙}}, 4) - 100\ 000$$
$$= 4\ 000 \times (P/A, \text{IRR}_{\text{甲-乙}}, 4) - 10\ 000$$

即

$$31\ 000 \times (P/A, \text{IRR}_{\text{甲-乙}}, 4) - 90\ 000 = 0$$

这也就是项目甲比项目乙增量投资的内部收益率，可求出 $\text{IRR}_{\text{甲-乙}} = 14.18\%$。

从图 5-2 中看出，如果资金成本小于 14.18%，则项目甲的净现值大于项目乙，说明项目甲比项目乙增加的投资部分仍能获得正的净现值，因此，在没有资金限量的情况下，增加投资是可取的，即项目甲优于项目乙。如果资金成本大于 14.18%，则项目乙的净现值大于项目甲，说明项目甲比项目乙增加的投资部分得到的净现值为负，因此，增加投资是不可取的，即项目乙优于项目甲。但如果用内部收益率评价，无论资金成本为多少，都是项目乙优于项目甲。

2. 现金流量的分布不同

有些投资项目在最初几年现金流入较多，而另一些投资项目在最后几年现金流入较多，这样可能导致它们用净现值和内部收益率进行评价选优时出现矛盾。

例 5-8 有两个投资项目，初始投资都是 10 000 元，它们的现金流量见图 5-3。

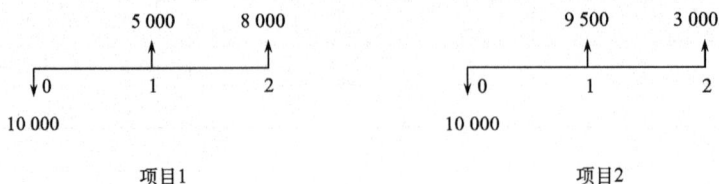

图 5-3 项目的现金流量分布

假设资金成本为 10%，通过计算可得出

$$NPV_1 = 5\,000 \times 0.909 + 8\,000 \times 0.826 - 10\,000 = 1\,153(元)$$

$$NPV_2 = 9\,500 \times 0.909 + 3\,000 \times 0.826 - 10\,000 = 1\,114(元)$$

$$IRR_1 = 17.87\%$$

$$IRR_2 = 20\%$$

由上看出，项目 1 和项目 2 的初始投资一样，寿命期也相同，不同的只是现金流量分布。

3. 使用寿命不同

当使用寿命不同的项目进行选优时，使用净现值和使用内部收益率进行评价，得出的结论也有矛盾的情况。

例如，在例 5-5 中，我们已经计算出 NFV(A)＝23 860 元，NPV(B)＝18 350 元，IRR(A)＝17.71%，IRR(B)＝18.03%，即 NPV(A)＞NPV(B)，但 IRR(A)＜IRR(B)。项目 A 和项目 B 的初始投资额都是 100 000 元，不同的是项目使用寿命不同。项目 A 的使用寿命是五年，而项目 B 的使用寿命是四年。因此，造成两种评价结果的矛盾是由于使用寿命不同而致。

实际上，造成两种方法评价结果不一致的根本原因是两种方法都假定各年产生的净现金流量都要用于再投资，而且假定在进行再投资时会产生不同的收益率。净现值法假定产生的净现金流量重新投资会产生相当于企业资金成本的收益率，而内部收益率却假定净现金流量重新投资产生的收益率与该项目特定的内部收益率相同。但是，期望再投资收益率等于内部收益率，有时是不实际的，特别是对内部收益率高的项目。

（二）净现值和获利指数的比较

由于净现值和获利指数使用的折现率是相同的，差别在于净现值为未来收益的总现值与初始投资额之差，而获利指数为两者之商。因此，只有当初始投资额不同时，净现值和获利指数才会产生矛盾。最高的净现值符合企业的最大利益，净现值越高，企业的收益越大；而获利指数只反映投资回收的程度，不反映投资回收的多少。

综上所述，在资本无限量的情况下，净现值指标对所有投资项目评价都能得出正确的结论，因为它体现了利润最大化的原则。但是，我们不能以此否定其他指标，因为不同的指标反映了投资项目不同的特征，为选择最优投资项目提供了多方面的依据。但如果资本有限量，则应考虑投资组合问题，在满足投资总额的各种可能的投资组合中，净现值总额最大的就是最优投资组合。

第四节　投资项目经济评价方法的应用

一、固定资产更新决策

固定资产更新是针对技术上或经济上不宜继续使用的旧资产，用新的资产更换原有资产。

由于科学技术的发展，设备更新周期越来越短。有些旧设备虽然还能继续使用，但由于消耗大，维修费用高，因此当生产效率更高，原材料、燃料、动力的消耗更低的高效能设备出现时，企业也会对设备进行更新。我们可运用上述的经济评价方法来进行固定资产更新决策。

（一）继续使用旧资产还是更新

资产在使用过程中逐渐变得陈旧，这种陈旧是相对于新资产而言的。有两种情况：一种是旧资产在使用过程中性能衰退了，如能耗增加、故障时间加大、维修成本上升等，运行费用比最初购置时逐步提高；另一种是旧资产本身性能没有显著变化，但是由于在技术上出现更先进的同类资产，相比之下，旧资产运行费用高，性能比较差。但是，新资产的购置需要投入较多的资金，是继续使用旧资产还是购置新资产，需要权衡投资与运行费用的大小，才能做出正确判断。

例 5-9　有一在用的旧设备，最初购置成本 100 000 元，预计使用 8 年，已经使用了 3 年，尚可使用 5 年，每年运行费用 24 000 元，报废时预计残值 3 000 元，该设备目前变现价值 50 000 元。目前市场上有一种新的同类设备，价格 150 000 元，预计可使用 8 年，每年运行费用 18 000 元，预计残值 6 000 元。假设资金成本是 12%，问该设备应否更新？

由于新旧设备未来使用年限不相同，因此，应比较旧设备和新设备的等年成本。

$$旧设备的等年成本＝\frac{50\ 000}{(P/A,12\%,5)}－\frac{3\ 000}{(F/A,12\%,5)}＋24\ 000$$

$$＝\frac{50\ 000}{3.605}－\frac{3\ 000}{6.353}＋24\ 000$$

$$＝37\ 398（元）$$

$$新设备的等年成本 = \frac{150\ 000}{(P/A,12\%,8)} - \frac{6\ 000}{(F/A,12\%,8)} + 18\ 000$$

$$= \frac{150\ 000}{4.968} - \frac{6\ 000}{12.300} + 18\ 000$$

$$= 47\ 705(元)$$

由上分析可见，应继续使用旧设备。

（二）固定资产的经济寿命

各种固定资产都有一定的使用年限，在使用初期，运行费用较低，以后随着资产逐渐陈旧，性能变差，维护、修理、能源消耗等会逐步增加。与此同时，固定资产占用的价值逐渐减少，资产占用资金的应计利息也逐渐减少。随着时间的递延，运行成本和持有成本呈反方向变化。因此，必然存在一个最经济的使用年限，见图 5-4。

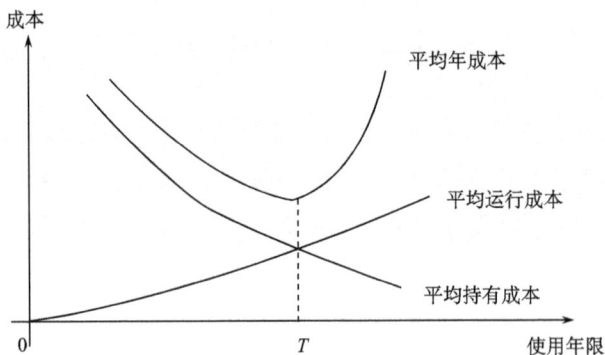

图 5-4　成本与使用年限的关系

从图 5-4 中看出，平均年成本在使用年限为 T 时最低，T 就是固定资产的经济寿命，也就是固定资产更新的最佳时期。

例 5-10　某固定资产原值 60 000 元，预计使用 10 年，各年末变现价值、各年运行成本等资料见表 5-4。设资金成本为 10%，固定资产经济寿命的计算见表 5-4。

由表 5-4 中看出，该项资产使用 9 年后更新，每年的平均成本是 16 165 元，比其他时间更新的平均成本低，因此 9 年是其经济寿命。

二、所得税对投资决策的影响

前面的分析没有考虑企业的所得税。实际上，从投资者的角度来评价投资项目的优劣，应侧重于企业交纳所得税后能获得多少收益。所得税是企业的一种现金流出，它的大小取决于利润的大小和所得税率的高低。考虑企业所得税后，运营期内净现金流量的计算公式如下：

所得税后净现金流量＝营业收入－营业税金及附加－经营成本－所得税

所得税＝（营业收入－营业税金及附加－经营成本－折旧摊销）×所得税率

所得税后净现金流量＝（营业收入－营业税金及附加）×（1－所得税率）

　　　　　　　　　　－经营成本×（1－所得税率）＋折旧摊销×所得税率

表 5-4 固定资产经济寿命

更新年限	原值①	年末变现价值②	复利现值系数③	年末变现价值现值④=②×③	持有成本累计现值⑤=①-④	年金现值系数⑥	年均持有成本⑦=⑤÷⑥	运行成本⑧	运行成本现值⑨=⑧×③	运行成本累计现值⑩=∑⑨	年均运行成本⑪=⑩÷⑥	平均年成本⑫=⑦+⑪
1	60 000	50 000	0.909	45 450	14 550	0.909	16 007	3 000	2 727	2 727	3 000	19 007
2	60 000	41 000	0.826	33 866	26 134	1.736	15 054	3 600	2 974	5 701	3 284	18 338
3	60 000	33 000	0.751	24 783	35 217	2.487	14 160	4 320	3 244	8 945	3 597	17 757
4	60 000	26 000	0.683	17 758	42 242	3.170	13 326	5 180	3 538	12 483	3 938	17 264
5	60 000	20 000	0.621	12 420	47 580	3.791	12 551	6 220	3 863	16 346	4 312	16 863
6	60 000	15 000	0.564	8 460	51 540	4.355	11 835	7 460	4 207	20 553	4 719	16 554
7	60 000	11 000	0.513	5 643	54 357	4.868	11 166	8 960	4 596	25 149	5 166	16 332
8	60 000	8 000	0.467	3 736	56 264	5.335	10 546	10 750	5 020	30 169	5 655	16 201
9	60 000	6 000	0.424	2 544	57 456	5.759	9 977	12 900	5 470	35 639	6 188	16 165
10	60 000	5 000	0.386	1 930	58 070	6.145	9 450	15 480	5 975	41 614	6 772	16 222

由上面的计算公式可看出，考虑所得税后

企业的税后营业收入 ＝（营业收入 － 营业税金及附加）×（1 － 所得税率）

企业的税后经营成本 ＝ 经营成本 ×（1 － 所得税率）

同时，由于折旧摊销计入营业成本会减少利润，从而使所得税减少，进而使净现金流量增加。实际上，折旧摊销起到了抵税的作用，我们可以运用上述公式对以下问题进行分析。

（一）买设备还是租设备

企业生产经营中所需的设备，既可外购，也可采用租赁方式取得。如果外购，则需要有一笔投资；如果租赁，则无需设备投资，只需每年向出租部门付租金即可。租金可作为经营成本，但租入设备无需另提折旧；而外购设备则不用付租金，但要提取折旧费。

例 5-11 某企业需要一种设备，该设备价款 500 000 元，使用期 8 年，残值预计为 20 000 元。该设备亦可租入，每年租金 96 000 元，该企业的资金成本为 12％，所得税率为 25％，问外购好还是租赁好？

买入或租入设备，对营业收入不会有影响，因此，可不考虑收入情况，只需考虑两种情况下现金流量不同的部分，见图 5-5。

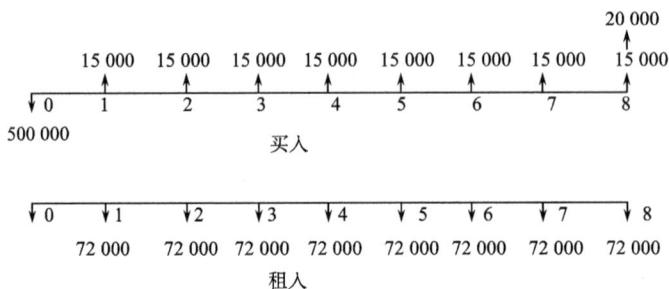

图 5-5　买入和租入设备的现金流量图

$$买入时等年成本 = \frac{500\ 000}{(P/A,12\%,8)} - \frac{20\ 000}{(F/A,12\%,8)} - \frac{500\ 000 - 20\ 000}{8} \times 25\%$$

$$= \frac{500\ 000}{4.968} - \frac{20\ 000}{12.300} - 15\ 000$$

$$= 100\ 644 - 1\ 626 - 15\ 000$$

$$= 84\ 018(元)$$

其中 15 000 元为折旧抵减所得税部分。

$$租入时等年成本 = 96\ 000 \times (1 - 25\%)$$

$$= 72\ 000(元)$$

由上分析可见，买入时等年成本大于租入时等年成本，说明租入优于买入。

（二）大修理还是重置新设备

由于设备各个构成部分的耐磨程度和使用条件不同，为了维持设备的正常生产能力，需要对损耗程度不同的构成部分进行大修理，以恢复设备的原有功能，企业也可重置新设备来满足需要。一般来说，大修理或重置对设备生产能力的影响不大，企业要考虑的是大修理或重置的费用大小，如果大修理花的费用太大，还不如重置新设备好。

例 5-12　某设备现在账面净值 20 000 元，如果现在销售可得价款 10 000 元。该设备如果进行大修理，还可使用 2 年，预计大修理费用 20 000 元，残值为 3 000 元。如果购买同类型新设备，价款为 50 000 元，可使用 4 年，预计残值 2 000 元。假设资金成本 10%，所得税率为 25%，新、旧设备均采用年限平均法计提折旧，问大修理好还是重置好？

大修理或重置新设备，对营业收入不会有什么影响，因此，可不考虑收入情况，只需考虑两种情况下现金流量不同的部分。

由于旧设备的变现价值与账面净值不同，产生的变现净收入或净损失会影响到所得税的计算，如果企业不对旧设备进行大修理，而是采用重置新设备，则变现净收入会增加所得税，而变现净损失会减少所得税。如果企业选择大修理，则变现净收入或变现净损失所应增加或减少的所得税就不存在。在分析大修理设备的机会成本时，一方面需要考虑其变现价值，另一方面还要考虑其变现净收入或净损失部分的所得税。本例中，由于设备的变现价值小于账面净值，因而变现净损失为 20 000－10 000＝10 000 元，本应减少的所得税为 10 000×25%＝2 500 元，这也是大修理设备方案的机会成本。大修理和重置设备的现金流量图见图 5-6。

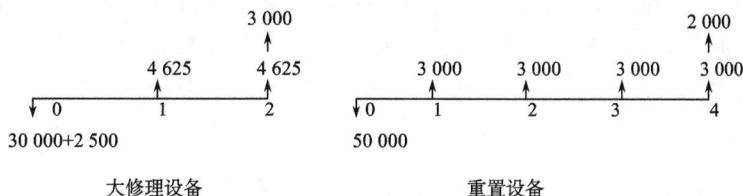

图 5-6　大修理和重置设备的现金流量图

在图 5-6 中，大修理设备初始的现金流量为旧设备的变现价值 10 000 元，大修理费用 20 000 元，本应减少的所得税 2 500 元。值得一提的是，对原有设备进行大修理，相关的现金流量不是指它的账面净值，而是它的变现价值。另外，由于对旧设备进行了大修理，说明旧设备没有变现，因而 2 500 元的所得税不能减少，这相当于大修理设备所引起的现金流入的减少，因此，应作为现金流出。大修理费用与折旧费所应抵减的所得税为

$$\frac{20\ 000 + 20\ 000 - 3\ 000}{2} \times 25\% = 4\ 625(元)$$

重置设备每年折旧费所应抵减的所得税为

$$\frac{50\ 000 - 2\ 000}{4} \times 25\% = 3\ 000(元)$$

由于设备大修理后的寿命与新设备的寿命不同，因此，只能根据等年值来比较。

$$
\begin{aligned}
大修理的等年成本 &= \frac{30\ 000 + 2\ 500}{(P/A,10\%,2)} - 4\ 625 - \frac{3\ 000}{(F/A,10\%,2)} \\
&= \frac{32\ 500}{1.736} - 4\ 625 - \frac{3\ 000}{2.100} \\
&= 18\ 721 - 4\ 625 - 1\ 429 \\
&= 12\ 667(元)
\end{aligned}
$$

$$
\begin{aligned}
重置的等年成本 &= \frac{50\ 000}{(P/A,10\%,4)} - 3\ 000 - \frac{2\ 000}{(F/A,10\%,4)} \\
&= \frac{50\ 000}{3.170} - 3\ 000 - \frac{2\ 000}{4.641} \\
&= 15\ 773 - 3\ 000 - 431 \\
&= 12\ 342(元)
\end{aligned}
$$

由以上分析可看出，大修理的等年成本大于重置的等年成本，所以应重置新设备。

三、折旧方法的选择对项目经济评价的影响

固定资产折旧的方法很多，这些方法大致可分为两大类：一类是平均法，另一类是加速法。平均法就是在固定资产使用期内平均分配折旧费用，主要有年限平均法和工作量法两种。加速法就是在固定资产使用期内，使用的前期多提折旧，随着时间的推移，计提的折旧逐渐减少，主要有双倍余额递减法和年数总和法。固定资产折旧方法的选择直接影响到企业成本、费用的计算，也影响到企业的利润和纳税，从而影响到企业的现金流量及各项评价指标的计算结果。

（一）不同折旧方法的选择对企业现金流量的影响

不同折旧方法的选择虽然不会改变固定资产在整个使用期内的折旧总额，但会影响使用期内各个会计期的折旧额，从而影响各期的成本、费用、利润及应交所得税，进而影响企业各期的净现金流量。选择加速折旧法时，资产投入使用后的前几年折旧额较大，折旧抵扣的所得税也较大。可见，与平均法相比，加速折旧法将在资产投入使用后的前几年减少纳税现金流出，增加企业净现金流量，后几年的情况则相反，下面举例说明。

例 5-13 某项目固定资产投资 100 000 元，预计使用 5 年，残值 4 000 元；营运资金投资 20 000 元，估计每年的营业收入 80 000 元，经营成本 40 000 元，假设营业税金及附加为营业收入的 5.5%，所得税率为 25%，资金成本为 12%。

（1）如果固定资产采用平均法计提折旧，则各年的净现金流量计算如下：

第一年至第四年每年净现金流量 $= 80\,000 \times (1 - 5.5\%) \times (1 - 25\%)$

$$- 40\,000 \times (1 - 25\%)$$

$$+ \frac{100\,000 - 4\,000}{5} \times 25\%$$

$$= 31\,500(\text{元})$$

第五年净现金流量 $= 31\,500 + 20\,000 + 4\,000 = 55\,500(\text{元})$

各年净现金流量总计 $= 31\,500 \times 4 + 55\,500 = 181\,500(\text{元})$

（2）如果固定资产采用双倍余额递减法计提折旧，则各年的净现金流量计算如下：

第一年净现金流量 $= 80\,000 \times (1 - 5.5\%) \times (1 - 25\%) - 40\,000$

$$\times (1 - 25\%) + 40\,000 \times 25\% = 36\,700(\text{元})$$

第二年净现金流量 $= 80\,000 \times (1 - 5.5\%) \times (1 - 25\%) - 40\,000$

$$\times (1 - 25\%) + 24\,000 \times 25\% = 32\,700(\text{元})$$

第三年净现金流量 $= 80\,000 \times (1 - 5.5\%) \times (1 - 25\%) - 40\,000$

$$\times (1 - 25\%) + 14\,400 \times 25\% = 30\,300(\text{元})$$

第四年净现金流量 $= 80\,000 \times (1 - 5.5\%) \times (1 - 25\%) - 40\,000$

$$\times (1 - 25\%) + 8\,800 \times 25\% = 28\,900(\text{元})$$

第五年净现金流量 $= 28\,900 + 20\,000 + 4\,000 = 52\,900(\text{元})$

各年净现金流量总计 $= 36\,700 + 32\,700 + 30\,300 + 28\,900 + 52\,900$

$$= 181\,500(\text{元})$$

（3）如果固定资产采用年数总和法计提折旧，则各年的净现金流量计算如下：

第一年净现金流量 $= 80\,000 \times (1 - 5.5\%) \times (1 - 25\%) - 40\,000$

$$\times (1 - 25\%) + 32\,000 \times 25\% = 34\,700(\text{元})$$

第二年净现金流量 $= 80\,000 \times (1 - 5.5\%) \times (1 - 25\%) - 40\,000$

$$\times (1 - 25\%) + 25\,600 \times 25\% = 33\,100(\text{元})$$

第三年净现金流量 $= 80\,000 \times (1 - 5.5\%) \times (1 - 25\%) - 40\,000$

$$\times (1 - 25\%) + 19\,200 \times 25\% = 31\,500(\text{元})$$

第四年净现金流量 $= 80\,000 \times (1 - 5.5\%) \times (1 - 25\%) - 40\,000$

$$\times (1 - 25\%) + 12\,800 \times 25\% = 29\,900(\text{元})$$

第五年净现金流量 $= 80\,000 \times (1 - 5.5\%) \times (1 - 25\%) - 40\,000$

$$\times (1 - 25\%) + 6\,400 \times 25\% + 20\,000 + 4\,000$$

$$= 52\,300(\text{元})$$

各年净现金流量总计 $= 34\,700 + 33\,100 + 31\,500 + 29\,900 + 52\,300$

$$= 181\,500(\text{元})$$

由以上计算结果可以看出，采用不同的折旧方法，虽然各年净现金流量总计是相等的, 但各年净现金流量却不同, 加速折旧法的前期净现金流量要大于平均折旧法的前期净现金流量, 而后期则相反。

(二) 不同折旧方法的选择对项目经济评价指标的影响

选择不同折旧方法, 会影响投资项目评价指标的计算结果, 具体表现为以下几点。

(1) 不同折旧方法的选择, 将使各个会计期间的折旧额及固定资产账面净值不同, 从而使年平均投资额以及由此计算的平均利润率有所不同。

在例 5-13 中, 采用年限平均法的平均利润率

$$\frac{80\,000 \times (1 - 5.5\%) - 40\,000 - (100\,000 - 4\,000) \div 5}{(100\,000 + 4\,000) \div 2 + 20\,000}$$

$$= \frac{16\,400}{72\,000} = 22.78\%$$

采用双倍余额递减法的年平均投资额

$$\left(\frac{100\,000 + 60\,000}{2} + \frac{60\,000 + 36\,000}{2} + \frac{36\,000 + 21\,600}{2}\right.$$

$$\left. + \frac{21\,600 + 12\,800}{2} + \frac{12\,800 + 4\,000}{2}\right) \div 5 + 20\,000$$

$$= 56\,480(元)$$

平均利润率

$$\frac{16\,400}{56\,480} \times 100\% = 29.04\%$$

采用年数总和法的年平均投资额

$$\left(\frac{100\,000 + 68\,000}{2} + \frac{68\,000 + 42\,400}{2} + \frac{42\,400 + 23\,200}{2}\right.$$

$$\left. + \frac{23\,200 + 10\,400}{2} + \frac{10\,400 + 4\,000}{2}\right) \div 5 + 20\,000$$

$$= 59\,200(元)$$

平均利润率

$$\frac{16\,400}{59\,200} \times 100\% = 27.70\%$$

由以上计算可知, 采用平均折旧法计算的平均利润率要小于采用加速折旧法计算的平均利润率。这一区别完全是因为折旧方法的选择而产生的, 与投资项目本身的实际经济效益无关。在采用该指标进行项目对比分析时, 应注意各种项目所选择的折旧方法必须相同; 否则, 将会歪曲对比的结果, 做出错误的判断。

(2) 不同折旧方法影响各期的净现金流量, 从而影响净现值和内部收益率等指标的计算结果。

在例 5-13 中, 不同折旧方法下的净现值计算如下。

平均法

$$\begin{aligned} \text{NPV} &= 31\ 500 \times (P/A, 12\%, 4) + 55\ 500 \times (P/F, 12\%, 5) - 120\ 000 \\ &= 31\ 500 \times 3.037 + 55\ 500 \times 0.567 - 120\ 000 \\ &= 7\ 134(元) \end{aligned}$$

双倍余额递减法

$$\begin{aligned} \text{NPV} &= 36\ 700 \times (P/F, 12\%, 1) + 32\ 700 \times (P/F, 12\%, 2) \\ &\quad + 30\ 300 \times (P/F, 12\%, 3) + 28\ 900 \times (P/F, 12\%, 4) \\ &\quad + 52\ 900 \times (P/F, 12\%, 5) - 120\ 000 \\ &= 36\ 700 \times 0.893 + 32\ 700 \times 0.797 + 30\ 300 \times 0.712 \\ &\quad + 28\ 900 \times 0.636 + 52\ 900 \times 0.567 - 120\ 000 \\ &= 8\ 783(元) \end{aligned}$$

年数总和法

$$\begin{aligned} \text{NPV} &= 34\ 700 \times 0.893 + 33\ 100 \times 0.797 + 31\ 500 \times 0.712 \\ &\quad + 29\ 900 \times 0.636 + 52\ 300 \times 0.567 - 120\ 000 \\ &= 8\ 466(元) \end{aligned}$$

由计算结果可看出，加速法下的净现值要大于平均法下的净现值。

另外，还可求出不同折旧方法下的内部收益率，如下所示。

平均法：IRR＝14.19%

双倍余额递减法：IRR＝14.79%

年数总和法：IRR＝14.67%

由计算结果可看出，加速法下的内部收益率要大于平均法下的内部收益率。

以上差别只是因折旧方法的不同而产生，并不反映项目本身的经济效益。在利用上述各个指标进行项目对比选优时，也必须注意使折旧方法一致，从而避免由此而产生的判断误差。

四、通货膨胀对投资分析的影响

我们前面的分析都没有考虑通货膨胀，事实上，通货膨胀总是有的，因此，在投资项目的经济分析中，应该考虑通货膨胀。如果货币的发行量超过流通中货币的需要量，就会发生通货膨胀，其结果引起物价上涨，使货币的实际购买能力降低。

通货膨胀以通货膨胀率来表示，而通货膨胀率年年存在，因此，通货膨胀的影响具有复利性质。一般来说，每年的通货膨胀率不相同，为了便于研究，常取一段时间的平均通货膨胀率。

设 i 为无通货膨胀时要求的投资收益率，r 为存在通货膨胀时要求的投资收益率；NCF_t 为无通货膨胀时第 t 时刻的净现金流量，NCF'_t 为存在通货膨胀时第 t 时刻的净现金流量；f 为年平均通货膨胀率。则有下列关系：

$$\text{NCF}'_t = \text{NCF}_t (1+f)^t$$

即

$$\mathrm{NCF}_t = \mathrm{NCF}_t'(1+f)^{-t}$$

对于通货膨胀的影响，可以用两种方法来分析。

（1）对于受通货膨胀影响的净现金流量，按存在有通货膨胀时要求的投资收益率折现。

$$\mathrm{NPV} = \sum_{t=0}^{n} \mathrm{NCF}_t'(1+r)^{-t}$$

（2）将受通货膨胀影响的净现金流量，折算为无通货膨胀时的净现金流量，然后再按无通货膨胀时要求的投资收益率折现。

$$\mathrm{NPV} = \sum_{t=0}^{n} \mathrm{NCF}_t(1+i)^{-t}$$

按以上两种方法分析的结果应是一致的，即

$$\sum_{t=0}^{n} \mathrm{NCF}_t'(1+r)^{-t} = \sum_{t=0}^{n} \mathrm{NCF}_t(1+i)^{-t}$$

将 $\mathrm{NCF}_t = \mathrm{NCF}_t'(1+f)^{-t}$ 代入上式，得

$$\sum_{t=0}^{n} \mathrm{NCF}_t'(1+r)^{-t} = \sum_{t=0}^{n} \mathrm{NCF}_t'(1+f)^{-t}(1+i)^{-t}$$

亦即

$$1+r = (1+f)(1+i)$$
$$r = f+i+fi$$

或者

$$i = \frac{r-f}{1+f}$$

当存在通货膨胀时，企业的各种费用随之增加，因此，企业往往是通过提高售价来对付通货膨胀。

例 5-14 某项目固定资产投资 100 000 元，有效期 5 年，无残值，预计无通货膨胀时，每年营业收入 60 000 元，每年经营成本 20 000 元，无通货膨胀时要求的收益率为 10%。设营业税金及附加为营业收入的 5.5%，所得税率为 25%。

无通货膨胀时

$$\begin{aligned}
\mathrm{NPV} &= \Big[60\,000 \times (1-5.5\%) \times (1-25\%) - 20\,000 \times (1-25\%) \\
&\quad + \frac{100\,000}{5} \times 25\% \Big] \times (P/A, 10\%, 5) - 100\,000 \\
&= 32\,525 \times 3.791 - 100\,000 \\
&= 23\,302(元)
\end{aligned}$$

设有 10% 的年平均通货膨胀率，则存在通货膨胀时要求的报酬率为 10%+10% +10%×10%=21%。如果每年收入与经营成本均按 10% 的通货膨胀率调整，各年

净现金流量的计算见表 5-5。

表 5-5　通货膨胀下的现金流量　　　　　　　　单位：元

时间 t	营业收入 ①＝60 000×(1－5.5%)(1＋10%)^t	经营成本② ＝20 000×(1＋10%)^t	税后收入 ③＝①×(1－25%)	税后经营成本④＝②×(1－25%)	折旧费⑤	折旧抵减所得税⑥＝⑤×25%	净现金流量⑦＝③－④＋⑥
1	62 370	22 000	46 778	16 500	20 000	5 000	35 278
2	68 607	24 200	51 455	18 150	20 000	5 000	38 305
3	75 468	26 620	56 601	19 965	20 000	5 000	41 636
4	83 014	29 282	62 261	21 962	20 000	5 000	45 299
5	91 316	32 210	68 487	24 158	20 000	5 000	49 329

$$NPV = \frac{35\ 278}{1＋21\%} + \frac{38\ 305}{(1＋21\%)^2} + \frac{41\ 636}{(1＋21\%)^3} + \frac{45\ 299}{(1＋21\%)^4}$$
$$+ \frac{49\ 329}{(1＋21\%)^5} － 100\ 000$$
$$= 29\ 155 + 26\ 163 + 23\ 502 + 21\ 132 + 19\ 019 － 100\ 000$$
$$= 18\ 971(元)$$

虽然收入与经营成本都按 10% 的通货膨胀率进行了调整，但由于折旧费是固定的，不受通货膨胀的影响，因此，当存在通货膨胀影响时，就会使净现值下降。

为了不因通货膨胀而造成收益减少，必须采取相应的对策。其中一种方法就是使收入按更高的通货膨胀率来调整，这意味着产品的价格上涨高于平均的通货膨胀率。但这种方法在实际运用中有一定的局限性。

由于折旧费不能按通货膨胀率进行调整，因此企业必须要遭受由于存在通货膨胀而使折旧费贬值的后果。那么企业应怎样应付通货膨胀呢？从原则上说，由于折旧费是用来补偿固定资产投资额的，若投资来自银行贷款，则通货膨胀所引起债务实际贬值的后果，实质上由银行承担了。

在例 5-14 中，如果固定资产投资中有 50 000 元来自银行贷款，年利率 12%，每年末付利息，第五年末付本金。

无通货膨胀时，企业开始投资 50 000 元，每年末付利息 50 000×12%＝6 000 元，每年折旧费仍为 20 000 元。

企业各年净现金流量＝ 60 000×(1－5.5%)×(1－25%)－(20 000＋6 000)
　　　　　　　　　×(1－25%)＋20 000×25%
　　　　　　　　＝ 28 025(元)

NPV ＝ 28 025×(P/A,10%,5)－50 000－50 000×(P/F,10%,5)
　　＝ 28 025×3.791－50 000－50 000×0.621
　　＝ 25 193(元)

当存在 10% 的通货膨胀率时，营业收入与经营成本都按 10% 调整。由于债务及其利息不受通货膨胀影响，它只决定于事先规定的利率，而且利息及折旧费都是免税的。各年净现金流量计算如表 5-6 所示。

表 5-6　通货膨胀下有银行贷款时的现金流量

时间 t	税后收入①	税后经营成本②	税后利息支出③＝ 6 000×（1－25%）	折旧抵减所得税④	净现金流量⑤＝ ①－②－③＋④
1	46 778	16 500	4 500	5 000	30 778
2	51 455	18 150	4 500	5 000	33 805
3	56 601	19 965	4 500	5 000	37 136
4	62 261	21 962	4 500	5 000	40 799
5	68 487	24 158	4 500	5 000	44 829

$$
\begin{aligned}
NPV &= \frac{30\ 778}{1+21\%} + \frac{33\ 805}{(1+21\%)^2} + \frac{37\ 136}{(1+21\%)^3} + \frac{40\ 799}{(1+21\%)^4} \\
&\quad + \frac{44\ 829}{(1+21\%)^5} - 50\ 000 - \frac{50\ 000}{(1+21\%)^5} \\
&= 25\ 436 + 23\ 089 + 20\ 962 + 19\ 033 + 17\ 284 - 50\ 000 - 19\ 277 \\
&= 36\ 527(元)
\end{aligned}
$$

由计算结果可知，有通货膨胀时的净现值比无通货膨胀时的净现值还要高。因为，企业还给银行的本金与利息，都是一些受了通货膨胀影响而贬了值的现金，这就使企业在现值上获得了很大的好处。即由于企业采用银行借款来筹措资金，将通货膨胀引起的企业本身不可克服的折旧费用贬值的后果，一部分转嫁给了银行，这也是企业为什么要尽量申请并获得银行贷款的一个重要原因。

五、融资对投资项目经济评价的影响

影响投资项目经济效果的因素包括两方面：一类因素是项目方案本身的特性所决定的因素，如项目本身的技术方案、规模和市场条件等一经确定，项目的投资、产量、成本、价格等也就相应确定下来，它们是影响项目经济效果的主要因素。另一类因素是由融资方案决定的因素，如投资项目的资金来源、负债资金和权益资金的构成比例，以及借贷资金的偿还方式，同样影响项目的现金流量，影响项目的经济效果。

由于影响项目经济效果的因素有两方面，因此项目的经济评价也应从两个方面进行考察。反映项目本身经济效果好坏的分析称为"融资前分析"，反映融资方案影响的分析称为"融资后分析"。一般宜先进行融资前分析，在融资前分析结论满足要求的情况下，初步设定融资方案，再进行融资后分析。在项目建议书阶段，可只进行融资前分析。

（一）融资前分析

融资前分析是从投资项目角度出发，以全部投资作为计算基础，也就是假定全部投资为权益资金，所以本金利息都不作为现金流出。融资前分析排除了融资方案变化的影响，从项目投资总获利能力的角度，考察项目方案设计的合理性。

融资前分析由于不考虑融资方案的影响，因此项目投资中来源于借款的资金，刚开始不作为现金流入，以后还本付息时也不作为现金流出，我们将整个项目的资金来源全部看成是股东投入。融资前现金流量表称为"项目投资现金流量表"，现金流入量包括营业收入、回收固定资产余值和回收流动资金，而现金流出量包括建设投资、流动资金、经营成本、营业税金及附加、维持营运投资、所得税。运用项目投资现金流量表计算的经济指标反映的是项目本身的经济效果。

（二）融资后分析

融资后分析是从股东投资角度出发，以股东投资额作为计算基础，把借款本金偿还和利息支付都作为现金流出。融资后分析主要是用于考察项目在拟定融资条件下的盈利能力和偿债能力，用于比选融资方案，帮助投资者做出融资决策。

融资后分析由于考虑了融资方案的影响，因此项目投资中来源于借款的资金，刚开始应作为现金流入，以后还本付息时也应作为现金流出，我们是站在股东角度上来分析现金流量。融资后现金流量表称为"项目资本金现金流量表"，现金流入量包括营业收入、回收固定资产余值和回收流动资金，而现金流出量包括项目资本金、借款本金偿还、借款利息支付、经营成本、营业税金及附加、维持营运投资、所得税。运用项目资本金现金流量表计算的经济指标反映是股东投资该项目所获得的经济效果。

可以看出，融资前分析和融资后分析的现金流入量是完全相同的，但现金流出量有几项不同。一是初始的投资额不同，项目投资现金流量表的初始投资为全部投资，包括负债资金和权益资金，而项目资本金现金流量表的初始投资为权益资金，即股东投资的部分；二是对还本付息的处理不同，项目投资现金流量表不将还本付息作为现金流出，而项目资本金现金流量表要将还本付息作为现金流出；三是所得税的不同，项目投资现金流量表中的所得税是以没有扣除利息的利润即息税前利润计算的，称为调整所得税，而项目资本金现金流量表的所得税是以扣除利息的利润即利润总额计算的，两者所得税的差额就是利息所抵减的所得税。

例 5-15 某项目固定资产投资 1 000 万元，预计使用 5 年，预计报废时余值 50 万元，固定资产按年限平均法计提折旧，流动资金投资 200 万元。预计每年营业收入 2 000 万元，经营成本 1 500 万元。项目总投资中股东投资 700 万元，股东期望的收益率为 12%；银行借款 500 万元，借款利率 8%，银行要求每年末付利息，本金分 5 年等额偿还。已知营业税率及附加为 5.5%，所得税率为 25%，项目基准收益率为 10%。

在进行融资前分析时，我们将项目总投资 1 200 万元都看成是股东投入，不用考虑利息和还本问题。

年折旧费＝（1 000－50）÷5＝190（万元）

营业税金及附加＝2 000×5.5%＝110（万元）

年息税前利润＝2 000－110－1 500－190＝200（万元）

调整所得税 $=200\times25\%=50$（万元）

第 1 年初净现金流量 $NCF_0=-(1\,000+200)=-1\,200$（万元）

第 1～4 年净现金流量 $=2\,000-110-1\,500-50=340$（万元）

第 5 年净现金流量 $=2\,000-110-1\,500-50+200+50=590$（万元）

由此，列出项目投资现金流量表，见表 5-7。

表 5-7　项目投资现金流量表

序号	项目	合计	计算期					
			0	1	2	3	4	5
1	现金流入	10 250		2 000	2 000	2 000	2 000	2 250
1.1	营业收入	10 000		2 000	2 000	2 000	2 000	2 000
1.2	回收固定资产余值	50						50
1.3	回收流动资金	200						200
2	现金流出	9 500	1 200	1 660	1 660	1 660	1 660	1 660
2.1	建设投资	1 000	1 000					
2.2	流动资金	200	200					
2.3	经营成本	7 500		1 500	1 500	1 500	1 500	1 500
2.4	营业税金及附加	550		110	110	110	110	110
2.5	维持运营投资							
2.6	调整所得税	250		50	50	50	50	50
3	净现金流量（1-2）	750	−1 200	340	340	340	340	590
4	累计净现金流量	750	−1 200	−860	−520	−180	160	750

根据项目投资现金流量表可以计算反映项目本身的经济效果指标。

投资回收期 $=3+180/340=3.53$（年）

总投资收益率 $ROI=$ 年息税前利润／项目总投资 $=200/1\,200=16.67\%$

$$净现值\ NPV=\frac{340}{1+10\%}+\frac{340}{(1+10\%)^2}+\frac{340}{(1+10\%)^3}$$

$$+\frac{340}{(1+10\%)^4}+\frac{590}{(1+10\%)^5}-1\,200$$

$$=244.10（万元）$$

内部收益率 $IRR=17.06\%$

在进行融资后分析时，我们是从股东投资角度出发，每年的现金流量中要扣除还本付息部分，每年的所得税也是以扣除利息后的利润计算的。

500 万元借款分五年等额偿还，每年还本 100 万元，各年利息分别为 40 万元，32 万元，24 万元，16 万元，8 万元。

第 1 年的利润 $=2\,000-110-1\,500-190-40=160$（万元），第 1 年的所得税 $=$

$160 \times 25\% = 40$（万元）

第2年的利润$= 2\,000 - 110 - 1\,500 - 190 - 32 = 168$（万元），第2年的所得税$= 168 \times 25\% = 42$（万元）

第3年的利润$= 2\,000 - 110 - 1\,500 - 190 - 24 = 176$（万元），第3年的所得税$= 176 \times 25\% = 44$（万元）

第4年的利润$= 2\,000 - 110 - 1\,500 - 190 - 16 = 184$（万元），第4年的所得税$= 184 \times 25\% = 46$（万元）

第5年的利润$= 2\,000 - 110 - 1\,500 - 190 - 8 = 192$（万元），第5年的所得税$= 192 \times 25\% = 48$（万元）

第1年初净现金流量 $NCF_0 = -700$（万元）

第1年净现金流量 $NCF_1 = 2\,000 - 110 - 1\,500 - 40 - 100 - 40 = 210$（万元）

第2年净现金流量 $NCF_2 = 2\,000 - 110 - 1\,500 - 42 - 100 - 32 = 216$（万元）

第3年净现金流量 $NCF_3 = 2\,000 - 110 - 1\,500 - 44 - 100 - 24 = 222$（万元）

第4年净现金流量 $NCF_4 = 2\,000 - 110 - 1\,500 - 46 - 100 - 16 = 228$（万元）

第5年净现金流量 $NCF_5 = 2\,000 - 110 - 1\,500 - 48 - 100 - 8 + 200 + 50 = 484$（万元）

由此，列出项目资本金现金流量表，见表5-8。

表5-8　项目资本金现金流量表

序号	项目	合计	计 算 期					
			0	1	2	3	4	5
1	现金流入	10 250		2 000	2 000	2 000	2 000	2 250
1.1	营业收入	10 000		2 000	2 000	2 000	2 000	2 000
1.2	回收固定资产余值	50						50
1.3	回收流动资金	200						200
2	现金流出	9 590	700	1 790	1 784	1 778	1 772	1 766
2.1	项目资本金	700	700					
2.2	借款本金偿还	500		100	100	100	100	100
2.3	借款利息支付	120		40	32	24	16	8
2.4	经营成本	7 500		1 500	1 500	1 500	1 500	1 500
2.5	营业税金及附加	550		110	110	110	110	110
2.6	维持运营投资							
2.7	所得税	220		40	42	44	46	48
3	净现金流量（1-2）	660	−700	210	216	222	228	484
4	累计净现金流量	660	−700	−490	−274	−52	176	660

根据项目资本金现金流量表可以计算反映股东投资的经济效果指标。

投资回收期 $= 3 + 52/228 = 3.23$（年）

项目资本金净利润率 ROE = 年平均净利润 / 项目资本金

$$= 132/700 = 18.86\%$$

$$净现值 NPV = \frac{210}{1+12\%} + \frac{216}{(1+12\%)^2} + \frac{222}{(1+12\%)^3}$$

$$+ \frac{228}{(1+12\%)^4} + \frac{484}{(1+12\%)^5} - 700$$

$$= 237.24（万元）$$

内部收益率 IRR $= 23.26\%$

六、含风险投资项目的分析

以前的分析假定投资项目未来的现金流量都是确定的。实际情况并非如此，任何投资项目都会担当一定的风险，这种风险主要来自于决策者不能控制的那些因素。如企业要投资生产某种产品，而产品的销路不是完全以决策者的意志为转移的，它还决定于消费者的收入水平及消费心理；当一种新产品投放市场时，盈亏都有可能，必须承担一定的风险。一般来说，一个项目所冒的风险越大，其得到的收益也越高。对于含风险投资项目的分析，未来现金流量不确定，但具有某种概率分布，因此，每年现金流量就必须以各种可能情况的期望值来表示。常用的方法有风险调整贴现率法和肯定当量法。

（一）风险调整贴现率法

将与特定投资项目有关的风险收益，加入到资金成本或企业要求的收益率中，构成按风险调整的贴现率，并据以进行投资分析的方法，叫风险调整贴现率法。

由第二章第二节的内容可知

期望的投资收益率 = 无风险收益率 + 风险收益率

这里的期望投资收益率是包括了风险因素的贴现率，即风险调整贴现率。

确定风险调整贴现率，关键是确定风险收益率。我们可以按照第二章第二节的方法先确定风险收益系数，然后再确定风险收益率，即

风险收益率 = 风险收益系数 × 离差率

我们也可以按照第四章第一节所介绍的资本资产定价模式来确定风险调整贴现率。

在计算各类经济指标，如净现值、获利指数、内部收益率等时，只要将原来净现金流量的地方用其期望值代替，要求的投资收益率用风险调整贴现率代替就行了，具体的评价方法与无风险时基本相同。

风险调整贴现率法，对风险大的项目采用较高的贴现率，对风险小的项目采用较低的贴现率，比较符合逻辑，简单明了，便于理解，因此被广泛采用。但这种方法把时间价值和风险价值混在一起，并据此对现金流量进行贴现，意味着风险一年比一年大，有时与实际不符。

（二）肯定当量法

由于风险大小对投资项目的收益要求会产生影响，因此，为了体现风险的大小，不同风险的现金流量就不能按相同的投资收益率贴现。肯定当量法就是先用一个肯定当量系数，把有风险的现金流量调整为无风险的现金流量，然后再用无风险的贴现率去计算净现值等指标。

肯定当量系数，是指含风险的1元现金流量期望值相当于没有风险的1元现金流量的金额。肯定当量系数在0～1，它的大小与现金流量的离差率有关，离差率越小，肯定当量系数越大；离差率越大，肯定当量系数越小。肯定当量系数与离差率的经验关系如表5-9所示。

表5-9 肯定当量系数与离差率的关系

离差率	肯定当量系数
0.00～0.07	1
0.08～0.15	0.9
0.16～0.23	0.8
0.24～0.32	0.7
0.33～0.42	0.6
0.43～0.54	0.5
0.55～0.70	0.4

将各年含风险现金流量期望值乘以各年的肯定当量系数得出各年没有风险的现金流量后，就可按以前介绍的方法进行评价。

肯定当量法克服了风险调整贴现率法夸大远期风险的缺点，但如何准确、合理地确定肯定当量系数仍是一个十分困难的问题。不同的决策者会得出不同的肯定当量系数。如敢冒风险的决策者会选择较高的肯定当量系数，而不愿冒风险的决策者可能选择较低的肯定当量系数。

复习思考题

1. 固定资产投资有哪些特点？
2. 固定资产有哪些特点？
3. 固定资产有哪几种计价方法？
4. 什么是固定资产折旧？它有哪些影响因素？
5. 固定资产的平均折旧法与加速折旧法对企业的成本费用、利润有何影响？
6. 什么是投资项目的现金流量？它由哪几部分构成？
7. 什么是投资项目的静态分析法？它有哪些优缺点？
8. 什么是投资项目的动态分析法？它有哪些优缺点？
9. 各种投资分析指标各有哪些优缺点？
10. 利用净现值和内部收益率对投资项目进行评价时，在什么情况下会产生不一致的结论？

11. 所得税对投资项目的评价会产生什么影响？

12. 固定资产折旧方法的选择对投资项目的现金流量、评价指标会产生什么影响？

13. 通货膨胀对投资项目的分析会产生什么影响？

14. 投资项目融资前分析和融资后分析不同在哪里？各有什么作用？

15. 如何进行含风险的投资项目分析？

练 习 题

1. 某固定资产原值 60 000 元，预计残值 4 000 元，清理费用 1 000 元，使用 5 年。

（1）如按年限平均法计提折旧，问每年折旧额为多少？

（2）如按双倍余额递减法计提折旧，问每年折旧额为多少？

（3）如按年数总和法计提折旧，问每年折旧额为多少？

2. 某项目固定资产投资 100 000 元，有效期 5 年，残值为 0，每年利润分别为 0，5 000，15 000，20 000，10 000 元，求投资回收期和平均利润率。

3. 某项目固定资产投资 60 000 元，预计使用 5 年，残值 3 000 元，营运资金投资 20 000 元，估计每年的营业收入为 60 000 元，经营成本为 40 000 元，投资者要求的最低投资收益率为 12%。要求分别用净现值、获利指数和内部收益率分析该项投资的可行性。

4. 某厂拟购置机器设备一套，有 A，B 两种型号可供选择，两种型号机器的性能相同，但使用年限不同，有关资料如见表（单位：元）。

设备售价	维修及操作成本								残值
	第 1 年	第 2 年	第 3 年	第 4 年	第 5 年	第 6 年	第 7 年	第 8 年	
A：20 000	4 000	4 000	4 000	4 000	4 000	4 000	4 000	4 000	3 000
B：10 000	3 000	4 000	5 000	6 000	7 000				1 000

如果该企业的资金成本为 10%，问应选用哪一种型号的设备？

5. 某设备原值 100 000 元，可使用 5 年，各年末的变现价值分别为 70 000，50 000，32 000，15 000，0 元，各年的维修费用分别为 12 000，14 000，17 000，22 000，28 000 元。如果资金成本为 8%，问设备何时更新最佳？

6. 某设备投资额 200 000 元，经济寿命 8 年，残值 8 000 元。设备亦可租入，年租金 35 000 元，企业要求的最低投资收益率为 12%，所得税税率为 25%，问该设备是租入还是购入好？

7. 有一在用的旧设备，最初购置成本为 20 000 元，预计使用 10 年，已经使用 4 年，尚可使用 6 年，每年运行成本 5 000 元，该设备目前变现价值 10 000 元，报废时预计残值 600 元。目前市场上有一种新的同类设备，价格 30 000 元，预计可使用 10 年，每年运行成本 3 000 元，预计残值 1 200 元。假设资金成本为 10%，所得税税率为 25%，新旧设备均采用年限平均法计提折旧，问该设备应否更新？

8. 某项目固定资产投资 60 000 元，预计使用 5 年，残值 3 000 元，营运资金投资 10 000 元，估计每年的营业收入 50 000 元，经营成本 30 000 元，假设所得税税率为 25%，要求的最低投资收益率为 10%，试分别计算在年限平均法、双倍余额递减法、年数总和法等不同折旧法下的平均利润率、净现值和内部收益率。

9. 某项目固定资产投资 60 000 元，预计使用 5 年，残值 3 000 元，营运资金投资 20 000 元，估计无通货膨胀时每年的营业收入 60 000 元，经营成本 40 000 元，投资者要求的最低投资收益率

12%，固定资产折旧按年限平均法，所得税税率为25%。在存在5%的年平均通货膨胀率的情况下，如果项目的营业收入与经营成本均按平均通货膨胀率调整，试分析投资项目的可行性。

10.某企业投资总额为100万元，其中固定资产投资80万元，营运资金投资20万元，有效期6年，估计每年的息税前收益为12万元，固定资产折旧按年限平均法，预计净残值为5万元，该投资中有40万元来自银行贷款，期限为6年，年利率8%，每年末付利息，到期还本。设所得税税率为25%，股东期望的收益率为11%，项目基准收益率为9%，要求分别从融资前和融资后两个角度计算该项投资的净现值和内部收益率。

第六章

证券投资

　　证券投资就是将资金用于购买股票、债券等金融资产。它与前面所讲的项目投资不同，项目投资是购建固定资产等实物资产，直接形成企业生产经营活动的能力，为从事某种生产经营活动创造必要条件。项目投资数额较大，发生集中，不仅需要投入资金，对投资过程进行组织与管理，还要投入管理与技术力量，对资产形成以后的具体生产经营活动进行组织与管理。项目投资与企业的生产经营密切相关，具有投资回收期长、资产变现速度慢、流动性差等特点。而证券投资不是直接将资金投资于其他企业，而是通过购买其他企业发行的股票、债券等来对其他企业投资，属于间接投资。

　　证券投资是属于企业对外投资的一种重要形式。证券投资不仅可以获得投资收益，而且还可以达到以小控大、分散风险的作用。随着证券市场的发展和完善，投资品种将日益增多，证券投资管理必将成为企业财务管理的一个重要内容。

第一节　证券投资概述

一、证券的主要种类

　　证券是指票面载有一定金额，代表财产所有权或债权，可以有偿转让的凭证。金融市场上的证券种类繁多，这里我们主要介绍企业可投资的一些证券种类。

1. 国库证券

　　国库证券是由财政部直接发行的有价证券，包括到期日短于 1 年的国库券、到期日为 1～7 年的国库票据以及到期日长于 7 年的国库公债。国库证券是以国家财力作担保，因此一般没有风险。目前我国国库证券的二级市场已经开放，在证券市场上买卖国库证券的交易费很小，再加上其收益固定，利息可免交所得税，因此，购买国库证券是企业进行短期投资的较佳选择。

2. 金融债券和公司债券

金融债券是由银行或其他金融机构发行的债券，风险相对较小；而公司债券是公司依照法定程序发行，约定在一定期限内还本付息的债券，公司债券的风险主要取决于公司的信用状况。金融债券和公司债券的利率比同期银行存款利率、国库券利率稍高，企业可选择一些风险低、变现能力强的债券进行投资。

3. 企业股票

股票是股份公司发给股东作为入股凭证并借以取得股利的一种有价证券。股票既可作为长期投资，也可作为短期投资。虽然股票投资风险较大，但有经营管理权和控制权。因此，不少企业将股票作为企业证券投资的主要对象。

4. 商业票据

商业票据是信誉良好、实力雄厚的大企业为筹集短期资金而发行的短期无抵押本票。商业票据的利息率一般比国库券利率稍高，通常按贴现办法销售，期限从几天到270天不等，企业可根据资金安排选择合适的到期日。商业票据的风险较小，可作为企业短期证券投资的较好对象。

5. 银行承兑汇票

银行承兑汇票是由在承兑银行开立存款账户的存款人出票，向开户银行申请并经银行审查同意承兑的，保证在指定日期无条件支付确定的金额给收款人或持票人的票据。对于未到期的银行承兑汇票，如卖方急需资金，可持汇票到银行办理贴现。银行承兑汇票的期限一般为3～6个月，收益率高于国库券，风险较小，有公开的贴现市场，变现能力强，也是企业短期证券投资的较好对象。

6. 可转让存单

可转让存单是由商业银行发行的、可以在市场上转让的存款凭证。可转让存单的期限一般为30天到一年，利率一般比国库券高，面值较大，在纽约货币市场，通常以面值100万美元为定期存单的单位，适合较大的投资者。可转让存单在西方国家有较活跃的交易市场，流动性很强，风险小。

二、证券的分类

证券的种类很多，按不同的标准可以作不同的分类。

1. 按证券发行主体分类

按证券的发行主体不同，证券可分为政府证券、金融证券和企业证券。政府证券是指中央政府或地方政府发行的证券，如我国的国库券、公债券、特种债券等；金融证券是由银行或其他金融机构发行的证券，如金融债券、可转让存单等；企业证券又称公司证券，是由企业发行的证券，如企业债券、公司债券、企业股票、商业票据、银行承兑汇票等。由于政府证券风险最小，企业证券风险最大，因此，一般来说，政府证券的收益率最低，而企业证券的收益率最高。

2. 按证券到期日分类

按证券的到期日不同，证券可分为短期证券和长期证券。短期证券是指到期日短于一年的证券，如国库券、商业承兑汇票、商业票据、可转让存单等。长期证券是指到期日长于一年的证券，如国库票据、国库公债、股票、债券等。一般来说，短期证券的风险小，变现能力强，因而收益率相对较低；而长期证券的风险大，有些长期证券的变现能力较差，因而收益率相对较高。

3. 按证券体现的权益关系分类

按证券所体现的权益关系不同，证券可分为所有权证券、债权证券和混合证券。所有权证券是指证券持有人拥有证券发行单位所有权的证券，如普通股票，其持有人就是股份公司的所有者，他们对公司有一定的管理和控制权，对于所有权证券，发行单位无需偿还所筹资金，除非发行单位破产、解散清算；债权证券是指证券持有人拥有证券发行单位债权的证券，如国库证券、金融债券、公司债券等，其持有人就是证券发行单位的债权人，他们对发行单位一般没有管理和控制权，对于债权证券，发行单位必须按期偿还本金和利息；混合证券是指介于所有权证券和债权证券之间的一种证券，如优先股票、可转换债券等，优先股票代表一定的所有权，所筹资金无须偿还，但没有管理和控制权，而可转换债券在未转换成普通股票之前是一种债权证券，一旦转换成普通股票后，就成了所有权证券。当发行单位破产、解散清算时，债权证券要优先清偿，而所有权证券则在最后清偿，所以所有权证券承担的风险比债权证券大。

4. 按证券收益状况分类

按证券的收益状况不同，证券可分为固定收益证券和变动收益证券。固定收益证券是指证券的票面上规定有固定收益率的证券，如各种类型的债券，票面上标明固定的利息率，优先股票面一般标有固定的股息率，商业票据一般有贴现率，这些证券都属于有固定收益的证券；变动收益证券是指证券的票面不标有固定的收益率，其收益随企业经营状况而变动的证券，如普通股票，其收益与企业的经营业绩直接有关，经营业绩好，普通股股东得到的收益就多，经营业绩差甚至亏本，普通股股东除不能分得收益外，还须承担亏损的责任。一般来说，固定收益证券风险较小，但收益率也较低；变动收益证券风险大，但收益率也可能较高。

三、企业进行证券投资的目的

企业进行证券投资主要出于以下目的。

1. 作为现金的替代品

短期证券大多可在二级市场上流通，具有很强的变现能力，随时可以兑换成现金。因此，当企业由于季节性经营或其他原因有暂时闲置现金的时候，常将现金购买短期证券，待企业现金支出大于现金收入、需要补充现金的不足时，再出售短期证券，换回现金，此时，短期证券就成了现金的替代品。大多数企业投资短期证券主要是调节现金余缺或出于预防银行借款的短缺。

2. 获得投资收益

进行证券投资，可以获得一定的投资收益。投资债权证券，可获得高于银行存款利息的固定投资收益，而投资所有权证券，也可取得股利收入或股票价差收益。

3. 参与管理和控制

进行所有权证券投资，一个重要的目的就是想通过认购股票成为股票发行公司的股东，从而参与该公司的经营管理，或与发行公司形成"母""子"公司的关系，从而控制该公司的业务及经营管理，使之有利于自身的发展。例如，通过控股，使发行公司成为自己长期固定的原材料来源或产品销售对象等。

4. 分散风险

企业进行证券投资也可以起到分散风险的作用。直接投资的风险主要是经营风险，而证券投资的风险则主要来自证券发行单位及证券市场。由于一部分证券收益稳定，风险相对较小，因此，用一部分资金进行证券投资，可以抵消由于经营上的原因而导致企业利润大幅度波动的风险。

四、证券投资的风险

证券投资的风险是指投资者在证券投资过程中遭受损失或达不到预期收益的可能性。证券投资的风险与机会是并存的，风险越大，期望要得到的收益也会越高。不同的证券，其风险是不同的；投资者采取的策略不同，所面临的风险也就不同。

证券投资的风险可以分为两类：一类是经济风险，即由于各种经济因素的影响而给投资者造成经济损失的可能性；另一类是心理风险，即证券投资对投资者心理上造成的伤害，它与投资者的心理素质及经济承受能力密切相关。这里仅就经济风险加以说明。经济风险主要来自以下三个方面。

1. 证券发行主体

证券发行主体主要有政府、金融机构以及企业。政府、金融机构发行的证券基本上属于债权证券，几乎没有什么风险。因此，来自证券发行主体的风险主要是各证券发行企业的经营风险和违约风险。证券发行企业如果经营不善，就会导致利润大幅度下降甚至亏损，这时，作为所有权证券的投资者除不能分得股利外，还要承担经营亏损的责任。如果证券发行企业长期亏损导致资不抵债而最终破产的话，无论是所有权证券还是债权证券的持有者，都会承担不同程度的损失。因此，在进行证券投资前，必须认真分析证券发行主体的信用状况、财务状况和经营成果，然后再决定是否购买。

2. 证券市场

证券市场是充满风险的市场，国家政策、法律、通货膨胀、利率、投机活动、投资者的心理预期以及国内外政治经济形势、各种不可抗拒自然灾害等因素都会影响证券市场价格的变动，从而给投资者带来收益变动的风险。例如，利率提高后，就会使借贷成本上升，流入证券市场的资金减少，从而使股票、债券的价格下降。来自证券市场的风险很多是随机的、难以控制的，对所有的证券都会产生影响。因此，进行证券投资必须密切关注政策以及宏观经济环境的变化，以决定证券的买卖。

3. 证券投资者自身的素质

证券投资的风险不仅来自证券发行单位及证券市场，而且还与证券投资者自身的素质密切相关。如果投资者缺乏证券投资的专业知识和经验，不具备良好的心理素质，再加上缺乏信息来源，就很有可能因投资决策失误而带来巨额损失。

五、证券投资需考虑的因素

证券的种类繁多，那么企业应选择哪些证券投资呢？这里需要考虑以下因素。

1. 证券的安全性

安全性是指证券投资的本金不受损失。证券的安全性依不同证券种类而定。例如，国库证券、金融证券，其安全性较高；各种企业债券，则要根据债券发行企业的资金实力、经营状况以及担保情况判断其安全性高低；普通股票在价值上具有相当的风险，往往随着证券市场行情和公司获利能力而变化，其安全性是不固定的。一般来说，证券越安全，收益率也越低。因此，选择证券投资时，必须在收益与风险之间进行权衡。

2. 证券的可转让性

可转让性是指证券转让的难易程度，包括转让时间的长短及转让价格的高低等。证券的转让时间取决于证券市场的情况、证券的种类以及转让数量的多少。证券市场发达，交易活跃，持有的是经营良好、信誉可靠的企业发行的证券，数额又不大，则容易转让出去，且价格也可高些；反之则难以转让出去，或只能降价出售。

3. 证券的期限性

期限性是指有价证券的偿还期限。除股票外，其余证券均有确定的期限，期限的长短同收益率密切相关。一般来说，期限越长，风险越大，收益率也越高。但如果企业进行的是短期证券投资，而该证券的转让流通又受到限制，则企业不宜选择期限太长的证券进行投资。

4. 证券的收益性

收益性是指纳税后利息、股利和资本增值（或贬值）数额的大小。对于债权证券，其收益主要表现为利息收入，且利息收入的时间及金额均为已知。因此，购买债权证券，风险较小，但收益也比较低。对于所有权证券，其收益表现为股利收入和价差收入，收益的时间及金额都难以预先确定。因此，购买所有权证券风险较大，但收益往往比债权证券大得多。企业在选择证券投资时，可根据各种证券的收益能力及风险程度进行投资组合。

第二节　股票投资

股票投资是指通过认购股票，成为股票发行公司股东并获取股利收益或价差收益的投资活动。股票投资的目的主要是为了获得投资收益，包括股利收入与股票买卖价差收入等；参与股票发行公司的经营管理，达到以小控大；密切与股票发行公司的业务关系，如原材料供应和产品销售等。

一、股票投资的特点

（1）股票投资者即股东拥有股票发行公司的经营管理权，并以投资额为限承担经营亏损的责任。

（2）股票投资的收益是不确定的，它与股票发行公司的经营业绩有很大关系。

（3）股票投资者不能直接从股票发行公司收回投资，除非股票发行公司破产或解散清算，但可依法转让。

（4）股票投资风险是最大的，因为股东既要承担经营亏损的责任，还要承担投资额不能回收的风险。

二、股票投资的形式

股票投资主要有以下几种形式。

1. 充当新的股份公司的发起人

发起设立的股份公司，其全部股份都由发起人认购，而募集设立的股份公司，发起人可认购应发行股份的一部分，其余股份向社会公开募集或者向特定对象募集。作为发起设立的股份公司，其出资形式较为灵活，既可以用货币出资，也可以用实物、知识产权、土地使用权等可以用货币估价并可以依法转让的非货币财产作价出资。但作为新公司的发起人，所面临的投资风险较大，所需的资金也较多。由于获得的股票是最原始的股票，因而当公司进入正常生产经营时期，并有较好的经营业绩后，发起人可获得较高的投资收益。但这种股票有一定时间的限售期，即使限售解禁，转让也会有一定的约束，流动性比社会公众股差，转让难度较大，因此只宜作长期投资。

2. 受让其他公司的法人股

企业除了充当发起人以外，也可以接受其他股份公司法人股的转让，成为股份公司新的股东。法人股的受让价格一般低于社会公众股的价格，但流动性稍差，因此只宜作长期投资。

3. 在一级市场上认购新股

企业可参与一级市场新股的认购，它安全，市盈率相对于二级市场来说要低，上市后往往能获得比较丰厚的回报。但由于一级市场新股中签率较低，占用资金成本较高，只有在大量资金参与认购的情况下，才有机会获得平均中签率。

4. 在二级市场上购买上市公司的流通股票

购买上市公司的流通股往往价格较高，风险较大，获利的机会与风险并存。入市前，必须深入研究上市公司的业绩及今后的发展前景，研究管理层的政策走向及庄家动态，选准入市时机及入市价格。由于购买的是流通股票，因此变现能力强，比较适合作短期投资。

三、股票价值及投资收益率的计算

（一）股票价值的计算

进行股票投资，必须分析股票本身所代表的价值，然后将股票价值与当前的股票价格进行对比，以指导是否购买。

股票的价值就是股票未来收益的现值。只有当股票的价值大于股票价格时，才值得购买。对于股票价值的计算，我们可利用前面所学的方法，先进行现金流量分析，然后再将其折成现值，即可得到股票的价值。股票投资的现金流量图如图 6-1 所示。

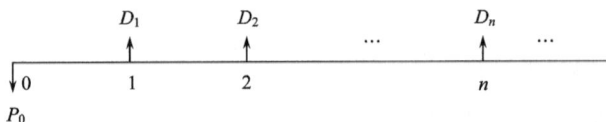

图 6-1　股票投资的现金流量图

$$股票的价值 V_0 = \frac{D_1}{1+K_S} + \frac{D_2}{(1+K_S)^2} + \cdots + \frac{D_n}{(1+K_S)^n} + \cdots$$
$$= \sum_{t=1}^{\infty} \frac{D_t}{(1+K_S)^t}$$

其中，D_t 为第 t 年股利收入；K_S 为股东所要求的必要收益率；t 为年份；P_0 为股票的认购价格；V_0 为股票的现时价值。

在确定股票价值时，关键的问题是如何估计股票未来的股利收入以及股东所要求的必要收益率。股票未来的股利收入取决于股票发行公司的盈利能力及利润分配政策，即每股收益和股利支付率。我们可根据发行公司的历史资料及对未来的盈利预测，运用统计分析加以确定；股东所要求的必要收益率可根据发行公司的风险程度，运用资本资产定价模型加以确定，或在债券收益率的基础上加上一定的风险收益率来确定，也可以直接使用市场利率，即投资于股票的机会成本。

下面我们就几种特殊情况加以分析。

1. 零成长股票的价值

零成长股票就是指发行公司未来每年提供的股利是固定不变的，这实际上相当于一个永续年金，运用永续年金求现值的方式，可得出股票价值的计算公式

$$V_0 = \frac{D}{K_S}$$

例 6-1　如果某股份公司每年分配股利 2 元，投资者要求的收益率为 12.5%，则股票的价值

$$V_0 = \frac{D}{K_S} = \frac{2}{12.5\%} = 16(元)$$

通过计算可知，股票的内在价值为 16 元。也就是说，只要股票价格低于 16 元，投资者就可以考虑购进。

2. 固定成长股票的价值

固定成长股票就是指发行公司未来每年提供的股利是稳定增长的，且每年的增长率是固定不变的。设最近一年支付的股利为 D_0，股利年增长率为 g，则第 t 年的股利应为 $D_t = D_0 \times (1+g)^t$，代入股票价值的计算公式可得

$$V_0 = \sum_{t=1}^{\infty} \frac{D_0(1+g)^t}{(1+K_S)^t}$$

我们曾在第四章第一节介绍普通股资金成本的计算时见过这种情况，根据以前的推导可得

$$V_0 = \frac{D_0(1+g)}{K_S - g} = \frac{D_1}{K_S - g}$$

式中，D_1 为第一年的股利收入。

当 $g=0$ 时，就是零成长股票的情况。

例 6-2　某股份公司最近一年分配的股利为 2 元，以后每年递增 5%，投资者要求的收益率为 12%，则股票的价值

$$V_0 = \frac{2 \times (1+5\%)}{12\% - 5\%} = 30(元)$$

通过计算可知，股票的价值为 30 元。也就是说，只要股票价格低于 30 元，投资者就可以考虑购进。

3. 分阶段固定成长股票的价值

分阶段固定成长股票是指发行公司未来股利的增长分成几个阶段，不同阶段的股

利增长率是不同的。例如，在公司成立以后的前一段时间里高速增长，在另一段时间里转入正常增长，在这种情况下，股票价值的计算必须分段进行。

例 6-3 某股份公司未来 2 年股利将高速增长，增长率为 50%，在此以后的 3 年时间里增长率为 20%，再以后将转为正常增长，增长率为 5%。如果公司最近一年支付的股利是 2 元。我们可计算出第 1 年的股利将为 $2 \times (1+50\%) = 3$ 元，第 2 年的股利将为 $3 \times (1+50\%) = 4.5$ 元，第 3 年的股利将为 $4.5 \times (1+20\%) = 5.4$ 元，第 4 年的股利将为 $5.4 \times (1+20\%) = 6.48$ 元，第 5 年的股利将为 $6.48 \times (1+20\%) = 7.78$ 元，第 6 年的股利将为 $7.78 \times (1+5\%) = 8.17$ 元，……。该项投资的现金流量图见图 6-2。

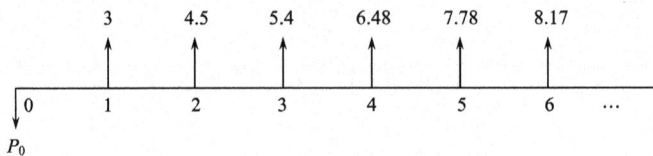

图 6-2 分阶段成长股票的现金流量图

因为从第 6 年开始，股利将转为正常增长，因此，我们可利用固定增长股票价值的计算公式，先计算出股票在第 5 年末的价值。设投资者要求的收益率为 12%，有

$$V_5 = \frac{8.17}{12\% - 5\%} = 116.71 (元)$$

然后再将前 5 年的股利收入及第 5 年末的价值 V_5 折成现值，就可求出股票的现时价值，即

$$V_0 = \frac{3}{1+12\%} + \frac{4.5}{(1+12\%)^2} + \frac{5.4}{(1+12\%)^3} + \frac{6.48}{(1+12\%)^4} + \frac{7.78 + 116.71}{(1+12\%)^5}$$

$$= 2.68 + 3.59 + 3.84 + 4.12 + 70.64$$

$$= 84.87 (元)$$

通过计算可知，股票的价值为 84.87 元。也就是说，只要股票价格低于 84.87 元，投资者就可以考虑购进。

4. 非永久持有股票的价值

如果股东不打算永久地持有股票，而是在一段时间后出售，则其现金流入除了股利收入外，还有出售时的价款收入。其现金流量图见图 6-3。

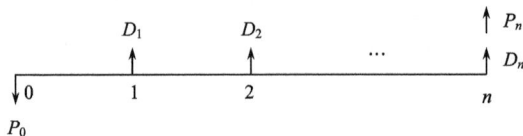

图 6-3 非永久持有股票的现金流量图

股票的价值 $V_0 = \dfrac{D_1}{1+K_s} + \dfrac{D_2}{(1+K_s)^2} + \cdots + \dfrac{D_n}{(1+K_s)^n} + \dfrac{P_n}{(1+K_s)^n}$

$$= \sum_{t=1}^{n} \frac{D_t}{(1+K_s)^t} + \frac{P_n}{(1+K_s)^n}$$

式中，P_n 为第 n 年出售股票的价款收入；n 为出售股票的年份。

例 6-4　某股份公司今后两年预计分配股利分别为 2 元和 3 元，预计两年后该种股票的价格将为 40 元，投资者要求的收益率为 12%，那么股票的价值

$$V_0 = \frac{2}{1+12\%} + \frac{3+40}{(1+12\%)^2}$$

$$= 1.79 + 34.28 = 36.07(\text{元})$$

通过计算可知，股票的价值为 36.07 元。也就是说，只要股票价格低于 36.07 元，投资者就可以考虑购进。

（二）股票投资收益率的计算

以上股票价值的计算主要是用于股票是否购进的投资决策中。

当股票价格低于股票价值时，购进股票是有利的；反之，则不宜购进。如果投资者以低于股票价值的某一价格购入股票，那么投资者可获得多少的投资收益率呢？下面仍以几种特殊情况加以分析。

1. 零成长股票的投资收益率

如果投资者以价格 P_0 购进某种股票，每年得到的股利收入为 D，永久持有该股票，那么投资者可得到的投资收益率为

$$R_S = \frac{D}{P_0}$$

在例 6-1 中，如果投资者以 15 元购入该种股票，永久持有，那么投资收益率为

$$R_S = \frac{D}{P_0} = \frac{2}{15} = 13.33\%$$

2. 固定成长股票的投资收益率

根据股票价值的计算方式，我们可以得到固定成长股票的投资收益率为

$$R_S = \frac{D_1}{P_0} + g$$

在例 6-2 中，如果投资者以 25 元的价格购入该种股票，永久持有，那么投资收益率为

$$R_S = \frac{D_1}{P_0} + g = \frac{2 \times (1+5\%)}{25} + 5\% = 13.4\%$$

3. 分阶段固定成长股票的投资收益率

如果股票的股利是分阶段增长的，那么其投资收益率的计算实际上就是计算使股

票投资过程的净现值为零的折现率。

在例 6-3 中，如果投资者以 80 元的价格购入该种股票，永久持有，那么投资收益率的计算就是解下列方程：

$$NPV = \frac{3}{1+R_S} + \frac{4.5}{(1+R_S)^2} + \frac{5.4}{(1+R_S)^3} + \frac{6.48}{(1+R_S)^4} + \frac{7.78 + \dfrac{8.17}{R_S - 5\%}}{(1+R_S)^5} - 80$$
$$= 0$$

当折现率为 12% 时，有

$$NPV = 4.87(元)$$

当折现率为 13% 时，有

$$NPV = -6.44(元)$$

运用插值法可得

$$R_S = 12\% + \frac{4.87}{4.87 + 6.44} \times (13\% - 12\%)$$
$$= 12.43\%$$

4. 非永久持有股票的投资收益率

如果投资者不打算永久地持有股票，而在一段时间后出售，则投资收益率的计算与投资项目内部收益率的计算过程完全相同。

在例 6-4 中，如果投资者以 30 元的价格购入该种股票，那么投资收益率的计算就是解下列方程：

$$NPV = \frac{2}{1+R_S} + \frac{3+40}{(1+R_S)^2} - 30 = 0$$

当折现率为 23% 时，有

$$NPV = 0.05(元)$$

当折现率为 24% 时，有

$$NPV = -0.42(元)$$

运用插值法可得

$$R_S = 23\% + \frac{0.05}{0.05 + 0.42} \times (24\% - 23\%) = 23.10\%$$

四、市盈率分析

前面对于股票价值的计算在理论上是比较完善的，但实际操作起来却有相当的难度。一是股票发行公司预测未来一二年内的资料还比较准确，而要预测未来相当长甚至无限时间的收益却是相当困难的，不确定的因素太多；二是实际公司未来的股利收入不一定是固定的或固定增长的，这就使我们的分析变得相当复杂。因此在实务中，股票投资者常常运用市盈率来估计股票的价值和风险。

(一) 市盈率的概念与计算

市盈率是股票市价与每股收益之比，它以股票市价是每股收益的倍数来反映，其计算公式如下：

$$市盈率 = \frac{股票市价}{每股收益}$$

式中，股票市价可从交易所或证券公司获得；每股收益一般用最近一个会计年度公布的每股收益反映。在运用上式计算时，要注意在送红股、转增股、派现、配股等情况下，股票市价已作除权除息处理，那么每股收益也应相应地进行除权。

（二）影响市盈率的因素

1. 公司的发展前景及利润的长期成长能力

由于购买一个公司的股票在很大程度上是购买公司的未来，所以公司的发展前景及利润的长期成长能力直接关系着股价的走势，也是影响市盈率的首要因素。公司的行业特性及所处的发展阶段对公司未来的成长有很大的影响。不同行业的市盈率往往是不同的。一般而言，公用事业股票和商业股票因其所属行业发展缓慢而具有较低的市盈率；而高科技股票则因发展前景良好而具有较高的市盈率。另外，处在高速发展阶段的公司，销售收入、净利润等财务指标增长较快而对应着较高的市盈率，而进入衰退阶段的公司却对应着较低的市盈率。

2. 宏观环境

宏观环境，如利率水平、国家经济发展速度、所处经济周期的阶段等也是影响市盈率的重要因素。例如，利率下调时，一方面可以降低公司的财务费用，降低融资成本，从而增加收益；另一方面又会促使社会资金向股票市场分流，增加股市的资金来源。在这两方面的作用下，市盈率将明显攀升；而当利率上调时，情形正好相反。又如，经济发展速度较高，处在经济繁荣时期的国家或地区，其股票市盈率通常要高一些；而经济发展缓慢，处在经济萧条时期的国家或地区，其股票市盈率通常要低一些。我们看到，发达国家的股票市场较为成熟，市场波动较小，经济增长速度一般较慢，因而其市盈率一般较低，多在 15～20 倍；而发展中国家经济发展较快，正常情况下的市盈率在 30 倍左右，因此市盈率高于发达国家也是合理的。

3. 上市公司的规模

上市公司的规模对股票市盈率的影响也不容忽视。规模小的公司市盈率一般较高，因为小规模公司在管理上比较灵活，若经营得当，常有在短期内业绩大增的可能，股价也会成倍地增长；当遇到经营决策失误，股价低迷时，则有被并购的可能。由于股本小，小规模公司也容易成为市场主力关注的对象，促涨其市盈率。另外，小盘股股本扩张的可能性较大，其高比例送配题材也会成为市场追捧的热点。大规模公司的股本相对较大，其股份一般不易为庄家所控制，市盈率一般较低。

另外，公司的红利政策、税率及各种突发事件等消息面的因素也会在短期内影响到个股的市盈率。

（三）市盈率的作用

市盈率是衡量个股和市场整体投资价值的一项重要指标，也是投资者衡量股票潜力、借以投资入市的重要依据。市盈率的本质含义是在不考虑资金时间价值的前提下，以公司目前的收益水平，投资者收回其投资额的年数。

1. 用市盈率估计股价高低

市盈率可以粗略反映股价的高低，表明投资者愿意用每股收益多少倍的货币来购买这种股票，是市场对该股票的评价。根据市盈率的计算公式，可得

$$股票价值 = 市盈率 \times 每股收益$$

市盈率应采用行业平均市盈率来反映。通过股票价值与当前市价比较，就可以看出所付价格是否合理。例如，某上市公司的股票每股收益是 0.60 元，该行业的平均市盈率为 20 倍，则股票价值＝20×0.6＝12 元。若该股票的价格低于 12 元，就可考虑买进。

2. 用市盈率估计股票风险

一般认为，股票的市盈率越高，风险也越大。若以静态的眼光来看，市盈率自然是越低越好。因此，传统的理论要求投资者尽量投资于低市盈率的股票。但是，股价有波动，公司的业绩也会有变化，有些行业，如公用事业、商业类公司回报稳定，业绩增长有限；而有些高科技公司，年均利润增长可达 100% 甚至更高，自然会有较高的市盈率。有一种观点认为，股价实际上充分包含了投资者对所有信息的理解，当然也包括了对公司业绩增长的预测。所以，除某些特例外，应认为每个股票市盈率的高低都有其合理的一面。甚至有人认为高市盈率代表投资者对公司前景看好，有升值潜力，愿意为 1 元的每股收益付出更高的买价。而低市盈率往往表示投资者对公司的未来缺乏信心，不愿意为 1 元的每股收益付出较高的买价。

由于我们计算的市盈率通常是静态的市盈率，因此往往不能说明问题。如果将公司的成长性考虑在内，以动态市盈率来反映，就可以合理地解释风险的大小。动态市盈率是指公司在每股收益平均增长率为 g 的情况下，投资者收回其投资额的年限。我们可根据静态市盈率及每股收益的增长率，计算出动态市盈率，见表 6-1。

表 6-1　静态市盈率在不同的每股收益增长率情况下折合成的动态市盈率

静态市盈率 ＼ 每股收益增长率	10%	20%	30%	50%	100%
10	7.27	6.03	5.28	4.42	3.46
20	11.53	8.83	7.42	5.91	4.39
40	16.89	12.05	9.78	7.51	5.36
60	20.42	14.07	11.22	8.47	5.93
80	23.05	15.54	12.27	9.16	6.34

从表 6-1 中可以看出，静态市盈率为 10 倍、每股收益年增长率为 10％的公司，其动态市盈率为 7.27 倍；而静态市盈率为 80 倍、每股收益年增长率为 100％的公司，其动态市盈率只有 6.34 倍。可见，公司业绩增长率对股票动态市盈率的影响非常大。可以认为，动态市盈率越低的股票，其投资风险越小。

五、股票投资的风险分析

股票投资的风险主要是指投资者未来不能获得收益甚至蒙受损失的可能性。股票投资是一种高风险与高收益并存的投资方式，其风险较其他证券投资的风险要大。从前面证券投资风险的分析中我们可以得出，股票的投资风险主要来自股票发行公司、股票市场和投资者自身的素质。

降低股票投资风险的途径多种多样，其中最普遍、最有效的方法就是进行投资组合，即投资者将资金分散投资于不同的证券当中，通过不同证券风险与收益的互补关系，达到分散、降低风险，稳定收益的目的。

(一) 风险分散理论

聪明的投资者不会把所有的鸡蛋放在一个篮子里，他们通过分散化来降低风险。风险分散理论认为，若干种证券组成的投资组合，其收益是这些证券收益的加权平均数，但是其风险低于这些证券的加权平均风险，故投资组合能降低风险。投资组合是由单个证券组成，为什么它的风险不反映各组成部分的平均风险？答案是分散化减少了波动性。甚至很小的分散化都可能提供波动性的大幅减少。分散化降低风险是因为不同证券价格不可能完全同步，证券价格变化比完全正相关时要小。

实际上，投资者在进行投资时，一般也不把所有资金投资于一种证券上，而是同时投资多种证券。在第二章第二节，我们曾经介绍过风险可分为市场风险及公司特有风险，而公司特有风险是可以通过投资的组合来加以分散的。下面举例说明为什么投资组合能分散风险。

例 6-5 假设资金总额为 100 万元，投资方案有三种：一是全部投资于股票 A；二是全部投资于股票 B；三是股票 A 和股票 B 各投资 50 万元。表 6-2 给出了股票 A 和股票 B 最近几年投资收益率的资料，通过计算，我们可以得出三种投资方案投资收益率的平均数和标准差，见表 6-2。

表 6-2 股票完全负相关时的投资组合

方案 年份	股票 A		股票 B		股票 A，B 组合	
	收益/元	收益率/％	收益/元	收益率/％	收益/元	收益率/％
2001	30	30	−10	−10	10	10
2002	10	10	10	10	10	10
2003	−10	−10	30	30	10	10
2004	−5	−5	25	25	10	10
2005	5	5	15	15	10	10

方案 年份	股票 A		股票 B		股票 A，B组合	
	收益/元	收益率/%	收益/元	收益率/%	收益/元	收益率/%
2006	10	10	10	10	10	10
2007	15	15	5	5	10	10
2008	25	25	−5	−5	10	10
平均数	10	10	10	10	10	10
标准差	13.63	13.63	13.63	13.63	0	0

由表 6-2 的计算结果可以看出，股票 A 和股票 B 组合后的平均数是它们的加权平均数，但组合后的标准差却为 0。由于股票 A 和股票 B 的投资收益率完全负相关（即相关系数为−1），因此，等额投资组合后，就可以使标准差降为 0，即组合后的风险完全抵消。

假设股票 A 和股票 B 各年投资收益率的资料如表 6-3 所示，通过计算，我们可以得出三种方案投资收益率的平均数和标准差，见表 6-3。

表 6-3　股票完全正相关时的投资组合

方案 年份	股票 A		股票 B		股票 A，B组合	
	收益/元	收益率/%	收益/元	收益率/%	收益/元	收益率/%
2001	30	30	30	30	30	30
2002	10	10	10	10	10	10
2003	−10	−10	−10	−10	−10	−10
2004	−5	−5	−5	−5	−5	−5
2005	5	5	5	5	5	5
2006	10	10	10	10	10	10
2007	15	15	15	15	15	15
2008	25	25	25	25	25	25
平均数	10	10	10	10	10	10
标准差	13.63	13.63	13.63	13.63	13.63	13.63

由表 6-3 的计算结果可以看出，由于股票 A 和股票 B 的投资收益率完全正相关（即相关系数为 1），因此，等额投资组合后的平均数是它们的加权平均数，标准差也是它们的加权平均数，即组合后的风险既没减少也没增加。

再假设股票 A 和股票 B 各年投资收益率的资料如表 6-4 所示，通过计算，我们可以得出三种方案投资收益率的平均数和标准差，见表 6-4。

表 6-4　股票具有一定相关时的投资组合

方案 年份	股票 A		股票 B		股票 A，B 组合	
	收益/元	收益率/%	收益/元	收益率/%	收益/元	收益率/%
2001	30	30	15	15	22.5	22.5
2002	10	10	5	5	7.5	7.5
2003	−10	−10	−5	−5	−7.5	−7.5
2004	−5	−5	−10	−10	−7.5	−7.5
2005	5	5	10	10	7.5	7.5
2006	10	10	30	30	20	20
2007	15	15	25	25	20	20
2008	25	25	10	10	17.5	17.5
平均数	10	10	10	10	10	10
标准差	13.63	13.63	13.63	13.63	12.17	12.17

由表 6-4 的结果可以看出，股票 A 和股票 B 的收益率既非完全负相关，也非完全正相关，我们可以计算出它们的相关系数为 0.60。因此，等额投资组合后的平均数是它们的加权平均数，但组合后的标准差却小于它们的加权平均数，即投资组合能降低风险。

实际上，各股票之间不可能完全负相关，也不可能完全正相关，大部分股票间的相关系数在 0.5~0.7。由表 6-4 的计算结果可以看出，不同股票的投资组合可以降低风险，但又不能完全消除风险。由于相关系数是介于−1~1，因此，当投资组合中各种股票的相关系数越接近于−1，组合后的风险降低越多；而当投资组合中各种股票的相关系数越接近于 1，组合后的风险降低越小。无论如何，组合后的风险不会比组合前的风险大。

一般来说，投资组合中的股票种类越多，风险越小。如果投资组合中包括全部股票，则公司的特有风险被全部分散，这时只需承担市场风险。图 6-4 反映了纽约股票交易所中股票投资组合风险与组合中的股票种数之间的关系。

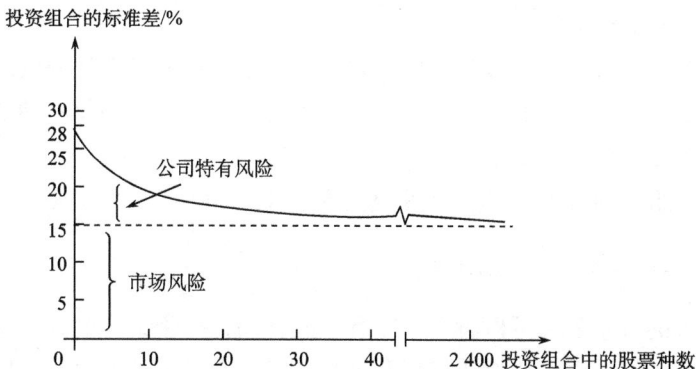

图 6-4　组合风险与组合中股票种数的关系

从图 6-4 中可以看出，一种股票组成的投资组合的标准差大约为 28%，随着投资组合中股票数量的增加，标准差逐渐下降；而当投资组合中包括交易所中全部 2 400 多种股票时，其标准差约为 15%，这也就是市场风险。实际上，只要投资组合中随机地选取 40 种股票，就可以使投资组合的标准差接近 15%，也就是说，大部分的公司特有风险都能消除。

（二）投资组合风险的衡量

1. 投资组合的预期收益率

证券组合的期望收益是组合中各种证券收益的加权平均，证券组合的预期收益率可以表示为

$$r_p = \sum_{i=1}^{n} x_i r_i$$

式中，r_p 是证券组合的期望收益率；r_i 是第 i 种证券的预期收益率；x_i 是第 i 种证券在全部投资中的比重；n 是组合中的证券种类数。

2. 投资组合的方差与标准差

与单一证券一样，证券组合的风险也可以用它的方差或标准差来衡量，但组合的方差或标准差不仅取决于组成的各项单个证券的方差或标准差，还取决于各个证券之间的协方差或相关系数。如果两种证券完全正相关，组合的标准差就等于两种证券标准差的加权平均风险，即风险没有减少；而如果两种证券是完全负相关，组合后的标准差在选择合适的组合比例时可为零，即风险完全分散。实际上，各种证券之间不可能完全正相关，也不可能完全负相关，所以不同证券的投资组合可以降低风险，但又不能完全消除风险。一般而言，证券的种类越多，风险越小。

$$\sigma_p^2 = \sum_{i=1}^{n} \sum_{j=1}^{n} x_i x_j \sigma_{ij}, \quad \sigma_p = \sqrt{\sigma_p^2}$$

式中，σ_p^2 是证券组合的方差；σ_p 是证券组合的标准差；σ_{ij} 是第 i 种证券与第 j 种证券的协方差；x_i 是第 i 种证券在全部投资中的比重；x_j 是第 j 种证券在全部投资中的比重；n 是组合中的证券种类数。

在投资组合中加入更多证券时，协方差就显得尤为重要，有效分散的投资组合的风险主要反映的是协方差。假设每一种证券的投资比例相等，即每一种证券的比例均为 $1/n$，则投资组合的方差为

投资组合的方差 $= 1/n \times$ 平均方差 $+ (1 - 1/n) \times$ 平均协方差

式中，平均方差 $= \dfrac{1}{n} \sum_{i=1}^{n} \sigma_i^2$；平均协方差 $= \dfrac{1}{n(n-1)} \sum_{i=1}^{n} \sum_{j=1}^{n} \sigma_{ij} (i \neq j)$

由投资组合的方差公式可以看出，随着 n 的增加，投资组合的方差逐步靠近协方差，如果协方差为零，就有可能通过持有足够多的证券种类来消除所有风险。但证券价格变动往往并非各自独立，因此限制了分散化的程度。当构成投资组合的证券数量

充分大时，投资组合的风险不能低于构成证券的平均协方差，即市场风险。

（三）投资组合理论

哈里·马克维茨（Harry Markowitz）1952 年提出的投资组合理论是探讨在风险条件下如何进行证券投资，使总体结构达到最优，把风险降低到最低限度，从而获得可能的最高收益的理论。该理论假定每个投资者都偏好于大的期望收益率和小的风险（标准差）。

1. 两种风险证券的组合

分散化降低风险的效果，取决于构成组合的单个证券风险以及之间的相互关系。假设投资组合中有两种证券分别为证券 1 和证券 2，各自的期望收益率为 $r_1=10\%$，$r_2=15\%$，标准差分别为 $\sigma_1=20\%$，$\sigma_2=30\%$，当投资于证券 1 和证券 2 的比例 $x_1=60\%$，$x_2=40\%$ 时，投资组合的期望收益率 r_p 为

$$r_p = x_1 r_1 + x_2 r_2 = 60\% \times 10\% + 40\% \times 15\% = 12\%$$

投资组合的方差 σ_p^2 为

$$\sigma_p^2 = (x_1\sigma_1)^2 + 2x_1 x_2 \rho_{12}\sigma_1\sigma_2 + (x_2\sigma_2)^2$$

式中，ρ_{12} 为证券 1 和证券 2 之间的相关系数。

当 $\rho_{12}=1$，即证券 1 和证券 2 完全正相关时

$$\sigma_p = x_1\sigma_1 + x_2\sigma_2 = 60\% \times 20\% + 40\% \times 30\% = 24\%$$

组合的标准差是构成组合的各个证券标准差的加权平均，风险没有分散。

当 $\rho_{12}=-1$，即证券 1 和证券 2 完全负相关时

$$\sigma_p = |x_1\sigma_1 - x_2\sigma_2| = 60\% \times 20\% - 40\% \times 30\% = 0$$

可以看出，当两种证券投资比例之比与其标准差之比成倒数关系，即 $x_1/x_2 = \sigma_2/\sigma_1$ 时，组合的标准差为零，即风险完全分散。

当 $\rho_{12}\neq1$，$\sigma_p < x_1\sigma_1 + x_2\sigma_2$，组合后的风险小于完全正相关时的风险，即只要两种证券不是完全正相关，组合后风险都能降低。假设 $\rho_{12}=0.5$，

$$\sigma_p^2 = (60\% \times 20\%)^2 + 2 \times 60\% \times 40\% \times 0.5 \times 20\% \times 30\% + (40\% \times 30\%)^2$$
$$= 0.0432$$

$$\sigma_p = 20.78\%$$

收益率的期望值和标准差是风险证券的两个属性，以此为基础的分析通常称为期望值（r）-标准差（σ）分析。图 6-5 反映了收益率与风险之间的关系。

当两种证券完全正相关时，全部组合的期望收益率与组合的标准差之间的关系（机会集）是一条直线，组合的风险没有分散；当两种证券完全负相关时，机会集是一条折线，其中与纵轴相交的点就是风险为零的组合；如果相关系数在 -1 到 1 之间，则机会集是一条曲线，曲线的拐点处就是风险最小的组合。可以推出，风险最小的组合是

$$x_1 = \frac{\sigma_2^2 - \rho_{12}\sigma_1\sigma_2}{\sigma_1^2 + \sigma_2^2 - 2\rho_{12}\sigma_1\sigma_2}$$

当 $\rho_{12}=0.5$，$x_1=6/7$，即 6/7 的资金投资在证券 1，1/7 的资金投资在证券 2，可使组合的风险最小。

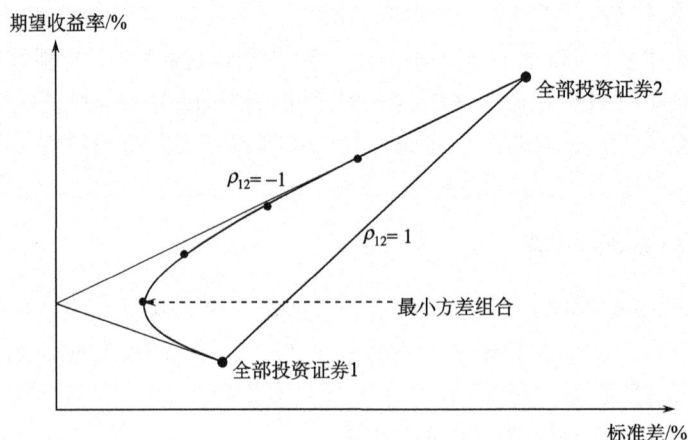

图 6-5　投资两种证券组合的机会集

有效投资组合是在一定期望收益下风险最小以及一定风险下期望收益最高的投资组合。在图 6-5 中，当两种证券完全正相关时，机会集上所有组合都是有效组合；当两种证券完全负相关时，只有机会集拐点后的组合，即 $x_1 \leqslant 60\%$ 或 $x_2 \geqslant 40\%$ 的组合才是有效组合；当两种证券的相关系数为 0.5 时，只有机会集拐点后的组合，即 $x_1 \leqslant 6/7$ 或 $x_2 \geqslant 1/7$ 的组合才是有效组合。

证券收益率的相关系数越小，机会集曲线就越弯曲，风险分散化效应也越强。

2. 投资组合的一般计算公式

两种证券组合的机会集是一条线，而两种以上的多种证券组合的机会集是一个面，如图 6-6 中的阴影部分所示。这个机会集反映了所有可能的投资组合，图中阴影部分中的每一点都与一种可能的投资组合相对应。随着可供投资证券数量的增加，所有可能的投资组合数量将呈几何级数上升。

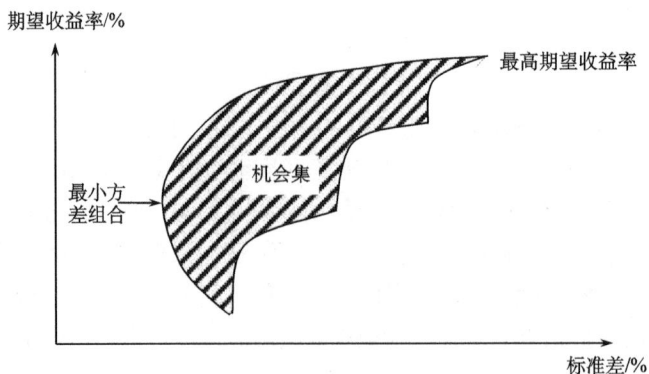

图 6-6　投资多种证券组合的机会集

最小方差组合是图 6-6 中阴影部分最左端的点，它具有最小组合标准差。从最小方差组合点起到最高预期收益率点止的机会集为有效投资组合，称为有效集或有效边界。有效集以外的投资组合与有效边界上的组合比较，或者是相同的期望收益率但风险更大，或者是相同的标准差但期望收益率更低，因此这些投资组合都是无效的。

3. 资本市场线

将无风险证券与风险证券有效边界上的组合再进行组合，其新的组合是一条直线，其中与有效边界相切的组合是有效组合，切点见图 6-7 中的 M 点，r_f 与 M 点的连线称为资本市场线（capital market line，CML）。如果允许借入无风险证券，则资本市场线可从 M 点向右上方延伸，见图中的 MP。此时风险更大，但期望收益率也越高。

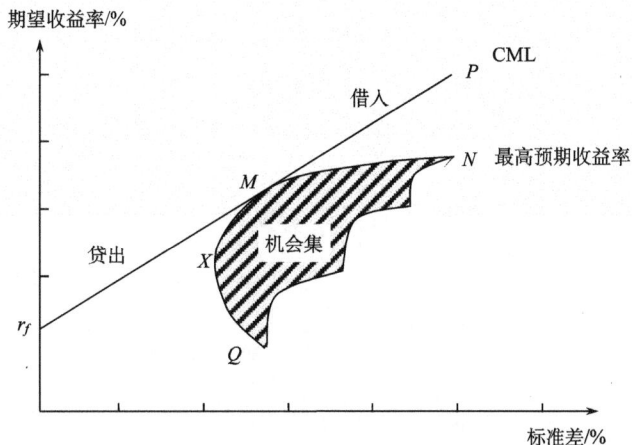

图 6-7 资本市场线示意图

图 6-7 中的切点 M 是市场组合，即所有证券以各自的市场价值为权重的加权平均组合，资本市场线的方程如下：

$$r - r_f = \frac{r_m - r_f}{\sigma_m} \sigma$$

资本市场线反映的是持有不同比例的无风险证券和市场组合情况下风险和预期收益率的关系。

（四）风险与收益的关系

1. β 系数

从第二章我们已经知道，站在个别投资者角度看风险可分为市场风险和公司特有风险，对于公司特有风险，我们可以在分析各种证券相关程度的基础上，通过有效的投资组合来加以分散。但对于市场风险，由于所有证券都受市场变动的影响，不能通过投资组合来分散，因此，市场风险往往是投资者考虑的重点。对投资组合来说，重要的不是单个证券风险的大小，而是组合收益率的风险大小。单个证券对充分分散化的投资组合风险的贡献并不取决于它的总风险，而是取决于它的市场风险。市场风险用 β 系数来衡量，即证券收益率的变化对市场收益率变化的敏感程度，它可以衡量单个证券的市场风险，而不是公司的特有风险。

β 系数可用以下直线回归方程求得

$$y = \alpha + \beta x + \varepsilon$$

式中，y 为某种证券的收益率；x 为市场收益率；α 为与 y 轴的交点；β 为回归直线的斜率；ε 为随机因素产生的剩余收益率。

根据 x 和 y 的历史资料，运用第二章第二节提到的回归分析法所介绍的公式，就可求出 α 和 β 的值。

某种证券的收益率与市场收益率的关系见图 6-8。

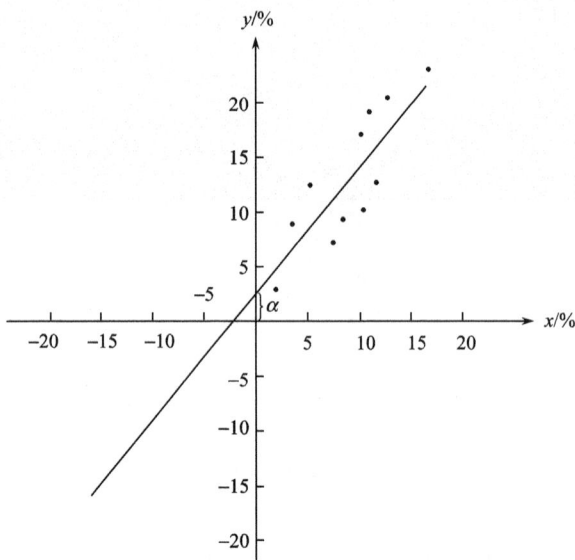

图 6-8　证券收益率与市场收益率的关系

从图 6-8 中可以看出，当某种证券的 β 系数等于 1 时，它的市场风险与整个市场风险相同，即市场收益率上涨 1％，该种证券的收益率也上涨 1％；当某种证券的 β 系数大于 1，该种证券的市场风险大于整个市场风险，那么市场收益率上涨 1％，该种证券收益率的上涨要超过 1％；当某种证券的 β 系数小于 1，该种证券的市场风险小于整个市场风险，那么市场收益率上涨 1％，该种证券收益率的上涨要低于 1％。

从数学上看，某个证券的 β 系数就是某个证券的收益率与市场收益率的协方差除以市场收益率的方差。

$$\beta = \frac{\sigma_{im}}{\sigma_m^2} = \rho_{im} \frac{\sigma_i}{\sigma_m}$$

由上式可以看出，β 系数的大小取决于证券本身的标准差、整个市场的标准差以及该证券与整个市场的相关性。

2. 资本资产定价模型

20 世纪 60 年代中期，三位经济学家威廉·夏普（William Sharpe）、约翰·林特勒（John Lintner）和杰克·特雷诺（Jack Treynor）提出了著名的资本资产定价模型（capital asset pricing model，CAPM），该模型反映在充分分散化情况下风险与期望收益率的均衡关系。在一个竞争市场中，期望风险溢价与 β 成正比。

$$证券的期望风险溢价 = \beta \times 期望市场风险溢价$$

$$r_i - r_f = \beta_i(r_m - r_f)$$

式中，r_i 为第 i 种证券的期望收益率；r_f 为无风险收益率；β_i 为第 i 种证券的 β 系数；r_m 为市场组合的期望收益率。

资本资产定价模型说明某种证券的期望收益率应等于无风险收益率加上风险收益率，其中风险收益率与期望的市场风险成正比。

当 $\beta_i = 1$ 时，该证券的期望收益率等于市场组合的期望收益率，即 $r_i = r_m$；当 $\beta_i > 1$ 时，该证券的期望收益率大于市场组合的期望收益率，即 $r_i > r_m$；当 $\beta_i < 1$ 时，该证券的期望收益率小于市场组合的期望收益率，即 $r_i < r_m$；当 $\beta_i = 0$ 时，说明该证券没有风险，因此其期望收益率等于无风险收益率，即 $r_i = r_f$。

按照资本资产定价模型理论，单一证券的市场风险可由 β 系数来衡量，而且其风险与收益之间的关系可由证券市场线（security market line，SML）来描述，见图 6-9。证券市场线的方程如下：

$$r = r_f + (r_m - r_f)\beta$$

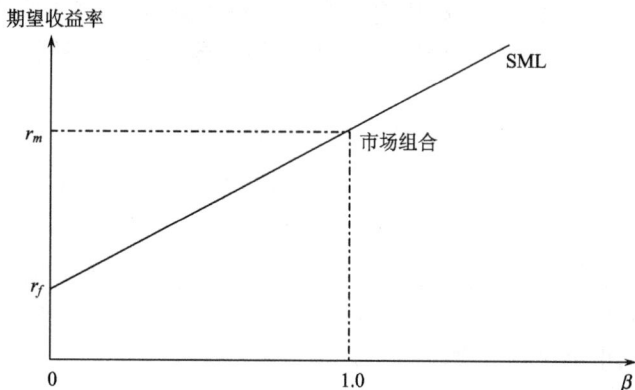

图 6-9 证券市场线示意图

例 6-6 某公司股票的 β 系数为 1.5，无风险收益率为 8%，市场组合的收益率为 12%，那么该公司股票的预期收益率应为

$$r_i = r_f + \beta_i(r_m - r_f)$$

$$= 8\% + 1.5 \times (12\% - 8\%)$$
$$= 14\%$$

也就是说，该公司股票的预期收益率必须达到 14% 或以上时，投资者才愿意进行投资；如果低于 14%，则投资者所得到的收益率与其承担的风险不相称，因而投资者不会愿意购买该公司股票。

如果投资组合中包含多种证券，各种证券投资额在组合投资总额中所占的比重即权数为 x_i，则组合后的预期收益率

$$x_1 r_1 + x_2 r_2 + \cdots + x_n r_n = r_f + (x_1 \beta_1 + x_2 \beta_2 + \cdots + x_n \beta_n)(r_m - r_f)$$

上式说明，投资组合的预期收益率是各种证券预期收益率的加权平均数，投资组合的 β 系数也是各种证券 β 系数的加权平均数。即

$$\beta_p = x_1 \beta_1 + x_2 \beta_2 + \cdots + x_n \beta_n$$

如果一个高 β 系数的证券加入到投资组合中，投资组合的风险就会提高。

例 6-7　某企业持有总值 200 万元的 4 种股票，其中第 1 种股票 20 万元，第 2 种股票 60 万元，第 3 种股票 50 万元，第 4 种股票 70 万元，4 种股票的 β 系数分别为 $\beta_1 = 2$，$\beta_2 = 1.5$，$\beta_3 = 0.8$，$\beta_4 = 1.2$。设无风险收益率为 8%，证券市场组合的收益率为 12%。则

$$投资组合的 \beta 系数 = \frac{20}{200} \times 2 + \frac{60}{200} \times 1.5 + \frac{50}{200} \times 0.8 + \frac{70}{200} \times 1.2 = 1.27$$

$$投资组合的预期收益率 r = 8\% + 1.27 \times (12\% - 8\%) = 13.08\%$$

3. 三因素模型

CAPM 认为 β 是期望收益率不同的唯一原因，但事实上人们普遍注意到小公司股票的收益率显著高于大公司，高账面市价之比的股票收益率高于低账面市价之比的股票收益率。虽然小公司股票有较高的 β，但 β 的差异不足以解释收益率的差异，账面市价比和 β 之间没有简单的关系。

法码和弗伦奇（Fama and French）的三因素模型（three-factor model），不仅考虑了市场因素，还考虑了规模因素和账面市价比因素，模型如下：

$$r - r_f = b_m \times (r_m - r_f) + b_s \times (r_s - r_1) + b_{b-m} \times (r_{b-mh} - r_{b-m1})$$

市场因素以市场组合收益率减无风险收益率（$r_m - r_f$）反映，规模因素以小公司股票收益率减大公司股票收益率（$r_s - r_1$）反映，账面市价比因素以高账面市价比股票收益率减低账面市价比股票收益率（$r_{b-mh} - r_{b-m1}$）反映。

4. 套利定价理论

对任一单个证券，有两种风险来源：一是宏观经济因素，不能通过分散化消除；第二是某一公司的特有事件，分散化可以消除。因此，投资者在决定买卖一种证券时，忽略公司特有风险。某一证券期望风险收益是由宏观经济风险影响，它不受公司特有风险影响。斯蒂芬·罗斯（Stephen Ross）的套利定价理论（arbitrage pricing

Theory，APT）假定各种证券的回报率部分依赖于遍布宏观经济的因素，如市场收益率、利率、汇率、国民生产总值、通货膨胀等，部分依赖于干扰——唯一对某一公司的事件。APT 认为一种证券期望风险收益取决于因素期望风险收益和该证券对每一因素的敏感性。这样模型表述如下：

$$r - r_f = b_1(r_{\text{因素}1} - r_f) + b_2(r_{\text{因素}2} - r_f) + \cdots$$

式中，$r_{\text{因素}i}$为因素 i 的期望收益率。

第三节　债 券 投 资

债券投资是指通过认购债券，成为债券发行单位债权人，并获取债券利息的投资活动。这里的债券包括国库债券、金融债券、企业债券、公司债券等。债券投资的目的主要是想获得比银行存款更高的固定收益，或为了满足未来的财务需求，如投资某一项目，或归还到期债务等。另外，债券投资也是为了分散证券投资的风险。因为债券投资风险较小，在投资组合中加入一部分债券投资，会使投资组合的风险下降。

一、债券投资的特点

（1）债券投资者即债权人没有参与债券发行单位经营管理的权利，也不承担债券发行单位经营亏损的责任。

（2）债券投资的收益是确定的，它不受债券发行单位经营业绩的影响。

（3）债券投资有明确的期限，到期就可以收回投资，除非债券发行单位破产。

（4）债券投资风险相对较小。因为债券投资的收益是确定的，本金的收回也是有保障的，即使债券发行单位发生重大亏损而导致破产，债券投资者也是在权益资金投资者之前分配剩余财产。

二、债券的认购方式

企业既可以直接在一级市场上购买债券发行单位的原始债券来进行债券投资，也可以在二级市场上购买已上市流通的债券来进行债券投资。在债券发行市场上认购债券的方式主要有三种。

1. 按面值认购

即债券的认购价格等于债券面值。当债券的票面利率等于市场利率时，债券的发行价格就等于面值。债券投资者可以按面值乘以票面利率取得利息，到期还可以按面值收回本金。

2. 溢价认购

即债券的认购价格高于债券面值。当债券的票面利率高于市场利率时，债券可按高于面值的价格发行。虽然债券价格高于面值，但投资者只能按面值乘以票面利率取得利息，到期也只能按面值收回本金。

3. 折价认购

即债券的认购价格低于债券面值。当债券的票面利率低于市场利率时，债券可按低于面值的价格发行。虽然债券价格低于面值，但投资者仍可按面值乘以票面利率取得利息，到期也能按面值收回本金。另外，贴现认购债券的方式也属于折价认购，但这种方式是将债券面值按一定的贴现率折成现值作为债券发行价格，债券到期时投资者所得到的本利和就是债券面值。

在债券转让市场上认购债券，其认购价格除了取决于债券票面利率与市场利率的比较外，还取决于债券到期日。离到期日越远的债券，风险相对越大，其价格相对较低；离到期日越近的债券，风险相对越小，其价格相对越高。另外，如果债券还包括累计的应计利息，那么债券发行的时间越长，累计的应计利息越多，债券价格应越高；债券发行的时间越短，累计的应计利息越少，债券价格应越低。

三、债券价值及到期收益率的计算

（一）债券价值的计算

进行债券投资，必须分析债券本身所代表的价值，然后将债券价值与当前的债券价格进行对比，以指导是否购买。

债券的价值就是债券未来现金流入量的现值。债券未来现金流入量包括债券的利息收入及到期归还的本金。只有当债券的价值大于债券价格时，才值得购买。对于债券价值的计算，我们可利用前面所学的方法，先进行现金流量分析，然后再将其折成现值，即可得到债券的价值。典型的债券是固定利率，每年计算并支付一次利息，到期归还本金。其现金流量图如图 6-10 所示。

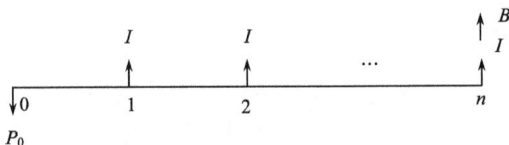

图 6-10　债券投资的现金流量图

$$债券的价值 V_0 = \frac{I}{1+k} + \frac{I}{(1+k)^2} + \cdots + \frac{I}{(1+k)^n} + \frac{B}{(1+k)^n}$$

$$= \sum_{t=1}^{n} \frac{I}{(1+k)^t} + \frac{B}{(1+k)^n}$$

其中，V_0 为债券的现时价值；I 为每年的利息，它等于债券面值乘以债券票面利率；B 为债券面值；k 为市场利率或投资者要求的最低收益率；n 为债券到期前的年数；P_0 为债券的认购价格。

例 6-8　永华公司 2008 年 12 月 31 日购买了 1 000 张面额为 100 元的公司债券，其票面利率为 7%，时间为 5 年，每年底计算并支付一次利息，到期还本，当时的市场利率为 6%，问债券的现时价值为多少？

$$V_0 = 100 \times 7\% \times (P/A, 6\%, 5) + 100 \times (P/F, 6\%, 5)$$
$$= 7 \times 4.212 + 100 \times 0.747\ 3$$
$$= 104.21(元)$$

也就是说，当债券的价格低于 104.21 元时，投资者可以考虑购进。

（二）债券到期收益率的计算

以上债券价值的计算主要是用于债券是否购进的投资决策中，当债券价格低于债券价值时，购进债券是有利的，反之则不宜购进。如果投资者以低于债券价值的某一价格购入债券，那么可获得多少的投资收益率呢？

债券的到期收益率是指购进债券后，一直持有该债券至到期可获得的收益率。债券到期收益率实际上就是使未来利息收入及偿还的本金的现值等于债券认购价格时的折现率，这与固定资产投资项目的内部收益率的含义及求解方法完全相同，即使

$$\sum_{t=1}^{n} \frac{I}{(1+i)^t} + \frac{B}{(1+i)^n} = P_0 \text{ 时的折现率 } i。$$

例 6-9　永华公司 2008 年 1 月 1 日以 102 元的价格购买了 1 000 张面额为 100 元的公司债券，其票面利率为 6%，2012 年 12 月 31 日到期，每年底计算并支付一次利息，到期还本。如果永华公司持有该债券至到期日，那么其到期收益率为多少？

令

$$100 \times 6\% \times (P/A, i, 5) + 100 \times (P/F, i, 5) = 102$$

即

$$\text{NPV} = 6 \times (P/A, i, 5) + 100 \times (P/F, i, 5) - 102$$

当 $i = 6\%$ 时，有

$$\text{NPV} = 100 - 102 = -2(元)$$

当 $i = 5\%$ 时，有

$$\text{NPV} = 6 \times 4.329 + 100 \times 0.783\ 5 - 102 = 2.32(元)$$

利用插值法可求得债券到期收益率

$$i = 5\% + \frac{2.32}{2.32 + 2} \times (6\% - 5\%)$$
$$= 5.54\%$$

由于债券的认购价格高于面值，因此其到期收益率小于债券票面利率。

在例 6-9 中，如果债券的认购价格为 98 元，运用同样的方法可求得债券到期收益率为 6.48%。由于债券的认购价格低于面值，因此其到期收益率大于债券票面利率。

如果债券不是每年付息，而是到期一次还本付息，不计复利，这时即使是按面值认购债券，其到期收益率也会小于债券票面利率。

例 6-10　永华公司 2008 年 1 月 1 日按面值购买了 1 000 张面额为 100 元的国库券，其票面利率为 5％，2014 年 12 月 31 日到期，按单利计息，到期一次还本付息。如果永华公司持有该国库券至到期日，那么其到期收益率为多少？

首先我们可以得到每张国库券到期的本利和＝100＋100×5％×7＝135（元）。令

$$135 \times (P/F, i, 7) = 100$$

可得

$$(F/P, i, 7) = 1.35$$

查复利终值系数表，可得

$$(F/P, 4\%, 7) = 1.316, (F/P, 5\%, 7) = 1.407$$

运用插值法可得

$$i = 4\% + \frac{1.35 - 1.316}{1.407 - 1.316} \times (5\% - 4\%)$$

$$= 4.38\%$$

我们既可以将债券价值与债券价格进行对比来指导是否购买，也可以将债券的到期收益率与投资者要求的收益率进行对比来指导是否购买，只有当到期收益率高于投资者要求的收益率时，才值得购买。

四、债券投资的风险分析

尽管债券的利率一般是固定的，其风险远小于股票投资，但债券投资同样具有来自债券发行单位、债券市场和投资者自身素质等方面的风险。具体来说，债券投资的风险可分为违约风险、利率风险、购买力风险、变现力风险和再投资风险等。

1. 违约风险

违约风险是指债券发行单位无法按期支付债券利息和偿还本金的风险。一般来说，政府发行的国库证券违约风险极小，金融机构发行的债券次之，企业发行的债券相对来说违约风险较大。企业决策失误、经营不善或遭遇不可抗拒的自然灾害等，都可能使企业无法偿还债券本息。

避免违约风险的办法是在购买债券前，认真分析债券发行单位的财务状况，特别是偿债能力方面的指标。另外，也可以参照债券的评级。债券的等级一般分为 AAA，AA，A，BBB，BB，B，CCC，CC，C 九级，从前到后质量依次下降。在我国，企业发行的债券等级必须在 BBB 级以上，即前四个等级的债券。因此，目前在我国投资债券的违约风险相对较小。

2. 利率风险

债券的利率风险是指由于市场利率变动而引起债券价格下降，使投资者遭受损失的风险。由于债券的利息率在发行时就已经确定，也就是债券到期可得到的本利和是固定的，不因市场利率的变化而变化，而债券价值则是按照市场利率折现后的现值。

因此，当市场利率上升时，债券价值会随之下降，导致债券价格下降，从而使投资者遭受损失；但当市场利率下降时，债券价值会随之上升，导致债券价格上升，从而使投资者从中获得额外收益。

例 6-11 永华公司 2008 年 1 月 1 日按面值购买了 1 000 张面额为 100 元的国库券，其票面利率为 5%，2014 年 12 月 31 日到期，按单利计息，到期一次还本付息。如果永华公司购买国库券一年后，市场利率上升到 6%，问永华公司购进国库券一年后会损失多少？

从例 6-10 的计算结果，我们已经求出当时的市场利率为 4.38%。也就是说，如果市场利率不变，那么这 1 000 张国库券一年后的价值＝1 000×100×（1＋4.38%）＝104 380 元；而当市场利率上升到 6%时，这 1 000 张国库券一年后的价值＝1 000×135×（P/F，6%，6）＝1 000×135×0.705＝95 175 元。也就是说，永华公司购进国库券一年后相当于损失了 104 380－95 175＝9 205 元。

但如果永华公司购进国库券一年后，市场利率下降到 4%，则永华公司购进的 1 000张国库券的价值＝1 000×135×（P/F，4%，6）＝1 000×135×0.790＝106 650 元。也就是说，永华公司购进国库券一年后相当于得到了 106 650－104 380＝2 270 元的额外收益。

一般来说，不同期限的债券，其利率风险是不一样的，期限越长，风险越大。由于利率的变化有升有降，因此，减少利率风险的办法是分散债券的到期日。

3. 购买力风险

购买力风险是指由于通货膨胀而使债券到期或出售时所获资金的购买力下降的风险。一般来说，在通货膨胀率高且有不断加剧趋势时是不宜进行债券投资的，只有当债券利率高到足以能够抵消通货膨胀影响时，才可进行债券投资。否则，最好是投资那些能随通货膨胀率提高而其收益率也随之提高的证券或资产，如普通股票、房地产等。

4. 变现力风险

变现力风险是指不能在短期内以合理价格出售债券的风险。如果一种债券能在短期内按市价大量出售，那么它的变现力就强；反之，如果一种债券不能在短期内按市价大量出售，或只能折价出售，那么它的变现力就差。例如，购买不知名公司的债券，想在短期内出售就比较困难；但如果购买的是国库券，由于有一个活跃的二级市场，因而可以在极短的时间里以合理的市价出售。

5. 再投资风险

再投资风险是指短期债券到期后再进行投资时，使投资者遭受损失的风险。若只购买短期债券而没有购买长期债券，就会存在短期债券投资收回后再进行投资时，由于市场利率下降而使投资者遭受损失。例如，三年期债券的利率为 4%，一年期债券的利率为 3%，如果投资者为减少利率风险而选择了一年期债券。在一年期债券到期收回现金时，如果市场利率下降到 2%，那么投资者只能找到 2% 左右的投资机会，而如果当初购买的是三年期债券，那么一年后仍可获得 4% 的收益率。

复习思考题

1. 什么是证券投资？它与固定资产投资有什么不同？
2. 证券投资有哪些种类？企业进行证券投资的目的是什么？
3. 证券投资的经济风险主要来自哪几方面？证券投资需考虑哪些因素？
4. 股票投资具有哪些特点和形式？
5. 如何确定股票的价值和投资受益率？
6. 什么是市盈率？它有什么作用？影响市盈率的因素有哪些？
7. 什么是风险分散理论？为什么投资组合可以降低风险？
8. 什么是有效投资组合？如何确定有效投资组合？
9. 证券市场线与资本市场线有什么区别？
10. β 系数的定义是什么？β 系数用来衡量的是哪类风险？
11. 资本资产定价模型与三因素模型有什么异同？
12. 套利定价理论认为影响证券收益率的因素是什么？
13. 债券投资具有哪些特点？认购的方式有哪几种？
14. 如何确定债券的价值和到期收益率？
15. 债券投资的风险有哪些？

练 习 题

1. 某公司的收益和股利以每年 10% 的比率减少。如果最近一年支付的股利为 8 元/股，投资者要求的最低收益率为 12%，那么该公司股票售价应为多少时投资者才会购买？

2. 某股份公司未来 3 年股利将高速增长，增长率为 60%，在此以后转为正常增长，增长率为 8%，如果公司最近一年支付的股利是 1 元，投资者要求的投资收益率为 15%，问该公司股票的价值为多少？

3. 两种证券 A 和 B 组成的投资组合，各自的期望收益率分别为 12% 和 15%，标准差分别为 16% 和 20%，要求作出相关系数为 1，-1 和 0.4 三种情况下的期望值（r）—标准差（σ）图，并确定当相关系数为 -1 和 0.4 两种情况下的有效投资组合。

4. 某公司的投资组合中有五种股票，所占比例分别为 30%，20%，20%，15%，15%，其 β 系数分别为 0.8，1，1.4，1.5，1.7，市场组合的收益率为 10%，无风险收益率为 6%。试求该投资组合的期望收益率、综合 β 系数。

5. 某公司于 2009 年 1 月 1 日购买了一张面额 100 元的债券，其票面利率为 4%，从发行第二年起每年 1 月 1 日计算并支付一次利息。该债券于 5 年后即 2014 年的 1 月 1 日到期，试计算在市场利率为 3%，4%，5% 三种条件下债券的价值。若公司当前以 102 元的价格购买了该债券，试计算该债券的到期收益率。

6. 甲公司欲购买面额为 100 元的国库券 1 000 张，其票面利率为 3%，到期一次还本付息，不计复利，期限 3 年，当时的市场利率为 3%，问

(1) 当发行价格为多少时，甲公司才值得购买？

(2) 如果甲公司购买该债券 1 年后，市场利率上升为 4%，问甲公司会损失多少？

(3) 如果甲公司购买该债券 2 年后，市场利率下降为 2%，问甲公司会盈利多少？

第七章

营运资金管理

从第二章到第六章，我们已经介绍了有关长期资金的筹集及长期资金的运用等方面的问题。本章将介绍短期资金的筹集及运用等方面的内容。

第一节　营运资金概述

一、营运资金的概念

营运资金是指流动资产减流动负债后的净额。

流动资产是指预计在一个正常营业周期中变现、出售或耗用，或者主要为交易目的而持有，或者预计在自资产负债表日起一年内（含一年）变现的资产，以及自资产负债表日起一年内，交换其他资产或清偿负债的能力不受限制的现金或现金等价物等资产。流动资产主要包括货币资金（库存现金和银行存款）、交易性金融资产、应收及预付款项和存货等；而流动负债是指预计在一个正常营业周期中清偿，或者主要为交易目的而持有，或者预计在自资产负债表日起一年内（含一年）到期应予以清偿，以及企业无权自主地将清偿推迟至资产负债表日后一年以上的债务。流动负债主要包括短期借款、应付及预收款项等。

从企业资金的投放来看，包括流动资产和非流动资产。非流动资产也称长期资产，是指流动资产以外的资产，包括长期股权投资、固定资产、无形资产、其他资产等。在企业流动资产中，来源于流动负债的部分由于面临着债权人的短期索求权，因而企业无法在较长期限内自由运用。相反，扣除流动负债后的剩余流动资产，即营运资金，则能够为企业提供一个较为宽裕的自由使用时间。根据营运资金的定义可知，当流动资产增加或流动负债减少时，会使营运资金增加；而当流动资产减少或流动负债增加时，会使营运资金减少。但是，流动资产的增减往往是与流动负债的增减同时发生的，如从银行取得短期借款，流动资产与流动负债同时增加，而当企业用银行存款支付应付账款或提交产品以结清预收货款时，流动资产与流动负债同时减少。这些业务的发生都会使营运资金保持不变。那么，营运资金是从哪里来的呢？通过资产负债表的平衡关系，我们就可以比较清楚地看出营运资金的真正来源。

因为

$$流动资产＋非流动资产 ＝ 流动负债＋非流动负债＋所有者权益$$

所以

$$流动资产 － 流动负债 ＝ 非流动负债＋所有者权益－非流动资产$$

由以上公式可以看出，营运资金有三个来源：一是非流动负债的增加，如新增长期借款、发行新的债券等；二是所有者权益的增加，如股东增加投资、企业获得新增利润等；三是非流动资产的减少，如收回长期股权投资、固定资产变卖等。

由于流动负债是将在一年或者超过一年的一个营业周期内要偿还的债务，而非流动资产在一年内或者超过一年的一个营业周期内都不准备变现，因此，流动负债只能以流动资产来偿还。通过将流动资产与流动负债进行对比，可以反映企业偿还短期债务的能力。营运资金越多，说明流动资产用于偿还流动负债后的剩余部分越多，那么企业的短期偿债能力越强，风险越小；营运资金越少，甚至为负，说明流动资产用于偿还流动负债后的剩余部分越少，甚至不足以偿还流动负债，那么，企业的短期偿债能力越弱，风险越大。如果企业不能在短时期内筹措到新的资金，就面临无法偿还到期债务的危机，进而导致企业变卖长期资产以偿还到期债务，这势必会影响企业的正常生产经营。因此，营运资金的管理对于企业的生存、发展具有重要的意义，一个企业的财务主管要将大部分时间和精力放在营运资金的管理上。

二、营运资金规模的确定

营运资金规模的大小，取决于流动资产总额与流动负债总额的相对大小。因此，在确定营运资金规模之前，应先分析流动资产总额与流动负债总额。

1. 流动资产总额及其结构对风险和收益的影响

流动资产总额的多少，与企业的经营规模、所处的行业有很大关系。企业规模越大，流动资产总额也应越高。商业企业流动资产占整个资产的比重往往高于工业企业。

由于流动资产的使用期限短，流动性强，变现快，因此，一般来说，流动资产占资产总额的比例越大，企业不能偿还到期债务及不能应付各种意外情况的可能性大大下降，因此企业的风险就越小。从降低风险的角度来看，流动资产占资产总额的比例越大越好。

在企业规模一定，即生产能力一定的情况下，流动资产占资产总额的比例高低，对企业的盈利能力影响很大。在流动资产投资不足时，流动资产占资产总额的比例提高，意味着企业的生产能力得到更充分的利用，那么企业的盈利能力应随之提高，这时降低风险与提高收益是一致的，说明应增加对流动资产的投资；而在流动资产投资过剩时，流动资产占资产总额的比例提高，意味着更多的现金闲置，更多的资金置留于应收账款上或更多的存货积压，相应地企业的盈利能力就会降低，这时降低风险与提高收益出现了矛盾，因而存在风险与收益的权衡问题。

另外，流动资产各项目的变现能力及收益率是不同的。现金随时可以用于支付，但收益率最低，因为库存现金没有收益，而银行存款也只能取得活期利息；交易性金融资产是指取得该金融资产的目的主要是为了近期内出售或回购，比如企业以赚取差价为目的从二级市场购入的股票、债券、基金等，在有高效率的资金市场条件下，其变现能力接近现金，投资收益率也高于现金，但存在一定的投资风险；应收账款在企业外部法制环境健全的条件下，其变现能力也是很高的，其收益率高于现金，但也面临坏账的风险；存货的变现能力则因受市场不确定因素影响大而相对较差，但存货的收益率最高，因为企业的收益主要来源于存货的销售利润。因此，企业增加现金、交易性金融资产、应收账款等变现能力较强的速动资产，将有利于增强企业的短期偿债能力，但会降低企业的收益水平；而企业增加存货，尽管有利于企业收益的提高，但却降低了企业的偿债能力，而且当存货占用超过企业生产能力的需要时，也会造成积压，从而导致收益下降。

由以上分析可看出，企业在确定流动资产总额及其结构时，一方面必须与企业的生产经营规模相适应，使企业的生产能力得到充分的利用；另一方面也必须权衡收益与风险，使企业既有足够的偿债能力，又不至于使流动资产闲置浪费，从而降低企业的收益。

2. 流动负债总额对风险和收益的影响

从前面第四章各种来源资金成本的确定上我们已经知道，权益资金成本要大于负债资金成本，而在负债资金中，短期借款成本小于长期借款成本，其他应付及预收款项往往是没有成本的，因此流动负债的资金成本往往是最低的。在全部资金中，流动负债占的比例越高，企业长期资金来源占的比重就越低，因而整个资金的成本就会相应降低，企业的收益率就应该越高。

但由于流动负债使用的时间较短，所以面临的偿债风险大于非流动负债，因此提高流动负债的比例，虽然能使全部资金的成本下降，但也使企业无法清偿到期债务的可能性增大了。如果企业没有足够的流动资产去偿债，就可能被迫出售非流动资产，这不仅会降低非流动资产的出售价格，而且还会影响企业的正常生产经营；或者企业为了维持正常的生产经营而不得不以高利率借款来偿还到期债务，从而使企业蒙受损失。这样，企业从提高流动负债比例上而获得的提高收益率的好处就会被企业承担风险的增大而大大抵消，甚至带来负面影响。因此，在确定流动负债总额时，要权衡不同流动负债水平下的收益与风险。

3. 营运资金规模的确定

从理论上讲，只要流动资产大于流动负债，企业就具备短期偿债的能力。因此，营运资金的理论最低规模为零，但这必须以流动资产的变现进度与流动负债的偿还进度完全吻合为前提。如果流动资产的变现进度慢于流动负债的偿还进度，企业就可能遭受到期不能偿债的风险。从前面营运资金的来源可以看出，尽管企业可以通过变卖非流动资产、提前收回长期股权投资或增加股东投入等方法来偿还到期债务，弥补流动资产变现能力的不足，但实际上各种非流动资产都有其特定用途，将其变现，不仅当前要付出一定代价，而且对未来的获利能力及偿债能力都会产生很大影响。因此，通过非流动资产变现来偿还流动负债通常是不可取的。况且，随着时间的推移，各种非流动负债也将逐渐转化为流动负债，而这些非流动负债的偿还都必须以企业未来的盈利作为保证。另外，流动资产中还面临着一部分资产无法变现的风险，如坏账损失、呆滞冷背、霉烂变质的商品及削价损失等，这些不确定因素的存在使得企业的流动资产一定要大于流动负债，即营运资金必须大于零。

营运资金的多少，是企业短期偿债能力的重要标志。一般而言，营运资金数额越大，企业的短期偿债能力越强；反之则越小。因此，增加营运资金的规模，是降低企业偿债风险的重要保障。如果营运资金规模的确定仅仅只是为了满足短期偿债的要求，那么营运资金规模应是越大越好。但是，营运资金规模的增加，要求企业必须有更多的长期资金来源用于流动资产占用，从而会增大企业的资金成本，降低获利能力，资金成本的提高与获利能力的降低又反过来使未来的偿债能力下降，偿债风险提高。相反，如果减少营运资金的规模，虽然企业的短期偿债能力下降，但由于有较多的流动负债用于流动资产占用，从而会降低企业的资金成本，提高获利能力，资金成本的降低与获利能力的提高又反过来使未来的偿债能力提高。因此，企业营运资金规模的确定，必须在考虑偿债风险的基础上，再考虑成本和收益。

在西方，一般认为生产企业的流动资产与流动负债的合理比例应为 2：1，即营运资金＝流动负债。理由是处在流动资产中变现能力最差的存货金额，约占流动资产总额的一半，剩下的流动性较大的流动资产至少要等于流动负债，企业的短期偿债能力才会有保证。这只是一个经验数据，理论上并没有得到证明。实际上，不同行业、不同经营规模、企业短期内筹措资金的能力、企业采取的筹资策略等对营运资金规模都会产生影响。

三、筹资策略对营运资金的影响

企业的流动资产一部分来源于流动负债等短期资金，另一部分来源于非流动负债、所有者权益等长期资金。营运资金的多少与企业采取的筹资策略有很大关系，总的来说，企业的流动资产筹资策略有以下三种。

1. 稳健型的筹资策略

由于流动资产占用的资金数量会随着企业内外条件的变化而变化，时高时低，波动很大，尤其是季节性企业更是如此。因此，稳健型的筹资策略是：对于长期资产及经常性占用的流动资产，如最低的原材料、在产品、产成品储备、最低的现金余额等，用长期资金来融通；临时性占用的流动资产，一部分用长期资金来融通，一部分用短期资金来融通。如图 7-1 所示。

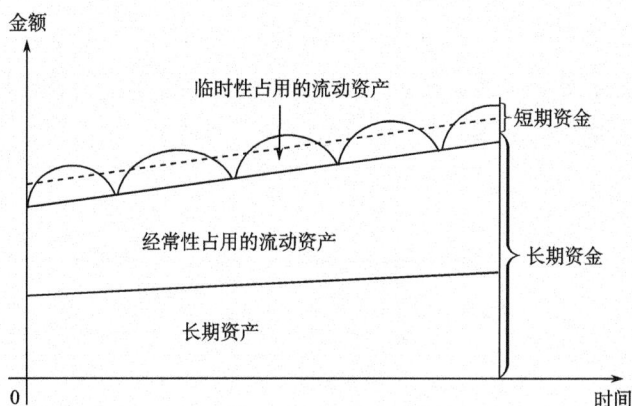

图 7-1 稳健型筹资策略

采用稳健型的筹资策略，企业大部分资产以长期资金来融通，当临时性占用的流动资产出现高峰时，企业也只需要融通少量的流动负债就可满足需要。因此，这种筹资策略使得企业的营运资金加大，短期偿债的风险下降；但由于长期资金的比例太大，因此造成企业资金成本上升，从而导致收益下降。

2. 激进型的筹资策略

激进型的筹资策略是：对于长期资产，用长期资金来融通；对于经常性占用的流动资产，一部分用长期资金来融通，一部分用短期资金来融通；而对于临时性占用的流动资产，全部采用短期资金来融通。如图 7-2 所示。

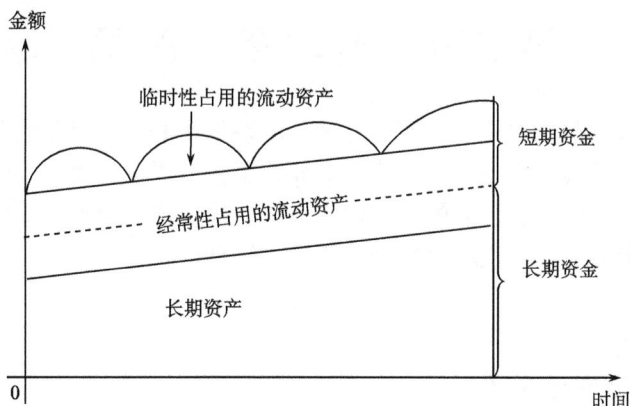

图 7-2 激进型筹资策略

采用激进型的筹资策略，企业大部分的流动资产用短期资金来融通。因此，这种筹资策略使得企业的营运资金减少，短期偿债风险加大，但由于短期资金占的比例较大，因而企业的资金成本较低，能增加企业收益。

3. 折中型的筹资策略

折中型的筹资策略是：对于长期资产和经常性占用的流动资产，用长期资金来融通；而对于临时性占用的流动资产，则用短期资金来融通。如图 7-3 所示。

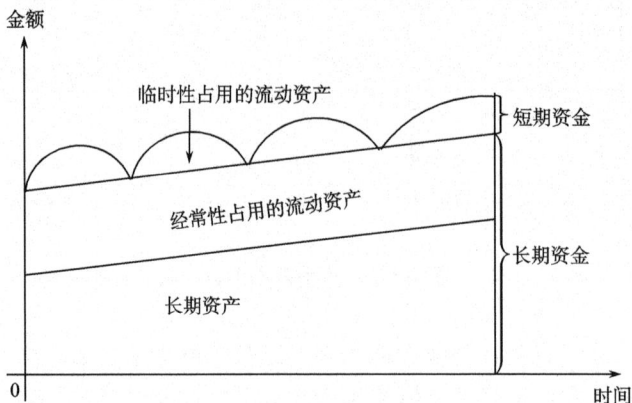

图 7-3 折中型筹资策略

折中型的筹资策略是介于稳健型的筹资策略和激进型的筹资策略之间的一种策略，因而使企业的营运资金介于以上两种策略之间。

以上几种筹资策略对营运资金规模的影响较大，不同的策略选择可以影响企业的收益和风险。在资金总额不变的情况下，短期资金增加，可导致收益的增加，但也增加了企业的财务风险。因此，企业必须权衡收益和风险后确定采用何种策略。

第二节 流动资产管理

营运资金的管理包括对流动资产的管理、流动负债的管理以及流动资产与流动负债之间的关系如何处理等内容。第一节主要介绍了营运资金的概念、营运资金规模的确定以及筹资策略对营运资金的影响等内容，将流动资产与流动负债作为一个整体进行研究。从这一节开始，我们将分别介绍各自的管理。

一、现金管理

（一）现金管理的目的

现金是立即可以投入流通的交换媒介。它的首要特点是普遍的可接受性，即可以有效地立即用于购买商品、货物、用于劳务支出或偿还债务。因此，现金是企业中流动性最强的资产。现金包括库存现金、各种形式的银行存款和银行本票、银行汇票等。

1. 持有现金的动机

为了说明现金管理的目的，必须了解企业为什么要持有现金。企业持有现金主要

有以下三个动机。

（1）交易动机。是指企业为了支付日常业务开支而必须保持现金，如购买原材料、支付工资、管理费用、税款、股利等。尽管企业会经常取得业务收入，但每天的现金收入和现金支出很少同时等额发生。保持一定的现金余额，就不至于在现金支出大于现金收入时中断交易的进行。

（2）预防动机。是指为了防止意外而必须保持现金。企业现金预算，一般是确定正常情况下的现金需要量，有些现金收支量通常难以准确地预测出来。如自然灾害、客户未能及时付款等，这些意外因素的影响，都会打乱企业的现金收支计划，使现金收支不平衡。因此，企业必须保持比日常交易所需现金更多的现金余额，以防不测。预防动机需要现金量的多少，取决于以下三个因素：一是现金收支预测的可靠程度，越可靠，预防现金数量就越小；二是企业临时借款的能力，如果能够很容易地随时借到短期资金，就可以减少预防现金数量；三是企业愿意承担风险的程度，如果不愿意承担风险，预防现金数量就要扩大。

（3）投机动机。是指持有现金以备用于不寻常的购买机会从而获得意外利润。如果有一次降价的商品或廉价的材料，便可以用手头现金大量购入；再如在适当时机购入价格有利的股票和其他有价证券等等。除了金融机构和投资公司外，其他企业很少专为投机需要而持有现金，即使是有不寻常的购买机会，也是临时再筹集资金。

上述三个动机，只有交易动机是不能缺少的，预防动机可有可无，投机动机一般不予考虑。

2. 现金管理的目的

企业缺少必要的现金，将不能应付业务开支，严重的将导致停工待料损失和信用损失，这些损失虽难以准确计量，但造成的影响往往很大。但如果企业持有过量的现金，又会因为这些现金不能投入周转、无法取得盈利而遭受一些损失。现金是流动性最强的资产，也是获利能力最低的资产。因此，企业应尽可能少地持有现金，即使不将其投入本企业的经营周转，也应尽可能多地投资于能产生高收益的其他资产，如短期有价证券。企业为了获得最大的利润，既要保持相当的现金，以满足日常业务开支的需要，又要避免现金的闲置浪费。因此，现金管理的目的，就是要在资产的流动性和盈利能力之间做出抉择，以获取最大的长期利润。

（二）现金管理的有关规定

按照现行制度，国家有关部门对企业使用现金拟订的管理规定主要有以下几点。

（1）规定现金使用范围。这里的现金，是指人民币现钞，即企业用现钞从事交易，只能在一定范围内进行。该范围包括：支付职工工资、津贴；支付个人劳务报酬；根据国家规定颁发给个人的科学技术、文化艺术、体育等各种奖金；支付各种劳保、福利费用以及国家规定的对个人的其他支出；向个人收购农副产品和其他物资的价款；出差人员必须随身携带的差旅费；结算起点（1 000 元）以下的零星开支。

（2）规定库存现金限额。这里的现金，也是指人民币现钞。企业库存现金，由其开户银行根据企业的实际需要核定限额，一般以3～5 天的零星开支额为限。

（3）不得坐支现金。即企业不得从本单位的人民币现钞收入中直接支付交易额。现钞收入应于当日终了及时送存开户银行。

（4）不得出租、出借银行账户。

（5）不得签发空头支票和远期支票。

（6）不得套用银行信用。

（7）不得保持账外公款。包括不得将公款以个人名义存入银行和保存账外现钞等各种形式的账外公款。

（三）现金收支管理

现金收支或财务收支是资金运动的主要形式。现金支出意味着一次资金运动的开始，现金收入意味着一次资金运动的结束，因此，现金收支是资金循环的纽带。要使现金收支在数量上和时间上相适应和衔接，就必须对它进行管理，进行全面的安排和调度。进行现金收支管理，需要做好以下几个方面的工作。

1. 完善企业现金收支的内部管理

为了保证企业现金收支不出差错、财产安全完整，需要完善现金收支的内部管理。主要有以下几点。

（1）现金收支的职责分工与内部牵制。这主要是现金的保管职责与记账职责应由不同人员担任，即出纳和会计不能由一人担任，业务的执行要由不同职责的人员共同完成，以防止弄虚作假、贪污挪用的发生，也有利于减少误差。

（2）现金的及时清理。现金的收支应做到日清月结，确保库存现金的账面余额与实际库存余额相符，银行存款结余额与银行对账单余额相符，现金、银行存款日记账数额分别与现金、银行存款总账数额相符。

（3）现金收支凭证的管理。包括强化收据与发票的领用制度、空白凭证与使用过凭证的管理，等等。

（4）按照国家《现金管理暂行条例》和《银行结算办法》的有关现金使用规定和结算纪律处理现金收支。

2. 制定现金预算和按预算安排现金收支

为了有计划地管好用好现金，企业应逐期编制现金预算，并按预算安排现金收支。通过现金预算，可以了解企业各期现金收入和现金支出的情况，从而确定现金结余或短缺的数额及时间，为进一步的投资和筹资提供依据。

3. 运用现金日常管理的策略

现金日常管理的目的在于提高现金使用效率，即在不损害企业信誉、不加大企业财务风险的前提下，加速现金的收款过程和延缓现金的付款时间。为达此目的，可运用下列策略。

（1）力争现金收支同步。如果企业能尽量使它的现金收入与现金支出发生的时间趋于一致，就可以使其所持有的交易性现金余额降到最低水平上，这就是所谓的现金收支同步。为了达到现金收支同步，企业可以重新安排付出现金的时间，也可以适当调整现金收入的时间，尽量使现金收支的数量与发生的时间趋于一致。

（2）加速收款。加快货款收回，是减少企业闲置资金数量的重要手段。要加快货款收回工作，必须正确选择结算方式，在采用托收承付和分期收款结算方式时，财务部门要根据预计的货款收回日期或合同约定的收款日期，督促购货单位按时支付货款。如果未能按时收到货款，应向银行查询，并和销售部门密切配合，采取各种办法与购货单位联系催收，分清情况，积极进行清理，以免造成长期拖欠，影响资金周转。对于催收无效的购货单位，应按照合同的规定，要求赔偿经济损失。如属本企业质量问题或其他过失造成的拒付，财务部门也要认真查明原因，分清责任，及时处理。

（3）推迟应付款的支付。除了加速现金收回之外，还应最大限度地延缓现金的支出。延缓现金的支出，必须充分利用卖方在商品交易中所提供的信用条件。在购买材料或商品时，如采用远期商业汇票结算方式，就可延缓付款时间 3～6 个月，甚至更长。另外，对于其他各种应付款，应在不违反付款时间和条件下，尽量延长付款时间。

4. 现金考核

为了加强现金收支管理，提高现金使用效率，企业应在经营期末对现金的实际使用情况进行考核，肯定成绩，找出问题，分析原因。现金考核的主要指标是现金周转率，其计算公式

$$现金周转率 = \frac{每期实际收到的现金额}{期初现金余额}$$

因为企业的现金收入中，销售收入是最主要的部分，因此，上式中的分子也可用每期实际收到的销售额来代替。在其他条件一定的情况下，某一期间的现金周转率越高，现金的使用效率就越高。

例 7-1 某企业 8 月初现金余额为 123 500 元，该月各种现金收入为 148 200 元，则该企业 8 月份现金周转率为

$$现金周转率 = \frac{148\ 200}{123\ 500} = 1.2$$

由计算公式可以看出，要提高现金周转率，一方面要增加每期实际收到的现金额，另一方面要尽量降低期初现金余额。期初现金余额是应付全期现金支出的底数，除满足全期现金支出的需要外，应努力降低其占用量。提高现金周转率主要还应当设法增加每期实际收到的现金额，为此，应努力扩大销售，及时催收账款，制定有效的收账政策，加快货款的收回。

二、应收账款管理

应收款项是企业因对外销售产品、材料、提供劳务及其他原因，应向购货单位或

189

接受劳务单位及其他单位收取的款项，包括应收账款、应收票据、其他应收款等。应收款项是企业流动资产的一部分，它相当于企业向客户提供短期贷款，在流动资产的管理上，被看作一项特殊的投资项目。由于应收账款是企业应收款项的主体，因此下面主要以应收账款为例说明应收款项的管理。

（一）应收账款的作用与成本

应收账款实质上是企业为了扩大产品销路、增加收入而对买方所提供的一种商业信用，这种商业信用的投资是有成本和风险的。企业对应收账款的管理，就是要对其应收账款上的投资进行收益与成本的权衡，以便制定出最佳的信用政策与收账政策。

1. 应收账款的作用

（1）增加销售。随着市场经济体系的建立和发展，市场竞争将日趋激烈，为了扩大销售，增加利润，大多数企业都向客户提供商业信用，赊销商品或赊供劳务已成为许多企业采取的一项策略。

（2）开拓新市场。企业为了开拓新的市场，一般都采用较优惠的信用条件进行销售，以尽快打开市场销路。有利的信用条件已成为许多企业开拓新市场、提高市场竞争能力的一种工具。

（3）减少存货。企业持有产成品存货，需要支付保管费，还可能发生损耗，有的产品还会过时。如果将存货转化为应收账款，则可避免上述问题。例如季节性销售的企业，在销售淡季，一般都采用较为优惠的信用条件，以减少存货及各种费用支出。

2. 应收账款的成本

持有一定数量的应收账款，必然有成本支出，主要包括以下三类。

（1）持有应收账款的机会成本。应收账款是企业的一项资金垫支，如果不用于应收账款，就可用于其他投资，如有价证券，从而取得一定的利息收入。这种因垫支在应收账款而放弃其他投资所减少的收入，就是应收账款的机会成本。这种机会成本一般按有价证券利息率计算，即

应收账款的机会成本 = 应收账款平均占用额 × 有价证券利息率

（2）应收账款的管理成本。主要包括：①客户信用状况调查的费用；②收集各种信息的费用；③应收账款的核算费用；④应收账款的收款费用；⑤其他管理费用。

（3）坏账损失成本。坏账损失是由于客户违约不支付货款而造成的损失，一般与应收账款的数量成正比。有商业信用，就可能发生坏账损失。

坏账损失成本 = 应收账款金额 × 坏账损失率

（二）信用政策

企业应收账款的大小，通常取决于市场的经济情况和企业的信用政策。市场的经济情况变化时，如经济衰退、紧缩银根等，客户往往会延期付款，这种应收账款的增

加，企业是无法控制的，但企业可通过调整信用政策来调节应收账款的大小，这是企业可以决定的。所谓信用政策，就是通过权衡收益和成本对最佳应收账款水平进行规划和控制的一些原则性规定。要想管好应收账款，必须事先制定合理的信用政策。企业的信用政策包括信用标准和信用条件。

1. 信用标准

信用标准，是指客户获得企业的交易信用所应具备的条件。如果客户达不到信用标准，便不能享受企业的信用或只能享受较低的信用优惠。

信用标准反映了应收账款的质量水平，它对于可接受的风险提供了一个基本的判别标准。企业在设定某一客户的信用标准时，往往先要评估他赖账的可能性，即他的信用状况。信用标准通常用坏账损失率表示，可允许的坏账损失率越低，表明企业的信用标准越紧。

如果企业采用的信用标准太紧，即企业只愿意对信用状况好的客户给予赊销，那么企业在应收账款上的垫支就会减少，应收账款的管理成本以及遭受坏账损失的可能性都会减少，但是企业也必然会减少销售量，增加存货，削弱企业在市场上的竞争能力；相反，如果企业采用的信用标准松，即对那些信用状况较差的客户也给予赊销，那么产品的销售量会增加，市场占有率也会提高，但是企业占用在应收账款上的资金、应收账款的管理成本和遭受坏账损失的可能性都会相应增加。可见，信用标准变化会引起销售量、应收账款总额、应收账款管理成本、坏账损失的变化，因此，企业制定信用标准时，必须考虑不同信用标准对收益和成本的影响。一般来说，如果企业放松信用标准后所增加的销售利润大于由此而增加的应收账款的机会成本、管理成本和坏账损失成本，那么企业就应该放松信用标准；反之，则不应放松信用标准。另外，还要考虑收紧信用标准后所减少的销售利润是否小于由此而减少的应收账款的机会成本、管理成本和坏账损失成本，如果是的话，则采用收紧的信用标准是有利的。

例 7-2 某企业生产和销售的产品，每件售价 40 元，单位变动成本 30 元，本年度产品销售额为 240 万元，下年度准备放松信用标准，预计销售额将增加 60 万元，但平均收款期将从 1 个月延长到 2 个月，应收账款的管理成本将增加 0.5 万元。假设应收账款的机会成本为 15%，新增销售额的坏账损失率为 10%，企业有剩余能力，产销量增加无需增加固定成本。现分析信用标准变化对企业利润的综合影响。

（1）信用标准变化对收益的影响

$$60 \times \left(1 - \frac{30}{40}\right) = 15(万元)$$

（2）信用标准变化对应收账款机会成本的影响

$$\left(\frac{240 + 60}{12} \times 2 - \frac{240}{12} \times 1\right) \times 15\% = (50 - 20) \times 15\% = 4.5(万元)$$

（3）信用标准变化对应收账款管理成本的影响为 0.5 万元。

（4）信用标准变化对坏账损失成本的影响

$$60 \times 10\% = 6(万元)$$

可得，信用标准变化对企业利润的综合影响

$$15 - 4.5 - 0.5 - 6 = 4(万元)$$

计算结果表明，企业下年度若放宽信用标准，将使企业的利润增加 4 万元，由此可见，企业下年度应放宽信用标准。

2. 信用条件

信用条件是企业规定客户支付赊销款项的条件，包括信用期限和现金折扣两项内容。信用期限是企业为客户规定的最长付款时间，如 30 天内付款、60 天内付款等。现金折扣是企业为使买方尽早付款而给予提前付款客户的优惠，通常记为"2/10，$n/30$"，表示如果在发票开出之后 10 天内付款，可享受 2% 的折扣，如果超过 10 天并在 30 天内付款，则不享受折扣，全部货款必须在 30 天内付清。

信用条件的变化会引起销售额和应收账款的变化，下面讨论信用期限和现金折扣率变化对企业的影响。

（1）信用期限。如果信用期限延长，表示企业给予客户的信用条件放松，这时原来客户的购买量可能增加，同时还可能吸引新的客户，因此销售量会增加，这是延长信用期限积极的一面；但同时也会带来消极的一面，因为信用期限延长，平均收款期也随之延长，企业在应收账款上的垫支就会增加，并相应增加管理成本和坏账损失成本。可见，信用期限延长，可增加销售量、增加收益，但同时也增加应收账款的机会成本、管理成本和坏账损失成本，企业应权衡收益与成本来确定较合适的信用期限。一般来说，企业是否应延长信用期限，应看延长信用期限后所增加的收益是否大于由此而增加的成本。

例 7-3 某企业每件产品售价 100 元，单位变动成本 70 元，本年度信用期为 30 天，销售量为 5 万件，下年度若放宽信用期至 60 天，估计销售量将增加 1 万件。销售量增加后须增加固定成本 5 万元，应收账款的管理成本也要增加 0.5 万元，假设应收账款的机会成本为 15%，新增销售额的坏账损失率为 10%。现分析信用期限变化对企业利润的综合影响。

（1）信用期限变化对收益的影响

$$1 \times (100 - 70) - 5 = 25(万元)$$

（2）信用期限变化对应收账款机会成本的影响

$$\left[\frac{(5+1) \times 100}{360} \times 60 - \frac{5 \times 100}{360} \times 30 \right] \times 15\% = (100 - 41.67) \times 15\% = 8.75(万元)$$

（3）信用期限变化对应收账款管理成本的影响为 0.5 万元。

（4）信用期限变化对坏账损失成本的影响

$$1 \times 100 \times 10\% = 10(万元)$$

可得，信用期限变化对企业利润的综合影响

$$25 - 8.75 - 0.5 - 10 = 5.75(万元)$$

计算结果说明，企业下年度若放宽信用期限，将使公司的利润增加 5.75 万元。

由此可见，企业下年度应放宽信用期限。

（2）现金折扣。企业为了减少应收账款上的垫支，加快资金的回收，往往在延长信用期限的同时，采取现金折扣的办法。企业给予现金折扣，可以促使买方早日付款，减少企业应收账款的资金占用及管理成本，也减少了发生坏账损失的可能，但给予现金折扣也势必减少企业的收入，因此，企业是否提供现金折扣，要比较提供现金折扣后由于减少资金占用而带来的收益是否大于现金折扣支出。现金折扣包括折扣率和折扣期限。折扣率平均为 2％～3％，折扣期限一般为 10～20 天，各行业之间有所差别。

例 7-4 某企业年销售量 18 万件，每件售价 100 元，均采用赊销，根据以往经验，如不采用现金折扣，平均收款期将为 40 天，坏账损失率为 0.5％，为了加快账款回收，企业考虑给予在 10 天内付款的客户 2％的折扣，估计采用这一信用政策后，全部客户都会在折扣期内付款，设应收账款机会成本为 20％。现分析该企业提供现金折扣政策的可行性。

（1）现金折扣的支出

$$18 \times 100 \times 2\% = 36(万元)$$

（2）应收账款机会成本将减少

$$\left(\frac{18 \times 100}{360} \times 40 - \frac{18 \times 100}{360} \times 10 \right) \times 20\% = (200 - 50) \times 20\% = 30(万元)$$

（3）坏账损失成本将减少

$$18 \times 100 \times 0.5\% = 9(万元)$$

由上看出，采用现金折扣后应收账款机会成本与坏账损失将减少 39 万元，而现金折扣支出只要 36 万元，因此，该企业提供现金折扣的政策是可行的。

（三）收账政策

收账政策是指企业向客户收取逾期尚未支付的应收账款的程序，也就是指企业的信用条件未被遵守时，企业采取什么行动进行收账。应收账款发生后，企业应采取各种措施，尽量争取按期收回款项，否则会因拖欠时间过长而发生坏账，使企业遭受损失。这些措施包括对应收账款回收的监督、对坏账损失的事先准备和制定适当的收账政策。

1. 应收账款回收的监督

企业已发生的应收账款时间有长有短，有的尚未超过收款期，有的则超过收款期。一般讲，拖欠时间越长，款项收回的可能性越小，形成坏账的可能性越大。对此，企业应实施严密的监督，随时掌握回收情况。实施对应收账款回收情况的监督，可以通过编制账龄分析表来进行。

账龄分析表是一张能显示应收账款在外天数（账龄）长短的报告，其格式见表 7-1。

表 7-1　账龄分析表

2008 年 12 月 31 日

应收账款账龄	账户数量	金额/千元	百分率/%
信用期内	100	200	40
超过信用期 1～20 天	40	100	20
超过信用期 21～40 天	20	50	10
超过信用期 41～60 天	15	50	10
超过信用期 61～80 天	10	50	10
超过信用期 81～100 天	10	25	5
超过信用期 100 天以上	5	25	5
合　计	200	500	100

账龄分析表可以反映有多少应收账款是在信用期内，有多少超过了信用期。如果应收账款是在信用期内，欠款是正常的，但到期后能否收回，只有到时才知，因而及时监督是必要的。如果应收账款超过了信用期，但超过时间较短，那么收回这部分欠款的可能性还是很大的；超过时间较长的应收账款，收回就有一定难度；超过时间很长的应收账款，就有可能成为坏账。对超过信用期不同时间的应收账款，应采取不同的收账方法，制定出经济可行的收账政策；对可能发生的坏账损失，则应提前做出准备，充分估计这一因素对损益的影响。

2. 坏账损失的准备

坏账损失是指企业不能收回应收账款而发生的损失。按现行财务制度制定，坏账的确认有三个条件：一是债务人单位撤销，依照民事诉讼法清偿后，确实无法追回的应收款项；二是因债务人死亡，既无遗产可供清偿，又无义务承担人，确实无法收回的应收款项；三是因债务人逾期未履行偿债义务，超过三年仍然不能收回的应收账款。

在市场经济条件下，企业之间因商业信用而发生不能收回的应收账款是不可避免的，因此，提前对其做出准备就显得非常必要。现行企业会计制度规定：企业应当定期或者至少于每年年度终了时，对应收款项进行全面检查，预计各项应收款项可能发生的坏账，对于没有把握能够收回的应收款项，如债务单位撤销、破产、资不抵债、现金流量严重不足、发生严重的自然灾害等导致停产而在短时间内无法偿付债务等，以及应收款项逾期三年以上，应当计提坏账准备。计提坏账准备的方法由企业自行确定。企业在确定坏账准备的计提比例时，应当根据企业以往的经验、债务单位的实际财务状况和现金流量的情况，以及其他有关信息合理地估计。

企业计提的坏账准备，计入管理费用。当年实际发生的坏账损失，冲减坏账准备，已经确认的坏账以后如果收回，应计入坏账准备。从费用中计提坏账准备，是对坏账损失影响损益的事先估计，这一做法加大了当期费用额，企业就不至于盲目乐观地多计收益，可以比较可靠地显示经营业绩。

3. 收账政策的制定

收账费用是制定收账政策时需要考虑的重要因素之一。收账费用通常包括收账所花的邮电通讯费、派专人收款的差旅费和不得已时的法律诉讼费用等。如果其他情况都相同的话，在一定范围内，收账费用花得越多，收账措施越有力，可收回的账款就越多，坏账损失就越少，平均收账期也就越短。

收账政策的变化会影响销售额、应收账款和坏账损失。采取积极的、严格的收账政策，收账费用要增加，还可能会影响企业与客户的关系，从而减少销售额，但也可以减少应收账款和坏账损失；如果采取消极的、宽松的收账政策，虽然收账费用减少，销售额可能增加，但也可能导致客户拖欠现象的加剧，延长平均收账期，使企业的应收账款和坏账损失增加。因此，企业制定收账政策时应权衡利弊，如果企业的销售额同收账方面付出的努力无关，即无论收账费用为多少，销售额是不变的，那么在确定适宜的收账费用水平时，只需要将收账费用与应收账款的机会成本和坏账损失之间进行权衡。在实际工作中制定有效得当的收账政策在很大程度上靠有关人员的经验。

一般来说，当一笔应收账款刚过偿付期时，企业首先应通知对方，提醒对方付款期已到，并给予一个允许的拖欠期限以缓解。如果过了允许拖欠期限后仍未付款，就要打电话催收或派人上门催收，如果客户确实有困难，就要商谈延迟付款的办法，如延迟付款的期限、利率等，如果对方仍然拖欠账款不付，则只能采取迫不得已的解决办法——诉讼。但这时往往要付出较高的费用，因此，企业应根据应收账款的大小，确定采取法律手段是否值得，如果不划算，则应将该笔账款作为坏账费用加以注销，同时终止今后向对方提供信用。

（四）客户信用分析

企业应收账款管理质量的好坏，在很大程度上取决于对客户的信用分析。因为客户延期付款和拒付款的可能性是存在的，因此，企业就必须对申请信用的客户进行调查分析，以此来决定是否给予信用以及提供多少信用。客户信用分析包括三个步骤：一是搜集客户的信用资料；二是分析客户的信用状况；三是做出信用决策。

1. 搜集客户的信用资料

搜集信用资料是进行客户信用分析的前提，其资料的真实可靠程度直接影响到决策结果。由于资料的来源渠道很多，而且搜集资料还必须支付费用，因此企业往往还要权衡全面搜集资料所花的费用是否超过其可能提供的收益。例如，对于小客户，企业就不必作深入的调查，而只要搜集少量必要的信息来做出信用决策。另外，企业还必须考虑搜集资料所需的时间，时间太长就可能失去一些销售机会，因为对未来可能的一些好客户来说，不能等到深入细致的信用分析完后才给予赊销。因此，企业必须联系搜集资料的费用与时间，来考虑搜集资料的多少。客户信用资料可以从以下几个方面获得。

195

（1）财务报表。客户近期的资产负债表、利润表、现金流量表等财务报表是信用资料的主要来源之一。通过财务报表，可以了解客户的偿债能力、营运能力及获利能力。财务状况好的客户一般都愿意提供财务报表。因此，搜集财务报表不仅费用低，而且也省时。如果客户拒绝提供财务报表，往往同他们的财务状况欠佳有关，这类客户可考虑暂时不给予信用。

（2）信用评估机构。除客户的财务报表外，企业还可以从信用评估机构得到客户的资料。近年来，我国成立了不少信用评估的专门机构，他们受信用分析者委托对信用等级进行评定。如会计师事务所就是一种社会评估机构。虽然信用评估业务才开始不久，提供的资料也很有限，但可以相信，随着改革开放的深入及社会主义市场经济体制的完善，信用评估业务将很普遍，信用评估机构也将逐步规范化。

（3）银行调查。银行对在其开户的企业一般都比较了解，银行向企业提供信贷，必须了解企业的财务状况及还贷能力，因此对提供信用的企业来说，通过银行来搜集客户的信用资料也是一种重要的渠道之一。我国一些银行也设有信用机构，但是，银行的资料一般不愿向陌生的直接询问者提供，这时可以委托自己的开户银行代办信用调查。

（4）向客户提供信用的其他企业。向同一客户提供信用的其他企业搜集资料，也是一种重要的渠道。这些资料包括：其他企业向该客户收账的时间多长，给予的最高赊销总额多少，每次赊销限额多少，支付货款是迅速或缓慢等等，这些资料对提供信用的企业来说，将是一种很好的参考。

（5）企业自身经验。除了上述资料来源外，企业自身的经验也是一种重要的分析资料，在这方面，企业的销售部门、财务部门最有发言权。对那些过去与企业经常有业务往来的客户，通过调查研究这些客户过去付款的情况，就可以基本上判断出客户的信用状况。

2. 分析客户的信用状况

企业搜集了客户的有关资料以后，必须进行分析并判断客户的信用状况。判断一个企业的信用状况，要考虑的因素很多，但最重要的通常有"五C"，即品质（character）、能力（capacity）、资本（capital）、抵押品（collateral）和环境（conditions）。

（1）品质。品质是指债务到期时，客户愿意履行偿债的可能性。客户的品质主要是指他们的领导人或主管部门负责人的品质，其好坏将直接影响到应收账款的回收速度和数量，品质被认为是影响信用状况最重要的因素。

（2）能力。能力是指客户的偿债能力。通过分析与客户收益有关的各种财务资料，就可以大致预测出该客户在信用期满时的偿债能力。

（3）资本。资本是指客户的一般财务状况。通过分析客户的各种财务比率，如流动比率、资产负债率等，可以了解客户的一般财务状况。

（4）抵押品。抵押品是指客户为获得信用可能提供担保的资产。如果客户能够提供抵押品，企业向他们提供信用的风险就小得多，因此信用标准可适当放宽。

（5）环境。环境是指外部环境，如经济形势和竞争状况。外部环境对客户来说虽然不可控，但会直接或间接地影响到客户的信用状况。

对以上五个因素分别分析后，还要对它们进行排列综合。五个因素都是良好，说明客户的信用状况最佳；反之，五个因素都不好，说明客户的信用状况最差。其他情况可以根据五个因素的重要程度依次排列，以此来确定是否给予信用和给予多少信用。

以上分析主要是凭经验进行判断，主观成分较多，不同的分析人员可能得出不同的判断，因此，除以上因素分析法外，还可采用评分法。评分法是从数量分析的角度来评价客户的信用状况，这种方法要先对一系列财务比率和信用情况进行评分，然后加权平均，得出客户的信用分数，并以此做出信用决策。

3. 做出信用决策

搜集了客户的信用资料并进行分析评价后，就必须对有关客户的信用要求做出决策。对新客户来说，由于是初次交易，因此一般比较慎重，在决策前往往要对客户进行全面的信用分析与评价，然后根据企业的信用标准做出决策。但对老客户来说，则不必像新客户那样进行详细的信用分析，只需要对每个客户分别规定一个信用限额，即允许客户赊购货物的最高限额，这样既可简化对客户信用审核的程序，也可减少信用风险。信用限额必须定期修订，以适应不断发展变化的新情况。但如果老客户的情况发生了重大的变化，则必须重新进行信用分析与评价。

三、存货管理

存货是指企业在生产经营过程中为销售或者耗用而储备的物资，包括材料、燃料、低值易耗品、在产品、半成品、产成品、协作件、商品等。存货是流动资产中所占比例较大的项目，在工业企业占流动资产的 $50\%\sim60\%$。所以，存货管理的好坏，对整个企业的财务状况影响极大。存货是联系产品生产和销售的一个重要环节，存货过多会增加企业风险或减少利润，而存货过少又会丧失销售机会或停工待料。因此，存货管理的目的就是既要充分保证生产经营对存货的需要，又要尽量避免存货积压，降低存货成本。

（一）存货的作用

存货是流动资产各项目中收益率最高同时也是风险最大的资产。从前面的分析可见，现金和有价证券的收益率一般低于存货的收益率，应收账款本身也不能带来收益，因此企业的总资产报酬率主要是取决于存货的收益率。存货是企业生产经营得以正常进行的物质基础，各种存货的作用如下。

1. 原材料存货

在生产企业中，原材料是生产中必需的物资，为了保证生产的顺利进行，避免企业停工待料的风险，企业必须储备一定数量的原材料。此外，企业一次采购较大数量的原材料，还可以享受供应单位给予的数量折扣，同时企业也可节省采购时间和采购费用。因此，储备一定数量的原材料，既增加了企业在采购方面的机动性，也有利于企业降低费用。

2. 在产品存货

由于从原材料投入生产到完工入库需要经过一段时间即生产周期，为了保证生产过程的连续进行，在生产的各个阶段都必须有在产品存货；同时，在工艺专业化的生产单位中，由于零部件不是单个传递，而是等待一批后才转移到下一生产阶段，因此也必须有在产品存货。

3. 产成品存货

由于产品的发运是成批而不是单个的，因此产品出产后有一个储存过程。企业为了满足一些意外的需求，也必须有一定的储备。另外，对需求不稳定、有季节性变化的企业，为了均衡生产，往往要在需求到来之前就开始生产，以避免生产满足不了需求而坐失销售良机，因此必须有较大数量的产成品储备。

企业增加存货可以节省采购时间和采购费用，避免生产和销售的中断，使企业在供产销方面都有一定的机动性。但增加存货势必会增加存货的保管费用，增加存货资金的占用，从而提高了存货的机会成本。另外，由于销售市场变化万千，企业存货越多，造成积压的风险也就越大。因此，企业存货水平的高低，应全面权衡收益和存货成本后确定。

（二）存货成本

存货成本包括采购成本、订货成本、储存成本和缺货成本四个组成部分。

1. 采购成本

采购成本是指由买价和运杂费构成的成本。这部分成本一般是随着采购数量的增加而成比例增加，但单位采购成本不受采购数量的影响，所以在确定采购批量时，可以不考虑采购成本。如果物资供应方有数量折扣时，单位采购成本则与采购批量有关，这时确定采购批量就要考虑采购成本。

2. 订货成本

订货成本是指为订购材料、商品而发生的成本，如办公费、差旅费、邮资、电报、电话费等支出。订货成本中有一部分与订货次数无关，如常设采购机构的基本开支等，称为订货的固定成本；另一部分与订货次数有关，如差旅费、邮资等，称为订货的变动成本。在需用量一定的情况下，每次订货批量越大，订货次数就越少，从而订货成本就可减少。

3. 储存成本

储存成本是指在生产领用和出售之前存货储存而发生的各种成本，包括仓储费、保险费、变质损耗费用、占用资金的应计利息等。储存成本也分为固定成本和变动成本。固定成本与存货数量的多少无关，如仓库折旧、仓库职工的固定月工资等。变动成本与存货的数量有关，如存货资金的应计利息、存货的破损和变质损失、存货的保险费用等。变动成本一般与该时期内的平均存货量成正比，订货批量越大，平均存货量越高。

4. 缺货成本

缺货成本是指存货不能满足生产和销售需要时发生的损失。如因材料储备不足造成生产停工待料时发生的停工损失，加班加点费或高价购入物资所带来的损失费，以及由于产成品库存不足造成拖欠发货的损失和丧失销售机会的损失等。

（三）存货控制

存货控制的目的是为了使企业保持科学合理的存货水平，不会出现过高或过低的现象，过高会造成积压，过低又会影响生产和销售。存货控制主要是控制订货数量和时间，选择适当的订货方式，使存货的总成本最低。

1. 经济订购批量

订货成本与订购批量成反比，储存成本与订购批量成正比，采购成本在无数量折扣时，一般与订购批量无关，缺货成本难以计量，而且良好的存货管理本来就不应该出现缺货，因此不予考虑。那么，存货成本的高低主要取决于订货成本和储存成本。经济订购批量就是使一定时期订货成本和储存成本之和最低的每次订购批量，用图7-4表示如下。

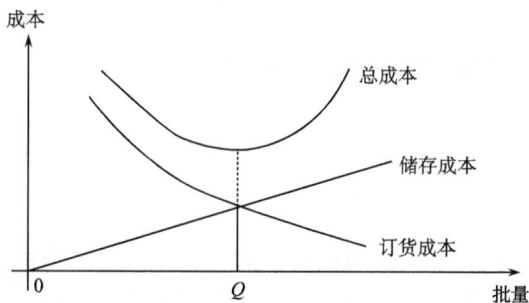

图 7-4　成本与订购批量的关系

设：某种材料全年需要量为 D，每次订货成本为 K，每次订购批量为 Q，单位材料年储存成本为 C。则有

$$年订货次数 = \frac{D}{Q}$$

$$年订货成本 = 年订货次数 \times 每次订货成本$$

$$= \frac{D}{Q} \times K$$

当每批订货一次到达，在供应期内均衡耗用，待全部耗用完再补充购货时，则有

$$平均储存量 = \frac{Q}{2}$$

$$年平均储存成本 = 平均储存量 \times 单位材料年储存成本$$

$$= \frac{Q}{2} \times C$$

$$全年总成本 = 年订货成本 + 年储存成本$$

即

$$TC = \frac{D}{Q} \times K + \frac{Q}{2} \times C$$

为求使总成本最小的每次订购批量，对总成本求导数，并令导数等于 0，即

$$\frac{d(TC)}{d(Q)} = -\frac{D}{Q^2} \times K + \frac{1}{2} \times C = 0$$

得

$$Q = \sqrt{\frac{2DK}{C}}$$

例 7-5 某工业企业每年耗用甲种材料 7 200 公斤，该材料每公斤价格 10 元，一次订货成本为 50 元，每公斤材料年储存成本为 2 元，则有

$$经济订购批量 = \sqrt{\frac{2 \times 7\ 200 \times 50}{2}} = 600（公斤）$$

$$年订货次数 = \frac{7\ 200}{600} = 12（次）$$

$$供货间隔时间 = \frac{12}{12} = 1（月）$$

2. 存货订货方式

1）定期订货方式

定期订货方式是事先确定订货时间，例如，每月、每旬采购一次，到了订货日就组织订货。至于每次订货数量并不固定，随时根据库存来决定。订货量可按下式计算

$$订货量 = 平均每日需要量 \times （订货天数 + 订货间隔天数）$$
$$+ 保险储备量 - 订货时实际库存数量$$

式中，订货天数是指从发出订单到货物验收入库为止的时间；订货间隔天数是指前后两次订货的间隔天数；保险储备量是指物资供应工作中发生到货误期等不正常情况下，保证生产正常进行所必需的物资储备数量。

在规定订货间隔天数时，应当与存货的经济订购批量相适应，以提高存货的经济效益。

$$订货间隔天数 = \frac{经济订购批量}{平均每日需要量}$$

例 7-6 某存货订货间隔期为 30 天，订货天数为 10 天，每天需用 500 公斤，保险储备量为 3 000 公斤，订货日实际库存量为 8 500 公斤，则有

$$订货量 = 500 \times (10 + 30) + 3\,000 - 8\,500$$
$$= 14\,500（公斤）$$

定期订货方式由于订货的时间固定，因此便于订货部门事先安排计划。但由于订货量不固定，如每日需要量增加时，订货日实际库存量就会减少，订货量就要增加；反之，如每日需要量减少时，订货日实际库存量就会增加，订货量就会减少。因此，难以按经济订购批量组织订货，这就会使存货成本增加。

2）定量订货方式

定量订货方式是一种不定期订货方式，它是在存货数量由最高储备量降到最低储备量之前的某一储备水平时就提出订货，订货的数量是固定的，一般以经济订购批量为依据，如图 7-5 所示。

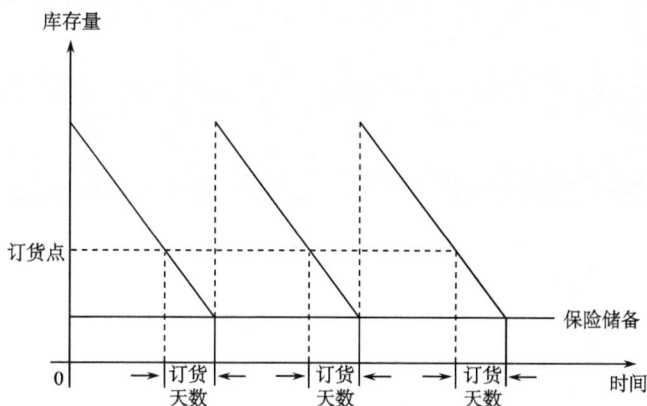

图 7-5　定量订货方式

图 7-5 中，提出订货时的库存量称为订货点。订货点可按下式计算：

$$订货点 = 平均每日需要量 \times 订货天数 + 保险储备量$$

以例 7-6 中的资料，可得

$$订货点 = 500 \times 10 + 3\,000 = 8\,000（公斤）$$

采用定量订货方式，可用"双堆法"把存货分为两堆：一堆是订货点的存货量，另一堆先使用，当存货量减少到要动用订货点这一堆时，便要进行订货，这样可以便于控制。它较之定期订货方式简单，因为它不必在每次订货时检查实际库存量再得到订货量，在管理上较为简便，每次都可按经济批量组织订货，从而降低存货成本。但由于订货时间不定，如每日需要量增加时，订货间隔就会缩短，而每日需要量减少时，订货间隔就会延长，因此，难以做周密的订货计划。另外，当存货总需要量变化时，需及时调整订货数量，否则就达不到经济订货的要求。

3. ABC 管理法

大型企业往往有成千上万种存货项目，有些存货项目价值大、数量多，有些存货项目价值小、数量少。如果不分重点，对每一项目存货都进行周密的规划、严格的控制，不仅使管理工作变得复杂，而且也容易造成顾此失彼。

ABC 管理法是对企业品种繁多的存货，按存货资金进行统计、排列和分类，找出管理重点，提高存货管理经济效益的一种方法。通过排列分类，可以发现少数项目的存货占存货资金总额的比例很大，而多数项目的存货占存货资金总额的比例很小。据此就可以对各类存货进行 ABC 分类，其步骤如下。

（1）计算每一种存货在一定时期内资金占用金额和全部存货资金占用总额。

（2）计算每一种存货资金占用额占全部资金占用额的百分比，并按从大到小顺序排列，制成表格。

（3）在同一表中计算累计存货种类数和累计金额百分数，据此可画出 ABC 管理图，如图 7-6 所示。

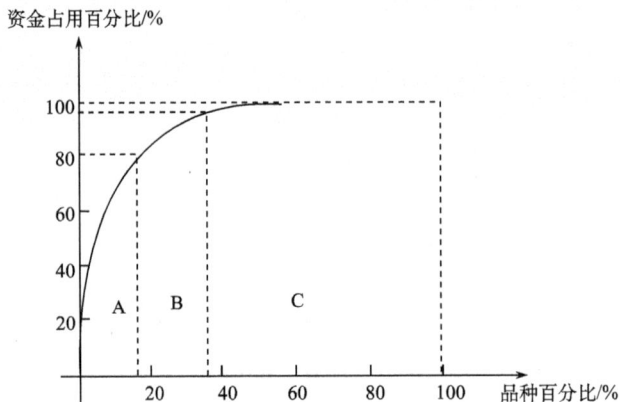

图 7-6　ABC 管理图

（4）按存货在表中排列次序，分为 A，B，C 三类。

A 类存货，种类占 10%～15%，资金占用额约为 80%；

B 类存货，种类占 20%～30%，资金占用额约为 15%；

C 类存货，种类占 55%～70%，资金占用额约为 5%。

ABC 分析法通过对各类存货实行不同的管理方法，抓住重点，照顾一般。

A 类存货种类少，资金占用比例大，是管理的重点，应严格控制和重点规划，尽量缩短订货周期，增加订货次数，以减少储存量；B 类存货种类较多，资金占用比例较小，也应引起重视和加强管理，采取适中的控制；C 类存货种类繁多，资金占用比例很小，可适当增加一次订货量，减少订货次数，适当增加储存量，以简化存货管理工作。

第三节　流动负债管理

一、短期借款

短期借款是指企业向银行和其他非银行金融机构借入的期限在一年以内的借款。

（一）短期借款的形式

银行借款按是否需要抵押品分为抵押借款和非抵押借款。

1. 抵押借款

抵押借款，又称担保借款，是指需要以借款企业某些资产作为偿债担保的一种借款。对信用不好、财务状况较差的企业贷款，银行往往要求有抵押品担保或由第三者担保。银行通过控制抵押品，可以降低贷款风险。在一般情况下，抵押品总值应大于贷款金额，银行贷款的安全程度主要取决于抵押品的价值大小和它的变现能力，抵押品价值越大，变现能力越强，出售时可能获得的现金就越多，贷款就越安全，企业获得的贷款金额占抵押品价值的比例也就越高。如果企业不能履行还款义务，银行可出售抵押品，以其销售收入归还贷款。短期抵押借款的抵押品以流动资产最为合适，最常见的是应收款和存货。

1）应收款抵押借款

应收款变现能力很强，是理想的抵押品。从银行的角度看，这种抵押品具有较大的风险，因为应收款的回收率和收账费用都难以估计，银行在接受应收款为抵押品时，都要对借款企业的各笔应收款记录进行数量和质量分析，以便确定贷款额占应收款的比例。

抵押应收款一般采用非通知制，即顾客的货款被抵押，并不通知顾客，而是继续把货款付给借款企业。如果采用通知制，借款企业的顾客将被通知直接把货款支付给银行。

采用应收款抵押借款，不仅可以解决借款企业应收款投资的资金来源，而且可在一定程度上转让应收款，减少风险。

2）存货抵押借款

存货也是一种变现能力较强的资产，因此也适宜作为短期借款的抵押品。作为抵押品的存货，必须具有耐用性、可辨认性和可变现性。借款的金额要视存货的市场价和存货的性质而定，有的存货借款金额占存货市场价格较高的比例，而有的存货则很低，有的存货甚至不能作为抵押品。

除了可用应收款、存货两类资产抵押取得短期借款外，还可以用诸如股票、债券等有价证券或由第三者担保等方式取得短期借款。这些方式相对于上述两类资产抵押借款来说要简单得多，因此不必多述。

2. 非抵押借款

非抵押借款，又称无担保借款，是一种不需要抵押品的借款。实际上它是企业凭借自身的信誉从银行取得的借款，所以这种贷款一般只发放给信誉好、规模大的企业。非抵押借款是大企业短期资金的重要来源，通常运用于季节性增加的应收账款和存货上。

申请非抵押借款时，需要将企业近期的财务报表、现金预算和预测报表等资料送交银行，银行根据这些资料对企业的风险和回报进行分析后，决定是否向企业贷款，并拟定具体的贷款形式。

非抵押借款一般有如下具体形式。

1）信用额度借款

信用额度是银行规定的在某一特定时间内向借款企业提供非抵押贷款的最高限额。企业需要资金时可以续借至这一最高限额。但这个最高限额不受法律约束，如果银行缺乏借贷资金或借款企业财务状况变差，银行可以改变信用额度甚至拒绝提供贷款。信用额度的数量一般是银行对企业信用状况做详细调查后确定的。信用额度一般要作如下具体规定：①信用额度的期限。一般一年建立一次。②信用额度的数量。规定银行能贷款给企业的最高数额。③应支付的利率和其他一些特殊条件。

信用额度借款的最大优点是为企业提供了筹资弹性。一旦信用额度建立起来，企业就可借款，其借款数量只要不超过信用额度即可；而当企业资金需要减少时，也可随时还款，避免了资金的不足和闲置。

2）循环信贷协定

循环信贷协定是规定银行在法律上有义务提供不超过某个最高贷款额度的协定，可以看作是一种特殊的信用额度借款。在限额以内，企业可通过借款、还款、再借款、再还款不停地周转使用。循环信贷协定虽然也规定借款的最高限额，但它和信用额度借款具有较大区别。

（1）借款时间不同。循环借款可以超过一年，具有短期和长期借款的双重特点，借款期限很多是无期限的，只要银行与企业双方照协议执行，借款期限可一再延长。而信用额度的有效期通常为一年或短于一年。

（2）法律约束力不同。循环信贷协定具有法律约束力，银行有正式承担在限额内贷款的义务，只要企业的借款总额没有超过贷款限额，银行就必须满足企业在任何时间提出的借款要求，如果银行拒绝贷款就是违约，应负法律责任。而信用额度一般不具法律约束力，不构成银行必须给予贷款的法定责任。另外，循环信贷协定企业需要支付协议费，即循环借款限额中未使用部分应向银行支付一定的费用，这样才构成银行提供资金的法定义务。例如，循环信贷额为 100 万元，企业年度平均借款额为 80 万元，那么企业将要对 20 万元的未用部分支付协议费，如果协议费率为 0.5%，那么企业在该年度内享有循环信贷协定好处的成本就是 1 000 元。

3）贸易借款

贸易借款是企业为了满足某项特定贸易而向银行借入的一次性借款，这种短期借款是建立在贸易基础上的。例如，某企业因完成一宗大交易而向银行借款，当它收到购买者的付款时，即可立即归还此笔借款。我国目前的结算借款实际上是一种以贸易为基础的短期银行借款。当采用异地托收承付结算方式时，企业为满足在结算过程中资金占用的需要，可向银行申请结算借款。结算借款的额度，是以销售单位为购货单位实际垫付的资金为限，因为销售收入中的税金和利润实际上并没有占用销货单位的资金。在实际工作中，为了简化手续，一般采用托收承付结算借款的"折扣率"方法进行计算，其公式如下：

$$结算借款折扣率 = \frac{税金 + 利润}{托收金额} \times 100\%$$

$$结算借款额度 = 托收金额 \times (1 - 折扣率)$$

借款期限，以预定的托收货款收回期为准。预定的托收货款收回期的长短，主要取决于凭证的传递时间、承付日数、双方开户银行办理手续所需日数等因素。

企业除了向银行申请借款以外，也可以向信托投资公司、财务公司、租赁公司、保险公司、信用社等非银行金融机构取得借款。

（二）短期借款的成本

短期借款的成本包括借款利息、手续费、抵押品的保管费等。其中借款利息是最主要的部分。银行贷款利率的高低视申请借款企业的财务状况及信誉等级而定，利率分为以下两类。

1. 基本利率

基本利率是指银行给实力雄厚、财务状况好、信誉佳的企业发放贷款时收取的利息率，是银行向企业贷款收取的最低利率。银行向这类企业贷款风险小，因此要求的利率也较低。

2. 高于基本利率的利率

银行在给一般企业贷款时，所要求的利率高于给实力雄厚的企业贷款的利率，也就是银行对一般企业贷款要收取高于基本利率的利率，它是在基本利率的基础上加上一定的百分比。

银行贷款利率可以采用固定利率，也可以采用浮动利率。固定利率是指在整个贷款期内利率不变；浮动利率则是基本利率不断随市场利率的变动而变动，贷款利率随基本利率的波动而上下波动。例如，基本利率为10%，银行规定一般企业的贷款利率为基本利率加1%，那么，一般企业的贷款利率为11%，且在整个贷款期间保持不变，这就是固定利率。如采用浮动利率，当基本利率由10%上升到12%时，一般企业的贷款利率将上升到13%。

银行借款除支付利息、手续费外，有时还要支付一些其他费用。比如，采用应收款抵押贷款方式时，银行还要加收管理费，主要是账款的调整费用、账款的抵押和收款时的记录费用以及贷款政策的制定费用等。采用仓单贷款方式时，借款企业需向仓储公司支付仓储保管费。循环借款需支付协议费。

（三）短期借款的优缺点

短期借款的主要优点有如下几点。

（1）资金来源充足。银行资金充足，实力雄厚，能随时为企业提供较多的短期贷款，对于季节性和临时性的大量资金需要，采用银行借款尤为方便；对于规模大、信誉好的大企业，更可以随时以基本利率借入大量资金。

（2）弹性好。银行借款具有较好的弹性，可在资金需要增加时借入，在资金需要减少时还款，特别是信用额度借款和循环信贷协定为企业的资金借入和归还提供了更大的弹性。

短期借款的主要缺点有如下几点。

（1）资金成本较高。采用银行借款，成本比商业信用和商业票据都要高，特别是抵押借款，还须支付管理和服务费用，成本就更高。

（2）限制较多。企业向银行借款，银行要对企业的经营成果和财务状况进行调查以后才能决定是否贷款，有些银行还要求对企业有一定的控制权，要求企业把流动比率、速动比率维持在一定的范围之内，有时还会要求企业留有最低存款余额，这些都构成了对企业的限制。

二、商业信用

商业信用是指商品交易和劳务供应过程中由于延期付款或预收货款而形成的一种借贷关系，是一种自然筹资方式。商业信用是由于商品交易中钱与货在时间上和空间上的分离而产生的。赊销、赊购在市场经济发达的国家已普遍采用，成为企业短期资金的重要来源。一些小企业由于银行借款受到的限制较多，因此对商业信用的依赖程度更高。在发展社会主义市场经济的我国，商业信用也正在成为企业筹集短期资金的重要途径。

（一）商业信用的特点

（1）在市场经济条件下，商业信用是在商品买卖及劳务供应过程中经交易双方协商自然形成的，市场经济越发达，商业信用就越普遍。

（2）商业信用筹资非常方便，卖方在确认了买方信用条件或为了促销的情况下，都可以提供商业信用。

（3）商业信用筹资建立在企业财务信誉基础之上，获得商业信用的机会大小取决于两个因素：一是企业财务信誉；二是销售规模。前者决定获得商业信用的可能性；后者决定获得商业信用的规模大小。

商业信用还具有时间短、放弃现金折扣成本高、过长时间拖欠有损企业信誉等特点。

（二）商业信用的形式

1. 应付账款

应付账款是在商品销售和劳务提供过程中自然发生的商业信用，也是最普遍、最简单的一种商业信用形式。当买卖双方发生商品交易，买方收到货物后，可以在双方允许的情况下，延至一定时期以后付款。买方不签发正式法律契约，卖方以订货单或交易时产生的发票账单作为收款依据，在拖后付款的这段时间里，卖方向买方提供了商业信用。这种商业信用形式由于没有正式的法律凭证，因此常建立在卖方对买方财务状况和信用充分了解的基础上。当卖方商品供过于求，为了更多、更快地推销出去，常采用这种商业信用形式。

2. 预收账款

预收账款就是卖方先收货款，然后按约定到一定时间再交货，实际上是卖方向买方先借一笔款项，然后以商品归还。在销售紧俏的或者生产周期长、销货价格高的商品时，经常采用分次预收货款方式，以缓解资金矛盾。另外，卖方在已知买方信用欠佳的情况下，往往也采用预收货款。

（三）商业信用的条件

所谓信用条件，是指销货人对付款期限和现金折扣所作的具体规定。如"2/10，1/20，$n/30$"，表示 10 天内付款可享受 2% 的现金折扣；超过 10 天并在 20 天内付款可以享受 1% 的现金折扣；如果超过 20 天并在 30 天内付款，则不享受折扣，全部货款必须在 30 天内付清。信用条件从总体上看，主要有以下三种形式。

1. 预付货款

销货方要求购货方预先垫支一笔资金，一段时间以后再发货。在这种信用条件下，销货方可以得到暂时的资金来源。

2. 延期付款，但不提供现金折扣

销货方允许购货方在交易发生后一定时期内按发票面额支付货款，但早付款没有现金折扣。如 $n/30$，是指全部货款必须在发票开出后 30 天内付款但不享受现金折扣。在这种商业信用条件下，购货方因延期付款而取得资金来源。

3. 延期付款，但早付款有现金折扣

销货方允许购货方在交易发生后一定时期内付款，对购货方提前付款，销货方可给予一定的现金折扣，如"2/10，$n/30$"。在这种商业信用条件下，购货方如在折扣期内付款，既可获得短期的资金来源，又能得到现金折扣；若放弃现金折扣，则可获得较长时间的资金来源。

（四）商业信用的成本

当卖方的信用条件中没有给出现金折扣时，商业信用一般没有成本；当卖方给出了现金折扣，而买方也在折扣期内付款，享受了现金折扣时，商业信用也没有成本；但是，如果卖方给出了现金折扣，而买方没有在规定的折扣期内付款，未能获得现金折扣，则商业信用有成本，这就是买方放弃折扣而产生的商业信用筹资的机会成本。

例 7-7 某企业采购原材料，卖方给出的信用条件为"2/10，n/30"，发票金额 100 000 元。如果企业在卖方开出发票以后的第 10 天或更早付款，则只需付 100 000 ×98％＝98 000 元；如果企业在卖方开出发票以后的第 11 天至 30 天内付款，则需要付 100 000 元。这等于企业占用卖方 98 000 元资金 20 天或少于 20 天，便要付出相当于 2 000 元的利息，其利率可计算如下：

$$年利率 = \frac{2\ 000}{98\ 000} \times \frac{360}{20} = 36.73\%$$

商业信用的成本可用以下公式计算：

$$K = \frac{d}{1-d} \times \frac{360}{N}$$

式中，K 为商业信用的年成本率；d 为卖方给出的现金折扣率；N 为在放弃现金折扣后延期付款的天数。

用上例资料，如果企业在卖方开出发票的第 30 天付款，可以得出

$$K = \frac{2\%}{1-2\%} \times \frac{360}{20} = 36.73\%$$

仍以上例资料，假定企业在卖方开出发票以后的第 20 天付款，则商业信用的成本率

$$K = \frac{2\%}{1-2\%} \times \frac{360}{10} = 73.46\%$$

如果企业在卖方开出发票以后的第 50 天付款，则商业信用的成本率

$$K = \frac{2\%}{1-2\%} \times \frac{360}{40} = 18.37\%$$

由以上计算可以看出，企业一旦放弃了现金折扣，就应尽可能地延期付款，以降低商业信用的成本率。但是，超过信用期限后付款，尽管可以降低商业信用的成本率，但会使购货企业的信誉和形象受到影响，甚至可能导致企业今后丧失取得商业信用的机会，这是得不偿失的。因此，在利用商业信用筹资时，要比较放弃现金折扣的成本率是否高于其他渠道的成本，如果是的话，则不应放弃现金折扣。如果企业资金紧张，又无法从其他渠道及时筹得资金成本率低的资金，那么企业就只好放弃现金折扣了。企业一旦放弃现金折扣，最明智的做法就是在卖方规定的付款期的最后一天付款。

（五）商业信用筹资的优缺点

利用商业信用筹资的优点主要有以下几点。

（1）易于取得。因为商业信用与商品买卖同时进行，属于一种自然性融资，并不需要以资产作抵押，不需要办理任何复杂的手续就能取得。

（2）灵活性大。企业可以在现金折扣期内付款，获得现金折扣，也可以放弃现金折扣，在支付期限的最后一天付款。如果在支付期限的最后一天仍不能付款时，还可通过与供货单位协商，在销货方的产品供过于求的时候，请求推迟一段时间再支付是完全可能的，因为商业信用的筹资风险一般要低于短期银行借款的风险。

（3）筹资成本低。如果没有现金折扣，或不放弃现金折扣，则利用商业信用筹资不会发生资金成本。

利用商业信用筹资的缺点主要有以下几点。

（1）利用时间短。商业信用的时间一般较短，如果企业取得现金折扣，时间就更短；如果放弃现金折扣，则要付非常高的成本；如果到期不支付货款，过长时间地拖欠则会影响企业的信誉，对今后购货和筹资不利。

（2）利用数量有限。商业信用是不可能无限利用的，它受到外部环境的影响，如在求大于供时，卖方就很可能不愿提供商业信用，在与卖方交往不多，或本身信用不是很佳时，也难以取得商业信用。

三、商业票据

商业票据是指企业间根据购销合同进行延期付款的商品交易时，由收款人或付款人（或承兑申请人）签发，由承兑人承兑，并于到期日向收款人或被背书人支付款项的票据。商业票据是一种具有流通性的债权凭证，它以书面形式载明债务人有按规定期限向债权人无条件支付一定金额的义务，它是对债权人债权的一种保证。

为了取得收款的法律依据，有时卖方会要求买方开出一张正式的票据，承诺在未来一定时期偿还货款，双方以此票据作为债权债务的法律依据。

在我国，商业票据通常是指商业汇票，它是一种反映债权债务关系的期票。它必须以合法的商品交易为基础，禁止签发无商品交易的商业汇票。商业汇票一律记名，但可背书转让，承兑期由交易双方商定，一般是 3～6 个月，最长不超过 9 个月，如要分期付款，应一次签发多张不同期限的汇票，汇票到期，承兑人应负有无条件支付票款的责任。

商业汇票一般在下列情况下使用：一是应付款项的展延。购货方因资金配置不合理，应付账款到期不能偿付，或是信誉不佳，销货方为了加强应收款的索取权，会要求购货方出具票据。二是销货方对购货方的信用不了解或购货方信用不佳，不被销货方所信任，如以前购货方曾多次有拖欠款项的现象。三是赊销较高价值的商品时，为减少坏账损失，也经常采用商业汇票结算方式。

商业汇票根据承兑人不同，可分为商业承兑汇票和银行承兑汇票两种。

（一）商业承兑汇票

商业承兑汇票是由收款人签发，经付款人承兑，或由付款人签发并承兑的汇票。付款人须在汇票正面签署"承兑"字样并加盖预留银行印章后，交给收款人。收款人或执票人对将要到期的商业汇票送交银行办理收款，付款人应于汇票到期前将票款足额交存开户银行，以便银行在到期日凭票将款项划给收款人或执票人或贴现银行。若汇票到期时付款人存款账户不足以支付票款，银行则将汇票退给执票人，并对付款人处以罚款。因此，收款人要承担付款人到期不能支付款项的风险。

（二）银行承兑汇票

银行承兑汇票是由收款人或承兑申请人签发，并由承兑申请人向开户银行申请，经银行审查同意承兑的票据。申请人持银行承兑汇票、购销合同和银行承兑契约向开户银行申请承兑，银行审查并同意承兑后，与承兑申请人签订承兑契约，并在汇票上盖章后由承兑申请人转给收款人，并收取承兑手续费。承兑申请人应于汇票到期前将票款足额交存其开户银行，如未足额交存票款，承兑银行除凭票向收款人（或贴现银行）无条件支付外，还要按契约规定对承兑申请人扣款，未扣回的承兑金额要收取逾期贷款罚息。收款人应在汇票到期时，将汇票送交开户银行办理收款。由于有银行参与，因此银行承兑汇票的信誉程度比商业承兑汇票高。

采用商业汇票结算方式，收款人若急需资金时，可持未到期承兑汇票向开户银行申请贴现。票据"贴现"，是指持票人以未到期票据向银行兑取现款，银行从票面额中扣除自兑现日起至到期日止的利息，将余额支付给持票人的资金融通行为。票据贴现实际上是持票人把未到期的商业汇票让给银行，贴付一定利息以取得银行借款的行为，是把商业信用转变为银行信用。银行在贴现票据时，按票面金额扣除贴现利息后的差额支付贴现票款。贴现利息按票面金额、贴现日数和贴现率计算。银行收到的贴现票据到期后，按票面金额向承兑人收取票款。可见，票据贴现实质上是银行以票据为抵押的一种贷款方式。

在西方国家，商业票据是信誉良好、实力雄厚的大公司为筹集短期资金而发行的短期无抵押本票。这些公司发行的商业票据不是以现实的商品交易为基础的，而是以公司信誉作为担保。因此，只有信誉程度极高的公司才可能利用这种筹资方式。西方国家采用商业票据方式筹资主要有以下特点。

（1）无担保。即无任何财产作为抵押，完全靠公司的信誉和实力作为担保。

（2）成本较低。因为公司发行商业票据是自己在货币市场上筹措资金，可将银行利润据为己有。因此，商业票据的利率通常低于银行短期利率。

（3）受到的约束少。筹集到的资金在使用时不受限制，也没有发行金额的限制。因此，对于短期资金需要量大的公司来说，是一种较合适的筹资方式。

（4）风险大。商业票据到期必须无条件兑付，没有任何协商的余地，如果到时公司没有足够的偿还能力，又不能迅速筹集到资金，便会出现严重的后果，公司可能被迫通过拍卖财产来偿付。

（5）发行条件严格。只有信誉卓著、财务状况好、实力雄厚的公司才能发行商业票据。公司利用商业票据筹资，可以满足以下各种不同的筹资要求：①季节性筹资的需要；②转换信用，以获得连续不断的资金来源；③当股票和债券市场不能提供令人满意的长期筹资条件时，公司发行商业票据可延缓进行长期筹资的时间；④补充或替代商业银行贷款。

在货币市场上，购买商业票据的主要是保险公司、基金会、银行等。

四、其他短期筹资方式

除了前面介绍的短期借款、商业信用、商业票据以外，还有以下一些短期筹资方式。

（一）应付费用

应付费用，是指形成在前、支付在后的各种费用，主要包括应付职工薪酬、应交税费、应付利息等。应付费用和应付账款一样，是企业在经营过程中自然形成的短期资金来源。

企业利用应付费用筹资没有成本，是非常典型的无成本资金，因此，企业应尽可能地利用。这种方式筹集短期资金金额的大小，除了与应付费用额大小有关外，还与其占用时间有关，支付期比形成期滞后的时间越长，它所筹集的短期资金额就越大。但这种滞后时间有时不是企业能自主确定的，如税费的交纳时间由税法规定，企业不得推迟，否则就要支付滞纳金；职工薪酬的支付时间一般也比较固定，推迟发放薪酬会引起职工的不满，影响企业的正常经营；利息的支付日期，合同中都有规定。因此，利用应付费用筹资，必须在不影响企业信誉和形象或不违反法律法规的前提下采用。

（二）应收账款的代理

应收账款的代理又称应收账款的出售，是把应收账款的收取权让渡给第三者。当企业拥有大量应收账款而又急需资金时，可以将应收账款的收取权让渡给代理融通公司、商业银行或其他从事应收账款代理业务的金融机构，以便尽快取得所需资金。

出售应收账款所获资金的多少取决于三个因素：一是应收账款偿还期。偿还期越长，收回就越困难，风险就越大，所获资金也就越少。二是欠款企业的信誉。信誉越好，财务状况越佳，所获资金也就越多。三是应收账款是否伴有追索权。如有追索权，即代理机构可以把无法收回的应收账款退回，自己不承担收不回账款的风险，则出售应收账款所获资金就多；反之，如无追索权，即无法收回的账款不能退回，要由代理机构承担损失，则出售应收账款所获资金就少些。

应收账款出售后，企业要通知付款方将款项付给代理机构。

企业将应收账款让渡给第三者代理收取，必须向第三者支付代理费用。一般情况下，支付的代理费用高过借款利息。如果代理机构无追索权，则在收取代理费时还要对应收账款打一定比例的折扣，作为对无追索权而承担风险的补偿。可见，应收账款代理方式筹资成本很高。但应收账款代理能迅速将应收账款转化为现金，使企业减少收账成本。

（三）出售分期付款合同

出售分期付款合同是零售商业筹资的一种方法。在西方，经营汽车和家庭耐用消费品的零售商业，为了扩大商品的销售量，一般都用分期付款方式销售。如果零售商店急需资金，可把分期付款合同销售出去，购买分期付款合同的主要是销售贷款公司。

出售分期付款合同的筹资成本很高，其利率高于银行基本利率3％～6％。另外，销售贷款公司还要收取一定的管理费用。但这种方式筹资可以减少零售商的资金占用，零售商不必有足够的资金就可以从事大规模经营，售出分期付款合同后，若消费者不能按时付款，损失由销售贷款公司承担，因而可减少零售商的风险。另外，零售商还可得到销售贷款公司的免费服务，如把货物免费运到零售商店等。

复习思考题

1. 什么是营运资金？它有哪些来源？
2. 如何确定营运资金的规模？不同的筹资策略对营运资金规模有什么影响？
3. 持有现金的动机是什么？现金管理的目的是什么？现金日常管理有哪些策略？
4. 企业为什么存在应收账款？应收账款的成本包括哪些？
5. 企业制定应收账款政策的出发点是什么？
6. 客户信用分析包括哪几个步骤？
7. 存货具有哪些作用？存货成本包括哪几个部分？
8. 如何确定经济订购批量？定期订购方式与定量订购方式有什么不同？各有哪些优缺点？
9. 什么是 ABC 管理法？
10. 流动负债的来源渠道主要有哪些？
11. 抵押借款和非抵押借款各有哪些具体形式？
12. 短期借款有哪些优缺点？
13. 商业信用有哪些具体形式？商业信用的条件有哪几种形式？
14. 商业信用成本与延期付款的时间有何关系？
15. 商业信用筹资和商业票据筹资各有何优缺点？

练　习　题

1. 某企业年赊销收入3 000 000元，其中变动成本占销售收入的60％，应收账款平均收账期30天，机会成本20％，坏账损失占赊销额的1％，现在该企业准备修改其信用标准，企业财务部门预测修改信用标准后的结果如下表所示。

信用标准	平均收账期/天	年赊销收入/元	坏账损失占赊销收入百分比/％
A	45	3 200 000	1.5
B	60	3 300 000	2

假设该企业的生产经营能力尚未充分发挥，产销量增加不需增加固定成本，问该企业应采取哪种信用标准？

2. 某企业在目前信用条件"$n/45$"下的销售额为 100 000 元，变动成本占销售额的 80%，应收账款机会成本为 15%，现改变信用条件，有三个方案可供选择，有关资料如下。

项目	信用条件 A	信用条件 B	信用条件 C
信用条件	$n/30$	$n/60$	$2/10$, $n/30$
销售额/元	减少 20 000	增加 20 000	增加 30 000
增加（或减少）销售额的坏账损失率/%	9	11	10
取得现金折扣的销售额占总销售额的百分比/%	0	0	50
平均收账期/天	30	60	20

问企业应选择哪个信用条件？

3. 某企业年材料需要量为 1 000 000 公斤，每公斤材料价格为 20 元，订货成本为每次 1 000 元，每公斤材料年储存成本为 5 元。每次订购的材料是一次到达，每天均衡耗用，问经济订购量为多少？如果一次订货数量超过 50 000 公斤时，就可以给予 2% 的价格折扣，问每次订购量多少最合适？

4. 某种材料的订购时间为 10 天，每日需用量为 20 吨，保险储备定额为 200 吨。

（1）若采取定期订购方式，每 30 天订购一次，订购日的实际库存为 450 吨，订货余额（即过去订购但尚未到达的数量）为 45 吨，求订购批量。

（2）若采取定量订购方式，试确定其订货点。

5. 某公司购进一批电子元件，价值 10 000 元，对方开出的商业信用条件是"$2/10$, $n/60$"，市场利率为 12%，试问该公司是否应该争取享受这个现金折扣？并说明原因。

6. 某公司向某企业销售一批价值为 50 000 元的材料，开出的信用条件是"$3/10$, $n/60$"，市场利率为 12%。试问：

（1）企业若享受这一现金折扣，可少支付多少货款？

（2）企业放弃这一信用条件是否划算？

第八章

利润管理

利润是企业在一定时期的经营成果，它集中反映企业在生产经营活动各方面的效益，是企业最终的财务成果，也是衡量企业生产经营管理的重要综合指标。加强对利润的管理，有利于提高股东财富与公司价值，实现企业财务管理的目标。

第一节　企业利润的规划

为了保证利润目标的实现，须对目标利润进行合理的规划和控制，确定影响利润的基本因素，寻找增加利润的各种途径，不断提高企业利润水平。

一、本量利分析

本量利分析就是分析成本、业务量和利润三者之间的关系。本量利分析是建立在成本按习性分类的基础上的，为此，先介绍成本习性。

（一）成本习性

所谓成本习性，是指成本总额与业务量之间的依存关系。在这里，业务量是指企业的生产经营活动水平的标志量，可以是产出量也可以是投入量；可以使用实物度量、时间度量，也可以使用货币度量。例如，产品产量、人工工时、销售额、主要材料处理量、生产能力利用率、生产工人工资、机器运转时数、运输吨公里等，都可以作为业务量大小的标志。当业务量变化以后，各项成本有不同的性态，大体上可以分为三种：固定成本、变动成本和混合成本。

1. 固定成本

凡总额在一定时期和一定业务量范围内不受业务量增减变动影响而固定不变的成本，叫固定成本。属于固定成本的主要有折旧费、租金、保险费、管理人员工资、办公费等，这些费用每年的支出水平基本相同，在业务量变动的一定范围内是固定的。

由于固定成本总额不随业务量变动，因而当业务量增加时，单位产品固定成本会下降。

固定成本还可以进一步区分为约束性固定成本和酌量性固定成本两类。

（1）约束性固定成本。是企业为维持一定的业务量所必须负担的最低成本。厂房设备的折旧、租金、保险费等都属于这类成本。企业的经营能力一经形成，在短期内很难有重大改变，因而这部分成本具有很大的约束性，管理当局的决策行动不能轻易改变其数额。要想降低约束性固定成本，只能从合理利用经营能力入手。

（2）酌量性固定成本。是由管理当局根据企业经营方针确定的一定时期的成本。广告费、研究与开发费、职工培训费等都属于这类成本。这些成本的支出，是可以随企业经营方针的变化而变化的。管理当局要根据企业的经营方针和财务状况，斟酌这部分成本的开支情况。因此，要想降低酌量性固定成本，须在预算时精打细算，合理确定这部分成本的数额，一味降低酌量性固定成本有可能影响收益。

应当指出的是，固定成本总额只是在一定时期和一定业务量范围内保持不变。从较长时间来看，所有的成本都在变化，没有绝对不变的固定成本。业务量超出了一定范围，固定成本也会发生变动，如产量增加到一定量后，原有的设备就不能满足需要，这时就要增加新的设备，折旧费因此就会增加。

2. 变动成本

凡总额同业务量的总量成同比例增减变动的成本，叫变动成本。属于变动成本的主要有直接材料、直接人工、生产用水电费等，这些费用的支出水平随着业务量的增减而成比例同步增减。变动成本总额随业务量增加而增加，但单位产品变动成本不变。

应当指出的是，变动成本总额也只是在一定的业务量范围内与业务量完全成同比例变化，业务量超出了一定范围时，这种线性关系就不存在了。例如，一种新产品刚投入生产时，由于批量小，工人不熟练，直接材料和直接人工耗费都可能较多，随着产量的增加以及工人熟练程度的提高，直接材料和直接人工耗费都可能下降，这时变动成本总额不一定与产量完全成同比例变动，而是表现为小于产量增减幅度。在这以后，生产过程比较稳定，变动成本与产量成同比例变动。但当产量超过一定程度后，再大幅度增产可能会出现一些新的不利因素，使成本的增长幅度大于产量的增长幅度。

3. 混合成本

有些成本虽然也随业务量的变动而变动，但不成同比例变动，不能简单地归入固定成本或变动成本，这类成本称为混合成本。混合成本可以分解成固定成本和变动成本两部分。例如，一些企业生产工人的工资，分为基本工资和效益工资两部分，就是一种混合成本，基本工资相当于固定成本部分，效益工资相当于变动成本部分。

215

（二）本量利关系

根据成本习性，可以将成本分成固定成本、变动成本和混合成本，而混合成本又可以分解为固定成本和变动成本。当把销售收入和利润加进来时，成本、业务量和利润之间的关系就可以用下面的公式表示：

$$利润 = 销售收入 - 总成本$$

而

销售收入＝单价×销售量

总成本＝变动成本＋固定成本＝单位变动成本×产量＋固定成本

假设产量和销售量相等时，则有

$$利润 = 销售收入 - 变动成本 - 固定成本$$
$$= 单价×销售量 - 单位变动成本×销售量 - 固定成本$$
$$= （单价 - 单位变动成本）×销售量 - 固定成本$$

式中，销售收入－变动成本＝边际贡献；单价－单位变动成本＝单位边际贡献。

成本、销售量、利润之间的关系可用图 8-1 反映。

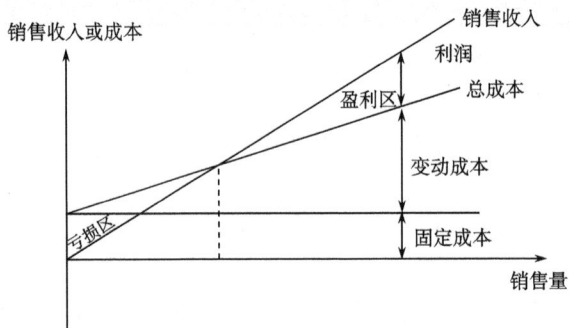

图 8-1　本量利关系图

在反映本量利之间的数量关系中，有五个相互联系的变量，给定其中任意四个，就可以求出另一个变量的值。

在进行利润规划时，通常把单价、单位变动成本和固定成本看成稳定的常量，只有销售量和利润两个自由变量。给定销售量时，可以计算出预期利润；给定目标利润时，可计算出应达到的销售量。

例 8-1　某企业每月固定成本 200 000 元，生产单一产品，单价 100 元，单位变动成本 60 元，当销售量为 10 000 件时，预期利润是多少？如果目标利润设定为 250 000 元，问销售量应达到多少件？

$$利润 = （单价 - 单位变动成本）×销售量 - 固定成本$$
$$= （100 - 60）×10\ 000 - 200\ 000 = 200\ 000（元）$$

当利润为 250 000 元时

$$销售量 = \frac{固定成本 + 利润}{单价 - 单位变动成本} = \frac{200\ 000 + 250\ 000}{100 - 60} = 11\ 250（件）$$

二、盈亏平衡分析

盈亏平衡分析是本量利分析的一项基本内容，也称保本分析。它主要是分析盈亏平衡点以及企业在某种业务量情况下的安全程度。

（一）盈亏平衡点的确定

盈亏平衡点就是企业销售收入与总成本相等时的经营状态，即边际贡献等于固定成本时企业所处的既不盈利又不亏损的状态。通常用一定的业务量来表示这种状态。根据前面本量利的关系，令利润等于零，就可以得到盈亏平衡点的销售量

$$盈亏平衡点销售量 = \frac{固定成本}{单价 - 单位变动成本} = \frac{固定成本}{单位边际贡献}$$

对于生产单一产品的企业，盈亏平衡点可用销售量表示，也可用销售额表示，但对于生产多种产品以及商业和服务业来说，盈亏平衡点只能用销售额或营业额表示

$$盈亏平衡点销售额 = \frac{固定成本}{1 - 变动成本率} = \frac{固定成本}{边际贡献率}$$

式中，变动成本率＝变动成本/销售收入，1－变动成本率＝边际贡献率

边际贡献率反映边际贡献在销售收入中所占的百分比，即边际贡献率＝边际贡献/销售收入，对于生产多种产品的企业，应该用加权平均边际贡献率计算

$$加权平均边际贡献率 = \frac{\sum 各产品边际贡献}{\sum 各产品销售收入}$$

在例 8-1 中，销售量达到多少件或销售额达到多少元时可以达到盈亏平衡？

$$盈亏平衡点销售量 = \frac{固定成本}{单价 - 单位变动成本} = \frac{200\ 000}{100 - 60} = 5\ 000（件）$$

$$盈亏平衡点销售额 = \frac{固定成本}{1 - 变动成本率} = \frac{200\ 000}{1 - 60\%} = 500\ 000（元）$$

例 8-2 某企业每月固定成本 200 000 元，生产 A，B，C 三种产品，各产品销售收入在总销售收入中的比例不变，有关资料见表 8-1，问销售额达到多少元时可以达到盈亏平衡？

表 8-1　销售和成本计划资料

产品	单价/元	单位可变成本/元	单位边际贡献/元	销售量/件
A	100	60	40	2 000
B	80	52	28	5 000
C	50	27.5	22.5	8 000

根据表 8-1 的资料计算可得

$$加权平均边际贡献率 = \frac{40 \times 2\,000 + 28 \times 5\,000 + 22.5 \times 8\,000}{100 \times 2\,000 + 80 \times 5\,000 + 50 \times 8\,000}$$

$$= \frac{400\,000}{1\,000\,000} = 40\%$$

$$盈亏平衡点销售额 = \frac{固定成本}{加权平均边际贡献率} = \frac{200\,000}{40\%} = 500\,000（元）$$

有些行业的盈亏平衡点是用生产能力利用率表示的，其含义是生产规模达到设计能力的百分之多少时可以达到不亏不盈。

$$盈亏平衡点生产能力利用率 = \frac{固定成本}{销售收入 - 变动成本}$$

在例 8-1 中，如企业的设计生产规模为 10 000 件时，可计算得

$$盈亏平衡点生产能力利用率 = \frac{200\,000}{1\,000\,000 - 600\,000} \times 100\% = 50\%$$

（二）安全边际分析

安全边际是指正常销售量（额）超过盈亏平衡点销售量（额）的差额，它表明销售量（额）下降多少企业仍不致亏损。安全边际的计算公式如下：

$$安全边际 = 正常销售量(额) - 盈亏平衡点销售量(额)$$

由于安全边际是绝对数，不好比较，因此，企业生产经营的安全性，通常用安全边际率来表示，即其安全边际与正常销售量（额）的比值。安全边际率的计算公式如下：

$$安全边际率 = \frac{安全边际}{正常销售量(额)} \times 100\%$$

$$= \frac{正常销售量(额) - 盈亏平衡点销售量(额)}{正常销售量(额)} \times 100\%$$

安全边际率的数值越大，企业发生亏损的可能性越小，抵抗风险的能力越强，企业就越安全。安全边际率是相对指标，便于不同企业和不同行业的比较。企业安全性的经验数据见表 8-2。

表 8-2　安全性检验标准

安全边际率	40%以上	30%～40%	20%～30%	10%～20%	10%以下
安全等级	很安全	安全	较安全	值得注意	危险

在例 8-1 中，销售量为 10 000 件，其安全边际率为

$$安全边际率 = \frac{10\,000 - 5\,000}{10\,000} \times 100\% = 50\%$$

安全边际率 50%，企业处在很安全等级上。

在例 8-2 中，当销售额 800 000 元时，安全边际率为

$$安全边际率 = \frac{800\,000 - 500\,000}{800\,000} \times 100\% = 37.5\%$$

安全边际率37.5%，企业处在安全等级上。

三、影响利润各因素变动分析

变动分析，是指本量利发生变动时相互影响的定量分析，它是本量利分析中最常用的一项内容。变动分析主要研究两个问题：一是分析实现目标利润所需的产销量、成本和价格条件；另一个是产销量、成本和价格发生变动时，预测其对利润的影响程度。

（一）分析实现目标利润的条件

根据本量利之间的数量关系可以看出，影响利润的因素有单价、单位变动成本、销售量、固定成本。当企业确定了目标利润，如何才能保证实现？根据本量利之间的关系，企业可以通过提高产品销售价格、降低成本、合理安排产销量来实现目标利润。

仍以例8-1中的数字为基础，如果利润要在原来200 000元的基础上增加50%，可以采取的措施如下。

1. 提高单价

在本量利关系中，将单价（P）作为未知数，利润300 000作为已知数，其他因素不变，代入本量利关系中

$$300\,000 = (P-60) \times 10\,000 - 200\,000$$

$$P = 110 \text{（元）}$$

可知，如其他条件不变，单价从100元提高到110元，提高10%，可保证实现目标利润。

2. 降低单位变动成本

按上述同样方法，将单位变动成本（VC）作为未知数代入本量利关系中

$$300\,000 = (100 - VC) \times 10\,000 - 200\,000$$

$$VC = 50 \text{（元）}$$

可知，如其他条件不变，单位变动成本从60元降低到50元，降低16.7%，可保证实现目标利润。

3. 增加产销量

按上述同样方法，将产销量（Q）作为未知数代入本量利关系中

$$300\,000 = (100 - 60) \times Q - 200\,000$$

$$Q = 12\,500 \text{（件）}$$

可知，如其他条件不变，产销量从 10 000 件增加到 12 500 件，增加 25%，可保证实现目标利润。

4. 减少固定成本

按上述同样方法，将固定成本（FC）作为未知数代入本量利关系中

$$300\ 000 = (100 - 60) \times 10\ 000 - FC$$

$$FC = 100\ 000 （元）$$

可知，如其他条件不变，固定成本从 200 000 元降低到 100 000 元，降低 50%，可保证实现目标利润。

在现实经济生活中，影响利润的一个因素发生变动，往往使其他因素也会发生相应的变动。如为了提高产量，往往需要增加生产设备，相应增加折旧费等固定成本，与此同时，为了把产品顺利销售出去，有时又需要降低售价或增加广告费等固定成本。因此，企业很少采取单项措施来提高利润，而是采取综合措施，这就需要综合计算和反复试算平衡。

（二）敏感性分析

影响利润的某一个因素变动都会引起利润的变动，但各因素对利润的影响程度是不同的。有些因素发生小的变动就会使利润发生大的变动，而有些因素发生大的变动后，相应的利润变动不大。我们可以运用敏感性分析来反映各有关因素变动对利润的影响程度。

敏感性分析就是考察影响利润的各有关因素单独发生变动时对利润造成的影响程度。进行敏感性分析时，假定其他因素保持不变，仅就单个因素的变动对利润的影响所做的分析。反映敏感程度的指标是敏感系数，其计算公式如下：

$$敏感系数 = \frac{利润变动百分比}{影响因素变动百分比}$$

现以例 8-1 中的数字为基础，进行敏感性分析。

1. 单价变动的影响

由于单价变动对利润的影响可以表示为

$$单价变动量 \times 销售量$$

当单价从 100 元提高到 110 元，即增加 10% 时，利润将增加 $10 \times 10\ 000 = 100\ 000$ 元，即增加 50%，

$$单价的敏感系数 = \frac{50\%}{10\%} = 5$$

计算结果说明，单价对利润的影响很大，单价变动 1%，利润就要变动 5%，利润与单价同方向变动。涨价是提高利润的最有效手段，价格下降也将是企业最大的威胁。

2. 单位变动成本变动的影响

由于单位变动成本变动对利润的影响可以表示为

$$－单位变动成本变动量 \times 销售量$$

当单位变动成本从 60 元提高到 66 元，即增加 10% 时，利润将减少 $6 \times 10\,000 = 60\,000$ 元，即减少 30%，

$$单位变动成本的敏感系数 = －\frac{30\%}{10\%} = －3$$

计算结果说明，单位变动成本对利润的影响比单价小，单位变动成本每上升 1%，利润将减少 3%，利润与单位变动成本反方向变动。由于敏感系数的绝对值大于 1，因此降低单位变动成本也是提高利润非常有效的手段。

3. 销售量变动的影响

由于销售量变动对利润的影响可以表示为

$$（单价－单位变动成本）\times 销售量变动量$$

当销售量从 10\,000 件提高到 11\,000 件时，即增加 10% 时，利润将增加 $(100 - 60) \times 1\,000 = 40\,000$ 元，即增加 20%，

$$销售量的敏感系数 = \frac{20\%}{10\%} = 2$$

计算结果说明，销售量每增加 1%，利润将增加 2%，利润与销售量同方向变动。当单价大于单位变动成本时，增加销售量有利于提高利润。

4. 固定成本变动的影响

由于固定成本变动对利润的影响可以表示为

$$－固定成本变动$$

当固定成本从 200\,000 增加到 220\,000 元，即增加 10% 时，利润将减少 20\,000，即减少 10%，

$$固定成本的敏感系数 = －\frac{10\%}{10\%} = －1$$

计算结果说明，固定成本每上升 1%，利润将减少 1%，利润与固定成本反方向变动。

在本例中，影响利润的各因素中，最敏感的是单价（敏感系数为 5），其次是单位变动成本（敏感系数为 －3），再次是销售量（敏感系数为 2），最后是固定成本（敏感系数为 －1）。

敏感性分析给我们提供了各因素变动对利润的影响大小和方向，使经营者认识到各因素的重要意义，知道未来重点应控制的因素是什么，并努力去发现额外的有用信息，及时采取对策，调整企业计划，促使生产经营活动朝着有利于增加利润的方向变化。

第二节　企业利润的构成

企业利润根据其包含内容的不同，可表示为营业利润、利润总额和净利润等不同形式。

一、营业利润

营业利润是指企业在从事销售商品、提供劳务和让渡资产使用权等日常经营业务过程中取得的利润。其计算公式为

营业利润＝营业收入－营业成本－营业税金及附加－销售费用－管理费用－财务
　　　　费用－资产减值损失＋公允价值变动损益＋投资收益

（一）营业收入

营业收入是指企业在从事销售商品、提供劳务和让渡资产使用权等日常经营业务过程中取得的收入，营业收入分为主营业务收入和其他业务收入。主营业务收入是指企业为完成其经营目标从事的经常性活动实现的收入，是企业按照营业执照上规定的主营业务内容所发生的营业收入，如工业企业制造并销售产品、商业企业销售商品、保险公司签发保单、咨询公司提供咨询服务、软件开发企业为客户开发软件、安装公司提供安装服务、商业银行对外贷款、租赁公司出租资产等实现的收入等。其他业务收入是指与企业为完成其经营目标从事的经常性活动相关的活动实现的收入。如工业企业对外销售不需用的原材料、对外转让无形资产使用权等。在交纳增值税的企业中，营业收入是指其不含税的收入。

（二）营业成本

营业成本是指企业在从事销售商品、提供劳务和让渡资产使用权等日常经营业务过程中发生的成本。按照制造成本法，企业的产品成本核算到制造成本为止，如工业产品生产成本包括直接材料、直接人工和制造费用，而商品流通企业的商品成本就是购进商品的采购成本。在交纳增值税的企业中，营业成本是指其不含税的成本。

（三）营业税金及附加

营业税金及附加是指由营业收入补偿的各种税金及附加费，主要包括营业税、消费税、资源税、城市维护建设税和教育费附加等。

（四）销售费用

销售费用是指企业在销售商品和材料、提供劳务的过程中发生的各种费用，包括企业在销售商品过程中发生的保险费、包装费、展览费和广告费、商品维修费、预计产品质量保证损失、运输费、装卸费等以及为销售本企业商品而专设的销售机构（含

销售网点、售后服务网点等）的职工薪酬、业务费、折旧费、固定资产修理费用等费用。

（五）管理费用

管理费用是指企业为组织和管理企业生产经营所发生的各种费用，包括企业在筹建期间内发生的开办费、董事会和行政管理部门在企业的经营管理中发生的或者应由企业统一负担的公司经费（包括行政管理部门职工薪酬、物料消耗、低值易耗品摊销、办公费和差旅费等）、工会经费、董事会费（包括董事会成员津贴、会议费和差旅费等）、聘请中介机构费、咨询费（含顾问费）、诉讼费、业务招待费、房产税、车船使用税、土地使用税、印花税、技术转让费、矿产资源补偿费、研究费用、排污费以及企业生产车间（部门）和行政管理部门等发生的固定资产修理费用等。

（六）财务费用

财务费用是指企业为筹集生产经营所需资金等而发生的筹资费用，包括利息支出（减利息收入）、汇兑损失（减汇兑收益）以及相关的手续费、企业发生的现金折扣或收到的现金折扣等。为购建固定资产的专门借款所发生的借款费用，在固定资产达到预定可使用状态前按规定应予资本化的部分，应计入有关固定资产的购建成本，不包括在财务费用范围内。

以上销售费用、管理费用、财务费用统称为期间费用。按照制造成本法，期间费用直接计入当期损益，无须将其分摊到产品的生产成本。这样，成本核算工作将大大简化，同时成本控制、成本分析也将更有针对性。

（七）资产减值损失

资产减值损失是指当企业资产的可收回金额低于其账面价值时企业计提各项资产减值准备所形成的损失。资产可收回金额的估计，应当根据其公允价值减去处置费用后的净额与资产预计未来现金流量的现值两者之间的较高者确定。计提资产减值准备的资产主要有固定资产、在建工程、无形资产、长期股权投资等。

（八）公允价值变动损益

公允价值变动损益主要是指交易性金融资产以及其他以公允价值计量的资产和负债由于公允价值变动形成的损益。如果企业取得该金融资产的目的主要是为了近期出售或回购，如企业以赚取差价为目的从二级市场购入的股票、债券、基金等，应当划分为交易性金融资产；或者属于衍生工具，如国债期货、远期合同、股指期货等，其公允价值变动大于零时，应将其相关变动金额确认为交易性金融资产。其他以公允价值计量的资产如存在活跃交易市场能够取得市场价格的投资性房地产。

（九）投资收益

投资收益是指企业从事各项对外投资活动取得的收益扣除其发生的损失以后的净

收益。包括长期股权投资中按照应享有或应分担被投资单位实现净利润或发生净亏损的份额或者被投资单位宣告分配的现金股利或利润中，投资企业应享有的部分；采用公允价值模式计量的投资性房地产的租金收入和处置损益；企业处置交易性金融资产、交易性金融负债、可供出售金融资产实现的损益；企业的持有至到期投资和买入返售金融资产在持有期间取得的投资收益和处置损益；证券公司自营证券所取得的买卖价差收入等。

二、利润总额

利润总额是指企业一定期间所实现的全部利润，也称税前利润。它由营业利润、营业外收支等构成，其计算公式为

$$利润总额 = 营业利润 + 营业外收入 - 营业外支出$$

（一）营业外收入

营业外收入是指企业发生的与日常活动无直接关系的各项利得。营业外收入并不是由企业经营资金耗费所产生的，不需要企业付出代价，实际上是一种纯收入，不可能也不需要与有关费用进行配比。营业外收入主要包括：固定资产处置利得、无形资产出售利得、非货币性资产交换利得、债务重组利得、政府补助、盘盈利得、捐赠利得等。

（二）营业外支出

营业外支出是指企业发生的与日常活动无直接关系的各项损失。主要包括固定资产处置损失、无形资产出售损失、非货币性资产交换损失、债务重组损失、公益性捐赠支出、非常损失、盘亏损失等。

三、净利润

净利润是指利润总额减去所得税费用后的剩余部分，也是归企业所有者的那部分收益，又称税后利润，其计算公式如下：

$$净利润 = 利润总额 - 所得税费用$$

所得税费用是指企业确认的应从当期利润总额中扣除的所得税费用，其计算公式如下：

$$所得税费用 = 应纳税所得额 \times 所得税率$$

式中，应纳税所得额是指企业每一纳税年度的收入总额，减除不征税收入、免税收入、各项扣除以及允许弥补的以前年度亏损后的余额。依照 2008 年 1 月 1 日起施行的《中华人民共和国企业所得税法》（以下简称《所得税法》）以及《中华人民共和国企业所得税法实施条例》，企业以货币形式和非货币形式从各种来源取得的收入，为收入总额，包括销售货物收入、提供劳务收入、转让财产收入、股息、红利等权益性投资收益、利息收入、租金收入、特许权使用费收入、接受捐赠收入等。减除的项目

包括以下几种。

（1）不征税收入。包括财政拨款，依法收取并纳入财政管理的行政事业性收费、政府性基金等。

（2）免税收入。包括国债利息收入，符合条件的居民企业之间的股息、红利等权益性投资收益，符合条件的非营利组织的收入等。

（3）各项扣除。是指企业实际发生的与取得收入有关的、合理的支出，包括成本、费用、税金、损失和其他支出，准予在计算应纳税所得额时扣除。

（4）允许弥补的以前年度亏损。企业纳税年度发生的亏损，准予向以后年度结转，用以后年度的所得弥补，但结转年限最长不得超过五年。

我国《所得税法》规定，在计算应纳税所得额时，下列支出不得扣除：向投资者支付的股息、红利等权益性投资收益款项，企业所得税税款，税收滞纳金，罚金、罚款和被没收财物的损失，赞助支出，未经核定的准备金支出，与取得收入无关的其他支出。另外，对一些支出规定有合理的标准，超标准的支出在计算应纳税所得额时不予扣除。如企业发生的公益性捐赠支出，在年度利润总额 12% 以内的部分，准予在计算应纳税所得额时扣除；非金融企业向非金融企业借款的利息支出，不超过按照金融企业同期同类贷款利率计算的数额的部分准予扣除；企业发生的合理的工资薪金支出准予扣除；企业发生的职工福利费支出，不超过工资薪金总额 14% 的部分准予扣除；企业拨缴的工会经费，不超过工资薪金总额 2% 的部分准予扣除；企业发生的职工教育经费支出，不超过工资薪金总额 2.5% 的部分准予扣除，超过部分准予在以后纳税年度结转扣除；企业发生的与生产经营活动有关的业务招待费支出，按照发生额的 60% 扣除，但最高不得超过当年销售（营业）收入的 5‰；企业发生的符合条件的广告费和业务宣传费支出，不超过当年销售（营业）收入 15% 的部分准予扣除，超过部分，准予在以后纳税年度结转扣除。

由于《所得税法》对捐赠、利息、工资、职工福利费、工会经费、职工教育经费、业务招待费、广告费和业务宣传费等都规定有标准，以及一些列入营业外支出的税收滞纳金、罚金、罚款和被没收财物的损失、赞助支出等在计算应纳税所得额时不得扣除等原因使企业会计核算的利润总额与应纳税所得额不一致。还有由于收入和支出计入应纳税所得额与利润总额的时间不一致所引起的差额，如税法与会计核算确定的固定资产折旧年限不同就可能导致折旧费计入利润总额的时间先于或后于计入应纳税所得额的时间，也会引起当期利润总额与应纳税所得额的不一致。

第三节 企业利润的分配

一、企业税后利润的分配顺序

利润分配既关系到企业与企业所有者之间的利益关系，也关系到企业的筹资、投资以及今后的发展，它是财务管理的一项重要内容。

个人独资企业和合伙企业的生产经营所得和其他所得，按照国家有关税收规定，由投资人或合伙人分别缴纳所得税。公司的税后利润分配，根据我国《公司法》第一百六十七条的规定，按照下列顺序分配。

（1）弥补公司以前年度亏损。公司的法定公积金不足以弥补以前年度亏损的，在依照规定提取法定公积金之前，应当先用当年利润弥补亏损。公司发生的年度亏损，可以用下一年度的税前利润等弥补。下一年度利润不足弥补的，可以在五年内延续弥补。五年内不足弥补的，用税后利润等弥补。这里弥补的亏损，包括以前年度所有的亏损。税前弥补和税后弥补主要反映在当年缴纳的所得税的不同。

（2）提取法定公积金。法定公积金按照当年税后利润扣除弥补公司以前年度亏损后的10％提取。法定公积金累计额为公司注册资本的50％以上的，可以不再提取。公司的公积金用于弥补公司的亏损、扩大公司生产经营或者转为增加公司资本。但法定公积金转为资本时，所留存的该项公积金不得少于转增前公司注册资本的25％。

（3）提取任意公积金。公司从税后利润中提取法定公积金后，经股东会或者股东大会决议，还可以从税后利润中提取任意公积金。任意公积金是公司自行决定提取的，并非法律强制规定要求的，对其提取比例、用途等《公司法》均未做出规定，而是交由章程或者股东会决议做出明确规定。

（4）支付股利。公司弥补亏损和提取公积金后所余税后利润，在有限责任公司中，除了全体股东另有约定外，按照股东实际缴纳的出资比例分取红利；在股份有限公司中，除了公司章程另有规定外，按照股东持有的股份比例分配。

二、股利支付方式与程序

所谓股利，是指公司依照法律或章程的规定，按期以一定的数额和方式分配给股东的利润。在股利分配的规定上，一般贯彻"无盈不分"的原则，即公司当年无盈利时，原则上不得分配股利。

（一）股利支付方式

股利支付通常有以下几种方式。

1. 现金股利

现金股利是以现金支付的股利，它是股利支付的主要方式。我国上市公司股利分配方案中的"派"，就是指现金股利或称派股息，如10派3，就是指每10股派3元的现金股利。公司支付现金股利除了要有累积盈余外，还要有足够的现金。这种股利支付方式会减少公司股东权益的账面价值。

2. 股票股利

股票股利是公司以增发的股票作为股利的支付方式。我国上市公司股利分配方案中的"送"，就是指股票股利或称送红股，如10送5，就是指每10股送5股的股票股利。公司支付股票股利并不直接增加股东的财富，不导致公司资产的流出或负债的增加，因而不是公司资金的使用，同时也不因此而增加公司的财产，它相当于原有股东将分配的利润用于公司的再投资。因此这种股利支付方式不会减少公司股东权益的账面价值，但会导致股东权益各项目的结构发生变化。西方国家通行的做法是以市价计算股票股利价格，即发放股票股利后股本和资本公积增加，未分配利润减少；而我国是按股票面值计算股票股利价格，即发放股票股利后股本增加，未分配利润减少。

3. 财产股利

财产股利是以现金以外的资产支付的股利，主要是以公司所拥有的其他企业的有价证券，如债券、股票作为股利支付给股东。

4. 负债股利

负债股利是公司以负债支付的股利，通常以公司的应付票据支付给股东，在不得已的情况下也有发行公司债券抵付股利的。

财产股利和负债股利实际上是现金股利的替代。我国《公司法》没有明确规定公司股利的支付方式。从目前来看，我国股份公司的股利支付方式主要是现金股利、股票股利或是两者的结合，很少使用财产股利和负债股利。

（二）股利支付程序

股份有限公司向股东支付股利，要经历一定的程序。这一程序包括以下几个重要日期。

1. 股利宣告日

股利宣告日就是公司董事会将股利分配方案予以公告的日期。公司的股利分配一般由董事会提出预案，经股东大会讨论通过后，登报正式对外公告。公告中将宣布每股支付的股利、股权登记日、除息除权日和股利支付日。

2. 股权登记日

股权登记日就是有权领取本次股利的股东资格登记截止日期。只有在股权登记日或之前在公司股东名册上登记的股东，才有权分享本次股利。在此日之后才取得股票的股东则无权分享本次股利。

3. 除息除权日

除息除权日就是除去股利的日期。在除息除权日当天或以后购买股票者将无权分配最近一次股利。如果一个新的股东想取得最近一次股利，必须在除息除权日之前购买股票，否则无权分配股利。在我国，通常将除去现金股利的日期称为除息日，除去股票股利的日期称为除权日，同时除去现金股利和股票股利的日期称为除息除权日。由于上海、深圳证券交易所当天成交的股票当天就能完成过户手续，因而规定除息除权日在股权登记日的后一个交易日。

4. 股利支付日

股利支付日就是将股利正式发放给股东的日期。公司从这一天开始的几天内，便签发每一股东应得股利数额的支票寄给股东。在我国，上市公司支付给股东的股利在支付日这天自动划转到股东账户。

例 8-3 某股份公司 2008 年实现净利润 27 500 万元，以前年度无亏损。该股份公司先提取 10% 的法定公积金 2 750 万元，8% 的任意公积金 2 200 万元后，公司董事会 2009 年 5 月 15 日宣布，以公司现有总股本 26 550 万股为基数，向全体股东实施 10 送 6 转增 4 派 2 的分红方案，即送红股 15 930 万元，派现金 5 310 万元；另将公司资本公积金 10 620 万元转增股本 10 620 万股。公告称，截至 2009 年 5 月 22 日下午深圳证券交易所交易收市后，在中国证券登记结算有限公司深圳分公司登记在册的本公司股东为这次分红派息及资本公积金转增股本对象。2009 年 5 月 25 日为除息除权日。本次红股和转增股于 2009 年 5 月 25 日直接记入股东的证券账户。现金股息于 2009 年 5 月 25 日通过股东托管券商直接划至其资金账户。

由上看出，该公司当年实现的净利润 27 500 万元在提取法定公积金 2 750 万元、任意公积金 2 200 万元以及送红股 15 930 万元、派现 5 310 万元后尚剩余 1 310 万元未分配利润。本次利润分配完后，公司的总股本将变为 53 100 万元。原来的资本公积项目将减少 10 620 万元，原来的盈余公积项目将增加 4 950 万元，未分配利润项目将增加 1 310 万元。几个重要日期如下。

(1) 股利宣告日：2009 年 5 月 15 日。

(2) 股权登记日：2009 年 5 月 22 日。

(3) 除息除权日：2009 年 5 月 25 日。

(4) 股利支付日：2009 年 5 月 25 日。

一般来说，在除息除权日，股票价格要进行除息除权处理

$$除息除权报价 = \frac{股权登记日收盘价 - 每股股息}{1 + 每股送及转增的股数}$$

如果该公司股票在股权登记日的收盘价为 28.20 元，则除息除权报价为

$$\frac{28.20 - 0.20}{1 + (0.6 + 0.4)} = 14.00(元)$$

如果该公司股票在除息除权日的收盘价为 14.70 元，则该股票当日涨幅为

$$\frac{14.70 - 14.00}{14.00} = 5\%$$

三、股利政策

股利政策是指公司在支付股利方面所采取的方针政策。股利政策主要涉及公司对其收益进行分配或留存以用于再投资的决策问题。较高的股利意味着只能留存较少的资金用于再投资，这必然会限制企业未来的增长速度，从而影响股票价格。因此公司在制定股利政策时，应当兼顾公司未来发展对资金的需要和股东对本期收益的要求，以实现股东财富最大化的财务目标。

(一) 股利理论

在股利分配对公司价值的影响这一问题上，存在以下三种不同的观点。

1. 股利无关论

美国著名财务专家默顿·米勒（Merton Miller）和弗兰克·莫迪格利尼（Franco Modigliani）（以下简称 MM）在 1961 年 10 月发表的《股利政策、增长和股票价值》的著名论文中曾断言：股利政策对公司的股票价格没有影响。他们认为，股利政策与公司价值无关，公司价值只由公司本身的获利能力和风险组合决定，因而它取决于公司的资产投资政策，而不是收益的分配与留存的比例情况。在一系列特定的假设条件下，假如某一公司发给股东较高的股利，那么他们就必须发行更多的股票，其数额正好等于公司支付的股利。

MM 是在以下五个假设条件下提出上述理论观点的。

（1）不存在任何个人或公司所得税。

（2）不存在任何股票发行或交易费用。

（3）投资者对一元股利和一元资本利得没有偏好。

（4）公司的资本投资政策独立于其股利政策。

（5）关于未来的投资机会，投资者和管理者可获得相同的信息。

MM 假定显然是不够严谨的。因为公司的投资者实际上都必须缴纳所得税，公司必须承担发行费用，投资者必须承担交易费用，而且管理者得到的信息总要强于外部投资者，因此 MM 的股利无关论在现实中可能不是有效的。

2. "在手之鸟"论

MM 股利无关论的一个非常关键的假设是：投资者对股利和资本利得没有偏好。这一观点在学术界引起了激烈的争论。其中迈伦·戈登（Myron Gordon）和约翰·林特勒（John Lintner）认为，股利收入要比留存收益带来的资本利得更为可靠。因为资本利得的不确定性高于股利收入的不确定性，按固定成长股票模式，在股东要求的收益率 $K_s = D_1 / P_0 + g$ 中，股利收益率 D_1 / P_0 的风险低于 g 的风险，故随着股利支出的减少，股东要求的收益率 K_s 会增加，这样投资者会认为一美元的股利收入的价值实际上超过了一美元资本利得的价值，因此投资者偏好股利收入而非资本利得。正所谓"双鸟在林，不如一鸟在手"。

而 MM 则认为，对于股利收益率和资本利得率，投资者并无偏好，因此投资者要求的收益 K_s 不受股利政策的影响。他们把戈登-林特勒的论点称为"在手之鸟"谬误。其理由是：相当多的投资者仍会将他们的股利投资在原来的公司，因为对投资者来说，一个公司的现金流量的风险是由该公司的资产现金流量而不是股利分配政策决定的。

3. 税差理论

在 1986 年前，美国的长期资本利得只有 40％按普通所得税率计征所得税，因此一个处于 48％边际税率等级的投资者，其股利收入的税率为 48％，其长期资本利得的税率则为 48％×40％＝19.2％。尽管现行税法规定资本利得与股利收入的税率相同，但由于股利所得税在股利发放时征收，而资本利得税在股票出售时征收，对于股东来说，资本利得具有推迟纳税的效果。因此，尽管两种股票的税前期望收益率相同，但税后期望收益率却不同，资本利得率高、股利收入率低的股票，其税后期望收益率会大于资本利得率低、股利收入率高的股票。

考虑到纳税的影响，投资者对具有较高股利收入的股票要求的税前收益率要高于较低股利收入的股票。因此税差理论认为，股利收入比资本利得的税率高，或者即使相等，但由于资本利得具有递延纳税的作用，因此只有采取低股利支付率的政策，才有可能使公司价值最大化。

在我国，《个人所得税法》规定，股息、红利所得属于应纳税项目，税率 20％，考虑到我国股市的实际情况和股票转让收益的特殊性，目前对股票资本利得暂不征收个人所得税。

上述三种理论分别有三种不同的结论。MM 认为，如果股票市场是完美市场，股利政策是无关的，即股利政策不影响公司价值，因而最优的股利政策并不存在，所有的股利政策都是等价的。戈登-林特勒认为，股利收入的风险小于资本利得的风险，因此公司应当采纳较高股利发放率的政策，提供较高的股利收益率，以使其资金成本最小化。税差理论认为，由于股利收入的税率高于资本利得的税率，因而高股利收益的股票，投资者要求有较高的收益率，因此公司应当采取低股利支付率政策，以实现资金成本最小化和价值最大化。

以上三种理论得出的结论是矛盾的。究竟哪种理论是正确的呢？财务学家为此做了大量的实证研究。例如，美国经济学家莱森伯格（Litzenberger）和拉姆斯韦（Ramaswamy）根据 1936～1977 年的纽约股票交易所资料进行了研究，结果表明高股利股票的确比低股利股票具有更高的总收益，股利收益率每增加一个百分点，投资者要求的收益率增加 0.24％，这似乎证明了税差理论。但其他一些学者根据他们的模型计算股利效应系数为零，即股利收益对要求收益率没有影响，这似乎又证明了股利无关论。上述研究的最大缺陷是，研究人员不得不用历史数据来替代预期收益率，这可能会导致矛盾的结果。

（二）其他股利政策问题

在讨论实际的股利政策之前，还有三个问题需要考察，因为它们可能会影响我们对上述三种理论的看法。这三个问题如下。

1. 信息内涵假定

MM 股利无关论是假设一切人包括所有的投资者和管理者对公司的投资机会及预期的股利收入分配都有相同的看法。然而事实上，投资者对未来的股利发放水平及这种发放的不稳定性持有不同的见解，而对信息的获得，管理者要比一般股东处于更为有利的地位。

有些学者认为，股东给投资者传播了公司收益状况的信息，或者反映了公司管理层有了改善经营状况的决心。如果一个公司经营状况不是十分理想，他可能会长期实施稳定的低支付率的股利政策。一旦公司改变股利政策，提高股利支付率，投资者会认为公司的财务状况已得到改善，或者管理层下决心改善公司未来收益状况。股利的提高传递了公司未来可能创造更多利润的信息，这样的股票会吸引更多的投资者；如果一个公司降低股利，那么它会传递相反的信息，股东可能会抛售这种股票。

2. 股东构成影响

不同阶层的股东对股利发放率有不同的要求，如退休人员和基金组织通常比较关心本期收入，他们希望公司能将其收益的较高比例作为股利予以发放。他们通常处于低税级甚至零税级，因而对纳税问题并不重视。但是，有些股东却更愿意重新投资，他们并不需要本期股利收入作为开销。因此，所得股利纳完所得税后又被重新投资。

如果公司不发放股利，而是将它们留存以用于再投资，这对那些希望获得本期收入的股东来说是不利的。他们虽然能够获得资本利得，但同时他们又不得不卖掉一些股份以换取现金，而且某些股票的出售是受限制的。但是，那些愿意将股利积蓄起来的股东则更欢迎低股利政策。因为公司支付的股利越多，他们当年所要缴纳的税也越多。因此那些需要本期收入的投资者应该拥有高股利公司的股票，而那些不急需本期收入的投资者则应拥有低股利公司的股票。一些研究证明，股东构成影响事实上是存在的。

3. 股利政策与代理成本

股利政策中最令人不解的是为什么公司支付完了股利后再发行新证券。因为发行新证券的成本可能是很高的，只有未来的投资机会很差以至于净收益不能在公司内有效地进行再投资时，支付股利才对公司有利。

一个原因是发放股利的信号价值，但是很难想象信号价值的提高会大于发行新证券的成本；另一个原因就是支付股利涉及代理问题，由于股东和管理者之间的冲突，股东愿意花费代理成本去监督管理者的行为。但是，对于一些大的上市公司，股东很难共同地监督管理者的行为，因此也就没有监督。在这种情况下，监督管理者行为的最有效方法就是引入一些能代表股东利益的其他参与者。当公司必须频繁筹集外部资金时，监督问题实际会减少很多。当一个公司发行股票或债券，它的经营和财务决策将被承销商的投资银行家、评级机构的分析家、零售经纪公司的证券分析家以及购买新证券的投资者仔细检查，而公司的现有投资者只能通过投票或出售他们的证券来影响管理者的行为。如果新投资者发现不适当的管理者行为，将会拒绝购买公司的证券。实际上，在监督方面，新投资者比老投资者更有效。因此当公司必须持续向外筹资时，代理问题就会减少。

资本市场监管的股利政策作用应该是明显的。对于一定的投资额，股利支付越高，公司必须发行新证券的频率也越高，较高的支付政策因此会迫使公司经历资本市场的频繁检查，这个评估过程缓和了代理问题。如果支付股利后另外发行证券的发行费用小于由此而减少的监督成本，那么支付较多股利就有意义。

（三）实际实施的股利政策

不同的股利理论得出的结论是互相冲突的，在股利分配的实务中，公司经常采用的股利政策如下。

1. 剩余股利政策

这一股利政策主张公司税后利润在满足投资需求后的剩余部分才作为股利发放。由于股利政策受投资机会及所需资金的可得性两者共同影响，这就导致了剩余股利支付理论的发展。该理论阐述了公司在决定其股利发放率时，必须遵循以下四个步骤。

（1）确定最优资本预算。

（2）确定为此预算的需要所应筹集的权益数额。

（3）最大可能地利用留存收益来满足这一权益数额的需要。

（4）只有在其收益满足最优资本预算需要还有剩余的情况下才发放股利。

大多数公司都有一个目标资金结构。由于留存收益的资金成本小于发行股票的资金成本，因此当公司有好的投资机会时，为了保持目标资金结构，使加权平均资金成本最低，公司应尽可能利用留存收益，只有在留存收益不能满足投资需要时，才向外发行新股。

例 8-4 某股份公司当年提取公积金后的税后净利润为 800 万元，下一年的投资计划所需资金 1 000 万元，公司的目标资金结构为权益资金占 60%，负债资金占 40%。

按照目标资金结构的要求，公司投资计划所需的权益资金数额为

$$1\,000 \times 60\% = 600（万元）$$

公司当年全部可用于分配股利的税后净利润为 800 万元，在满足上述投资计划所需的权益资金数额后尚有剩余，剩余部分将作为股利发放。当年发放的股利为

$$800 - 600 = 200（万元）$$

2. 固定或稳定增长股利政策

这一股利政策是将每年发放的股利固定下来，并在较长的时期内保持不变，只有当公司确信未来收益将足以维持新股利的时候才宣布增加股利。但在通货膨胀的情况下，大多数公司的收益会随之提高，且大多数股东也希望公司能提供足以抵消通货膨胀不利影响的股利。因此在长期通货膨胀的年代里，大多数奉行固定股利政策的公司转而实行稳定增长的股利政策，即公司制定一个目标股利年增长率，每年股利都在上一年股利的基础上增长，如 5%。显然，只有在收益稳定增长的情况下，采用稳定增长的股利政策才是可行的。

实行固定或稳定增长的股利政策的原因主要在于避免股利减少对公司价值产生的不利影响。如果前述的信息内涵假设成立的话，那么稳定的股利将向投资者传递公司正常发展的信息，这样有利于增强投资者的投资信心，从而稳定公司的价值。另外，

那些需要股利作本期消费的股东也希望能获得稳定的股利，以便投资者合理安排收入与支出。股利的波动有可能损害投资者的信心，从而导致股价的大幅波动。

实施固定或稳定增长股利政策的公司，其股利支付与盈利脱节，在盈利较少时会出现财务状况紧张，甚至发生财务危机；当未来股利无法支付时会导致公司价值暴跌。另外，股利支付可能会影响投资计划的实施，或者使资金结构偏离目标值，从而加大资金成本。

3. 固定股利支付率政策

这一股利政策是公司确定一个股利占净利润的比例，长期按此比率支付股利。在这一股利政策下，股利支付额随公司经营好坏而上下波动，甚至波动很大，极易造成公司不稳定的形象。由于前面讨论过的一些原因，这种政策不可能使公司价值最大化，因而有人称这是一种令公司倒闭的政策。尽管如此，仍有一些公司是按这一政策发放股利的，因为这种股利政策能使股利与公司净利润紧密地配合，体现多盈多分、少盈少分、无盈不分的原则；在公司盈利较差时，也减轻了公司支付股利的压力。

4. 低正常股利加额外股利政策

正常股利有时又称为股息，一般是固定的，且数额较低。这一股利政策是指公司每年都按期支付固定的正常股利，然后再根据公司经营情况决定在年末是否追加一笔额外分红。这一政策既赋予公司一定的灵活性，使公司盈利较少或投资需用较多资金时，仍可使投资者的最低股利收入得到保证，又可在公司盈利较多时，使股东分得较多股利。例如，一个公司的收益及现金流量变动相当大，那么这种政策也许是最佳选择。根据这一政策原理，公司可以制定一个比较低的固定股利——低得足以使公司在最低盈利年份或需留存较多收益的年份也能够负担，而在资金丰裕的情况下，则可支付一些额外分红。

（四）影响股利政策的因素

前面我们介绍了有关股利政策影响公司价值的几种理论及实际实施的四种股利政策，公司可以根据自己对这些理论的看法及影响股利政策的因素，选择某一股利政策。影响股利政策的因素如下。

1. 法律因素

为了维护与公司股利分配有关的各方经济利益，各国的法律对公司的股利分配顺序、分配比例、资本保全、留存收益限额等方面都有所规范，公司必须在法律许可范围内进行股利分配。这些法律上的约束通常有以下几点。

（1）资本保全。各国法律都要求公司在支付股利时要保全资本，即规定公司不能用资本（包括股本和资本公积）发放股利。我国《公司法》第一百六十七条规定："股东会或董事会违反规定，在公司弥补亏损和提取法定公积金之前向股东分配利润的，股东必须将违反规定分配的利润退还公司。"这一条从利润分配的程序上保证了资本的完整性。

（2）公司积累。一些国家法律规定公司必须按净利润的一定比例提取公积金。我国《公司法》第一百六十七条规定："公司分配当年税后利润时，应当提取利润的百分之十列入公司法定公积金。公司法定公积金累计额为公司注册资本的百分之五十以上的，可以不再提取。"这一规定限制了向投资者进行利润分配的部分。

（3）净利润。各国法律都规定，公司的利润必须在弥补全部亏损之后才可发放股利。我国《公司法》也有此规定。这种规定往往是为了鼓励公司积累资本。

（4）超额累积利润。由于一般对资本利得征税较低，因而有些公司通过积累利润，使股价上涨，从而帮助股东避税。因而有些国家又规定公司不得超额累积利润，对不合理的留存收益征收惩罚性税收。但是我国法律对公司累积利润只是规定"公司法定公积金累计额为公司注册资本的百分之五十以上的，可以不再提取"，并未对超额留存收益作出限制和征税。

2. 债务合同因素

公司对外借债时，要签订债务合同，尤其是长期债务。债权人为防止股东、公司管理当局滥用权力，保护自身的利益，往往在合同中加入一些限制性条款。如限制最高股利数额，限制流动比率、速动比率、利息保障倍数等财务指标的最低数额，限制营运资金的最低数额等。这些限制都可能使公司的股利政策受到影响。

3. 股东因素

公司在制定股利政策时不能不考虑股东的要求，股东从自身需要出发，对公司的股利分配会产生以下一些影响。

（1）稳定的收入和避税。一些依靠股利维持生活的股东，往往要求公司支付稳定的股利，若公司留存较多的利润，将受到这部分股东的反对。另外，一些高股利收入的股东又出于避税的考虑，往往反对公司发放较多的股利。

（2）控制权的稀释。公司发放较多的股利，就会导致留存收益减少，如果公司有好的投资机会，势必要增发新股，从而导致原有股东控制权的稀释。因此，股东为了维持他们在公司的控制权，宁愿不分配股利。

4. 公司因素

公司内部的因素主要包括以下几点。

（1）盈利的稳定性。盈利是公司支付股利的前提。盈利稳定的公司在选择股利政策时比较灵活，而盈利不稳定的公司一般只能采取低股利政策，以减少股价大幅波动的风险。

（2）资产的流动性。资产的流动性也就是指资产的变现能力。较多地支付现金股利，会减少公司的现金持有量，使资产的流动性降低，从而偿债能力降低。因此，资产流动性强、现金充足的公司，现金股利支付可多些；反之，现金股利支付会因公司必须保持一定的资产流动性而受到限制。

（3）举债能力。支付现金股利后，公司的举债能力会下降，严重的可能会导致破产。因此，举债能力弱的公司应少支付股利。

（4）投资机会。有着良好投资机会的公司，往往将利润的大部分用于投资，从而减少了股利的支付额。高速成长中的公司多采用低股利政策，发展减慢、缺乏良好投资机会的公司则采取高股利政策。

（5）资金成本。留存收益的资金成本比发行股票低，且不会增加公司财务危机成本。因此，为了使公司资金成本最低、价值最大，当公司需要扩大资金规模时，应当采取低股利政策。

（6）偿债需要。公司如果有债务到期，既可通过借新债、发行新股筹集资金还债，也可直接用留存收益还债。当外部筹资有困难或资金成本较高时，就只能依靠留存收益，这时股利支付将会减少。

股利政策除了受法律、债务合同、股东、公司等因素影响外，还受宏观经济环境的影响。如在通货膨胀情况下，大多数公司的利润会随之提高，股东也希望公司能提供足够的股利以抵消通货膨胀的不利影响。但通货膨胀也会造成公司用提取的折旧进行固定资产重置更新的压力加大。因此，公司应权衡通货膨胀给公司带来的影响，选择适当的股利政策。

（五）股票分割与股票回购

股票分割与股票回购虽然不属于某种股利方式，但其所产生的效果与发放股票股利或现金股利类似，因此在此介绍。

1. 股票分割

股票分割是指将面值较高的股票分割成面值较低股票的转变过程。股票分割后，发行在外的股数增加，使得每股面值降低，每股收益下降，但股东权益总额及其各项目的金额不会改变。这与发放股票股利时的情况既有相同之处，又有不同之处。相同之处在于它们都使发行在外的股数增加，每股收益下降，但股东权益不变；不同之处在于股票分割降低了每股面值，而股票股利不改变每股面值，股票分割不会改变股东权益各项目的金额，而股票股利会导致股东权益各项目金额的改变。

从实践效果看，由于股票分割与股票股利非常接近，所以一般要根据证券管理部门的具体规定对二者加以区分。例如，美国纽约证券交易所规定，发放 25％以上的股票股利即属于股票分割。

对于公司来讲，实行股票分割的主要目的在于通过增加股票数量来降低每股市价，从而吸引更多的投资者。此外，股票分割往往是成长中公司的行为，所以股票分割传递的是有利信息，通常只有前景良好的公司才进行股票分割，此时投资者往往相信该公司每股收益会继续大幅增加。

对于股东来讲，股票分割后各股东持有的股数增加，但持股比例不变，持有股票的总价值不变。由于股票分割降低了每股市价，因而有利于股票的流通及增加投资者购买的兴趣，另外，股票分割传递了一种有利信息，这些都有利于股价的上升，从而增加股东财富。

尽管股票分割与发放股票股利都能达到降低公司股价的目的，但一般地讲，只有在公司股价急剧上升时才采用股票分割的办法降低股价；如果公司股价上涨幅度不大时，往往通过发放股票股利来维持股价。

相反，若公司认为自己股票价格过低，为了提高股价，使之保持在合理价位，则会采取反分割（也称股票合并）的措施。反分割就是将几股面值较低的股票合并为一股面值较高的股票。

2. 股票回购

股票回购是指公司出资购回其发行在外股票的行为。公司购回的股票被作为库藏股，公司发行在外的股数将因此减少。如果回购不会对公司收益产生不良影响，那么发行在外股票的每股收益将有所增加，从而导致股价上涨，股东从而获得资本利得。因此，股票回购可以看作是现金股利的一种替代方式。

对股东来说，股票回购的宣告可以被看作是一种利好，因为回购的决定往往是在公司认为该公司股价过低的情况下作出的。股票回购后，剩余股票会因发行在外的股数减少而股价上涨，股东可获得资本利得。资本利得往往可使股东减少纳税或避税。

另外，当公司权益资金比例过高，可通过借入资金回购股票来减少权益资金，从而调整资金结构；同时由于财务杠杆作用的加大以及股数的减少，使每股收益增加，在一定程度上使股东受益。股票回购往往也是企业兼并过程中的部分工作，当有了库藏股后，则可用于交换被兼并公司的股票，减少现金流出。

对公司来说，当公司现金较多而又无适当的投资项目，发放过多股利将使股东多纳税，这时如采用股票回购，就可使股东减少纳税或避税；而当公司现金不足时，公司可以抛售库藏股来获取现金。在西方国家出售库藏股一般不必经过股东认可，也不一定要让老股东认购。

一些人认为那些实施股票回购的公司的增长率通常要低于那些不实施股票回购的公司，好的投资机会也较少。因此，如果说股票回购传递的是这种不利信息的话，那么就有可能对股票价格产生不利影响。

另外，股票回购被认为是公司帮助股东逃税的一种手段。如果被认定股票回购的目的是逃税，该公司就可能受到重罚。还有，股票回购有时被怀疑是在操纵股价，因此有可能会受到证券交易委员会的调查或处罚。因此，公司实施股票回购计划必须慎重，且在股票回购之前要宣布回购计划，阐明回购股票的原因。

在我国，《公司法》对股票回购行为作了十分严格的限制。《公司法》第一百四十三条规定：公司不得收购本公司股份，但为减少公司注册资本而注销股份或者与持有本公司股份的其他公司合并或将股份奖励给本公司职工的除外。属于减少公司注册资本的，应当自收购之日起十日内注销；属于与持有本公司股份的其他公司合并的，应当在六个月内转让或者注销；公司为了将股份奖励给本公司职工而收购的本公司股份，不得超过本公司已发行股份总额的百分之五，用于收购的资金应当从公司的税后利润中支出，所收购的股份应当在一年内转让给职工。

复习思考题

1. 解释固定成本、变动成本和混合成本的含义。

2. 写出本量利关系式，画出本量利关系图。

3. 什么是盈亏平衡点？通常有哪几种表示方式？

4. 什么是安全边际率？如何据此判断企业生产经营的安全性？

5. 提高企业利润的途径有哪些？如何分析各因素变动对利润的影响程度？

6. 说明企业营业利润、利润总额和净利润的构成及其内容。

7. 什么是制造成本？什么是期间费用？各包括哪些内容？

8. 企业的应纳税所得额与利润总额有什么不同？如何对利润总额进行调整而得到应纳税所得额？

9. 我国企业进行利润分配的法定顺序是怎样规定的？

10. 股利的支付方式有哪几种？企业应如何进行选择？

11. 股利支付程序中有哪几个重要日期？它们有什么关系？如何进行股票价格的除息除权？

12. 股利理论有哪几种观点？企业制定股利政策时，是否一定要依赖于某种股利理论的指导？对此，你有什么看法？

13. 具体的股利政策有哪些？企业应如何选择股利政策？

14. 企业在制定股利政策时，应认真分析与权衡考虑哪些影响因素？

15. 股票分割、股票回购是怎么回事？它们与股票股利有何区别？

练 习 题

1. 某洗衣机厂设计生产能力为 10 万台，企业核算变动成本为 1 200 元/台，固定成本为 4 800 万元，市场预测销售价格为 2 000 元/台。问：

(1) 当销售量达到多少时可以达到盈亏平衡？

(2) 盈亏平衡点生产能力利用率是多少？

(3) 当企业销售量为 8 万台时，企业的生产经营是否安全？

2. 某企业生产甲、乙两种产品，产品的单价分别为 50 元和 20 元，边际贡献率分别为 20％和 15％，全年固定成本为 360 000 元，甲、乙两种产品预计销售量分别为 30 000 件和 50 000 件。假设甲、乙产品销售收入在总销售收入中的比例不变，要求：

(1) 计算加权平均边际贡献率和盈亏平衡点销售额。

(2) 如按预计销售量进行销售，企业的生产经营是否安全？

(3) 如果增加广告费 100 000 元，可使甲、乙产品的销售量均增加 20％，问这一广告措施是否可行？

3. 某企业生产和销售一种产品，单价 30 元，单位变动成本 25 元，全月固定成本 100 000 元，每月销售 40 000 件。要求：

(1) 计算企业每月的利润。

(2) 企业希望在原利润基础上增加 50％，如采取单项措施，相关因素应如何调整？

(3) 计算影响利润各因素的敏感系数。

4. 某公司 2008 年实现利润总额 2 000 万元，有关调整项目如下。

(1) 投资收益 300 万元。其中国库券利息收入 30 万元；证券买卖价差收入 100 万元；从子公司分得利润 150 万元，子公司已按 15％的税率交纳所得税。

（2）往年累计亏损 110 万元，其中超过 5 年的亏损 40 万元。

（3）财税部门核定该公司工资总额 400 万元，实际工资支出 480 万元。

（4）公司向内部职工发行债券集资 500 万元，按 10% 的利率支付利息 50 万元，同期银行贷款利率 6%。

（5）支付拖欠税款的滞纳金 10 万元。

该公司的所得税率为 25%。要求计算应纳税所得额和应纳所得税。

5. 某公司 2007 年发放股利共 225 万元。过去 10 年间，该公司的净利润以固定的 10% 的速度持续增长。2007 年净利润为 750 万元。2008 年实现净利润为 1 200 万元，而投资机会总额为 900 万元。预计 2009 年以后仍会恢复 10% 的增长率。公司如果采取下列不同的股利政策，请分别计算 2008 年的股利：

（1）股利按照净利润的长期增长率稳定增长。

（2）维持 2007 年的股利支付比率。

（3）采用剩余股利政策（目标资金结构为 70% 权益资金，30% 负债资金）。

（4）2008 年投资的 90% 以留存利润投资，10% 用负债。未投资的税后利润均用于发放股利。

（5）2008 年投资的 30% 用于外部所有者权益筹资，30% 用负债，40% 用留存利润。未投资的税后利润用于发放股利。

6. 某公司的股票每股收益为 7 元，股利为 4 元。按 1∶2 进行股票分割之后，股利成为每股 2.70 元。试问股利支付比率提高了多少？

7. 某公司的所有者权益账户如下：

普通股（每股面值 1 元）	400 000 元
股本溢价	300 000 元
留存收益	1 800 000 元
股东权益总额	2 500 000 元

该公司股票的现行市价为每股 10 元。试计算

（1）发行 10% 的股票股利后，该公司的股东权益账户有何变化？

（2）按 1∶2 的比例进行股票分割后，该公司的股东权益账户如何变化？

（3）该公司准备从留存收益中拨出 800 000 元发放现金股利，则每股市价预期为多少？

（4）该公司准备从留存收益中拨出 800 000 元以每股 10 元的价格购回股票，假定该公司当年税后利润为 1 200 000 元，则每股收益将发生什么变化？

8. 某公司正在考虑四个投资机会，所需投资额和预期投资收益率列示如下表。

方案	投资额/元	预期投资收益率/%
A	275 000	17.50
B	325 000	15.72
C	550 000	14.25
D	400 000	11.65

该公司资金成本为 14%，投资额通过 40% 的负债和 60% 的股东权益筹集取得，可用来再投资的保留利润为 750 000 元。

请通过计算回答：

（1）哪几个投资方案是可行的？根据剩余股利理论，可支付多少股利？

（2）若资金成本为 10%，则情况又如何？

第九章

财务报表与分析

第一节 财务报表

一、财务报表体系

财务报告是指企业对外提供的反映企业某一特定日期的财务状况和某一会计期间的经营成果、现金流量等会计信息的文件。财务报告通常提供以下财务信息：①关于企业的经济资源上的权利及其变动而引起的各种交易、事项和情况的信息；②关于企业在报告期内的经营效果，即生产经营活动所引起的资产、负债和所有者权益的变动及其结果的信息；③关于企业现金流动，即怎样取得和使用现金的信息；④反映企业的经营者向资源提供者报告如何对受托使用的资源进行保值增值活动等有关受托经济责任的信息。

财务报告的使用者一般包括企业现有和潜在的投资者、债权人、职工、业务关联企业、有关政府机构和社会公众等。财务报告应有助于满足诸多使用者进行不同经济决策时对财务信息的共同需求。财务报告的主要作用表现在：①反映企业经营者的受托经济责任履行情况；②有助于投资者和债权人等进行合理的决策；③是诸多经济合同（契约）制订与执行的依据，直接影响到与企业相关集团的经济利益问题；④能够帮助企业经营者改善经营管理，协调企业与相关利益集团的关系，促进企业快速、稳定、健康地发展；⑤能够帮助国家有关部门实现其经济与社会目标，进行必要的宏观调控，促进社会资源的有效配置。

财务报告包括财务报表和其他应当在财务报告中披露的相关信息和资料。财务报表是对企业财务状况、经营成果和现金流量的结构性表述，由基本财务报表和作为财务报表组成部分的附表和附注组成。基本财务报表有资产负债表、利润表和现金流量表。

财务报表按编报期间的不同分为中期财务报表和年度财务报表。中期财务报表是以短于一个完整会计年度的报告期间为基础编制的财务报表，包括月报、季报和半年报等。按财务报表编报主体的不同，可以分为个别财务报表和合并财务报表。个别财务报表是由企业在自身会计核算基础上对账簿记录进行加工而编制的财务报表，它主要反映企业自身的财务状况、经营成果和现金流量情况。合并财务报表是以母公司和子公司组成的企业集团为会计主体，根据母公司和所属子公司的财务报表，由母公司编制的综合反映企业集团财务状况、经营成果及现金流量的财务报表。

二、资产负债表

（一）资产负债表的概念及其作用

资产负债表是指反映企业在某一特定日期资产、负债和所有者权益及其构成情况的会计报表，又称财务状况表。它反映企业在某一特定日期所拥有或控制的经济资源、所承担的现时义务和所有者对净资产的要求权。

资产负债表是根据"资产＝负债＋所有者权益"这一会计恒等式来编制的，主要从两个方面反映企业财务状况的时点（静态）指标：一方面反映企业某一日期的资产总额及其结构，表明企业拥有或控制的资源及其分布情况；另一方面反映企业某一日期的资金来源及其结构，表明企业未来需要清偿的债务数量与时间，以及所有者所拥有的权益。据此，财务报表使用者可以评价企业财务状况的优劣，预测企业未来财务状况的变动趋势，从而做出相应的决策。资产负债表的作用主要表现在以下几个方面：①反映企业拥有的经济资源及其分布情况；②反映企业的资金（本）结构；③反映企业的变现能力、财务实力和财务弹性，有助于解释、评价、预测企业的长短期偿债能力以及财务适应能力。

（二）资产负债表的格式

资产负债表主体的格式一般有三种：账户式、报告（垂直）式和财务状况式。

在我国，资产负债表采用账户式这一格式，报表分为左右两方，左方列示资产各项目，反映全部资产的分布及存在形态；右方列示负债和所有者权益各项目，反映全部负债和所有者权益的内容及其构成情况。其基本格式如表 9-1 所示。

表 9-1　资产负债表的基本格式
资 产 负 债 表

会企 01 表

编制单位：　　　　　　　　　　　　　年　　月　　日　　　　　　　　　　　单位：元

资　产	年初数	期末数	负债及所有者权益 （或股东权益）	年初数	期末数
流动资产：			**流动负债：**		
货币资金			短期借款		
交易性金融资产			交易性金融负债		
应收票据			应付票据		

资　产	年初数	期末数	负债及所有者权益 （或股东权益）	年初数	期末数
应收账款			应付账款		
预付款项			预收款项		
应收利息			应付职工薪酬		
应收股利			应交税费		
其他应收款			应付利息		
存货			应付股利		
一年内到期的非流动资产			其他应付款		
其他流动资产			一年内到期的非流动负债		
流动资产合计			其他流动负债		
非流动资产：			流动负债合计		
可供出售金融资产			非流动负债：		
持有至到期投资			长期借款		
长期应收款			应付债券		
长期股权投资			长期应付款		
投资性房地产			专项应付款		
固定资产			预计负债		
在建工程			递延所得税负债		
工程物资			其他非流动负债		
固定资产清理			非流动负债合计		
生产性生物资产			负债合计		
油气资产			所有者权益（或股东权益）：		
无形资产			实收资本（或股本）		
开发支出			资本公积		
商誉			减：库存股		
长期待摊费用			盈余公积		
递延所得税资产			未分配利润		
其他非流动资产			所有者权益合计		
非流动资产合计					
资产总计			负债和所有者权益总计		

（三）资产负债表的局限

为了不至于被资产负债表所提供的某些项目的表面现象所迷惑，而达到准确评价企业财务状况（了解真相）的目的，财务分析人员还有必要清楚资产负债表所存在的局限性。它的局限性具体表现在以下几点。

（1）资产和负债的确认和计量都涉及人为估计、判断，难以做到绝对客观真实。

（2）使用的会计程序方法具有很大的选择性，不同企业有不同的选择，导致报表信息在不同企业之间往往不具有可比性。

（3）对不同的资产项目采用不同的计价方法，使得报表上得出的合计数失去了可比的基础而变得难以解释，影响了财务信息的相关性。

（4）有些无法或难以用货币可靠计量的资产或负债完全被遗漏、忽略，但是此类信息均具有决策价值。被忽略的资产，比如：矿物、天然气或石油的已发现价值、牲畜、木材的增长价值、公司自创的商誉、企业自行设计的专利权、人力资源，等等。被忽略的负债，比如，各种执行中的赔偿合同、管理人员的报酬合约、信用担保、企业所承担的社会责任，等等。

（5）物价变动使以历史成本为计量属性的资产与负债严重偏离现实，从而造成以下一些后果：历史成本可能大大低于现行的重置成本，使资产的真实价值得不到反映，并可能出现虚盈实亏状况；持有的非货币性资产发生的亏损和债权人或债务人的权益发生的盈亏都不能作出报告；过去的费用与有关当期收入相配比，发生基础不一致的情况。这些后果直接对财务会计的基本前提、原则提出了挑战，也削弱了财务信息的可靠性与相关性。

（6）资产负债表有助于分析企业的偿债能力等，但它并不能直接披露偿债能力本身。比如，存货不能光看它的数额，更重要的是要去调查研究它的质量（如是否是积压、滞销的存货）。

为了做出正确的财务分析，财务分析人员必须利用各种知识、经验去判断，甚至需要收集其他相关的非会计所提供的信息加以支持。

三、利润表

（一）利润表的概念及其作用

利润表是指反映企业在一定会计期间的经营成果的会计报表，又称为损益表。

利润表按照"利润＝收入－费用"这一公式编制。利润表反映企业经营业绩的主要来源和构成，有助于使用者判断净利润的质量及其风险，有助于使用者预测净利润的持续性，从而作出正确的决策。对报表使用者而言，利润表的主要作用有：①通过利润表，可以反映企业一定会计期间的收入实现情况，如实现的营业收入、投资收益、营业外收入各有多少；②可以反映一定会计期间的费用耗费情况，如耗费的营业成本、营业税费、销售费用、管理费用、财务费用、营业外支出等各有多少；③可以反映企业生产经营的成果，即净利润的实现情况，有助于考核企业经营者的经营业绩与效率；④将利润表中的信息和资产负债表的信息相结合，可以反映资产的利用效率和获利能力，便于报表使用者判断企业未来的发展趋势，作出经济决策。

利润表是按权责发生制编制的，凡是当期已经实现的收入和已经发生或应当负担的费用，不论款项是否收付，都应作为当期的收入和费用处理；凡是不属于当期的收入和费用，即使款项已经在当期收付，都不应作为当期的收入和费用处理。利润计量带有一定的不确定性，对财务分析而言，也有一定的缺陷，主要表现在：①只反映已实现的利润，而不包括未实现的收益，后者往往是报表使用者进行决策的有用信息。②会计利润只考虑对原始投入货币资本的保全，在物价变动时，并不能使实物资本得以保全，从而有可能造成虚盈实亏的现象。③财务管理更需要以收付实现制为基础的现金流动信息，但利润与现金流动有很大差距，利润大的企业不一定能说明其现金流动状况良好。

（二）利润表的格式

为了提供清晰明了的信息，利润表应以一定的分类和列示顺序来表达损益各要素的关系。常见的利润表格式主要有单步式和多步式两种。

在我国，利润表采用的是多步式格式，即通过对当期的收入、费用、支出项目按性质加以归类，按利润形成的主要环节列示一些中间性利润指标，分步计算当期净损益。利润表的基本格式如表 9-2 所示。

表 9-2　利润表的基本格式
利 润 表

会企 02 表

编制单位：　　　　　　　　　＿＿＿年＿＿＿月　　　　　　　　　　　　单位：元

项　　目	本月数	本年累计数
一、营业收入		
减：营业成本		
营业税金及附加		
销售费用		
管理费用		
财务费用		
资产减值损失		
加：公允价值变动损益（损失以"－"号填列）		
投资收益（损失以"－"号填列）		
其中：对联营企业和合营企业的投资收益		
二、营业利润（亏损以"－"号填列）		
加：营业外收入		
减：营业外支出		
其中：非流动资产处置损失		
三、利润总额（亏损总额以"－"号填列）		
减：所得税费用		
四、净利润（净亏损以"－"号填列）		
五、每股收益		
（一）基本每股收益		
（二）稀释每股收益		

243

四、现金流量表

(一) 现金流量表的概念及其作用

现金流量表，是指反映企业一定会计期间现金和现金等价物流入和流出的报表。其中，现金是指企业的库存现金以及可以随时用于支付的存款；现金等价物是指企业持有的期限短、流动性强、易于转换为已知金额现金、价值变动风险很小的投资。企业的现金流转情况在很大程度上影响着企业的生存和发展。企业现金充裕，就可以及时购入必要的材料和固定资产，及时支付工资、偿还债务、支付利息和股息；企业现金匮乏，轻则影响企业的正常生产经营，重则危及企业的生存。现金的流转受到企业管理人员、投资者、债权人以及政府监管部门的关注。从编制原则上看，现金流量表按照收付实现制原则编制，将权责发生制的盈利信息调整为收付实现制下的现金流量信息，便于信息使用者了解企业净利润的质量。从内容上看，现金流量表被划分为经营活动、投资活动和筹资活动三个部分，每类活动又分为各具体项目，这些项目从不同角度反映企业业务活动的现金流入与流出，弥补了资产负债表和利润表提供信息的不足。

虽然利润是评价企业经营业绩及盈利能力的重要指标，但却存在一定的缺陷。众所周知，利润是收入减去费用的差额，而收入费用的确认与计量是以权责发生制为基础，广泛地运用收入实现原则、费用配比原则、划分资本性支出和收益性支出原则等来进行的，其中包含了太多的会计估计。尽管会计人员在进行估计时要遵循会计准则，并有一定的客观依据，但不可避免地要运用主观判断。而且，由于收入与费用是按其归属来确认的，而不管是否实际收到或付出了现金，以此计算的利润常常使一个企业的盈利水平与其真实的财务状况不符。有的企业账面利润很大，看似业绩可观，现金却入不敷出，举步艰难；而有的企业虽然巨额亏损，却现金充足，周转自如。所以，仅以利润来评价企业的经营业绩和获利能力有失偏颇。因此要结合现金流量表所提供的现金流量信息，特别是经营活动现金流量的信息来进行评价。我国从 1998 年开始，要求企业每年至少要编制一份现金流量表。其实，利润和现金净流量是两个从不同角度反映企业业绩的指标，前者可称之为应计制利润，后者可称之为现金制利润。

现金流量表对报表使用者的作用主要有：①提供了本会计年度现金流量的信息，有助于评价企业支付能力、偿债能力和周转能力；②提供了当期净利润与现金净流量之间差异的信息，便于报表使用者分析差异产生的原因，并有助于评估当期收益的质量（真实的获利能力）；③有助于预测企业未来创造现金流量的能力以及企业向所有者分派利润、对外融资的能力；④有助于分析企业收益质量及影响现金净流量的因素，掌握企业经营活动、投资活动和筹资活动的现金流量，可以从现金流量的角度了解净利润的质量，为分析和判断企业的财务前景提供信息；⑤有助于评价企业财务弹性，也就是通过现金流量信息，了解企业在财务困难时期的适应能力、筹资能力、将非经营资产变现的能力和调整经营以增加短期现金流量的能力。

（二）现金流量表的内容与格式

目前在编制现金流量表时，报告经营活动对现金流量影响的方法有两种：直接法和间接法。在直接法下，一般是以利润表中的营业收入为起算点，调节与经营活动有关的项目的增减变动，然后计算出经营活动产生的现金流量。在间接法下，将净利润调节为经营活动现金流量，实际上就是将权责发生制原则编制的净利润调整为现金净流入，并剔除投资活动和筹资活动对现金流量的影响。采用直接法编报的现金流量表，便于分析企业经营活动产生的现金流量的来源和用途，预测企业现金流量的未来前景；采用间接法编报的现金流量表，便于将净利润与经营活动产生的现金流量净额进行比较，了解净利润与经营活动产生的现金流量有差异的原因，从现金流量的角度分析净利润的质量。所以，按不同方法编制的现金流量表的格式有所不同，但反映的内容基本一致，只是侧重点有所差别。

我国企业会计准则规定企业应当采用直接法编报现金流量表，同时要求在附注中提供以净利润为基础调节到经营活动现金流量的信息。现金流量表的格式见表 9-3，现金流量表补充资料见表 9-4。

表 9-3　现金流量表的基本格式
现 金 流 量 表

会企 03 表

编制单位：　　　　　　　　　　____年度　　　　　　　　　　单位：元

项　　目	金额
一、经营活动产生的现金流量	
销售商品、提供劳务收到的现金	
收到的税费返还	
收到其他与经营活动有关的现金	
经营活动现金流入小计	
购买商品、接受劳务支付的现金	
支付给职工以及为职工支付的现金	
支付的各项税费	
支付其他与经营活动有关的现金	
经营活动现金流出小计	
经营活动产生的现金流量净额	
二、投资活动产生的现金流量	
收回投资收到的现金	
取得投资收益收到的现金	
处置固定资产、无形资产和其他长期资产收回的现金净额	
收到其他与投资活动有关的现金	
投资活动现金流入小计	
购建固定资产、无形资产和其他长期资产支付的现金	
投资支付的现金	

项　目	金额
支付其他与投资活动有关的现金	
投资活动现金流出小计	
投资活动产生的现金流量净额	
三、**筹资活动产生的现金流量**	
吸收投资收到的现金	
取得借款收到的现金	
收到其他与筹资活动有关的现金	
筹资活动现金流入小计	
偿还债务支付的现金	
分配股利、利润或偿付利息支付的现金	
支付其他与筹资活动有关的现金	
筹资活动现金流出小计	
筹资活动产生的现金流量净额	
四、**汇率变动对现金及现金等价物的影响**	
五、**现金及现金等价物净增加额**	
加：期初现金及现金等价物余额	
六、**期末现金及现金等价物余额**	

表 9-4　现金流量表补充资料

补充资料	金额
1. 将净利润调节为经营活动现金流量	
净利润	
加：资产减值准备	
固定资产折旧	
无形资产摊销	
长期待摊费用摊销	
处置固定资产、无形资产和其他长期资产的损失（收益以"－"号填列）	
固定资产报废损失（收益以"－"号填列）	
公允价值变动损失（收益以"－"号填列）	
财务费用	
投资损失（收益以"－"号填列）	
递延所得税资产减少（增加以"－"号填列）	
递延所得税负债增加（减少以"－"号填列）	
存货的减少（增加以"－"号填列）	
经营性应收项目的减少（增加以"－"号填列）	
经营性应付项目的增加（减少以"－"号填列）	
其他	
经营活动产生的现金流量净额	

补充资料	金额
2. 不涉及现金收支的重大投资和筹资活动	
债务转为资本	
一年内到期的可转换公司债券	
融资租入固定资产	
3. 现金及现金等价物净变动情况	
现金的期末余额	
减：现金的期初余额	
加：现金等价物的期末余额	
减：现金等价物的期初余额	
现金及现金等价物净增加额	

第二节　财 务 分 析

一、财务分析的基本方法

　　企业财务分析是以企业财务报表反映的财务指标为主要依据，采用一系列专门的财务分析技术与方法，用以揭示各项财务指标之间的内在联系及其所体现的经济含义，对企业的财务状况和经营成果进行分析评价的一项管理活动。财务分析是企业财务管理的重要环节，它不仅能说明企业目前的财务状况，更重要的是能为企业未来的财务预测、决策、计划提供重要的依据，在财务管理循环中起着承上启下的重要作用。企业财务分析的目的在于，利用财务报表分析提供的信息，对财务状况和经营成果作出正确评价，对财务状况的未来发展趋势作出正确判断，为企业经营管理决策提供帮助与支持。

　　财务分析方法是进行财务分析的方式（工具）和手段。要实现财务分析的目的，就必须掌握各种财务分析方法，并能在财务分析工作中正确地选择和运用恰当的财务分析方法。财务分析方法多种多样，概括起来大致有如下几种：比较分析法、比率分析法、趋势分析法、连环替代法、结构分析法、综合分析法、图解分析法等。其中，基本方法是比较分析法和比率分析法两种，其他方法都可以看成是在这两种基本方法上发展起来并加以完善的。

（一）比较分析法

　　比较分析法也叫对比分析法或水平分析法，它是通过同类财务指标在不同时期或不同情况的数量上的比较，来揭示财务指标的数量关系和数量差异的一种方法。财务指标存在某种数量关系（大于或小于、增加或减少），能说明企业经营管理活动的一定状况。财务指标出现了数量差异，往往说明有值得进一步分析研究的问题，从而为发现问题、寻找问题产生的原因及解决问题的方法挖掘潜力、指明方向。根据分析的目的和要求不同，比较分析法有以下三种具体形式。

（1）将同一企业的实际指标与计划（标准、定额）指标进行比较，可以揭示实际与计划之间的差距，了解该项指标的实际完成情况如何。

（2）将同一企业的本期实际指标与上期实际指标或历史最好水平进行比较，可以确定前后不同时期该项指标的变动情况，了解企业经营管理活动的发展趋势和管理工作的质量好坏。

（3）将本企业指标与国内外同行业中先进企业指标或行业平均水平进行比较，可以找出与先进企业之间的差距，推动本企业改善经营管理，赶超先进水平。

应用比较分析法时，要注意指标的可比性，即比较指标与被比较指标之间的同质性。它主要包括：①指标性质相同，即指标所包含的内容和项目及计算方法完全一致；②指标的时间范围相同，如年度、季度、月度指标以及反映时期水平的指标（平均数）和反映时点水平的指标（期初数、期末数）都应彼此对应相符；③指标的计价方法相同。必要时，可对所用指标按同一口径进行调整换算。

应用比较分析法时，比较的结果有两种表现形式，一是差异额（变动额、增长额），二是差异率（变动率、增长率）。其计算公式如下：

$$差异额 = 比较指标数量 - 被比较指标数量$$

$$差异率 = \frac{差异额}{被比较指标数量} \times 100\%$$

上述公式中，比较指标一般是实际指标、本期（分析期或报告期）指标、本企业指标，分别对应的被比较指标则是计划（标准、定额）指标、上期（基期）指标（或历史最好水平）、同行业中先进企业指标（或行业平均水平）。

（二）比率分析法

比率分析法是通过计算同一时日或同一时期相关财务指标的比值，来揭示它们之间的关系及其经济意义，借以反映企业资产结构、资金结构、投入产出结构、财务能力及其发展趋势的一种方法。比率分析方法是用来评价企业财务状况和经营成果的重要方法，也是整个财务分析中最基本、最重要的方法。正因为如此，有人甚至将财务分析与比率分析等同起来，认为财务分析就是比率分析。在实际工作中，比率分析法的运用有三种具体情况：一种情况是通过计算两个相关指标的比值，即以得到的比率作为分析结果；另一种情况是继续将不同时空条件下计算出来的同一种比率进行对比分析，即求出比率之间的差异作为分析结果，这实际上是比率分析法与比较分析法的有机结合运用，以便产生更佳的分析效果；还有一种情况是选择具有代表性的财务比率与标准比率进行对比打分，然后汇总得出企业的综合分数，据以对企业财务状况作出综合分析与评价，其实质就是一种综合分析方法。

由于分析的目的和角度不同，比率分析法中的比率有许多表示形式，可以分为结构比率、趋势比率和相关比率。

1. 结构比率

结构比率又称构成比率，用以计算某项财务指标的各组成部分占总体的比重，反映部分（个体）与总体的关系。因为各项目构成比率的计算是以财务指标总体数量（各组成项目的合计数）作为共同的比较基础，所以又可以称之为共同比。其典型的计算公式如下：

$$结构比率 = \frac{个体数量}{总体数量} \times 100\%$$

计算结构比率时，选择恰当的"总体"是关键。在财务分析中，资产负债表的"总体"是资产总额或负债及所有者权益总额；损益表的"总体"是营业收入。利用结构比率，可以考察总体中某个部分的形成与安排比例是否合理，从而达到优化资产结构、资金结构、投入产出结构的目的。

2. 趋势比率

趋势比率又称动态比率，用以计算不同时期或不同时日的财务指标与同一基期财务指标的百分比，反映该项财务指标的变动情况以及在一系列趋势比率的横向联系中显示该指标未来的发展趋势。其计算公式如下：

$$趋势比率 = \frac{分析期数据}{基期数据} \times 100\%$$

计算趋势比率时，确定好"基期"是至关重要的。在实务中，一般有两种选择：一种是以某个选定的历史时期为基期（固定基期），以此计算而得的趋势比率叫定基发展速度，简称定比；另一种是以分析期的前期（上期）为基期（移动基期），以此计算出来的趋势比率叫环比发展速度，简称环比。利用趋势比率，可以揭示企业财务状况和企业经营情况的变化，分析引起变化的主要原因、变动的性质，并预测企业未来的发展前景。

3. 相关比率

相关比率是典型的财务比率，它是针对两个性质不同但又相互联系的财务指标，以其中一项指标为基数（分母），求得两者数值之比率，用来反映一定的经济关系。利用相关比率，可以考察有关联的业务安排得当与否，以保障企业经营管理活动能够顺畅运行。在财务分析中，经常运用的相关比率有以下几类。

（1）偿债能力比率。包括反映短期偿债能力和长期偿债能力的比率。其中反映短期偿债能力的比率一般称为流动性比率，反映长期偿债能力的比率一般称为负债性比率。

（2）营运能力比率。即反映企业资产周转速度的各种比率。

（3）盈利能力比率。即反映企业投入产出效率的比率，用来衡量企业经济效益的好坏。

偿债能力、营运能力、盈利能力构成企业三大财务能力，反映企业财务能力的比率是进行财务评价的主要指标，将在后面作详细介绍。

采用比率分析法，对比率指标的使用应注意以下几个问题。

（1）比率指标中对比指标要有相关性。比率指标从根本上来说都是相关比率指标，在构成比率中，个体指标必须全部处于总体指标中，个体指标之和即为总体指标；趋势比率表明了同一指标在不同时间上的关系；相关比率中的两个对比指标也要有内在联系，如因果关系等，才能对财务状况作出有意义的解释。因此，要尽量避免使用不合理、没有经济意义的比率。

（2）比率指标中对比指标的计算口径要一致。不同企业以及企业在不同时期可能采用不同的会计处理方法，例如采用不同的存货计价方法、折旧方法等，还有季节性波动，都将影响指标的可比性。在持续通货膨胀时，还要把财务报表中有关数据按物价变动情况进行调整，然后再进行分析。

（3）采用的比率指标要有对比的标准。财务比率能从指标的联系中揭示企业财务活动的内在关系，但它所提供的只是企业某一时日或某一时期的实际情况。为了说明问题，还需要选用一定的标准与之对比，才能对企业的财务状况作出正确的评价。通常用作对比的标准有如下几种：①预定标准，指企业制定的要求财务工作在某个方面应该达到的预定指标，诸如目标、计划、预算、定额、标准等。将实际比率与预定标准比率作比较，可以确定差异，并及时加以改进，保证预定标准能够顺利实现。②历史标准，指企业在过去经营中实际完成的比率。将本期的比率与历史上已达到的比率作对比，可以考察财务状况的改善情况，并预测财务活动的发展趋势。③行业标准，指本行业内国内外同类企业已达到的水平，一种是先进水平，另一种是平均水平。将本企业的财务比率与先进水平相比，可以了解同先进企业之间的差距，发现本企业潜力之所在，促进挖潜，提高效益；将本企业的财务比率与平均水平相比，可以了解本企业在行业中所处的位置，明确努力的方向。④公认标准，指经过长期实践的经验总结，已为人们共同接受、达到约定俗成程度的标准。例如，反映流动资产与流动负债关系的流动比率，公认应以 2∶1 比较稳妥，此 2∶1 即为公认标准。将本企业的财务比率与公认标准作比较，可以大致判断本企业的财务比率是否恰当。但在运用时要注意行业差别，不能一概而论。

二、财务报表结构分析

企业财务报表结构分析也称为纵向分析或垂直分析，它是将同一财务报表内部各项目与总体的结构比率作为分析对象，来分析评价各项目的比重是否合理，为优化资产结构、资金结构、投入产出结构服务。经过结构分析处理后的财务报表，通常称为共同比报表，或称百分比报表、总体结构报表，如百分比资产负债表、百分比损益表等。报表结构分析的一般步骤如下。

第一，以财务报表中的总体指标为100%，计算其各组成项目指标占总体指标的百分比。

第二，通过各项目所占的百分比，分析各项目在企业经营管理中的重要性。一般地，所占百分比越大的项目，其重要程度越高，对总体的影响越大。

第三，将分析期各项目所占比重与前期同项目所占百分比作对比，研究各项目的比重变动情况；也可将本企业分析期项目比重与同类企业的可比项目比重进行对比，研究本企业与同类企业之间的差异，看到自己的成绩和不足。

第四，比较若干连续时期的百分比报表，据以判断各项构成比率的发展趋势。这时可以编制比较百分比报表，形象直观，便于观察分析。实际上，这也是趋势分析中的一种具体方式。

现以广东电力发展股份有限公司（简称粤电力）2006～2007 年的资产负债表（表 9-5）、利润表（表 9-6）以及现金流量表（表 9-7）为例，来说明应如何进行报表结构分析。

表 9-5 资产负债表

编制单位：广东电力发展股份有限公司 单位：元

资产	合并		母公司	
	2007.12.31	2006.12.31	2007.12.31	2006.12.31
流动资产				
货币资金	2 177 247 839	2 099 720 511	344 795 676	279 595 574
交易性金融资产				
应收账款	1 171 927 238	887 810 873	326 441 435	254 560 246
预付款项	397 599 530	374 734 804	184 029 433	181 877 304
其他应收款	91 454 032	100 368 699	48 795 886	45 798 660
存货	598 547 235	421 455 301	139 217 003	110 310 384
一年内到期的非流动资产	90 423 843		90 423 843	
流动资产合计	**4 527 199 717**	**3 884 090 188**	**1 133 703 276**	**872 142 168**
非流动资产				
可供出售金融资产	833 683 760	62 196 128	833 683 760	62 196 128
长期应收款	64 564 866	149 005 199	64 564 866	149 005 199
长期股权投资	3 341 102 473	2 203 860 597	8 196 708 926	6 906 277 160
投资性房地产	14 641 738	15 274 369	14 641 738	15 274 369
固定资产	14 208 857 292	8 079 534 566	1 713 289 581	1 893 062 977
在建工程	244 288 146	5 069 237 505	45 038 307	30 676 640
工程物资	285 918 175	447 544 337		
无形资产	429 319 255	425 175 397	121 757 559	125 236 346
递延所得税资产	103 265 300	112 223 831	32 030 303	31 930 284
非流动资产合计	**19 525 641 005**	**16 564 051 931**	**11 021 715 040**	**9 213 659 103**
资产总计	**24 052 840 722**	**20 448 142 119**	**12 155 418 316**	**10 085 801 271**

负债及股东权益	合并		母公司	
	2007.12.31	2006.12.31	2007.12.31	2006.12.31
流动负债				
短期借款	2 880 000 000	4 180 000 000	2 550 000 000	1 600 000 000
应付票据	216 103 285	177 052 213	146 431 749	
应付账款	1 676 759 593	991 214 978	545 837 807	346 723 790
预收款项	147 328	20 086 229		
应付职工薪酬	344 160 565	346 343 716	125 928 428	117 519 860
应交税费	368 679 149	336 499 623	205 906 662	182 199 091
应付利息	9 649 142	6 913 102	10 202 400	4 854 375
应付股利	23 205 295	16 413 800	8 205 295	4 413 800
其他应付款	930 506 670	877 183 107	148 472 728	133 361 873
一年内到期的长期借款	228 260 000	239 060 000		
流动负债合计	**6 677 471 027**	**7 190 766 768**	**3 740 985 069**	**2 389 072 789**
非流动负债				
长期借款	5 171 620 000	1 749 880 000		
长期应付款				
递延所得税负债	154 757 760	28 820 481	145 224 025	14 931 330
其他非流动负债	33 846 154	36 923 077	33 846 154	36 923 077
非流动负债合计	**5 360 223 914**	**1 815 623 558**	**179 070 179**	**51 854 407**
负债合计	**12 037 694 941**	**9 006 390 326**	**3 920 055 248**	**2 440 927 196**
股东权益				
股本	2 659 404 000	2 659 404 000	2 659 404 000	2 659 404 000
资本公积	1 833 147 394	1 427 790 444	1 818 898 837	1 413 541 887
盈余公积	3 719 044 866	3 719 044 866	3 719 044 866	3 719 044 866
未分配利润	932 855 694	752 670 570	38 015 365	(147 116 678)
归属于母公司股东权益合计	9 144 451 954	8 558 909 880	8 235 363 068	7 644 874 075
少数股东权益	2 870 693 827	2 882 841 913		
股东权益合计	**12 015 145 781**	**11 441 751 793**	**8 235 363 068**	**7 644 874 075**
负债及股东权益总计	**24 052 840 722**	**20 448 142 119**	**12 155 418 316**	**10 085 801 271**

表 9-6 利润表

编制单位：广东电力发展股份有限公司 单位：元

项 目	合并		母公司	
	2007 年度	2006 年度	2007 年度	2006 年度
一、营业收入	**10 393 088 405**	**8 732 363 227**	**2 941 199 203**	**2 186 073 578**
减：营业成本	8 213 053 755	6 541 634 638	2 235 801 517	2 020 795 654
营业税金及附加	77 765 928	65 517 990	21 524 506	21 674 494
销售费用				
管理费用	579 934 670	564 603 232	196 767 087	197 725 781
财务费用	337 035 924	151 016 172	108 599 726	70 992 038
资产减值损失	(847 372)	1 193 216	(1 507 250)	(78 307)
加：投资收益	50 878 324	(31 060 429)	435 087 337	286 284 721
其中：对联营企业和合营企业的投资收益	46 534 520	(46 165 157)	46 534 520	(46 165 157)
二、营业利润	**1 237 023 824**	**1 377 337 550**	**815 100 954**	**791 248 639**
加：营业外收入	5 856 534	5 318 677	5 616 883	4 959 120
减：营业外支出	16 502 021	14 929 459	5 149 121	3 547 498
三、利润总额	**1 226 378 337**	**1 367 726 768**	**815 568 716**	**792 660 261**
减：所得税费用	398 478 731	448 282 182	151 743 953	174 070 904
四、净利润	**827 899 606**	**919 444 586**	**663 824 763**	**618 589 357**
归属于母公司股东的净利润	658 877 844	745 181 226	663 824 763	618 589 357
少数股东损益	169 021 762	174 263 360		
五、每股收益				
（一）基本每股收益	0.25	0.28		
（二）稀释每股收益	0.25	0.28		

表 9-7 现金流量表

编制单位：广东电力发展股份有限公司 单位：元

项 目	合并		母公司	
	2007 年度	2006 年度	2007 年度	2006 年度
一、经营活动产生的现金流量				
销售商品、提供劳务收到的现金	11 766 154 240	10 536 454 623	3 338 840 924	3 303 014 350
收取的其他与经营活动有关的现金	83 085 023	46 008 374	72 449 392	5 410 850
经营活动现金流入小计	**11 849 239 263**	**10 582 462 997**	**3 411 290 316**	**3 308 425 200**
购买商品、接受劳务支付的现金	6 709 226 143	5 376 286 319	1 746 485 391	1 759 157 898
支付给职工以及为职工支付的现金	782 998 799	574 036 537	251 647 184	235 846 028
支付的各项税费	1 415 217 244	1 397 562 426	447 442 308	512 594 107

项 目	合并		母公司	
	2007 年度	2006 年度	2007 年度	2006 年度
支付其他与经营活动有关的现金	344 462 714	228 438 690	114 299 783	99 897 588
经营活动现金流出小计	**9 251 904 900**	**7 576 323 972**	**2 559 874 666**	**2 607 495 621**
经营活动产生的现金流量净额	**2 597 334 363**	**3 006 139 025**	**851 415 650**	**700 929 579**
二、投资活动产生的现金流量				
收回投资收到的现金				
取得投资收益所收到的现金	13 290 870	10 916 287	391 606 414	326 164 370
处置固定资产收回的现金净额	51 261 765		20 311	
收到其他与投资活动有关的现金	2 371 688	13 209 667	19 565 406	355 585
投资活动现金流入小计	**66 924 323**	**24 125 954**	**411 192 131**	**326 519 955**
购建固定资产及无形资产支付的现金	2 369 629 428	3 151 286 714	56 272 503	258 780 616
投资支付的现金	1 343 654 388	264 889 312	1 480 544 278	470 439 312
支付其他与投资活动有关的现金	17 243 728	41 998 368	31 286 293	133 507 012
投资活动现金流出小计	**3 730 527 544**	**3 458 174 394**	**1 568 103 074**	**862 726 940**
投资活动产生的现金流量净额	**(3 663 603 221)**	**(3 434 048 440)**	**(1 156 910 943)**	**(536 206 985)**
三、筹资活动产生的现金流量				
吸收投资收到的现金		102 050 000		
取得借款收到的现金	13 430 000 000	8 420 000 000	3 450 000 000	3 340 000 000
收到其他与筹资活动有关的现金	22 106 236	46 620 750		8 168 266
筹资活动现金流入小计	**13 452 106 236**	**8 568 670 750**	**3 450 000 000**	**3 348 168 266**
偿还债务支付的现金	11 319 060 000	5 838 800 000	2 500 000 000	2 900 000 000
分配股利、利润或偿付利息支付的现金	986 695 900	891 381 388	574 237 041	544 302 312
支付其他与筹资活动有关的现金		411 540 200	5 067 563	
筹资活动现金流出小计	**12 305 755 900**	**7 141 721 588**	**3 079 304 604**	**3 444 302 312**
筹资活动产生的现金流量净额	**1 146 350 336**	**1 426 949 162**	**370 695 396**	**(96 134 046)**
四、汇率变动对现金的影响	**(2 354 150)**	**(470 100)**		
五、现金净增加额	**77 727 328**	**998 569 647**	**65 200 103**	**68 588 548**
加：期初现金余额	2 099 520 511	1 100 950 864	279 595 573	211 007 024
六、期末现金余额	**2 177 247 839**	**2 099 520 511**	**344 795 676**	**279 595 572**

（一）资产负债表结构分析

在进行资产负债表结构分析时，可将资产总计或负债和股东权益总计作为总体。资产负债表左边（表 9-5 中为上边）的结构分析，反映了企业的资产结构，不同类型企业的资产结构差别较大。一般来说，机械制造类企业的固定资产比重会大于商品流通企业的固定资产比重，而商品流通企业的流动资产比重会大于工业企业。但对同一企业而言，资产结构应比较稳定。如果流动资产所占比重加大，说明企业短期偿债能力提高，面临的偿债风险会下降。但流动资产所占比重加大也会导致盈利能力的下降。资产负债表右边（表9-5中为下边）的结构分析，反映了企业的资金结构。一般来说，所有者权益所占的比重越大，企业面临的风险越小。在总负债中，非流动负债所占的比重越大，企业面临的风险越小。但是，所有者权益所占的比重过大，负债筹资产生的财务杠杆作用下降，股东收益的增加缓慢。企业的资金结构是否合理，应结合前面第四章第三节的分析进行判断。

现根据表9-5，对粤电力的资产负债表结构进行分析，见表9-8。

表9-8 广东电力发展股份有限公司百分比资产负债表

资产	合并		母公司	
	2007年度	2006年度	2007年度	2006年度
流动资产				
货币资金	9.05	10.27	2.84	2.77
交易性金融资产				
应收账款	4.87	4.34	2.69	2.52
预付款项	1.65	1.83	1.51	1.80
其他应收款	0.38	0.49	0.40	0.45
存货	2.49	2.06	1.15	1.09
一年内到期的非流动资产	0.38		0.74	
流动资产合计	**18.82**	**18.99**	**9.33**	**8.65**
非流动资产				
可供出售金融资产	3.47	0.30	6.86	0.62
长期应收款	0.27	0.73	0.53	1.48
长期股权投资	13.89	10.78	67.43	68.48
投资性房地产	0.06	0.07	0.12	0.15
固定资产	59.07	39.51	14.09	18.77
在建工程	1.02	24.79	0.37	0.30
工程物资	1.19	2.19		
无形资产	1.78	2.08	1.00	1.24
递延所得税资产	0.43	0.55	0.26	0.32
非流动资产合计	**81.18**	**81.01**	**90.67**	**91.35**
资产总计	**100.00**	**100.00**	**100.00**	**100.00**

负债及股东权益	合并		母公司	
	2007 年度	2006 年度	2007 年度	2006 年度
流动负债				
短期借款	11.97	20.44	20.98	15.86
应付票据	0.90	0.87	1.20	
应付账款	6.97	4.85	4.49	3.44
预收款项		0.10		
应付职工薪酬	1.43	1.69	1.04	1.17
应交税费	1.53	1.65	1.69	1.81
应付利息	0.04	0.03	0.08	0.05
应付股利	0.10	0.08	0.07	0.04
其他应付款	3.87	4.29	1.22	1.32
一年内到期的长期借款	0.95	1.17		
流动负债合计	**27.76**	**35.17**	**30.78**	**23.69**
非流动负债				
长期借款	21.50	8.56		
长期应付款				
递延所得税负债	0.64	0.14	1.19	0.15
其他非流动负债	0.14	0.18	0.28	0.37
非流动负债合计	**22.29**	**8.88**	**1.47**	**0.51**
负债合计	**50.05**	**44.05**	**32.25**	**24.20**
股东权益				
股本	11.06	13.01	21.88	26.37
资本公积	7.62	6.98	14.96	14.02
盈余公积	15.46	18.19	30.60	36.87
未分配利润	3.88	3.68	0.31	−1.46
归属于母公司股东权益合计	38.02	41.86	67.75	75.80
少数股东权益	11.93	14.10		
股东权益合计	**49.95**	**55.95**	**67.75**	**75.80**
负债及股东权益总计	**100.00**	**100.00**	**100.00**	**100.00**

由表 9-8 中的结果可以看出，粤电力的资产中，流动资产所占比例较低，而非流动资产所占比例较高。在合并报表中，2007 年底流动资产仅占资产总额的 18.82%，非流动资产占资产总额的 81.18%。流动资产主要是货币资金、应收账款、存货和预付账款；非流动资产中主要是固定资产，其次是长期股权投资，而 2006 年底大量在建工程在 2007 年完工，结转为固定资产。流动资产占的比例太低会影响到企业的短

期偿债能力，这从后面的偿债能力指标分析中可以体现。

在资金结构中，从 2007 年合并报表来看，流动负债所占的比例为 27.76%，非流动负债所占的比例为 22.29%，股东权益所占的比例为 49.95%。负债总额所占比例不算太高，但结构有些失衡，流动负债占的比例太高，企业短期面临的偿债压力较大，但相比 2006 年，2007 年流动负债占的比例有所下降，而非流动负债所占比例上升较多，说明公司的短期偿债能力有所上升，而长期偿债能力有所下降。股东权益所占的比例从 2006 年的 55.95% 下降到 2007 年的 49.95%，说明企业在 2007 年面临的偿债风险有所上升，但仍处于行业的合理范围内。

（二）利润表的结构分析

在进行利润表结构分析时，可将营业收入作为总体。利润表的结构反映了每个项目在营业收入中所占的比例。收益类项目所占的比例越高越好，而损失费用类项目所占的比例越低越好。

现根据表 9-6，对粤电力的利润表结构进行分析，见表 9-9。

表 9-9　广东电力发展股份有限公司百分比利润表

项　　目	合并		母公司	
	2007 年度	2006 年度	2007 年度	2006 年度
一、营业收入	100.00	100.00	100.00	100.00
减：营业成本	79.02	74.91	76.02	92.44
营业税金及附加	0.75	0.75	0.73	0.99
销售费用				
管理费用	5.58	6.47	6.69	9.04
财务费用	3.24	1.73	3.69	3.25
资产减值损失	−0.01	0.01	−0.05	0.00
加：投资收益	0.49	−0.36	14.79	13.10
其中：对联营企业和合营企业的投资收益	0.45	−0.53	1.58	−2.11
二、营业利润	11.90	15.77	27.71	36.19
加：营业外收入	0.06	0.06	0.19	0.23
减：营业外支出	0.16	0.17	0.18	0.16
三、利润总额	11.80	15.66	27.73	36.26
减：所得税费用	3.83	5.13	5.16	7.96
四、净利润	7.97	10.53	22.57	28.30
归属于母公司股东的净利润	6.34	8.53	22.57	28.30
少数股东损益	1.63	2.00		

由表 9-9 中合并报表的结果可以看出，粤电力每 100 元营业收入所提供的净利润，2006 年为 10.53 元，而 2007 年为 7.97 元，呈现下降的趋势。利润下降的原因主要是成本和部分费用的上升。营业成本所占比例从 2006 年的 74.91％上升到 2007 年的 79.02％，财务费用所占比例也有所上升，尽管管理费用和所得税所占比例下降，投资收益由负转为正，但仍不及营业成本的大幅上升，从而对净利润产生负面影响。营业成本的上升原因有些是企业无法控制的因素，如电煤价格上升，而有些是企业可以控制的因素，如由于原材料损耗增加或劳动生产率下降等。企业要区分成本上升有多少是企业无法控制因素带来的，多少是企业自身原因引起的，以便对相关部分给出合理奖惩。

（三）现金流量表结构分析

在进行现金流量表结构分析时，可把现金流量结构划分为现金流入结构、现金流出结构与净现金流量结构。

1. 现金流入结构

现金流入结构反映企业全部现金流入量中，经营活动、投资活动和筹资活动分别所占的比例，以及在这三种活动中，不同渠道流入的现金在该类别现金流入量和总现金流入量中所占的比例。

总体来说，每一个企业的现金流入总额中，经营活动流入的现金应当占有大部分比例，特别是其主营业务活动流入的现金应明显高于其他经营活动流入的现金。但是对于经营业务不同的企业，这个比例也可以有较大的差异。一个单一经营、主业突出的企业，其主营业务活动流入的现金可能占到经营活动现金流入量的 95％以上；而主营业务不突出的企业，这一比例肯定会低得多。另外，稳健型的企业，一般专心于其特定经营范围内的业务，即使有闲置资金，也不善投资，甚至不愿多举债，那么其经营活动的现金流入量所占的比例也肯定较高，投资及筹资活动的现金流入量可能较低，甚至没有。而激进型的企业，往往千方百计地筹资，又千方百计地投资扩张。筹资有力又投资得当的企业在某一特定期间，可能在筹资中流入了大量现金，又从前期的投资中获得了较高的现金回报，这类企业的投资活动与筹资活动的现金流入比例就会高一些，有些可能超过经营活动的现金流量比例；而筹资虽有力但投资不当的企业，其现金流入结构很可能是筹资活动的现金流入很大，而投资活动经常只有现金流出，少有或没有现金流入。

现根据表 9-7，对粤电力的现金流入结构进行分析，见表 9-10。

表 9-10　广东电力发展股份有限公司现金流入结构分析表

项　　目	合并		母公司	
	2007 年度	2006 年度	2007 年度	2006 年度
销售商品、提供劳务收到的现金	46.38	54.95	45.91	47.30
收取的其他与经营活动有关的现金	0.33	0.24	1.00	0.08

续表

项 目	合并		母公司	
	2007 年度	2006 年度	2007 年度	2006 年度
经营活动现金流入小计	**46.71**	**55.19**	**46.91**	**47.38**
收回投资收到的现金				
取得投资收益所收到的现金	0.05	0.06	5.38	4.67
处置固定资产收回的现金净额	0.20	0.00	0.00	0.00
收到其他与投资活动有关的现金	0.01	0.07	0.27	0.01
投资活动现金流入小计	**0.26**	**0.13**	**5.65**	**4.68**
吸收投资收到的现金	0.00	0.53	0.00	0.00
取得借款收到的现金	52.94	43.91	47.44	47.83
收到其他与筹资活动有关的现金	0.09	0.24	0.00	0.12
筹资活动现金流入小计	**53.03**	**44.69**	**47.44**	**47.95**
全部活动现金流入合计	**100.00**	**100.00**	**100.00**	**100.00**

由表 9-10 中的合并报表结果可以看出，2007 年粤电力的现金流入中，经营活动和筹资活动现金流入占了全部活动现金收入的绝大部分，分别为 46.71% 和53.03%，而投资活动几乎没有多少现金流入。说明企业除了依靠本身的经营活动产生现金来源外，还大量依靠外部来源，如借款。当企业大规模扩张时，仅依赖内部产生的现金是不够的，只要借款投资的项目有很好的经济效益，将来也不用担心还款的资金来源。

2. 现金流出结构

现金流出结构反映企业各项现金流出中，经营活动、投资活动、筹资活动所占的比例，以及这三类现金流出中，不同渠道流出的现金在该类别现金流出量及总现金流出量中所占的比例。在一个企业的现金流出中，其经营活动的现金流出如购买商品、接受劳务等活动支出的现金往往要占较大的比重，投资活动和筹资活动的现金流出则因企业的财务政策不同而存在很大的差异：有些企业在总现金流出量中所占甚微；而有些企业则可能很大，甚至超过经营活动的现金流出量。在企业正常的经济活动中，其经营活动的现金流出应当具有一定的稳定性，各期变化幅度通常不会太大，但投资和筹资活动的现金流出稳定性差，甚至具有偶发性、随意性，随着交付投资款、偿还到期债务、支付股利等活动的发生，当期该类活动的现金流出量便会剧增。因此，分析企业的现金流出结构在不同期间难以采用一个统一的标准，应当结合具体情况进行具体分析。

现根据表 9-7，对粤电力的现金流出结构进行分析，见表 9-11。

表 9-11　广东电力发展股份有限公司现金流出结构分析表

项　目	合并		母公司	
	2007 年度	2006 年度	2007 年度	2006 年度
购买商品、接受劳务支付的现金	26.53	29.58	24.23	25.44
支付给职工以及为职工支付的现金	3.10	3.16	3.49	3.41
支付的各项税费	5.60	7.69	6.21	7.41
支付其他与经营活动有关的现金	1.36	1.26	1.59	1.44
经营活动现金流出小计	36.59	41.68	35.52	37.71
购建固定资产及无形资产支付的现金	9.37	17.34	0.78	3.74
投资支付的现金	5.31	1.46	20.54	6.80
支付其他与投资活动有关的现金	0.07	0.23	0.43	1.93
投资活动现金流出小计	14.75	19.03	21.76	12.48
偿还债务支付的现金	44.76	32.12	34.69	41.94
分配股利、利润或偿付利息支付的现金	3.90	4.90	7.97	7.87
支付其他与筹资活动有关的现金		2.26	0.07	
筹资活动现金流出小计	48.66	39.29	42.72	49.81
全部活动现金流出合计	100.00	100.00	100.00	100.00

　　由表 9-11 中的合并报表结果可以看出，2007 年粤电力的现金流出中，经营活动和筹资活动现金流出占的比例较高，而投资活动现金流出占的比例较低。相比 2006 年，经营活动和投资活动现金流出所占比例都有所下降，而筹资活动现金流出所占比例增加较多。从表 9-7 中可以看到，三大活动的现金流出 2007 年都比 2006 年有所增加。因此，企业 2007 年在偿还债务方面面临较大的资金压力。

3. 净现金流量结构

　　净现金流量结构反映企业经营活动、投资活动及筹资活动的现金净流量占企业全部净现金流量的比例，即企业本年度创造的现金及现金等价物净增加额中，以上三类活动的贡献程度。通过分析，可以明确体现出本期的现金净流量主要为哪类活动所产生，以上可说明现金净流量形成的原因是否合理。

　　现根据表 9-7，对粤电力的净现金流量结构进行分析，见表 9-12。

表 9-12　广东电力发展股份有限公司净现金流量结构分析表

项　目	合并		母公司	
	2007 年度	2006 年度	2007 年度	2006 年度
经营活动产生的现金流量净额	3 341.60	301.04	1 305.85	1 021.93
投资活动产生的现金流量净额	−4 713.40	−343.90	−1 774.40	−781.77
筹资活动产生的现金流量净额	1 474.84	142.90	568.55	−140.16
汇率变动对现金的影响	−3.03	−0.05		
现金流量净增加额	100.00	100.00	100.00	100.00

由表 9-12 中的合并报表结果可以看出，粤电力 2007 年现金流量净增加额是由经营活动和筹资活动产生的。由于经营活动能产生正的净现金流量，因而为投资活动提供了资金来源。但如果投资规模增加太多，还需通过筹资活动提供资金来源。如果经营活动不能产生正的净现金流量，企业则可能通过变卖资产、提前收回长期股权投资或向银行贷款等来维持企业的现金流转。由表 9-12 中可以看出，该公司的现金流转不会发生困难，现金来源基本合理。

值得指出的是，孤立的报表结构分析很难对企业的资产结构、资金结构及投入产出结构和经济效益是否合理作出评价，它应结合其他分析方法，并考虑行业特点及自身具体经营情况，才能作出正确的分析与评价结论。

三、趋势分析

趋势分析也叫时间序列分析，它是将两期或连续若干期财务报表中的相同指标或比率进行对比，求出它们增减变动的方向、数额和幅度，确定它们的发展趋势的一种方法。从一定意义上说，它往往是将比较分析法和比率分析法结合起来运用的一种方法。

趋势分析包括定基趋势分析和环比趋势分析。定基趋势分析，就是选取一个基期，将其他各年度财务报表上相同项目的数字与基期进行比较，反映各项目的变化趋势。环比趋势分析，即将各年度财务报表上相同项目的数字与上年度进行比较，反映各项目的增长趋势。

现根据表 9-5、表 9-6，对粤电力的合并资产负债表、合并利润表进行趋势分析，见表 9-13、表 9-14。

表 9-13　广东电力发展股份有限公司比较资产负债表

资产	2006 年度	2007 年度	增减金额	增减百分比
流动资产				
货币资金	2 099 720 511	2 177 247 839	77 527 328	3.69
交易性金融资产				
应收账款	887 810 873	1 171 927 238	284 116 365	32.00
预付款项	374 734 804	397 599 530	22 864 726	6.10
其他应收款	100 368 699	91 454 032	−8 914 667	−8.88
存货	421 455 301	598 547 235	177 091 934	42.02
一年内到期的非流动资产		90 423 843	90 423 843	
流动资产合计	**3 884 090 188**	**4 527 199 717**	**643 109 529**	**16.56**
非流动资产				
可供出售金融资产	62 196 128	833 683 760	771 487 632	1240.41
长期应收款	149 005 199	64 564 866	−84 440 333	−56.67
长期股权投资	2 203 860 597	3 341 102 473	1 137 241 876	51.60
投资性房地产	15 274 369	14 641 738	−632 631	−4.14

资产	2006 年度	2007 年度	增减金额	增减百分比
固定资产	8 079 534 566	14 208 857 292	6 129 322 726	75.86
在建工程	5 069 237 505	244 288 146	−4 824 949 359	−95.18
工程物资	447 544 337	285 918 175	−161 626 162	−36.11
无形资产	425 175 397	429 319 255	4 143 858	0.97
递延所得税资产	112 223 831	103 265 300	−8 958 531	−7.98
非流动资产合计	**16 564 051 931**	**19 525 641 005**	**2 961 589 074**	**17.88**
资产总计	**20 448 142 119**	**24 052 840 722**	**3 604 698 603**	**17.63**
负债及股东权益	2006 年度	2007 年度	增减金额	增减百分比
流动负债				
短期借款	4 180 000 000	2 880 000 000	−1 300 000 000	−31.10
应付票据	177 052 213	216 103 285	39 051 072	22.06
应付账款	991 214 978	1 676 759 593	685 544 615	69.16
预收款项	20 086 229	147 328	−19 938 901	−99.27
应付职工薪酬	346 343 716	344 160 565	−2 183 151	−0.63
应交税费	336 499 623	368 679 149	32 179 526	9.56
应付利息	6 913 102	9 649 142	2 736 040	39.58
应付股利	16 413 800	23 205 295	6 791 495	41.38
其他应付款	877 183 107	930 506 670	53 323 563	6.08
一年内到期的长期借款	239 060 000	228 260 000	−10 800 000	−4.52
流动负债合计	**7 190 766 768**	**6 677 471 027**	**−513 295 741**	**−7.14**
非流动负债				
长期借款	1 749 880 000	5 171 620 000	3 421 740 000	195.54
长期应付款				
递延所得税负债	28 820 481	154 757 760	125 937 279	436.97
其他非流动负债	36 923 077	33 846 154	−3 076 923	−8.33
非流动负债合计	**1 815 623 558**	**5 360 223 914**	**3 544 600 356**	**195.23**
负债合计	**9 006 390 326**	**12 037 694 941**	**3 031 304 615**	**33.66**
股东权益				
股本	2 659 404 000	2 659 404 000	0	0.00
资本公积	1 427 790 444	1 833 147 394	405 356 950	28.39
盈余公积	3 719 044 866	3 719 044 866	0	0.00
未分配利润	752 670 570	932 855 694	180 185 124	23.94
归属于母公司股东权益合计	8 558 909 880	9 144 451 954	585 542 074	6.84
少数股东权益	2 882 841 913	2 870 693 827	−12 148 086	−0.42
股东权益合计	**11 441 751 793**	**12 015 145 781**	**573 393 988**	**5.01**
负债及股东权益总计	**20 448 142 119**	**24 052 840 722**	**3 604 698 603**	**17.63**

由表 9-13 中的结果可以看出，2007 年末应收账款、存货、可供出售金融资产、长期股权投资、固定资产等资产项目相比 2006 年末都有较大幅度的增长，而长期应收款、在建工程、工程物质等资产项目相比 2006 年末却有较大幅度的下降，但总资产是增加的。

从负债和股东权益项目来看，2007 年末应付票据、应付账款、应付利息、应付股利、长期借款、递延所得税负债、资本公积、未分配利润等相比 2006 年末增加幅度较大，而短期借款、预收款项等相比 2006 年末减少幅度较大。

263

表 9-14 广东电力发展股份有限公司比较利润表

项　　目	2006 年度	2007 年度	增减金额	增减百分比
一、营业收入	8 732 363 227	10 393 088 405	1 660 725 178	19.02
减：营业成本	6 541 634 638	8 213 053 755	1 671 419 117	25.55
营业税金及附加	65 517 990	77 765 928	12 247 938	18.69
销售费用				
管理费用	564 603 232	579 934 670	15 331 438	2.72
财务费用	151 016 172	337 035 924	186 019 752	123.18
资产减值损失	1 193 216	(847 372)	−2 040 588	−171.02
加：投资收益	(31 060 429)	50 878 324	81 938 753	
其中：对联营企业和合营企业的投资收益	(46 165 157)	46 534 520	92 699 677	
二、营业利润	1 377 337 550	1 237 023 824	−140 313 726	−10.19
加：营业外收入	5 318 677	5 856 534	537 857	10.11
减：营业外支出	14 929 459	16 502 021	1 572 562	10.53
三、利润总额	1 367 726 768	1 226 378 337	−141 348 431	−10.33
减：所得税费用	448 282 182	398 478 731	−49 803 451	−11.11
四、净利润	919 444 586	827 899 606	−91 544 980	−9.96
归属于母公司股东的净利润	745 181 226	658 877 844	−86 303 382	−11.58
少数股东损益	174 263 360	169 021 762	−5 241 598	−3.01
五、每股收益				
（一）基本每股收益	0.28	0.25	−0.03	−10.71
（二）稀释每股收益	0.28	0.25	−0.03	−10.71

由表 9-14 中的结果可以看出，2007 年该公司的营业收入、营业成本、营业税金及附加、财务费用等相比 2006 年增加幅度较大，资产减值损失相比 2006 减少幅度较大，而投资收益由负变正。尽管 2007 的营业收入相比 2006 有较大幅度增加，但 2007 年的利润却比 2006 年有一定程度的下降，说明公司在成本、费用控制方面还有待改进。

最后，有必要指出采用趋势分析法时应注意的几个问题：①同其他分析方法一样，用以进行对比的各个时期的指标，在计算口径上必须一致。当经济政策、财务制度、会计政策及物价变动发生重大变化而影响指标内容时，应将指标调整为同一口径。②由于天灾人祸等偶然因素对财务活动产生特殊影响时，分析时应加以消除，以使分析数据表达正常的经营情况。③分析中如发现某项财务指标或比率在一定时期内有显著变动，应作为分析重点，研究其产生的原因，以便采取对策和措施，趋利避害。④在采用定比分析方法时，要注意选好有代表性的年度作为基期，如果选择企业在发展高峰或低谷的年度作基期，都会影响分析结果。另外，当基期某些项目数值为零或负数时，只能计算变动的绝对数，而不能计算变动的百分比。

四、财务比率分析

财务比率是根据财务报表数据计算出的反映财务报表各项目之间相互关系的比值。企业财务报表提供了企业特定日期财务状况及特定时期经营成果和现金流量的信息，通过对这些信息进行分析，计算某些财务比率指标，可对企业的财务状况进行评价，从而对企业的经营管理情况有更深入的了解与认识，以做出正确的经营管理决策。

财务比率分析是以企业财务报表及其他相关资料为基础，通过财务报表所提供的财务指标及行业提供的绩效评价标准，对企业财务活动的过程和结果作出分析、比较、解释和评价。财务比率分析的指标主要分为三类：第一类是偿债能力比率，第二类是营运能力比率，第三类是盈利能力比率。

（一）偿债能力比率

偿债能力是指企业对债务的承受能力。企业的资金结构中都有一定比例的负债，负债的基本特征是企业必须到期偿还本金和按期支付利息。为了确保企业能按时偿还债务，保证资金顺利循环与周转，企业应合理安排资金结构，增加企业偿还债务的能力。企业的偿债能力包括短期偿债能力和长期偿债能力，这也是企业债权人最为关心的。在正常情况下，企业的流动负债可以通过流动资产中的项目来偿还，但长期负债企业不可能依靠变卖资产还债或借新债还旧债，只能依靠实现利润来偿还长期负债。可见，长期偿债能力与盈利能力的关系最为密切。在分析企业偿债能力时，要特别注意两点：①企业较强的短期偿债能力并不意味着其长期偿债能力也较强，反之亦然。②偿债能力与盈利能力并不是完全一致的。有较好的盈利能力的企业，其偿债能力不一定好；盈利能力低的企业，也不一定没有偿债能力。要特别警惕盈利能力较强，但没有足够的偿债能力而导致企业出现财务困境。当然，从长远来看，盈利是企业偿债的直接源泉和长期保障。

用来评价企业短期偿债能力的指标主要有流动比率、速动比率和现金流动负债比率；用来评价企业长期偿债能力的指标主要有资产负债率和已获利息倍数。

1. 流动比率

流动比率是流动资产与流动负债的比率，它表明每1元流动负债有多少流动资产作为偿还的保障，反映企业用可在短期内转变为现金的流动资产偿还到期流动负债的能力。其计算公式如下：

$$流动比率 = \frac{流动资产}{流动负债}$$

一般情况下，流动比率越高，反映短期偿债能力越强，短期债权人越放心。按照西方企业的长期经验，认为 2：1 是较适宜的比例。但这一指标到底多少较为理想，主要取决于企业自身的特点以及其现金流量的可预测程度等。对于企业管理层来说，该比率过高或过低都是不合适的。若过高，可能是因应收账款占用过多，存货呆滞、积压而导致的结果，从而影响资金的使用效率和盈利能力；若过低，则表示企业可能捉襟见肘，难以如期偿债。因此，分析流动比率时要注意流动资产的结构、流动资产的周转情况、流动负债的数量与结构等情况。

2. 速动比率

速动比率是企业速动资产与流动负债的比率，速动资产通常是指流动资产扣除存货以后的部分。这一比率用以衡量企业流动资产中可以立即用于偿付流动负债的真实能力。其计算公式如下：

$$速动比率 = \frac{速动资产}{流动负债}$$

流动比率仅表明流动资产的数量与流动负债的对比关系，而流动资产各项目的变现能力是不同的，其中占流动资产很大比重的存货其变现所需时间长，又易受价格变动等因素制约，很可能由于市场不景气、产品滞销而影响其变现能力，要依靠变卖存货来偿债是不可取也不可靠的。由于流动比率没有说明流动资产的质量——流动资产的结构和流动性，而速动比率正好可以弥补其不足，更准确地反映短期偿债能力。根据经验，一般认为速动比率 1：1 较为理想。它表明每 1 元流动负债都有 1 元易于变现的流动资产作为抵偿。若该比率过低，说明企业的短期偿债能力存在问题；若过高，则又说明企业可能因拥有过多流动性强的资产，而将丧失一些有利的投资获利机会。

3. 现金流动负债比率

现金流动负债比率是企业经营现金净流量与流动负债的比率。该指标反映企业经营活动现金净流量用于偿还在一年或长于一年的一个营业周期内到期负债的能力。其计算公式如下：

$$现金流动负债比率 = \frac{经营现金净流量}{流动负债}$$

企业为了偿还即将到期的流动负债，固然可以通过出售投资、长期资产等投资活动的现金流入，以及筹借现金来进行，但最安全而规范的办法仍然是利用企业的经营活动取得现金净流量。该比率越大，说明企业的短期偿债能力越强。

4. 资产负债率

资产负债率是企业负债总额与资产总额的比率。它表明企业资产总额中，债权人提供资金所占的比重，以及企业资产对债权人权益的保障程度。这一比率越小，表明企业长期偿债能力越强。其计算公式如下：

$$资产负债率 = \frac{负债总额}{资产总额}$$

上述公式中的负债总额不仅包括非流动负债，还包括流动负债。这是因为，流动负债作为一个整体，企业总是长期性占用着，本着稳健原则，将流动负债视同长期性资金来源，从而包含在资产负债率中来反映长期偿债能力是合适的。这样，还可用它来衡量企业清算时保护债权人权益的程度。

资产负债率也表示企业对债权人资金的利用程度。如果该比率较大，从企业所有者角度来说，利用较少的自有资本投资，就形成了较多的经营用资产，扩大了经营规模；从企业经营者角度来说，在经营状况良好的前提下，还可以利用财务杠杆原理获取一定的杠杆效益，但负债比率过度时，财务风险会超出企业的承受能力，遇有风吹草动，企业将缺乏偿债能力，一旦负债比率达到1以上，则表明企业已资不抵债，已达到破产的警戒线，债权人将蒙受极大的损失。因此，在确定资产负债率时，需要对杠杆效益与财务风险作充分、恰当的权衡。

5. 已获利息倍数

已获利息倍数是指企业经营所获取的息税前利润与利息支出的比率，它是衡量企业偿付负债利息能力的指标。企业利润总额加利息支出为息税前利润，因此该比率的计算公式如下：

$$已获利息倍数 = \frac{利润总额 + 利息支出}{利息支出}$$

由于财务报表中未提供利息支出的具体数据，所以常以财务费用代替利息支出。已获利息倍数越大，说明企业支付利息的能力越强，因此债权人要分析该指标来判断债权的安全程度。根据经验，该指标一般为3～5倍时较为合适。不过，究竟为多少倍才算偿付利息能力强，则要根据往年经验并结合行业特点来判断。

（二）营运能力比率

营运能力是指企业资产的运用效率和资产的质量状况，它表明企业管理人员经营管理、运用资金的能力。企业经营资金周转的速度越快，说明企业资金利用效率越高、资产质量越好，企业管理人员的经营能力越强，从而会使企业的盈利能力增强。

分析营运能力的财务比率主要有应收账款周转率、存货周转率、总资产周转率和资产现金回收率。

1. 应收账款周转率

应收账款周转率是反映应收账款周转速度的指标，它是一定时期（一年）内企业营业收入与平均应收账款的比率。它有两种表示方法：一种是应收账款在一年内的周转次数；另一种是应收账款的周转天数，即应收账款账龄。二者的计算公式如下：

$$应收账款周转次数 = \frac{赊销收入}{平均应收账款}$$

式中

$$平均应收账款 = \frac{1}{2}(期初应收账款 + 期末应收账款)$$

$$应收账款周转天数 = \frac{365(或\ 360)}{应收账款周转次数}$$

由于财务报表外部使用者难以得到赊销收入的数据，所以计算应收账款周转次数时，常以营业收入代替赊销收入。

在一年内应收账款周转次数越多，相应的应收账款周转天数越短，表明应收账款回收变现的速度越快，企业应收账款管理工作的效率越高。这不仅有利于企业及时收回货款，减少或避免发生坏账损失的可能性，而且有利于提高企业资产的流动性，提高企业短期偿债的能力。不过，应收账款周转次数过多，可能说明企业的赊销信用政策过严，因而可能失去一些客户，影响企业的销售。因此，企业应将应收账款周转速度与企业营销统筹考虑，才能较为确切地判断应收账款周转速度是否合理。

2. 存货周转率

存货周转率是指一定时期（一年）内企业营业成本与平均存货的比率，它反映企业营销能力和存货的流动性，并衡量企业存货管理的工作水平。企业流动资产中存货是最重要的资产，它的质量和流动性对流动比率具有举足轻重的影响，是综合分析营运能力的一项重要指标。存货周转率也有两种表示方法：一是存货周转次数，二是存货周转天数。它们的计算公式如下：

$$存货周转次数 = \frac{营业成本}{平均存货}$$

式中

$$平均存货 = \frac{1}{2}(期初存货 + 期末存货)$$

$$存货周转天数 = \frac{365(或\ 360)}{存货周转次数}$$

一般来说，存货周转次数越多（存货周转天数越少）越好，企业经营效率越高，说明能以占用较少的流动资金生产并销售较多的产品，使企业获得较好的经济效益；如果相反，则说明存货过量，产品滞销，企业必须加速促销，提高存货周转速度。须指出的是，在保证满足企业顺利生产经营需要的前提下，存货周转次数才是越多越好。

3. 总资产周转率

总资产周转率是企业在一定时期（一年）内营业收入与资产总额的比率，它反映全部资产的周转速度及利用效果。同样地，该指标也有两种表示方法：一是总资产周转次数，二是总资产周转天数。它们的计算公式分别列示如下：

$$总资产周转次数 = \frac{营业收入}{平均资产总额}$$

式中

$$平均资产总额 = \frac{1}{2}(期初资产总额 + 期末资产总额)$$

$$总资产周转天数 = \frac{365（或 360）}{总资产周转次数}$$

总资产周转次数越多（总资产周转天数越少），说明资产周转速度越快，利用效果越好，企业经营管理效率越高；如果相反，则说明企业利用全部资产进行经营的效率较低，最终会影响企业的盈利能力。这时，企业就应该采取措施，提高各项资产的利用效率，从而增加营业收入或处理多余闲置资产。

4. 资产现金回收率

资产现金回收率是企业在一定时期（一年）内经营现金净流量与资产总额的比率。该指标旨在考评企业全部资产产生现金的能力，该比值越大越好。其计算公式如下：

$$资产现金回收率 = \frac{经营现金净流量}{平均资产总额}$$

资产现金回收率越高说明资产利用效果越好，利用资产创造的现金流入越多，整个企业获取现金能力越强，经营管理水平越高；反之，则说明经营管理水平越低，经营者有待提高管理水平，进而提高企业的经济效益。把上述公式求倒数，则可以分析出全部资产用经营活动现金回收时所需要的时间长短。因此，这个指标体现了企业资产回收的含义。回收期越短，说明资产获取现金的能力越强。

（三）盈利能力比率

盈利能力是指企业赚取利润的能力，是企业财务能力的集中体现。利润是企业内外有关各方都关心的"对象"：利润是企业所有者取得投资收益、债权人获取本息的资金来源，也是经营管理者经营业绩和管理效能的集中表现。因此，盈利能力是综合分析企业实力和发展前景的重要指标。

用来分析企业盈利能力的财务比率主要有净资产收益率、总资产报酬率、营业利润率、成本费用利润率、资本收益率、盈余现金保障倍数等。

1. 净资产收益率

净资产收益率是企业净利润与平均净资产的比率。该指标表示所有者全部投入资本（原始资本与再投资资本）的获利水平。其计算公式如下：

$$净资产收益率 = \frac{净利润}{平均净资产} \times 100\%$$

式中

$$平均净资产 = \frac{1}{2}(期初所有者权益 + 期末所有者权益)$$

2. 总资产报酬率

总资产报酬率是企业息税前利润与平均资产总额的比率，它反映企业资产的综合利用效率。其计算公式如下：

$$总资产报酬率 = \frac{利润总额 + 利息支出}{平均资产总额} \times 100\%$$

3. 营业利润率

营业利润率是指企业营业利润与营业收入的比率，表示每 100 元营业收入所能获取的营业利润。由于净利润的构成比较广泛，其中有些收益同营业收入无直接联系，为了使计算的口径一致，一般用营业利润计算更为适宜。其计算公式如下：

$$营业利润率 = \frac{营业利润}{营业收入} \times 100\%$$

4. 成本费用利润率

成本费用利润率是指企业营业利润与成本费用总额的比率，它反映了企业在经营过程中投入与产出之间的关系。其计算公式如下：

$$成本费用利润率 = \frac{营业利润}{成本费用总额} \times 100\%$$

式中，成本费用总额包括营业成本、营业税金及附加、销售费用、管理费用、财务费用等。

5. 资本收益率

资本收益率是企业的净利润与资本总额（包括实收资本和资本公积）的比率，反映企业所有者投入企业资本的获利能力。其计算公式如下：

$$资本收益率 = \frac{净利润}{平均资本总额} \times 100\%$$

式中

$$平均资本总额 = \frac{1}{2}(期初实收资本 + 期初资本公积 + 期末实收资本$$

$$+ 期末资本公积)$$

如果以合并报表计算，净利润用归属于母公司股东的净利润计算。

对于股份有限公司，还可计算一个更有价值的指标——每股收益。每股收益的计算公式如下：

$$每股收益 = \frac{净利润 - 优先股股息}{发行在外的普通股平均股数}$$

6. 盈余现金保障倍数

盈余现金保障倍数是企业的经营现金净流量与净利润的比率，反映企业全部净利润中收回现金的利润是多少。由于企业的现金流量中可能包含了不能计入收益的现金流入，如收回投资本金、吸收权益性投资（新发股票、配股）、吸收债权性投资（发行债券、举债贷款）等引起的现金流入，因此为了使该指标的分子与分母具有可比基础，分子常用经营现金净流量，其计算公式如下：

$$盈余现金保障倍数 = \frac{经营现金净流量}{净利润} \times 100\%$$

实际上，由于净利润中已扣除折旧、摊销等非付现成本、费用，因此，如果企业净利润全部变现的话，该指标应大于1。如果该指标小于1，说明企业有一部分收益是"观念"上的，而非实在的。

上述六个盈利能力比率，都是越高越好，表明企业的盈利能力越强。这里还须指出的是，在我国企业利润表中，"利润"是由"营业利润"、"利润总额"和"净利润"构成的一个多层次概念，再加上"息税前利润"等概念，就更容易引起混乱，在计算上述盈利能力比率时须多加注意，以便对企业盈利能力作出正确分析与评价。

综上所述，财务比率分析指标体系可归纳如图 9-1。

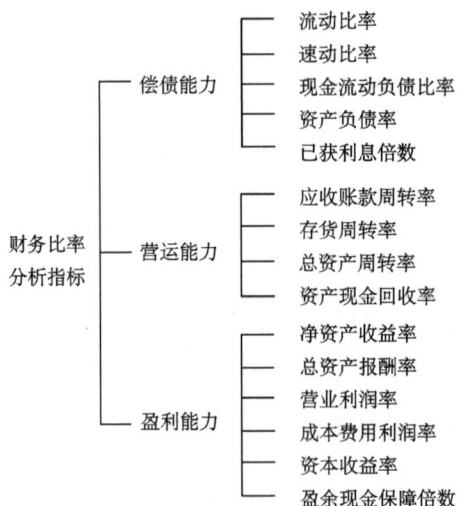

图 9-1 财务比率分析指标体系

现仍以表 9-5、表 9-6 和表 9-7 中的合并报表资料为依据，计算粤电力 2007 年末或 2007 年的各项财务比率。

（1）流动比率 $= \dfrac{4\ 527\ 199\ 717}{6\ 677\ 471\ 027} = 0.68$

（2）速动比率＝$\dfrac{4\ 527\ 199\ 717-598\ 547\ 235}{6\ 677\ 471\ 027}$＝0.59

（3）现金流动负债比率＝$\dfrac{2\ 597\ 334\ 363}{6\ 677\ 471\ 027}$＝0.39

（4）资产负债率＝$\dfrac{12\ 037\ 694\ 941}{24\ 052\ 840\ 722}$＝0.50

（5）已获利息倍数＝$\dfrac{1\ 226\ 378\ 337+337\ 035\ 924}{337\ 035\ 924}$＝4.64

（6）应收账款周转次数＝$\dfrac{10\ 393\ 088\ 405}{1/2\times\ (887\ 810\ 873+1\ 171\ 927\ 238)}$＝10.09（次）

应收账款周转天数＝$\dfrac{365}{10.09}$＝36（天）

（7）存货周转次数＝$\dfrac{8\ 213\ 053\ 755}{1/2\times\ (421\ 455\ 301+598\ 547\ 235)}$＝16.10（次）

存货周转天数＝$\dfrac{365}{16.10}$＝23（天）

（8）总资产周转次数＝$\dfrac{10\ 393\ 088\ 405}{1/2\times\ (20\ 448\ 142\ 119+24\ 052\ 840\ 722)}$＝0.467（次）

总资产周转天数＝$\dfrac{365}{0.467}$＝782（天）

（9）资产现金回收率＝$\dfrac{2\ 597\ 334\ 363}{1/2\times\ (20\ 448\ 142\ 119+24\ 052\ 840\ 722)}$＝11.67%

（10）净资产收益率＝$\dfrac{827\ 899\ 606}{1/2\times\ (11\ 441\ 751\ 793+12\ 015\ 145\ 781)}$＝7.06%

（11）总资产报酬率＝$\dfrac{1\ 226\ 378\ 337+337\ 035\ 924}{1/2\times\ (20\ 448\ 142\ 119+24\ 052\ 840\ 722)}$＝7.03%

（12）营业利润率＝$\dfrac{1\ 237\ 023\ 824}{10\ 393\ 088\ 405}$＝11.90%

（13）成本费用利润率＝$\dfrac{1\ 237\ 023\ 824}{8\ 213\ 053\ 755+77\ 765\ 928+579\ 934\ 670+337\ 035\ 924}$

＝13.43%

（14）资本收益率＝$\dfrac{658\ 877\ 844}{2\ 659\ 404\ 000+1\ 833\ 147\ 394}$＝14.67%

每股收益＝$\dfrac{658\ 877\ 844}{2\ 659\ 404\ 000}$＝0.25（元）

（15）盈余现金保障倍数＝$\dfrac{2\ 597\ 334\ 363}{827\ 899\ 606}$＝3.14

现将全部财务比率计算结果以及国务院国资委统计评价局制定的《企业绩效评价标准值 2008》中有关大型火力发电业的优秀值、良好值、平均值结果汇总于表9-15。

表 9-15　广东电力发展股份有限公司 2007 年（末）财务比率及行业标准值汇总表

财务比率	2007 年（末）	优秀值	良好值	平均值
1. 流动比率	0.68	2.00	1.5	1.0
2. 速动比率	0.59	1.45	1.01	0.55
3. 现金流动负债比率	0.39	0.42	0.34	0.20
4. 资产负债率	0.50	0.47	0.58	0.60
5. 已获利息倍数	4.64	8.9	6.6	3.3
6. 应收账款周转次数/次	10.09	13.9	11.5	7.8
应收账款周转天数/天	36	26	32	47
7. 存货周转次数/次	16.10	36.8	25.0	16.2
存货周转天数/天	23	10	15	34
8. 总资产周转次数/次	0.467	0.7	0.6	0.5
总资产周转天数/天	782	521	608	730
9. 资产现金回收率/%	11.67	14.2	11.9	6.8
10. 净资产收益率/%	7.06	12.2	9.5	4.8
11. 总资产报酬率/%	7.03	10.7	8.5	4.2
12. 营业利润率/%	11.90	14.1	7.4	3.3
13. 成本费用利润率/%	13.43	13.3	8.0	1.5
14. 资本收益率/%	14.67	14.3	10.9	7.7
15. 盈余现金保障倍数	3.14	7.6	6.2	1.7

　　由表 9-15 中的结果可以看出，粤电力的短期偿债能力指标流动比率和速动比率相比标准值来说还有相当大的差距，原因在于企业借入较多短期借款，并有大量应付账款需要支付，而短期内能够变现的流动资产和速动资产不足。通常来说，短期借款是用于流动资金，满足企业周转需要的。而如果短期借款用于固定资产投资，则会带来短期偿债风险。从 2007 年粤电力的合并财务报表来看，企业 2006 年借入 41.8 亿元的短期借款，有将其投入在建工程的可能。从现金流量表的筹资活动看，企业 2007 年取得借款 134.3 亿元，偿还债务 113.19 亿元，有借新债还旧债的做法。一旦银行紧缩银根，企业将面临变卖非流动资产还债的境地。从长期偿债能力指标资产负债率来看并不高，已获利息倍数也高于平均值。如果企业能减少短期借款而增加长期借款，短期偿债能力可以大大改善。可喜的是，粤电力 2007 年已在朝此目标努力，长期借款增加幅度很大，而短期借款则相应减少。

　　将营运能力的指标与行业标准对比可以看出，粤电力的总资产运营效率较低，没有达到行业平均值，而应收账款周转只达到行业平均值，资产现金回收接近行业良好水平，存货周转则处于行业平均与良好之间。

　　将盈利能力的指标与行业标准对比可以看出，粤电力的营业利润率、成本费用利润率、资本收益率都达到或接近行业优秀值，但净资产收益率、总资产报酬率和盈余现金保障倍数却只高于行业平均水平。可见，企业总资产周转慢，对盈利能力产生了很大影响。

五、综合财务分析

上面介绍了财务比率分析指标，每一个财务指标都是从一个侧面反映企业的财务状况，但都难以全面评价企业的财务状况及经营成果。要想对企业的财务状况和经营成果有一个总的评价，就必须进行相互关联的分析，采用适当的标准进行综合分析。综合财务分析的主要方法有杜邦分析法和财务比率综合评分法。

（一）杜邦分析法

杜邦分析法是利用各个主要财务比率之间的内在联系，来综合分析企业财务状况的方法。这种方法是由美国杜邦（DuPont）公司率先采用的，故称杜邦分析法。利用这种方法可把各种财务比率之间的关系绘制成杜邦分析图，如图 9-2 所示。

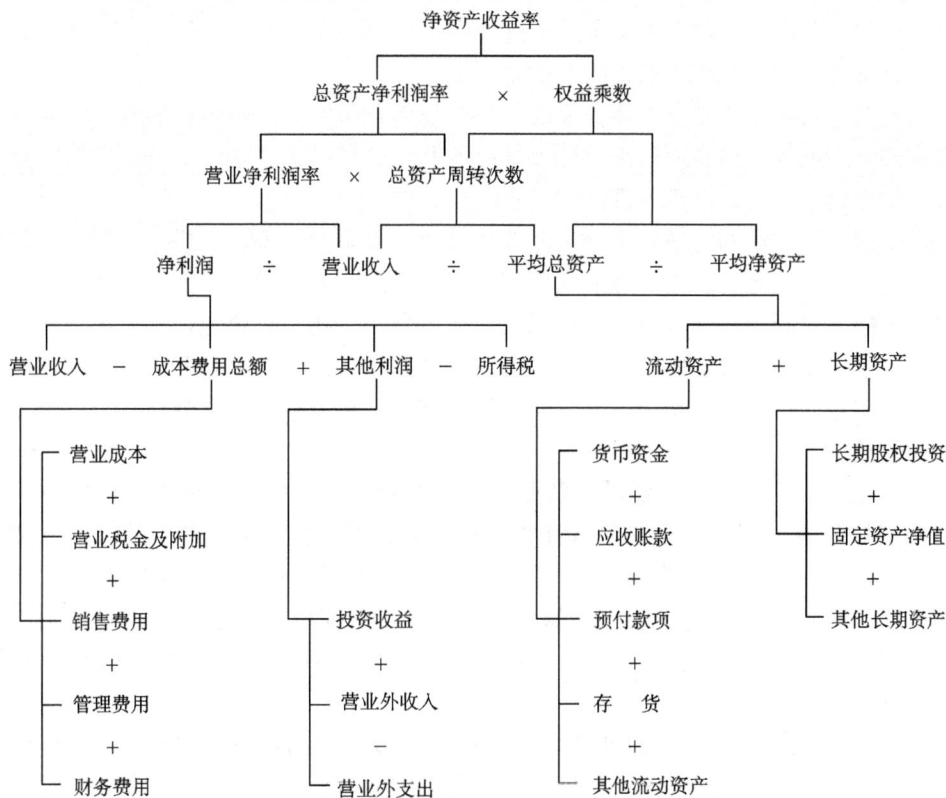

图 9-2 杜邦分析图

在杜邦分析图中，包含以下几种主要指标之间的关系：

$$净资产收益率 = \frac{净利润}{平均净资产}$$

$$= \frac{净利润}{营业收入} \times \frac{营业收入}{平均总资产} \times \frac{平均总资产}{平均净资产}$$

273

$$= 营业净利润率 \times 总资产周转次数 \times 权益乘数$$

式中

$$权益乘数 = \frac{平均总资产}{平均总资产 - 平均负债}$$

$$= \frac{1}{1 - \dfrac{平均负债}{平均总资产}}$$

$$= 1/(1 - 平均资产负债率)$$

通过杜邦分析图，可直观地看出企业财务状况和经营成果的总体面貌，具体了解到如下财务信息。

（1）净资产收益率是杜邦分析的核心内容，它代表了净资产的获利能力，反映出企业筹资、投资、资产营运等活动的效率，也是企业经营管理目标实现程度的体现。因此，企业所有者、经营者都十分关心这一财务比率。该比率的高低，取决于营业净利润率、总资产周转次数和权益乘数的水平。

（2）权益乘数主要受资产负债率的影响，负债比率大，权益乘数就高，说明企业有较高的负债程度，给企业带来了较多的杠杆利益，同时也给企业带来了较大的财务风险。这一指标是企业筹资管理活动效果的综合体现。

（3）营业净利润率是净利润与营业收入的对比关系的反映。要想提高它，不仅要增加营业收入，而且要努力降低成本费用，做到营业收入的增长幅度大大超过成本费用的增长幅度。利用杜邦分析图，可以研究成本费用结构是否合理，从而加强成本费用控制。还可联系资金结构来研究利息费用同利润的关系，如果企业承担的利息费用太多，就需查明负债比率是否过高，防止资金结构（权益乘数）不合理影响到企业所有者的收益。

（4）在资产营运方面，要联系营业收入分析企业资产的使用是否合理有效，资产结构安排是否恰当，从而判断总资产周转速度是否合理。企业资产的流动性和营运能力，既关系到企业的偿债能力，又关系到企业的盈利能力。如果持有的现金超过业务需要，就会影响盈利能力；如果企业在存货和应收账款上投资过量，则既会影响盈利能力，又会影响偿债能力。为此，要具体分析各项资产的占用额及周转速度。

根据表 9-5 和表 9-6，我们可以计算出粤电力 2007 年的权益乘数为 1.90，营业净利润率为 7.96%，结合表 9-15 中的总资产周转次数，我们可以得到净资产收益率的分解指标，由分解指标可以看出影响净资产收益率变动的具体因素

$$净资产收益率 7.06\% = 7.96\% \times 0.467 \times 1.90$$

由上看出，净资产收益率低于行业良好值的原因主要是由于资产周转速度太慢，其次是成本费用提高导致营业净利润率下降，如果粤电力的营业净利润率能保持2006 年的 10.53%，总资产周转次数能达到行业良好值 0.6 次/年，则净资产收益率就可提高到 12%，接近行业优秀值。

杜邦分析体系的作用旨在解释指标变动的原因和变动趋势，为采取措施指明了方

向。因此，应将企业连续若干年的杜邦分析图放在一起作比较分析，也可通过与本行业平均指标或同类企业对比，以便更好地发挥杜邦分析体系的作用。

（二）财务比率综合评分法

财务比率综合评分法是选择有代表性的财务比率，将其与标准比率对比计分，然后汇总得出企业的综合得分，据以评价企业财务状况优劣的一种综合分析方法。它的具体步骤如下。

（1）选择有代表性的财务比率。由于盈利能力、营运能力、偿债能力、成长能力四类比率能从不同侧面反映财务状况，故应分别从中选择若干具有代表性的重要财务比率，以免以偏概全。

（2）确定各项财务比率的标准值。每个标准值由优秀值、平均值、较差值组成，是该财务指标在不同行业的取值范围，如果达到或高于优秀值则获得该指标的满分，平均值可以得到合格分（即满分×60％），等于或低于较差值则得零分，在平均值和优秀值之间则取合格分与满分间的得分（称为"上游分"），在平均值及较差值之间则取合格分与零分间的得分（称为"下游分"）。

（3）根据各项财务比率的重要程度，确定其标准评分值（权数）。重要程度的判断，需根据企业经营状况、一定时期的管理要求、企业所有者、债权人和经营者的意向而定。越重要的比率，标准评分值越高，所有比率的标准评分值之和为100。

（4）计算企业在一定时期各项比率的实际值。

（5）将各项比率实际值与标准值进行对比，计算各比率的实际得分值。

标准值总体上分成两大类，一是正相关类、一是负相关类。正相关是指财务指标数值越大越接近优秀值，如净资产收益率；负相关是指财务指标数值越大越接近较差值，如资产负债率。两大类指标有不同的计分公式。

① 正相关类。

上游分＝满分×60％＋满分×40％×（实际值－平均值）/（优秀值－平均值）

下游分＝满分×60％×（实际值－较差值）/（平均值－较差值）

② 负相关类。

上游分＝满分×60％＋满分×40％×（平均值－实际值）/（平均值－优秀值）

下游分＝满分×60％×（较差值－实际值）/（较差值－平均值）

（6）计算企业综合得分值。

$$综合得分值 = \sum 各比率实际得分值$$

（7）综合评价企业财务状况优劣。综合得分值越接近100分，说明企业财务状况越好；企业综合得分值大于60，则说明企业财务状况高于行业平均水平；企业综合得分值小于60，则说明企业财务状况低于行业平均水平。

须指出的是，运用财务比率综合评分法的关键技术是"标准比率"的建立及"标准评分值"的确定。只有长期实践，积累历史经验，并根据现时情况加以修正，才能取得较好的评价结果。

现根据广东电力发展股份有限公司 2007 年度主要财务比率编制综合评分表，如表 9-16 所示。

表 9-16 广东电力发展股份有限公司财务比率综合评分表

财务比率	标准评分值	优秀值	平均值	较差值	实际值	综合得分值
净资产收益率/%	20	12.2	4.8	−2.8	7.06	14.44
总资产报酬率/%	10	10.7	4.2	−0.7	7.03	7.74
营业利润率/%	5	14.1	3.3	−1.9	11.90	4.59
盈余现金保障倍数	5	7.6	1.7	−0.1	3.14	3.49
总资产周转次数/次	10	0.7	0.5	0.1	0.467	5.51
应收账款周转次数/次	3	13.9	7.8	2.7	10.09	2.25
存货周转次数/次	3	36.8	16.2	4.9	16.10	1.78
资产现金回收率/%	4	14.2	6.8	−2.4	11.67	3.45
资产负债率/%	8	0.47	0.60	0.86	0.50	7.26
已获利息倍数	6	8.9	3.3	−1.2	4.64	4.17
速动比率/%	3	1.45	0.55	0.09	0.59	1.85
现金流动负债比率/%	3	0.42	0.20	−0.02	0.39	2.84
营业收入增长率/%	10	23.8	16.6	−7.2	19.0	7.33
营业利润增长率/%	10	20.5	4.6	−14.2	−10.2	1.28
合计	100					67.98

从表 9-16 中可看出，粤电力 2007 年度财务比率的综合得分值为 67.98，大于 60，说明该公司的整体财务状况略高于平均水平。

复习思考题

1. 什么是财务报告？财务报告由哪些内容构成？财务报表又有哪些？
2. 通过本章的学习，你能否看懂资产负债表、利润表、现金流量表？作为一个企业管理人员，会计知识对你的工作有帮助吗？你对会计有什么认识？
3. 什么是财务分析？它对搞好企业财务管理乃至整个企业管理有何作用？
4. 财务分析方法有哪些？其中基本方法是什么？如何运用每一种财务分析方法？
5. 可以从哪几个方面来反映企业财务状况？有哪些财务比率？是如何计算的？有何经济含义？
6. 财务比率综合评分法有可改进之处吗？认为有的话，应如何改进？
7. 现代财务分析特别看重财务比率分析，你认为是完美无缺的吗？对此，你有何看法？

练 习 题

中国联合通信股份有限公司 2007 年的资产负债表、利润表和现金流量表如下。

资产负债表

编制单位：中国联合通信股份有限公司　　　　　　　　　　　　　单位：元

资产	合并		母公司	
	2007 年度	2006 年度	2007 年度	2006 年度
流动资产				
货币资金	7 33 506 985	12 449 094 019	11 601 814	9 640 044
应收票据	71 874 233	68 090 516		
应收账款	3 273 213 303	3 516 074 468		
预付款项	992 737 573	992 462 626		
应收利息	9 686 072	11 999 261		
其他应收款	2 210 423 804	834 361 214	1 349 048	24 919
存货	2 528 363 903	2 373 871 210		
其他流动资产	508 339 754	458 095 455		
流动资产合计	**16 836 145 627**	**20 704 048 769**	**12 950 862**	**9 664 963**
非流动资产				
长期股权投资			38 538 133 791	38 538 133 791
固定资产	99 443 151 419	97 206 267 427	6 396 814	4 929 183
在建工程	13 393 280 639	12 214 667 049		
工程物资	1 558 652 406	1 514 863 858		
无形资产	7 077 533 610	5 611 933 624	11 744 276	11 992 383
长期待摊费用	5 380 042 598	3 785 891 256		
递延所得税资产	820 418 762	914 561 443		
非流动资产合计	**127 673 079 434**	**121 248 184 657**	**38 556 274 881**	**38 555 055 357**
资产总计	**144 509 225 061**	**141 952 233 426**	**38 569 225 743**	**38 564 720 320**

负债及股东权益	合并		母公司	
	2007 年度	2006 年度	2007 年度	2006 年度
流动负债				
应付短期债券		7 087 216 675		
应付票据	834 151 078	1 906 846 166		
应付账款	27 488 777 993	21 364 272 742	9 222 582	7 095 629
预收款项	11 582 188 827	10 078 206 296		
应付职工薪酬	731 061 727	583 467 475		
应交税费	1 239 519 595	1 645 903 547	7 619	7 619
应付利息	26 958 237	39 570 404		
应付股利	1 779 450	1 779 542	1 779 450	1 779 542
其他应付款	5 321 229 426	5 097 427 843	8 818 455	7 014 355
一年内到期的长期借款	2 192 829 728	4 084 354 239		

负债及股东权益	合并		母公司	
	2007 年度	2006 年度	2007 年度	2006 年度
流动负债合计	**49 418 496 061**	**51 889 044 929**	**19 828 106**	**15 897 145**
非流动负债				
长期借款	1 660 921 348	4 139 348 554		
应付债券		10 324 949 338		
长期应付款	3 882 035	10 230 226		
递延所得税负债	5 883 751	5 879 075		
其他非流动负债	482 607 036			
非流动负债合计	**2 153 274 170**	**14 480 407 193**		
负债合计	**51 571 770 231**	**66 369 452 122**	**19 828 106**	**15 897 145**
股东权益				
股本	21 196 596 395	21 196 596 395	21 196 596 395	21 196 596 395
资本公积	20 143 109 873	17 454 271 740	17 111 103 108	17 111 103 108
盈余公积	454 768 781	320 175 378	454 768 781	320 175 378
未分配利润	12 629 615 987	8 617 617 688	(213 070 647)	(79 051 706)
归属于母公司股东权益合计	54 424 091 036	47 588 661 201	38 549 397 637	38 548 823 175
少数股东权益	38 513 363 794	27 994 120 103		
股东权益合计	**92 937 454 830**	**75 582 781 304**	**38 549 397 637**	**38 548 823 175**
负债及股东权益总计	**144 509 225 061**	**141 952 233 426**	**38 569 225 743**	**38 564 720 320**

利 润 表

编制单位：中国联合通信股份有限公司　　　　　　　　　　　　　　单位：元

项　　目	合并		母公司	
	2007 年度	2006 年度	2007 年度	2006 年度
一、营业收入	**100 467 608 937**	**96 556 344 407**		
减：营业成本	61 478 303 917	59 123 078 341		
营业税金及附加	2 368 541 746	2 315 963 140		
销售费用	18 241 052 266	18 010 779 898		
管理费用	5 786 615 801	5 736 002 608	12 501 450	12 237 360
财务费用	(214 322 732)	998 132 467	(396 712)	(251 216)
资产减值损失	1 890 276 497	1 800 709 391		
公允价值变动损失	568 859 767	2 396 592 000		
加：投资收益			1 437 090 478	878 214 472
二、营业利润	**10 348 281 675**	**6 175 086 562**	**1 424 985 740**	**866 228 328**
加：营业外收入	2 972 403 410	77 466 511		

续表

项 目	合并		母公司	
	2007 年度	2006 年度	2007 年度	2006 年度
减：营业外支出	165 215 548	218 717 394		
三、利润总额	**13 155 469 537**	**6 033 835 679**	**1 424 985 740**	**866 228 328**
减：所得税费用	3 836 064 590	2 668 478 836		
四、净利润	**9 319 404 947**	**3 365 356 843**	**1 424 985 740**	**866 228 328**
归属于母公司股东的净利润	5 632 878 880	2 114 297 690	1 424 985 740	866 228 328
少数股东损益	3 686 526 067	1 251 059 153		
五、每股收益				
（一）基本每股收益	0.265 7	0.099 7		
（二）稀释每股收益	0.265 7	0.099 7		

现金流量表

编制单位：中国联合通信股份有限公司 单位：元

项 目	合并		母公司	
	2007 年度	2006 年度	2007 年度	2006 年度
一、经营活动产生的现金流量				
销售商品、提供劳务收到的现金	93 600 667 121	89 209 629 765		
收到的税费返还	1 326 556 415			
收取的其他与经营活动有关的现金	95 788 143	50 221 374		
经营活动现金流入小计	**95 023 011 679**	**89 259 851 139**		
购买商品、接受劳务支付的现金	48 679 392 683	40 977 112 147	9 115 615	9 796 857
支付给职工以及为职工支付的现金	6 837 132 133	6 503 650 381	2 000 488	2 204 139
支付的各项税费	6 876 624 375	4 673 346 439		
支付其他与经营活动有关的现金				
经营活动现金流出小计	**62 393 149 191**	**52 154 108 967**	**11 116 103**	**12 000 996**
经营活动产生的现金流量净额	**32 629 862 488**	**37 105 742 172**	**(11 116 103)**	**(12 000 996)**
二、投资活动产生的现金流量				
收回投资收到的现金				
取得投资收益所收到的现金	188 964 422	251 493 709	1 437 489 243	878 467 784
处置固定资产收回的现金净额	82 028 296	59 454 865		
收到其他与投资活动有关的现金	327 287 404	801 361 160		
投资活动现金流入小计	**598 280 122**	**1 112 309 734**	**1 437 489 243**	**878 467 784**
购建固定资产及无形资产支付的现金	23 720 414 958	17 730 464 831		9 758 040

项　目	合并		母公司	
	2007 年度	2006 年度	2007 年度	2006 年度
企业合并支付的现金（同一控制下收购贵州业务）	880 000 000			
支付其他与投资活动有关的现金	775 797 010	714 723 219		
投资活动现金流出小计	25 376 211 968	18 445 188 050		9 758 040
投资活动产生的现金流量净额	(24 777 931 846)	(17 332 878 316)	1 437 489 243	868 709 744
三、筹资活动产生的现金流量				
子公司吸收少数股东投资所收到的现金	313 261 738	535 299 142		
取得借款收到的现金		3 488 049 680		
发行短期债券收到的现金		6 949 700 000		
发行可转换债券收到的现金		7 979 444 340		
筹资活动现金流入小计	313 261 738	18 952 493 162		
偿还债务支付的现金	10 960 945 183	29 396 256 526		
分配股利、利润或偿付利息支付的现金	2 770 343 837	2 596 200 188	1 424 411 370	877 538 966
筹资活动现金流出小计	13 731 289 020	31 992 456 714	1 424 411 370	877 538 966
筹资活动产生的现金流量净额	(13 418 027 282)	(13 039 963 552)	(1 424 411 370)	(877 538 966)
四、汇率变动对现金的影响				
五、现金及现金等价物净增加额	(5 566 096 640)	6 732 900 304	1 961 770	(20 830 218)
加：期初现金及现金等价物余额	12 253 274 647	5 520 374 343	9 640 044	30 470 262
六、期末现金及现金等价物余额	6 687 178 007	12 253 274 647	11 601 814	9 640 044

电信行业财务比率的标准值如下。

项　目	优秀值	良好值	平均值	较低值	较差值
一、盈利能力状况					
净资产收益率/%	13.8	10.5	6.1	3.0	-3.3
总资产报酬率/%	12.2	9.4	4.6	1.9	0.9
销售（营业）利润率/%	44.2	35.2	26.9	18.3	6.2
盈余现金保障倍数	4.2	2.3	0.9	0.2	-1.2
成本费用利润率/%	30.5	25.0	19.0	7.1	-4.1
资本收益率/%	16.4	13.7	11.0	3.7	-4.4
二、资产质量状况					
总资产周转率/次	0.8	0.4	0.3	0.2	0.1
应收账款周转率/次	12.3	9.5	7.9	4.2	2.0

续表

项　目	优秀值	良好值	平均值	较低值	较差值
存货周转率/次	36.7	27.2	18.1	9.8	2.3
资产现金回收率/%	18.4	12.0	7.6	1.1	−8.3
三、债务风险状况					
资产负债率/%	32.6	40.4	45.8	54.2	65.0
已获利息倍数	8.6	7.2	5.2	3.5	−0.6
速动比率/%	211.1	167.4	70.9	54.9	43.2
现金流动负债比率/%	51.2	47.9	39.7	17.0	2.4
四、经营增长状况					
销售（营业）增长率/%	15.8	11.1	6.7	−6.6	−16.6
销售（营业）利润增长率/%	11.5	8.4	5.3	0.8	−8.1

试运用你所学过的各种财务分析方法，分别对该公司的财务状况作出分析与评价。

第十章

企业并购的财务管理

企业并购目前已成为我国深化企业改革、调整经济结构和盘活资产存量的主旋律。从深化国有企业改革要求来看，需要通过并购来解决企业规模不经济、产业结构不合理和企业负债过重等问题，来促进资产存量在不同经济实体之间的优化组合。

第一节　企业并购概述

一、企业并购的概念

（一）企业并购

企业并购（merger and acquisition，M&A）是兼并和收购的简称。企业并购是指一家企业通过取得其他企业的部分或全部产权，从而获得其他企业控制权的投资行为。其中取得控制权的企业称为并购企业，被控制的企业称为目标企业。这种"控制权"主要表现在并购企业对目标企业的持股比例。具体来看有四种情况：第一，目标企业成为并购企业的分公司（专业厂或事业部）；第二，并购企业成为目标企业的绝对控股股东，即持股比例在50%以上的股东，目标企业是并购企业的全资子公司或绝对控股子公司；第三，并购企业成为目标企业的相对控股的第一大股东，即持股比例在30%～50%的第一大股东，目标企业是并购企业的相对控股子公司；第四，并购企业成为目标企业的非控股的第一大股东，即持股比例在5%～30%的第一大股东。

（二）兼并

兼并与收购作为与企业产权交易相关的两个基本概念，具有不同的含义。企业兼并是指一家企业购买其他企业的产权，使其他企业丧失法人资格或改变法人实体的行为。其基本特征是兼并行为一旦成立，目标企业原有的法人资格即告结束。兼并企业通常是一家占优势的企业。企业兼并是企业竞争中优胜劣汰的正常现象，是企业扩张的重要形式之一，企业规模的急剧扩大和企业股票价值最大限度地增长是企业兼并的结果。

在西方公司法中，兼并属于合并的一种，西方公司法及我国公司法都把合并分成吸收合并和新设合并两种形式。吸收合并就是我们所说的兼并，是指一个企业吸收其他企业而继续存在，被吸收的企业解散而不复存在，其财产、债权、债务转给存续企业。新设合并是指两个或两个以上的企业合并设立一个新的企业，原有企业都不继续存在，另外再设立一个新的企业，其财产、债权、债务由新设的企业承担。

（三）收购

收购是指一家企业通过持有一家或若干家其他企业适当比率的股权而对这些企业实施经济业务上的控制的行为。收购的实质是取得控制权。收购又分为资产收购和股份收购两类。资产收购是指一家企业购买目标企业的资产（包括资产和营业部门），以实现对目标企业的控制。股份收购是指一家企业直接或间接购买目标企业的部分或全部股份，以实现对目标企业的控制。股份收购中，收购企业要承担目标企业的债权债务；而资产收购中，收购企业只是收购目标企业的资产而未收购其股份，因此无需承担目标企业的债权债务。

（四）兼并与收购的异同

兼并、合并与收购有许多相似之处，主要表现在以下两点。

（1）基本动因相似。其基本动因不外乎扩大市场占有率，扩大经营规模，拓宽企业经营范围，实现分散经营或综合化经营，总之都是增强企业实力的外部扩张策略或途径。

（2）都以企业产权为交易对象，都是企业资本经营的基本方式。

兼并与收购的区别在于如下几方面。

（1）在兼并中，被兼并企业作为法人实体不复存在；而在收购中，被收购企业可以以法人实体存在，其产权可以是部分转让。

（2）兼并后，兼并企业成为被兼并企业新的所有者和债权债务的承担者，是资产、债权、债务的一同转换；而在收购中，收购企业是被收购企业的新股东，以收购出资的股本为限承担被收购企业的风险。

（3）兼并多发生在被兼并企业财务状况不佳、生产经营停滞或半停滞之时，兼并后一般需调整其生产经营，重新组合其资产；而收购一般发生在企业正常生产经营状态，产权流动比较平和。

兼并、合并与收购在实际运作中的联系远远超过其区别，所以常作为同义词一起使用，统称为"并购"，泛指在市场机制作用下企业为了获得其他企业的控制权而进行的产权交易活动。

二、企业并购的类型

在国外企业并购理论上，企业并购依据不同的划分标准，有以下类型。

（一）按并购的出资方式划分

按照这个标准，企业并购可以分为出资购买资产式并购、出资购买股票式并购、以股票换取资产式并购和以股票换取股票式并购。

1. 出资购买资产式并购

出资购买资产式并购是指并购企业使用现金购买目标企业全部或绝大部分资产以实现并购。对于产权关系、债权债务清楚的企业，出资购买资产式并购能做到等价交换，交割清楚，没有后遗症或遗留纠纷。但由于国内企业财务报表不够完善，被并购企业的财务状况尤其是债权债务关系不易清楚知悉，这会在相当程度上影响并购企业纯以现金出资购买被并购企业的兴趣。

2. 出资购买股票式并购

出资购买股票式并购是指并购企业使用现金、债券等方式购买目标企业一部分股票，以实现控制后者资产及经营权的目标。出资购买股票可以通过一级市场进行，也可以通过二级市场进行；但通过二级市场出资购买目标企业股票要受到有关证券法规信息披露原则的制约，如购进目标企业股份达一定比例，或达到该比例后持股情况增减变化达某一比例都需履行相应的报告及公告义务，在持有目标企业股份达到相当比例时更要向目标企业股东发出公开收购要约。所有这些要求都容易被人利用，哄抬股价，使并购成本激增。并购企业如果通过发行债券的方式筹集资金进行并购，则容易背上巨大的债务负担。

3. 以股票换取资产式并购

以股票换取资产式并购是指并购企业向目标企业发行自己的股票以换取目标企业的资产。并购企业在有选择的情况下承担目标企业的全部或部分责任，目标企业也要把所持有的并购企业的股票分配给自己的股东，以防止所发行的大量股票集中在极少数股东手中。

4. 以股票换取股票式并购

以股票换取股票式并购是指并购企业直接向目标企业股东发行自己的股票以换取目标企业的股票。换取的股票数量应至少达到并购企业能控制目标企业的足够表决权数。通过并购，目标企业或者成为并购企业的子公司，或者通过解散而并入并购企业。

（二）按行业相互关系划分

按照这个标准，企业并购可分为横向并购、纵向并购和混合并购。

1. 横向并购

横向并购是指两个或两个以上生产或销售相同、相似产品的企业间的并购。如美国波音公司和麦道公司的合并，德国的戴姆勒-奔驰公司和美国的克莱斯勒公司的合并，美国的花旗银行和旅行家银行的合并，都属于横向并购。横向并购的目的在于消除竞争，扩大市场份额，增加并购企业的垄断实力或形成规模效应。

2. 纵向并购

纵向并购是指对生产工艺或经营方式上有前后关联的企业的并购。如电视机厂对显像管厂的并购、纺织厂对制衣厂的并购，都属于纵向并购。纵向并购的目的在于加强企业对销售和采购的控制，加速生产流程，缩短生产周期，实现产销一体化及生产组织上的协作化及专业化。

3. 混合并购

混合并购是指对处于不同产业领域、产品属于不同市场，且与其不存在客户或供应商联系的企业的并购。如汽车企业对酒店企业的并购、钢铁企业对石油企业的并购，都属于混合并购。混合并购的目的在于减少长期经营一个行业所带来的风险，通过分散投资、多样化经营达到资源互补、优化组合、降低风险。

（三）按并购是否通过中介机构进行划分

按照这个标准，企业并购可以分为直接并购和间接并购。

1. 直接并购

直接并购是指并购企业直接向目标企业提出并购要求，双方通过一定程序进行磋商，共同商定完成并购的各项条件，进而在协议的条件下达到并购目的。由于直接并购需要目标企业的大力配合，在目标企业反对的情况下是不可能成功并购的，所以直接并购又称协议并购。在直接并购中，除并购企业采取主动攻势外，目标企业也可能出于某种原因而主动提出转让经营控制权的请求。

2. 间接并购

间接并购是指并购企业并不直接向目标企业提出并购要求，而是在证券市场上大量购买目标企业的股票，从而达到控制该企业的目的。当并购企业持有目标企业股份达到一定比例时，一般须依法向目标企业所有股东发出公开收购要约。如我国《证券法》第八十八条规定："通过证券交易所的证券交易，投资者持有或者通过协议、其他安排与他人共同持有一个上市公司已发行的股份达到30％时，继续进行收购的，应当依法向该上市公司所有股东发出收购上市公司全部或者部分股份的要约。"间接并购自主性强，无须谈判，并购速度快。但这种并购一般不是建立在目标企业自愿、协商的基础上，极有可能遭到目标企业的对抗，增加并购成本。

（四）按并购是否取得目标企业的同意与合作划分

1. 善意并购

善意并购是指并购企业事先与目标企业协商，征得其同意并谈判达成并购条件的一致意见而完成并购活动的方式。善意并购有利于降低并购行动的风险与成本，使并购双方能够充分交流、沟通信息，目标企业主动向并购企业提供必要的资料，因此这种并购成功率较高。但并购企业可能要损失部分利益来换取目标企业的合作。

2. 敌意并购

敌意并购是指并购企业在目标企业管理层对其并购意图尚不知晓或持反对态度的情况下，对目标企业强行进行并购的行为。敌意并购使并购企业处于主动地位，并购行动节奏快、时间短，可有效控制并购成本。但由于无法从目标企业获得内部资料，因而造成估价困难，如果目标企业采取一些反并购措施，就会加大并购难度，增加并购成本。

另外，企业并购还可按并购是否受到法律规范强制分为强制并购和自由并购；按是否公开向目标企业全体股东提出收购分为公开收购和非公开收购；按是否利用目标企业本身资产来支付并购资金分为杠杆收购和非杠杆收购；按并购双方在并购完成后的法律地位分为吸收合并和新设合并；按并购企业与目标企业是否同属一国企业分为国内并购和跨国并购。

三、我国企业的并购方式

在我国企业的并购实践中，人们探索了许多符合我国国情的并购方式。主要有以下四种。

（一）承担债务式

承担债务式是指在资产和债务等价的情况下，并购企业以承担被并购企业债务为条件接受其资产。其特点是：并购企业将目标企业的债务及整体产权一并吸收，以承担目标企业的全部债务，负责安置职工及离退休人员的工资福利为条件，在双方自愿互利的基础上实行并购。并购交易不以价值为标准，而是要求目标企业的资产和负债等价，并购企业以承担目标企业的全部债务为条件，接受其全部资产和经营权，目标企业法人资格自行消失。在实践中，由于多数目标企业资不抵债，这就要求首先对资不抵债（负权益）部分进行妥善处理。通行的方法是由目标企业的主管部门接受此项负权益，或者以旧债停账挂息、免税等优惠政策措施来换取并购企业接受目标企业的整体债务。尽管这可以使目标企业走出困境，但由于主管部门实力所限，最终容易沦为逃债公司。

（二）吸收股份式

吸收股份式是指目标企业的所有者将目标企业的净资产作为股份投入并购企业，

成为并购企业的一个股东。这种并购方式的特点是：双方实行股份合并，以优势企业一方为主管理，另一方成为股权代表，以其股东身份行使权利和义务。该方式通过参股将两个不同企业的资产融合到一起，从而实现了生产要素存量的优化配置。目标企业的资产一经评估折股并入并购企业，目标企业的法人身份便宣告消失。并购企业则借助于股权优势，对并购后企业的全部资产加以控制。随着我国企业改制工作的深入开展，吸收股份式的企业并购会越来越多。

（三）购买式

购买式是指由并购企业出资购买目标企业的资产。目标企业按资产出售价值并入并购企业，目标企业法人地位消失。由于我国企业普遍资金短缺，从银行融资并购企业受到限制，目标企业多以安置职工和离退休人员为并购条件，作为主要债权人的国有商业银行对不良资产的处置仍没有好办法，所以购买式在企业并购实践中较难推行。

（四）过渡式

过渡式是指在进行企业并购时，为克服目标企业股东的心理障碍，先使股东在承包或联营期间实际体会到经营一体化的好处，再实行并购，实现资产一体化。过渡式主要包括：①先承包（租赁）后并购。主要用于并购微利或亏损企业。并购企业先通过承包或租赁，取得目标企业的经营权，待扭亏后逐步过渡到并购。②先代管，后并购。主要用于并购小企业。并购企业先通过代管，对企业进行改造，形成配套生产能力后，再逐步过渡到并购。③先联合，后并购。并购双方先结成紧密型的联合体，实行供、产、销统一管理，人、财、物协调使用，经营目标、发展方向统一规划，待时机成熟后再行并购。

以上几种并购方式中，承担债务式并购在我国实践中被广泛应用，但在实际操作中往往会因或有债务未理清而容易产生并购后遗症。吸收股份式并购对解决我国大多数企业规模偏小、技术落后、设备陈旧和规模不经济等问题有现实意义，通过吸收股份组成的企业更易符合现代企业制度的要求。购买式并购尽管推行起来有一定难度，但只要有适合中国国情的政策指引，购买式并购对于放活一大批中小型国有企业、实现国有经济的战略性调整还是有广阔的市场空间的。过渡式并购便于企业产权的平稳转让，克服了企业文化差异等带来的副作用。

除了以上几种主要并购方式外，我国上市公司并购有其自身的特点，除了在二级市场收购社会公众股外，主要有以下几种并购方式。

（1）通过整体资产置换的方式进行并购。整体资产置换是指上市公司和另外一家公司，一般是其第一大股东或第一大股东的关联企业，进行资产的买卖，将上市公司盈利能力差的资产以账面价值，或以非净现值法评估价格卖给另一家企业，而以同样的资产评估方法确认的价格买进金额相等或相近的但盈利能力高的资产的做法。通过这样的置换，使经营效益不好甚至亏损的上市公司"洗心革面、脱胎换骨"，获得新的生命力。这种方式其实相当于一个新公司上市，只是形式上保持了一定的连续性。

287

这种并购对社会整体生产力水平的提高没有作用或作用甚微，其主要功效表现为使上市公司的"壳"资源得以充分利用，使部分投资者的短期利益得以保护。这种并购方式助长了证券市场的投机行为。不少投资者基于政府会竭力挽救濒临绝境的上市公司这一信念，盲目参与绩差股的炒作，影响了股市的正常运作。由于国有股在上市公司中属于控股地位，出于国有资产保值增值的需要，政府肯定会介入上市公司的脱困工作。因此，在一定时期内，这种整体资产置换方式还有一定的市场。

（2）通过协议受让分散法人股，或者部分协议受让分散法人股、部分受让国家股的方式获得上市公司的控股权。这种方式增加了我国法人股权的流动性，促进了我国企业并购机制的完善，使资本市场的调节和监督功能得以更好地发挥。此外，这种控股并购方式一般形成第一大股东和第二大股东股权相去无几的局面，避免了单一大股东对小股东利益侵害的事情发生，促进了企业代理-委托机制的完善。

（3）以股权换股权和以股权换资产的吸收合并。以股权换股权这一方式为解决从地方柜台交易市场上摘牌的股权证的出路问题提供了一条新思路，同时说明吸收合并是资本市场发展到一定阶段的必然产物，是资本经营的高级形式。以股权换资产的方式使并购双方避免了巨大的现金流量和由此产生的财务费用，为上市公司低成本甚至无成本扩张提供了新途径。目标企业能以较低的成本进入证券市场，可以借助于资本市场增强融资能力，提高企业的声誉和信誉，为企业的进一步发展奠定基础。上市公司进行吸收合并涉及许多法律、经济、市场、社会问题，其具体操作中也涉及诸如合理的换股比价、公司文化的磨合、公司资源的整合等问题。

（4）原控股股东以上市公司股权作为投资，实现上市公司控股权的转移。这种方式的具体运作是：由并购企业与被并购的上市公司的第一大股东达成友好并购协议，双方组成一个有限责任公司，并购企业投入的是现金和一部分资产，被并购的上市公司的原第一大股东以上市公司股权作为投资；新成立的公司成为上市公司的控股股东，一般由并购企业担任第一大股东，这样并购企业就间接地实现了对上市公司的控制，而且避免了巨额现金的支出。这种方式大大降低了并购企业的并购成本，不必出巨资就可拥有上市公司控股权；同时，被并购的上市公司的原控股股东的实际权益仍可得到保留，如继续参与上市公司的决策和管理，分享重组后上市公司的收益。但这种方式对上市公司的产权和管理机制触动较小，因而成效未必显著。

第二节　企业并购理论与动因

一、企业并购的主要理论

并购理论产生于并购实践，反过来又推动着并购实践的发展。在西方悠久的企业并购史上，西方学者提出了一些并购理论。下面介绍西方并购理论中有助于解释我国当前企业并购活动的五种理论，它们是差别效率理论、经营协同理论、纯粹的多样化经营理论、价值低估理论以及代理问题和管理主义理论。

1. 差别效率理论

差别效率理论又称管理协同假说，是并购的基本理论。该理论表明，如果一家企业有一支高效的管理队伍，其能力在满足日常管理后仍有剩余，该企业可以通过收购一家管理效率较低的企业来使其额外的管理资源得以充分利用，从中实现收益。这对双方企业和整个社会都有益处。这类并购活动将提高整个经济的效率水平。

由于企业内部协调或管理能力的限制，差别效率理论的应用范围也受到了相应的限定。从理论上讲，高效率企业释放过剩管理能力除并购外还可以采取其他措施，如企业进行内部扩张，或解雇多余的管理人员。管理人员作为企业的雇员一般都对企业专属知识进行了投资，因此管理人员自身也是企业专属资产的一部分，其在企业内部的价值大于其市场价值。过剩的行业专属管理能力可能是先进的协作组织带来的结果。由于管理层是一个整体，并且受不可分性和规模经济的制约，所以解雇具有额外管理能力的管理人员是不可行的。并购是转移行业专属资源而不至于使其总体功能受损的上策。由于行业需求状况的限制，在本行业内进行扩张较难。并购企业可以通过进入被并购企业的相关行业来利用其过剩的管理能力。并购企业具有被并购企业所在行业特有的工艺知识是并购成功的一个重要前提。

管理效率低或业绩不佳的企业可通过直接雇用管理人员或与外部管理者签订合同来增加管理投入，从而提高管理水平。但直接雇用管理者无法保证在可接受的时期内建立起一支有效的管理队伍。而订立契约的办法一般不宜采用，因为涉及对管理层专属知识进行投资而引发的对专属资产所积累的准租金占用问题。如果有效的管理需要大量的管理人才，那么规模较小、业绩不佳的企业就很难达到这一要求。

总之，把被并购企业非管理性的组织资本与并购企业过剩的管理资本结合起来将产生协同效应。在差别效率理论中，并购企业的管理方力图利用被并购企业的管理人员。差别效率理论对横向并购有较强的解释力。

2. 经营协同理论

经营协同理论假设存在规模经济且收购有助于达到可以获得规模经济的活动水平。它包含了能力互补性的概念。例如，一家企业可能在研究开发方面有较强的实力，但在市场营销方面能力较弱；而另一家企业则恰好相反，营销能力强而研究开发能力弱。这两家企业的并购将导致经营上的协同。经营协同指并购后的企业总体效益要大于并购前两个独立企业效益的算术和，即"1＋1＞2"。经营协同可以通过横向、纵向或混合并购来获得。建立在经营协同基础上的理论假定在行业中存在着规模经济，并且在并购之前，企业的经营活动达不到实现规模经济的潜在要求。

规模经济由于不可分性而产生。不可分性是指生产活动中生产要素因其物理属性而不能随意划分。在制造业中，只要设备能力没有达到充分利用，就存在着扩大生产规模的可能性。上述企业间的并购以实现研究开发和市场营销方面双方优势的互补为目的，这隐含说明了企业对某些现存要素未充分利用，并且对于其他一些要素没有给予足够的投入。

在生产、科研、市场营销或财务方面的规模经济有时是指在特定管理规模方面的经济。在一般管理活动中，如在规划和控制职能中也可以获取规模经济。有规划和控制才能的企业工作人员可能在一定程度上未被充分利用。当并购后的企业恰好达到需要增加工作人员的规模时，将会使并购企业原有的人员得到充分利用，同时避免了向其他企业增加人员的必要。

另一个可获得经营协同的领域是纵向并购。将同行业中处于不同发展阶段的企业并购起来，可以在不同的水平间获得更有效的协同效应。内部化理论对纵向并购进行了较合理的解释。纵向并购可以节省相关的联络费用和各种形式的交易费用。内部化过程是否产生，最终取决于内部化的净收益是否达到决策者对预期收益水平的要求。

3. 多元化经营理论

多元化经营理论作为一种并购理论，与股东证券组合的分散化不同。股东可以有效地在各个行业间分散其投资风险，因此企业没有必要为了股东而分散经营。但若企业经营的单项产业失败的话，管理者和其他雇员就面临着很大的风险，因为他们专属于企业的人力资本是无法转移的。因此，企业可以通过分散化经营来鼓励雇员进行专属于企业的人力资本投资，而这种投资可以使其更有价值和有更高的劳动生产率。此外，在企业原先的产业衰退时，分散经营可以通过向其他产业转移来提高企业的组织资本和声誉资本受保护的可能性。企业通常采用混合并购的方式实现多元化经营。当企业通过多元化并购把经营领域拓展到与原经营领域相关性较小的行业时，就意味着整个企业在若干不同的领域内经营，这样当其中的某个领域或行业经营失败时，可以通过其他领域内的成功经营而得到补偿，从而使整个企业的收益率得到保证。

分散经营可以通过内部发展和并购活动来完成，然而在特定的情况下，并购优于内部发展。因为企业可能仅仅是缺少必要的资源或其潜力已超过了行业容量而缺少内部发展的机会，通过并购可以迅速实现分散化经营。

4. 价值低估理论

价值低估理论认为当目标企业股票的市场价格因为某种原因而没有反映其真实价值或潜在价值，或者没有反映出其在其他管理者手中的价值时，并购活动就会发生。通货膨胀不仅使股市低迷，而且使资产的当前重置成本较历史成本大幅度提高。并购企业购买目标企业股票时，必须考虑当时目标企业的全部重置成本与其股票市场价值的大小，当并购公司发现由于通货膨胀等原因造成目标公司的股票市价低于重置成本时，或者由于并购公司获得一些外部市场所不了解的信息，认为目标公司价值被低估时，就会采取并购手段，取得对目标公司的控制权。因为通过购买现存企业的股票来获得扩张所需的资产要比购买或建造相关的资产更便宜一些。

5. 代理问题和管理主义理论

当管理者只拥有企业股份的一小部分时，便会产生代理问题。这种部分的所有权可能会导致管理者的工作缺乏活力，或者进行额外的消费（如豪华办公室、专用轿车和俱乐部的会员资格），因为拥有绝大多数股份的所有者将承担大部分的成本。这种情形在大企业更为严重，由于所有权更加分散，对于个人股东更缺乏动力花费成本以监控管理者；即使监控管理者，其支出仍属于代理成本。代理成本可扩展为：①股东与代理人的签约成本；②监督与控制代理人的成本；③限定代理人执行最佳决策成本；④剩余利润的损失。

这一理论对企业并购的解释可归纳为以下三个观点。

（1）并购可以降低代理成本。企业的代理问题可以由适当的组织设计来解决，当企业的经营权与所有权分离时，决策的拟定和执行与决策的评估和控制应加以分离，前者是代理人的职权，后者归所有者管理，这是通过内部机制设计来控制代理问题。而并购则提供了一种控制代理问题的外部机制。当目标企业代理人有代理问题产生时，并购或代理权的竞争可以降低代理成本。

（2）管理主义理论。该理论认为管理者都有权力欲，他们非常关心自身的权力、收入、社会声望和职位的稳定性，管理者有扩大企业规模的动机，因为管理者的报酬取决于企业的规模，更大的企业通常意味着更多的在职消费、权利、职业晋升机会以及更高的声誉，因此管理者有动机通过并购使企业的规模扩大，而忽视企业的投资收益率。

（3）自负假说。该假说认为管理者总是高估自己的经营能力，在评估目标公司未来产生的收益时过分乐观，在并购收益较低，甚至不存在收益时仍然做出并购决策。

综上所述，差别效率理论表明并购活动除了能给参加者带来收益外，还能带来社会效益。差别效率使得高效企业并购低效企业，并购企业可以施展额外的管理能力，实现总体收益的提高。差别效率最有可能成为相关行业中企业间并购活动的一个要素。在相关行业中，竞争使得企业改进管理的要求最为迫切。

经营协同理论假设存在规模经济，并且并购有助于达到可以获得规模经济的活动水平。我国传统的国有制具有产权主体单一、行政垄断和部门分割三大弊端，这使得规模不经济的问题十分普遍。经营协同理论有助于指导我国产品结构和企业组织结构的优化调整。

纯粹的多样化经营理论的核心是通过分散经营来保护企业的组织资本和声誉资本。西方自20世纪80年代以来，一反20世纪60年代多样化经营的风尚，开始回归专业化经营，这在20世纪90年代表现得尤为明显，许多西方大企业在并购中都将副业剥离出去。而我国现在流行的多样化经营，其真正符合纯粹多样化经营理论的内容并不多，主要是由一些具有中国特色的原因造成的。例如，某些企业的主业竞争激烈，经营者便知难而退；由于过去一段时期处于短缺经济，企业进入许多行业均可轻易赚钱；有些企业把与自己主业无关的企业并购进来是想买"壳"上市，到股市上融资；企业经营者通过多样化经营可以满足其多样化的在职消费；企业经营者经营的行业越多，出资者监督的难度便越大，经营者便于实施"内部人控制"；头脑发热和追求时髦也使多样化经营在我国有增无减。总之，多样化经营若是脱离分散风险、不便于内部融资和不利于调动企业各级管理人员的积极性，就不宜采用。采取多样化经营还应保证风险成本和交易成本的节约要大于因多样化经营而增加的内部代理成本。

价值低估理论主要是指企业价值在证券市场上的低估。而我国的股票市场规模较小，上市公司数量较少，进行产权交易的绝大多数企业是非上市公司，其价值是参照评估结果在并购的谈判中确定。现行企业并购的买方市场态势使企业价值低估更易发生。

代理问题和管理主义理论与我国现行的委托-代理制直接相关。我国企业经营中的代理问题较为突出，这与产权不明晰有关。我国企业经营中的代理问题直接反映为没有形成合理的经营者选择机制和对经营者的激励和约束机制。

二、企业并购的动因

在市场经济中，一个企业的经济活动必须是一个追求企业价值最大化的过程。由于通过企业并购可以扩大生产规模，增加产量，获取更多利润，因此企业总是想方设法地利用企业并购途径获得更大的利益。因此，企业价值最大化的动机刺激了企业并购的不断产生和发展。企业并购另一方面的动力来源于竞争的巨大压力。从根本上讲，竞争是成本、效率和市场份额的竞争。为了保持在竞争中的优势地位，企业可以通过并购活动，寻求稳定而又廉价的生产资料和劳动力供应，进而降低单位成本，增强其产品的市场竞争力，同时通过并购占有更多的市场份额。追求企业价值最大化和竞争压力是企业并购的原始动力。

根据企业并购理论，一般认为，企业并购的动因主要有如下几个方面。

1. 谋求管理协同效应

如果某企业有一支高效率的管理队伍，其管理能力超出管理该企业的需要，但这批人才只能集体实现其效率，企业不能通过解聘释放能量，那么该企业就可并购那些由于缺乏管理人才而效率低下的企业，利用这支管理队伍通过提高整体效率水平而获利。

2. 谋求经营协同效应

由于经济的互补性及规模经济，两个或两个以上的企业合并后可提高其生产经营活动的效率，也就是1+1＞2。即通过并购后，企业的总体效益要大于两个独立企业的效益之和。企业并购对企业效率的最明显的作用，在于规模经济效益的取得。

3. 谋求财务协同效应

企业并购不仅可因经营效率的提高而获利，而且还可以给企业在财务方面带来种种收益。这种收益通常是由于税率、会计处理方法及证券交易等内在规定的作用而产生的。如通过并购享受优惠的税率或达到合理避税的目的；或通过并购活动获得较低利率的贷款、免除部分利息以及延迟还贷；或通过并购使股票市场对企业股票的评价发生变化，从而给股东带来较大的收益。

4. 实现战略重组，开展多元化经营

企业通过在相关程度较低的不同行业中经营可以分散风险，稳定收入来源，增强企业资产的安全性。多元化经营在多数情况下是通过并购来实现的。当企业面临变化了的环境而调整战略时，并购可以使企业低成本地迅速进入被并购企业所在的增长相对较快的行业，并在很大程度上保持被并购企业的市场份额以及现有的各种资源，从而保证企业持续不断的盈利能力。

5. 获得特殊资产

企图获取某项特殊资产往往是并购的重要动因。特殊资产可能是一些对企业发展至关重要的专门资产。例如，通过并购获得目标企业的土地资源、优秀的研究人员、高效的管理队伍或专有技术、商标、品牌等无形资产。

6. 降低代理成本

在企业的所有权与经营权相分离的情况下，经理是决策或控制的代理人，而所有者作为委托人成为风险承担者。虽然通过企业内部组织机制安排、报酬安排、经理市场和股票市场，可在一定程度上减缓代理问题，降低代理成本，但当这些机制均不足以控制代理问题时，并购机制使得接管的威胁始终存在。通过公开收购或代理权争夺而造成的接管，将会改选现任经理和董事会，从而作为最后的外部控制机制解决代理问题，降低代理成本。

三、我国企业并购的动因

前面分析了企业并购的种种动因。就我国企业并购而言，除了具有一般的并购动因外，还有一些阶段特性明显的并购动因。下面将其分为并购企业的并购动因、目标企业的并购动因和政府的并购动因三个方面加以论述。

1. 并购企业的并购动因

（1）迅速扩大生产经营规模，实现生产、销售和管理等方面的规模经济。我国企业普遍存在规模小、技术落后、设备陈旧、规模不经济等问题，面对加入 WTO 以及全球经济一体化的竞争，我国企业必须扩大规模、增强实力，才能参与国际竞争，而并购是一种快速扩张的重要手段。

（2）进行多样化经营以降低经营风险。在计划经济时期，我国企业特别是国有企业主业单一；进入市场经济后，由于主业竞争激烈，经营风险加大，一些企业纷纷通过并购进入相关程度较低的其他行业，以分散经营风险。

（3）获取某些重要资源。我国许多企业的并购结果表明，获取被并购企业的土地使用权是并购的主要目的，这在中心城市的黄金地段表现得尤为明显。这与我国土地的管理和使用制度有关。土地使用权尚未彻底市场化为某些企业借并购之机获取廉价的土地使用权创造了条件。专利和管理技术等无形资产也越来越多地受到企业的重

视，使得并购企业将其作为目标，以弥补本企业的不足，优化资源组合，提高生产效率。

（4）充分利用本企业持有的资源，特别是人力资源、品牌和管理技术，以实现长远的战略目标。我国现阶段出于此动因进行并购的企业较少。除了大多数企业对人力资源开发、品牌塑造和管理创新重视不够外，更令人担忧的是许多企业没有制定切实可行的战略目标。一些非上市公司通过收购上市公司的股份而取得控制权多数在于取得上市公司的"壳"资源。

（5）获取某些财务上的好处。我国财务制度规定，企业发生的年度亏损，可以在五年内用税前利润延续弥补。因此，兼并亏损企业可以得到税收上的好处。另外，我国政府鼓励优质企业并购亏损企业，并在税收和贷款上给予支持，如贷款利率较低，或原亏损企业的借款只需还本、不用付息等。

（6）为实现企业管理者个人的目标。如树立不断进取和发展的形象，增加个人报酬，追求不断膨胀的权力、声望和社会地位的欲望等。

2. 目标企业的并购动因

（1）企业经营管理水平差，出现亏损。从我国现阶段被并购企业的情况来看，主要是资不抵债或接近破产的企业、长期经营亏损或微利的企业以及产品滞销、转产没条件也没有发展前途的企业。这些企业存在的问题很难在其内部自行消化解决，由经营管理水平较高的优势企业对这些企业实行并购，通过注入资金、调整产品结构、转入新兴行业、提高管理水平和企业整体素质等手段，可以从根本上使其摆脱困境。

（2）企业所在行业出现萎缩，促使企业退出该行业而进入新的行业。我国目前正面临大的产业结构调整，通过由其他企业并购，可以最大限度地降低退出成本，减少进入新行业的风险。

（3）资金支付出现危机。我国资本市场不发达，融资渠道狭窄，因此一些企业如果在生产经营过程中出现资金支付困难，凭现有的条件又无法筹到所需资金时，就只好让资金较为充裕、正在寻求新的业务增长点的企业进行并购，这样也可使被并购的企业转危为安。

（4）规模过大，通过出售分支机构以缩小规模。我国企业"办社会"的问题比较突出，通过出售与主业发展关系不大的分支机构，可以节省企业的经营支出，实现主业的规模经济效益。

3. 政府的并购动因

（1）优化产业结构、产品结构和企业组织结构，提高企业的整体素质和社会经济效益。传统的计划经济体制致使我国经济发展面临着严重的结构问题，主要表现为落后失衡的产品结构、各自封闭的产业结构、小而分散的企业组织和日益趋同的地区经济结构。结构性矛盾造成我国一大批企业不仅产品不能适应市场需要，而且成本高，竞争力差，经济效益下降。国有企业现在面临的困难与结构失调有直接的关系。通过企业之间的并购可以实现结构的逐步调整。

（2）推进企业组织结构的调整，实现存量要素的合理流动和优化配置，提高经济增长的质量和效益。就企业并购而言，政府的要求是"着眼于存量要素的优化配置，着眼于企业间在场地、装备、人才、技术、商誉和产品上的优势互补，着眼于优势企业实现规模经营，加快发展"。我国企业规模不经济，"大而全"、"小而全"现象严重；专业化分工和协作化水平低；企业中间产品自制率高，劳动生产率低；大企业在主导行业发展方向、推动技术进步、广泛参与国际竞争等方面的作用未能形成。一大批微利和经营性亏损企业占用着大量的国有资产，使这部分资源长期处于闲置或低效高耗中。通过并购可以使这些企业实现规模经济效益，让长期凝滞的存量资产流动起来，保持经济持续、健康、协调地发展。

（3）主管部门出于消灭亏损企业的目的。在我国经济中占主体地位的国有企业面临着冗员过多、债务沉重、技术设备陈旧、管理机制不活和经营效益较差等问题，而亏损则是困扰国企多年的问题。十多年来企业并购的结果表明，我国大多数被并购的企业是失去竞争力或存在条件，不得已而进行产权交易。政府作为国企的出资人或出资人代表，希望通过并购减少亏损，减缓财政的压力。另外，长期亏损使企业破产，破产导致失业人数增加，影响社会安定，与政府充分就业的目标相违背。

（4）进行国有经济布局和结构的战略调整。当前国企经营困难除了机制不活外，还由于国有经济的布局不合理，即国有经济的战线太长、重复建设严重、布局过于分散、企业规模偏小和素质比较差。这是造成高投入、低产出，高消耗、低效益的重要原因。国有企业改革的出路就在于贯彻"抓大放小"的战略，一方面通过并购等形式放开搞活国有小企业，使其能够采取符合其生产力水平的所有制形式和经营方式；另一方面要集中力量抓好重点，通过并购形成一批跨行业、跨地区乃至跨国经营的大企业集团，使其成为促进科技进步、结构优化和参与国际竞争的主力。

第三节　企业并购的财务分析

一、目标企业的价值评估

企业价值评估是指运用一些已被验证过的成熟的价值评估方法对企业的内在价值进行量化的估价。企业价值评估是一种综合性的资产评估，是对企业整体经济价值进行判断、估计的过程。在现代企业的财务活动中，企业价值评估日益显现出其重要的地位。

首先，企业价值最大化的目标比利润最大化更加受到重视，被认为是最合适的企业目标。企业的价值在于他能给投资者带来未来收益，由于利润最大化没有考虑利润发生的时间，没有考虑获得利润与所承受风险大小的关系，因而容易导致企业为追求短期最大利润而忽略长远的发展，追求最大利润而忽视风险的控制。企业价值最大化，不但要考虑企业当前的获利水平，而且更要注重企业的长期获利能力；不仅要考虑企业的获利水平，更要注意将企业的风险控制在投资者可接受的范围之内。所以，经理和董事们必须明白一个企业的价值取决于什么，以及这种价值如何测定，否则他们就不能实现股东所期望的目标。

其次，企业价值评估为公司一些重大交易和战略抉择提供参考价格。企业兼并浪潮的兴起，使企业价值评估成为热门话题，在企业并购、资产出售、资产重整、股份回购、新产品引进、签订合资协议等重大交易和战略抉择的各种场合中，通过科学合理的方法对目标企业进行价值评估，可以为买卖双方提供客观依据，使买卖双方都做到心中有数。目标企业价值评估是企业并购的灵魂，因为每次交易的发生是由于并购双方共同接受了同一价格，而这一价格的形成是基于对目标企业的价值评估。

再次，企业价值评估已成为企业进行有效价值管理的基础。企业价值评估作为企业战略和企业财务的交汇点，能够估测企业和商业备选战略的价值以及这些战略中具体方案的价值；可以帮助管理人员检查业务活动的绩效，并确定其目标；还能与企业主要的利益拥有者，尤其是股东就企业的价值互通信息。

最后，企业价值评估也与企业有关的其他部门密切相关。如美国的每个州都要求本州的铁路和公共设施经营企业每年做出价值评估，以便确定财产税的税额；初次股票上市也要求做精确的企业价值评估，以便更能恰当地为新证券定价；职工持股计划和经理股票期权的实施，也要求对企业价值做出合理的评估。

西方国家通行的较为成熟的评估方法有调整账面价值法、市场价格法、收益法（也称市盈率法）、贴现现金流量法、经济增加值法等。

（一）调整账面价值法

就是以企业会计核算的账面价值为基础，再经过调整后得到企业价值的评估方法。会计意义上的账面价值是一个反映企业特定时点会计核算的数字，其好处在于它是按通用会计原则计算出的，并由独立的第三方提供，但它也存在着巨大的欺骗性。

第一，资产、负债的确认和计量都涉及人为估计、判断，因此账面价值的计算容易受人为的主观因素的影响，使之偏离真实价值。因为我国会计准则允许企业选择不同的折旧方法和存货计价方法，这就使得在计算资产负债表的总资产时带有一定的随意性，总资产值随所选择的会计核算方法的不同而不同。

第二，物价变动使以历史成本为计量属性的资产或负债严重偏离现实。通货膨胀会使资产的当前价值高于其历史成本减折旧；而现代科技发展的日新月异，使得一项资产在其寿命终结前已经过时贬值，结果是，资产的当前价值低于其历史成本减折旧。

第三，有些无法或难以用货币可靠计量的资产或负债完全被遗漏、忽略，而这类信息均具有决策价值。被忽略的资产如公司自创的商誉、自行设计的专利、与其他企业的良好关系、企业文化、品牌等。实际上，这些无形资产蕴涵着巨大的价值潜力，忽略这些资产将出现企业价值低估的现象。被忽略的负债如各种执行中的赔偿合同、管理人员的报酬合同、信用担保、企业所承担的社会责任等，忽略这些或有负债将出现企业价值高估的现象。

第四，账面价值没有反映企业的未来盈利能力。收购目标企业看中的是目标企业未来的发展潜力以及潜在的管理效率空间。而那些有着高账面价值却没有生命力的企业，对收购方来说毫无价值可言。因此，用账面价值作为企业价值衡量标准，很容易导致收购决策的根本性失误。

因此，仅用账面价值法难以得到企业内在价值的准确评估。要想用账面价值法获得一个与市场价值相接近的估算值，就需要在账面价值的基础上进行调整。美国价值评估理论专家布瑞德福特·康纳尔（Bradford Cornell）认为，公司资产的账面价值通常都与其市场价值不一致，原因主要有三个：①通货膨胀使得一项资产的当前价值并不等于它的历史价值减去折旧。②技术进步使得某些资产在寿命终结之前已经过时贬值。③由于有效的组合，多种资产组合的价值会超过相应各单项资产价值之和即组织资本。组织资本是一种无形资本。例如，经理与职员之间良好的合作、沟通关系，可以营造出优越的公司文化氛围，提高员工的合作效率；又如，公司在客户中的良好信誉、高品牌知名度、庞大的供应商和分销商网络等。虽然它们无法在资产负债表上反映出来，但都将在账面价值的基础上极大地提高公司的内在价值。

由于过时贬值和通货膨胀的影响往往可以相互抵消，因此这两种影响在调整账面价值时不用过分考虑，而且还可以通过重置成本法和变卖价值法来克服。这使得组织资本成为调整账面价值法中一个不容忽略的重要因素。遗憾的是，由于组织资本是一种无形资产，难以准确地量化估值；而绝大部分的企业都有大量的组织资本，这使得账面价值法的适用范围相当狭窄。有资料显示，供电、供气、供水等公共设施经营企业的账面价值与市场价值比较接近；而那些高科技公司和服务性公司的账面价值与市场价值相差较大，因为他们的组织资本产生了巨大的价值。

（二）市场价格法

就是基于本公司或可比公司市场价格的评估方法。在被评估公司的证券公开上市交易的情况下，市场价格法是一种直截了当的评估方法。运用这一估价模型的前提假设是有效市场假设。所谓有效市场假设，指的是证券的市场价格应反映全部公开信息。而我国的证券市场是否有效，目前还有争议。在影响证券价格的诸多因素中，一些可供炒作的信息（如政策信息、政府对上市公司的保护程度、公司可能进行的"资产重组"等）的权重远远大于公司业绩、财务状况等信息，其中政策以及资金推动对股票价格的影响不容忽视。这些信息的可预期水平很低，经常被投机者利用，操纵股价。在一个不很规范、不太成熟的证券市场中，股票的市场价格可能会大大偏离其内在价值。因此，市场价格法在我国目前环境下运用还存在较大的局限性。

（三）收益法

收益法就是根据目标企业的收益和市盈率确定其价值的方法，也称为市盈率法。即

$$目标企业价值 = 估价收益指标 \times 标准市盈率$$

从上式中可以看出，运用收益法评估目标企业的价值，关键是确定估价收益指标和标准市盈率。

（1）估价收益指标的确定。由于并购企业与目标企业所采用的会计政策可能不一致，因此并购企业首先必须仔细检查目标企业的损益账目以及所遵循的会计政策，若

有必要，则需调整目标企业近期的利润指标，以便使其与并购企业的政策一致。估价收益指标如果采用目标企业最近一年的税后利润，虽然最能反映目标企业的当前状况，却没有考虑到企业经营中的波动性，尤其是经营活动具有明显周期性的目标企业，因此采用最近三年税后利润的平均值作为估价收益指标更为恰当。目标企业的价值不在于他过去产生了多少收益，对并购企业来说，其更关注被并购后能产生多少收益。如果目标企业被并购后能够获得与并购企业同样的资本收益率，那么以目标企业留存下来继续经营的那一部分资产为基础，乘以并购企业的资本收益率，就可得到目标企业被并购后的估价收益指标。

（2）标准市盈率的确定。通常可选择的标准市盈率有以下几种：①在并购时点目标企业的市盈率；②与目标企业具有可比性的同类企业的市盈率；③目标企业所处行业的平均市盈率。由于市盈率受企业成长性和风险的影响，成长性好、风险小的企业，其市盈率相对高一些，因此确定市盈率时必须确保在成长性和风险方面的可比性。美国公司的做法很简单，他们以每股市价作为讨价还价的第一基准，8～10 倍的市盈率被认为是一个合理公道的价格。

采用收益法评估目标企业的价值，以投资为出发点，着眼于目标企业的收益指标，因而在并购价值评估中被广泛使用，尤其适用于通过证券二级市场进行并购的情况。由于估价收益指标与标准市盈率的确定带有评估人员的主观判断，因而不同的评估人员得出的目标企业价值相差会很大。并购企业应当根据并购双方的实际情况，选择最为合理的估价指标，使目标企业估价尽可能准确，为并购决策提供有效的决策依据，降低并购风险并提高并购活动的收益。在我国股票市场缺乏有效性的前提下，股票价格不能真实反映企业价值，往往是高估了企业价值，造成市盈率普遍偏高。一些企业的财务报表也带有一些人为操纵的虚假成分，加上社会审计的不健全，因而在我国目前情况下，很难完全运用收益法对目标企业进行准确估价。

（四）贴现现金流量法

在论述企业并购评估的专业文献中，绝大部分都认为，贴现现金流量法是最科学、最成熟的企业价值评估方法。这种方法在第五章第三节"投资项目的经济评价方法"中已有运用，后来被引入到并购的评估中。其计算公式如下：

$$TV_a = \sum_{t=0}^{n} \frac{CF_t}{(1+WACC)^t} + \frac{TV_n}{(1+WACC)^n}$$

式中，TV_a 指并购后目标企业的价值；CF_t 指在 t 时期内目标企业的现金流量；TV_n 指目标企业的终值；WACC 指加权平均资金成本。

贴现现金流量法由美国西北大学阿尔费雷德·拉巴波特创立，也称拉巴波特模型（Ranpaport model）。无论是并购还是购买普通的有形资产，均须根据预期未来的现金流量进行现在的支出。贴现现金流量不仅适用于内部成长的投资（如增加现有生产能力），而且也适用于企业外部成长的投资（如并购）。贴现现金流量法关键就是要预测目标企业被并购后所引起的增量现金流量、终值和贴现率。

1. 预测现金流量 CF

该现金流量应是目标企业在被并购后对并购企业现金流量的贡献。该估计结果显然不同于目标企业作为一家独立企业时的现金流量。一方面是因为并购企业可能获得目标企业独自所不可能获得的经济效益；另一方面是由于并购一般会带来新的投资机会。对目标企业现金流量的预测期一般为 5～10 年。现金流量的计算公式为

$$现金流量 = 经营利润 \times (1 - 所得税率) + 折旧和其他非现金支出$$
$$- (增加的营运资本投资 + 增加的资本支出额)$$

用拉巴波特模型表示如下：

$$CF_t = S_{t-1}(1 + g_t) \times P_t \times (1 - T_t) - (S_t - S_{t-1}) \times (W_t + F_t)$$

式中，CF 为现金流量；S 为年销售额；g 为销售额年增长率；P 为销售利润率；T 为所得税率；W 为销售额每增加 1 元所需追加的营运资本投资；F 为销售额每增加 1 元所需追加的固定资本投资（全部固定资本投资扣除折旧）。

只要得出 g，P，T，W，F 五个变量的估计值，就可以对现金流量进行预测。

2. 估计终值 TV_n

贴现现金流量法是以投资的整个生命期中的现金流量为基础的，从持续经营看，投资的生命期可能是永远的，但实际上是不可能的，因此有必要计算终值，它表示未来某一时点对目标企业的估价。由于现金流量的预测期一般为 5～10 年，因此 5～10 年后目标企业的终值可与确定企业现有价值一样，采用固定成长股票价值的计算公式确定，即

$$TV_n = \frac{CF_{n+1}}{WACC - g}$$

式中，CF_{n+1} 为终值后第一年的现金流量；g 为终值后现金流量的预期增长率。

也可用市盈率法估计终值，即选择一个与目标企业具有可比性的同类企业的市盈率去乘计算终值那一年目标企业的净利润，就可得到目标企业的终值。

还可用资产的账面价值与市场价值比值法估计终值。当企业发展到一定阶段，风险和盈利能力大致相同的企业的市场价值与账面价值的比值差不多，用该比值去乘计算终值那一年目标企业的资产账面价值，就可得到目标企业的终值，即

$$TV_n = 第 n 年末资产账面价值 \times \frac{市场价值}{账面价值}$$

3. 估计贴现率 WACC

这需要对长期资金成本进行估计，包括权益资金和负债资金。权益资金成本可用资本资产定价模型估计。即

预期权益资金成本率 = 无风险报酬率 + 风险报酬系数 × 目标企业风险程度

负债资金成本可以同期借贷利率作为近似值。

估计了长期资金成本后，即可根据并购企业期望的并购后资金结构计算加权平均资金成本。如果未来目标企业的风险被认为与并购企业总的风险相同，那么目标企业现金流量的贴现率即为并购企业的资金成本。需要指出的是，只有当并购不会影响并购企业的风险时，并购企业用自己的资金成本去贴现目标企业的现金流量才是适当的。

贴现现金流量法从理论上讲是一种最科学、最成熟的评估技术，因而它有许多优点，特别是在与其他方法结合起来使用时，它能够用来检查从其他方法中得出结果的合理性程度。然而不可否认，这种方法也存在着一些不足。首先，要准确地预测将来的财务成果是非常困难的，特别是在只能依靠公众可以得到的信息进行预测时；其次，预测期及预测期末终值的确定带有随意性，而它对目标企业价值的影响很大。

（五）经济增加值法

经济增加值（economic value added，EVA）法是 20 世纪 80 年代在美国兴起的一种新型的企业价值评估方法。1982 年，美国人 M. Stern 与 G. Bennett Stewart 合伙成立 Stern Stewart&Co. 财务咨询公司，推出能够反映企业资本成本和资本效益的 EVA 指标。所谓经济增加值，就是企业税后净营业利润扣除资本成本（债务成本和权益成本）后的余额。计算公式为

$$经济增加值 = 税后净营业利润 - 资本成本$$
$$= 税后净营业利润 - 投资额 \times 资本成本率$$

（1）税后净营业利润：是企业的销售收入减去除利息支出以外的全部经营成本和费用（包括税收费用）后的净值，即

$$税后净营业利润 = 营业收入 - 营业成本 - 销售费用 - 管理费用 - 所得税$$

（2）投资额：是所有投资者投入企业经营的全部资本的账面价值，包括债务资本和权益资本，即

$$投资额 = 净营运资本 + 固定资产净值 + 其他资产$$

（3）资本成本率：是指债务资本和权益资本的加权平均资本成本率。

目前的会计处理方法反映了债务资本的成本，却忽略了权益资本的成本。在会计报表上，投资者的权益资本投入对公司来说是无成本的。EVA 则认为股东必须赚取至少等于资本市场上类似投资的收益率，资本获得的收益至少要能补偿投资者承担的风险。在 EVA 准则下，投资收益率高低并非企业经营状况好坏和价值创造能力的评估标准，关键在于是否超过资本成本。

应用经济增加值法评估一个公司的价值就是把预测的经济增加值按照一定的折现率折为现值再加上目前的账面净值。该方法的评估基础是建立在经济利润而非传统的会计利润之上，会计利润扣除了债务成本，但没有扣除权益成本，经济增加值不仅要扣除债务成本，还要扣除权益成本，代表了一家公司在扣除了债务资本和权益资本成本后的利润。它的基本信条是成功的公司应该获得超过资本成本的收益来增加股东价值。可以看出，经济增加值法存在着一些与折现现金流量法相似的缺陷，对未来经济

增加值以及折现率的估计存在着很大的不确定性。

二、并购后的财务分析

并购活动会对并购双方的财务指标产生明显影响。下面从企业每股收益及股价等方面讨论并购对双方的影响。

（一）并购后初期每股收益分析

为了分析的方便，设

T_a，T_b——并购企业和目标企业的税后利润；

N_a，N_b——并购企业和目标企业的股票数量；

P_a，P_b——并购企业和支付给目标企业的每股价格；

E_a，E_b——并购前并购企业和目标企业的每股收益$\left(E_a=\dfrac{T_a}{N_a}，E_b=\dfrac{T_b}{N_b}\right)$；

R——并购企业并购后每股收益变动率；

E'_a——并购企业并购后每股收益；

$\dfrac{P_b}{P_a}$——股票交换比率；

$\dfrac{P_a}{E_a}$，$\dfrac{P_b}{E_b}$——并购前并购企业和支付给目标企业的市盈率；

$\dfrac{P_b}{P_a}\times N_b$——并购企业为并购而必须新发行的股票数量。

从并购后并购企业的每股收益可推出每股收益变动率。计算公式如下：

$$E'_a=\frac{T_a+T_b}{\dfrac{P_b}{P_a}\times N_b+N_a}$$

$$R=\frac{E'_a-E_a}{E_a}=\frac{(T_a+T_b)/[(P_b/P_a)\times N_b+N_a]-T_a/N_a}{T_a/N_a}$$

整理后得

$$R=\frac{\dfrac{P_a}{E_a}\Big/\dfrac{P_b}{E_b}-1}{1+\dfrac{T_a}{T_b}\times\dfrac{P_a}{E_a}\Big/\dfrac{P_b}{E_b}}$$

由此可见，以换股并购方式进行的企业并购中，并购企业每股收益的变动率取决于并购企业支付给目标企业的价格或市盈率。

（1）如果$\dfrac{P_b}{E_b}<\dfrac{P_a}{E_a}$，即并购企业支付给目标企业的市盈率小于并购企业的市盈率，则$R>0$，即并购企业每股收益将增加。

（2）如果$\dfrac{P_b}{E_b}=\dfrac{P_a}{E_a}$，则$R=0$，即并购企业每股收益将保持不变。

（3）如果$\dfrac{P_b}{E_b}>\dfrac{P_a}{E_a}$，则$R<0$，即并购企业每股收益将减少。

另外，T_a/T_b 越大，即并购企业的税后利润高于目标企业的税后利润越多，并购企业每股收益变动幅度就越小。

例 10-1 A 企业计划以发行股票方式收购 B 企业，收购时双方的有关财务数据如表 10-1 所示。

表 10-1　A 和 B 企业的有关财务数据

项目	A 企业	B 企业
税后利润/万元	5 000	1 000
股票数量/万股	10 000	4 000
每股收益/元	0.5	0.25
每股市价/元	10	4
市盈率	20	16

（1）如果 A 企业以每股 4 元的价格支付给 B 企业的股东，则股票交换比率为 4/10＝0.4，即 A 企业每 0.4 股相当于 B 企业的 1 股，A 企业需发行 4 000×0.4＝1 600万股股票才能收购 B 企业所有股份。收购后的税后利润为 6 000 万元，股票数量为 11 600 万股，每股收益为 0.52 元。根据前面的计算公式，由于此时 $P_b/E_b=16$，而 $P_a/E_a=20$，因此 A 企业收购 B 企业后每股收益将增加，即

$$每股收益变动率 R = \frac{20/16-1}{1+\dfrac{5\ 000}{1\ 000}\times\dfrac{20}{16}} = \frac{0.25}{1+5\times1.25} = 3.45\%$$

$$每股收益\ E_a' = (1+3.45\%)\times0.5 = 0.52(元)$$

而 B 企业股东的每股收益却降为 0.52×0.4＝0.21 元。

（2）如果 A 企业以每股 5 元的价格支付给 B 企业的股东，则股票交换比率为 5/10＝0.5，A 企业需发行 4 000×0.5＝2 000 万股，由于此时 $P_b/E_b=20$，而 $P_a/E_a=20$，因此 A 企业收购 B 企业后，每股收益将保持不变。

（3）如果 A 企业以每股 6 元的价格支付给 B 企业的股东，则股票交换比率为 6/10＝0.6，A 企业需发行 4 000×0.6＝2 400 万股，由于此时 $P_b/E_b=24$，大于 P_a/E_a，因此 A 企业收购 B 企业后，每股收益将减少，即

$$每股收益变动率 R = \frac{20/24-1}{1+\dfrac{5\ 000}{1\ 000}\times\dfrac{20}{24}} = \frac{-4}{24+100} = -3.23\%$$

$$每股收益\ E_a' = (1-3.23\%)\times0.5 = 0.48(元)$$

而 B 企业股东的每股收益却增加为 0.48×0.6＝0.29 元。

（二）并购后未来每股收益分析

从上面分析可以看出，如果并购后 A，B 企业的收益能力不变，即并购后的税后利润等于原来 A，B 企业的税后利润之和，那么实施并购初期如果 A 企业的每股收益增加，则 B 企业的每股收益将减少；而如果 A 企业的每股收益减少，则 B 企业的

每股收益将增加。如果仅凭此时每股收益是否增加来决定是否并购，则不可能得出使并购双方都满意的并购方案。实际上，由于并购后产生的协同效应，并购后的税后利润应大于原来两家企业的税后利润之和。因此，即使并购企业向目标企业股东支付了较高的市盈率，引起并购后每股收益的下降，这也只是短期现象。从长远看，随着并购后带来的未来收益的增长，并购企业未来的每股收益将超过不实施并购情况下的每股收益。

承上例，如果 A 企业以每股 6 元的价格支付给 B 企业的股东，将导致并购初期的每股收益降为 0.48 元。如果 A 企业实施并购后能产生较好的协同效应，估计每年税后利润将增加 600 万元，则并购后 A 企业未来每股收益将为

$$\frac{5\,000 + 1\,000 + 600}{12\,400} = 0.53(元)$$

因此，从长远看，并购将给并购双方带来好处，是一种双赢之局。这也是促使并购双方能达成协议的原因所在。否则，一方得、一方失将增加并购的难度。

（三）并购后股票市价分析

前面我们分析了并购后对每股收益的影响，但股票价格是否会因并购而提高呢？这里关键要看每股市价的交换比率及并购后市盈率的变化，即

$$每股市价的交换比率 = \frac{并购企业支付给目标企业的每股价格}{目标企业的每股市价}$$

如果这一比率大于 1，表示并购对目标企业有利，目标企业股东因被并购而获利；如果比率小于 1，则表示并购对目标企业不利，目标企业股东因被并购而遭受损失。

承前例，假设 A 企业以每股 4 元的价格支付给 B 企业的股东，则

$$每股市价的交换比率 = 4/4 = 1$$

这表明 A，B 两家企业的股票以市价 1∶1 比例对换，目标企业的股东没有因此获利，这种并购价格对目标企业将缺乏吸引力。因此并购企业需将并购价格稍作提高，如果 A 企业以每股 4.4 元的价格支付给 B 企业的股东，则

$$每股市价的交换比率 = 4.4/4 = 1.1$$

显然，这种并购使 B 企业股东在股价方面获得收益，因为并购价格高于其当时的市价。我们来分析一下这时 A 企业的股价。

如果并购后初期税后利润保持不变，即并购后 A 企业的税后利润为 6 000 万元，A 企业需增加发行 4 000×4.4/10＝1 760 万股，才能收购 B 企业所有股份，这时 A 企业的每股收益为

$$\frac{6\,000}{10\,000 + 1\,760} = 0.51(元)$$

如果 A 企业股票市盈率仍维持在 20 倍，则在其他条件不变的情况下，并购后 A 企业每股市价将升至 10.2 元，A 企业的股东也因并购而获得收益。

实际上，只要并购企业提议的收购价格超过目标企业当时的市价，低于目标企业

的每股收益按并购企业市盈率计算的价格,在并购企业市盈率保持不变的情况下,并购对双方都是有利的,因为两家企业的市盈率存在差距。如前例,如果 A 企业提出的价格在 4～5 元,A 企业的市盈率保持 20 倍不变,那么并购后 A,B 企业的股价都将上升。

复习思考题

1. 什么是兼并?什么是收购?两者有何异同?
2. 按不同分类标准,可对企业并购进行哪些分类?
3. 我国企业并购主要有哪几种方式?
4. 西方有关企业并购的主要理论有哪些?
5. 企业并购的一般动因是什么?
6. 我国企业并购的主要动因是什么?
7. 什么是价值评估?价值评估的方法有哪些?
8. 什么是调整账面价值法?资产的账面价值与其市场价值不一致的原因是什么?
9. 什么是价值评估的市盈率法?如何运用市盈率法进行企业价值评估?
10. 什么是贴现现金流量法?如何运用贴现现金流量法进行企业价值评估?
11. 如何进行企业并购后的初期及未来的每股收益分析?
12. 并购后股票市价分析对并购决策有何作用?

练 习 题

1. A 公司拟横向兼并同行业的 B 公司,假设双方公司的非流动负债利率均为 10%,所得税率均为 25%,按照 A 公司现行会计政策对 B 公司的财务数据进行调整后,双方 2008 年 12 月 31 日的简化资产负债表如下。

单位:百万元

资产	A 公司	B 公司	负债及股东权益	A 公司	B 公司
流动资产	1 500	500	流动负债	500	250
非流动资产	1 000	250	非流动负债	500	100
			股东权益	1 500	400
资产总计	2 500	750	负债及股东权益总计	2 500	750

已知 A,B 公司 2008 年度的息税前利润分别为 350 万元和 60 万元,近 3 年的平均税后利润分别为 120 万元和 25 万元,市盈率分别为 18 倍和 12 倍。

根据上述资料,选用不同的估价收益指标,对 B 公司的价值进行评估。

2. X 公司计划采用并购方式迅速扩大经营规模,经初步调查,将 Y 公司作为目标企业。为合理估计 Y 公司的并购价格,拟选用贴现现金流量法计算 Y 公司的价值。根据 Y 公司的经营状况及其产品的市场状况,预测 Y 公司被并购后未来 5 年的净现金流量分别为 350 万元,400 万元,480 万元,550 万元,600 万元。预测 Y 公司 5 年后的终值为 9 000 万元。Y 公司未发行优先股,其普通股与长期负债的比重分别为 60% 和 40%。已知市场无风险收益率为 10%,风险收益率为 4%,Y 公司的 β 值为 1.5,其长期负债的利息率为 10%,所得税税率为 25%。

运用贴现现金流量法对 Y 公司的价值进行评估。

3. 甲公司准备用发行股票的方式以每股 18 元的价格并购乙公司。并购前，甲、乙公司有关的财务资料如下表所示。

项　目	甲公司	乙公司
目前净利润/万元	1 000	250
普通股股数/万股	500	200
每股收益/元	2	1.25
目前的每股市价/元	32	15
目前的市盈率	16	12

（1）计算并购后初期的每股收益及每股收益变动率。

（2）如果甲公司并购乙公司后未来净利润将比并购初期增加 20％，试计算未来的每股收益。

第十一章

国际财务管理

第一节　国际财务管理概述

　　企业的国际化经营是当今世界经济发展及经济一体化的必然趋势，越来越多的国内企业已经意识到，跨出国界，进行国际化经营，是参与国际竞争、谋求企业长期发展的重要战略之一。

一、国际财务管理的概念

　　国际财务管理实际上就是对国际企业的财务活动进行管理，它的研究对象是国际企业，即从事国际经营活动的一切经济实体的总称。国际企业是相对于国内企业而言的，它泛指一切超越国境从事生产经营活动的企业，包括跨国公司、外贸公司、各类涉外企业等从事国际化经营的企业。其中跨国公司是指以本国为基地，通过对外直接投资，在其他国家或地区建立了分支机构，如分公司或子公司等，从事国际化生产经营的国际企业。跨国公司是国际企业中国际化程度较高的一种组织形式，是国际企业发展的高级阶段。因此，国际财务管理研究的重点是跨国公司的财务管理，其中大多数的原理与方法对国际企业的其他形式也是适用的。

　　从国内企业财务管理的定义中我们可以得出，国际财务管理的定义为：国际财务管理是根据国际企业的特点及理财环境，组织国际企业财务活动，处理国际企业财务关系的一项经济管理工作。

二、国际财务管理的特点

　　前面各章我们主要从国内企业的角度来探讨财务管理的原理和方法，这些原理对国际企业也同样适用。但是国际企业面临着与国内企业不同的理财环境，且本身的组织形式及管理体制也与国内企业不同，因此国际财务管理有着与国内财务管理不同的特点。

1. 国际企业的理财环境具有更大的复杂性

国际企业的生产经营活动涉及多个国家，不同国家的政治、经济、金融、税收、法律、文化等环境都存在着差异，从而给国际企业的理财带来了复杂性。在国际企业的理财环境中，尤其要关注东道国政治上的稳定程度、汇率的稳定程度、资本流动的限制程度、通货膨胀和利率的变化程度、税负的轻重以及资金市场的完善程度等，因为这些是国际企业分析资金结构和资金成本、投资项目评估及利润分配时必须考虑的重要因素。如此复杂的理财环境也对国际财务管理人员提出了更高的要求。

2. 国际财务管理具有更多的灵活性

国际企业比国内企业面临更复杂的理财环境，但国际企业的财务管理具有更多的灵活性。一是资金来源的多样化。国际企业既可以利用母公司所在国的资金，也可以利用子公司东道国的资金，还可以向国际金融机构和国际金融市场筹资。国际企业可以从中选择最有利于自身特点的资金来源，以降低企业的资金成本，增加企业经营的灵活性。二是投资方向的多元化。国际企业可以在全球范围内投资，通过全球范围内对外直接投资，使其原材料的供应、主要产品的生产及销售呈现多元化的分布，这样既可以利用东道国的资源优势，又可以利用各国在税收、进出口贸易管制等方面的差异来选择投资组合，从而更好地减少利润的波动。三是金融工具的多样化。国际企业在其日常经营中通常涉及多种国家的货币，而外汇风险是客观存在的，为了减少汇率变动给国际间正常交往带来的不利影响，各种金融工具如即期外汇、远期外汇、外汇期货、外汇期权等应运而生，为国际企业的套利及套期保值提供了更多的选择余地和获利机会。

3. 国际财务管理面临更大的风险性

由于国际企业理财环境的复杂性及管理的灵活性，导致国际企业的财务管理具有更大的风险性。这些风险主要体现在三个方面：一类是企业无法控制的风险，如政府变动、政策变动、法律变更、战争等；另一类风险虽然企业无法控制，但可通过有效经营来加以避免和分散，如汇率变动、利率变动、通货膨胀等；还有一类是企业自身经营的风险，如诉讼失败、新产品开发失败、产品滞销、高层人事变动、管理混乱等，这类风险只能通过加强内部经营管理来降低。

三、国际财务管理的主要内容

国际财务管理应研究一切国际企业在组织财务活动、处理财务关系时所遇到的特殊问题，主要包括以下内容。

1. 外汇风险管理

外汇风险管理是国际财务管理的重要内容，这一内容在国内财务管理中完全没有涉及。对于外汇风险管理，需要借助许多国际金融的知识，我们将对这部分内容作重点介绍。

2. 国际筹资管理

国际企业的资金来源广泛，包括内部资金、母国、东道国及国际金融市场和国际金融机构。筹资的方式也有发行股票和债券、向银行借款、租赁等。由于国际企业资金需要量大，可供选择的来源和筹资方式较多，且存在资金币种的选择问题，因此，国际企业的筹资管理有与国内企业筹资管理不同的特点。

3. 国际投资管理

国际企业从事的是国际化经营活动，与国内企业相比，其投资风险更大，投资环境更为复杂。虽然国际投资的决策原理与国内投资基本相同，但需要考虑的因素却复杂得多。

4. 国际营运资金管理

国际企业的营运资金管理有着自己的特殊性，特别是在流动资产的管理上，比国内企业要复杂得多，也灵活得多。

5. 国际税收管理

国际企业的经营活动涉及多个国家，不同国家的税制相差甚远。掌握子公司所在国的税法，制定合理的转移价格以达到合理避税或减轻税负的目的，是国际企业财务人员必须研究的重要内容之一。

第二节　外汇风险管理

一、外汇、汇率与外汇市场

国际企业从事国际化经营必然离不开外国货币，因此有必要先对外汇、汇率、外汇市场等基础知识做一些介绍。

（一）外汇

1. 外汇的概念

外汇是"国外汇兑"的简称，它有动态和静态两种含义。其动态含义是指把一个国家的货币兑换成另一个国家的货币，以适应各种目的的国际支付或清偿需要的国际化货币兑换行为。而其静态含义是指以外国货币表示的可以用于国际支付和清偿国际债务的金融资产。外汇包括外国货币、外币票据、外币证券及外币债权。我们通常所说的外汇是指外汇的静态含义。

2. 外汇的种类

根据外汇可否自由兑换，通常将外汇分成自由外汇和记账外汇。自由外汇是指可以在国际金融市场上自由兑换成任何一种外国货币或用于对第三国支付的外汇。如美元（USD）、英镑（GBP）、欧元（EUR）、日元（JPY）、加拿大元（CAD）、瑞士法郎（CHF）、澳元（AUD）、港币（HKD）等。记账外汇是指不经货币发行国批准就不能自由兑换成其他国家货币或向第三国支付的外汇。它主要是两国之间为了双方都节省自由外汇，通过签订支付协定，将所有进出口货款都由双方指定银行各自开立的专户记载，年终根据账户记录的外汇金额办理结算。记账外汇只能根据有关国家之间的协定，在相互之间使用。

（二）汇率

汇率是指一个国家的货币折算成另一个国家货币的比率，也称汇价或外汇行价，即一国货币用另一国货币表示的价格。

汇率的标价方法有直接标价法和间接标价法两种。

1. 直接标价法

直接标价法是以一定单位的外国货币（可以是1个单位外国货币，也可是100或10 000个单位外国货币）为标准折算成一定数额的本国货币来表示汇率。例如USD100＝RMB683.17，对人民币来说就是直接标价，它表示100美元等于683.17元人民币。由于直接标价法也可表述为购买一定单位的外币应付多少本币，因此又称应付标价法。

在直接标价法下，外国货币的数额是固定不变的，本国货币的数额随汇率的升降而变化。一定单位外币折算的本币越多，说明外币升值，本币贬值，称为外汇汇率上升；相反，一定单位外币折算的本币越少，说明外币贬值，本币升值，称为外汇汇率下降。目前，除英国、美国外，绝大多数国家都采用直接标价法，我国外汇汇率也采用直接标价法。

2. 间接标价法

间接标价法是以一定单位的本国货币为标准，折算成一定数额的外国货币来表示汇率。例如GBP100＝USD144.63，对于英镑来说就是间接标价，它表示100英镑等于144.63美元，但对美元来说则是直接标价。由于间接标价法也可表述为出售一定单位的本币应收多少外币，因此又称应收标价法。

在间接标价法下，本国货币的数额是固定不变的，外国货币的数额随汇率的升降而变化，一定单位本币折算的外币越多，说明本币升值，外币贬值；反之，一定单位本币折算的外币越少，说明本币贬值，外币升值。

由于两种标价法下汇率升降的含义完全相反，在引用汇率时，必须明确其采用的是哪种标价法。本章涉及的汇率，如果没有特别声明，都是采用直接标价法。

（三）外汇市场

外汇市场是进行外汇买卖的场所，它在国际企业理财中起着重要的作用。

1. 世界主要的外汇市场

从外汇交易额看，世界主要的外汇市场有伦敦、纽约、东京、新加坡、苏黎世、香港、法兰克福等，以上七个外汇市场的外汇交易额占世界外汇交易额九成的比例。

2. 外汇市场的主体

外汇市场的主体包括以下三方面。

（1）外汇银行。外汇银行是外汇市场的主要成员，在外汇市场上处于中心地位。外汇银行除了与客户进行外汇买卖外，外汇银行之间为了调剂外汇头寸也会进行外汇买卖。如果外汇银行某种外汇的卖出额小于买进额，即产生外汇多头；如果外汇银行某种外汇的卖出额大于买进额，即产生外汇空头。外汇银行之间通过外汇买卖可将外汇多头卖出，外汇空头买入，从而达到买卖平衡。

（2）外汇经纪人。外汇经纪人不进行外汇的买卖，只是作为外汇市场上外汇交易的中介人，多数外汇买卖是由外汇经纪人从中撮合而成的。外汇经纪人不承担外汇买卖的风险，目的在于收取佣金。

（3）中央银行。中央银行主要是负责监督和干预外汇市场，以维持货币的稳定，因此中央银行往往是外汇市场供求关系的"调节器"。当某种外汇供大于求时，中央银行就收购这种外汇；当某种外汇供不应求时，中央银行就抛售这种外汇。

除了以上三方面的主体外，外汇市场的参与者还包括国际企业和外汇投机者。国际企业往往是出于自身业务的需要而进行某种外汇的买卖，而外汇投机者则是利用汇率的波动而从中谋利。

3. 外汇买卖业务

（1）即期外汇交易。即期外汇交易也称为现汇交易，是指外汇买卖成交后在两个营业日内办理交割的外汇业务。即期外汇交易是按成交当日的汇率进行交割的，这一汇率称为即期汇率。对于国际企业而言，即期外汇买卖主要用于临时性支付货款、调整外汇头寸结构或者在外汇暂时闲置时用于外汇套利业务。

（2）远期外汇交易。远期外汇交易是指外汇买卖双方事先签订外汇买卖合同，规定双方买卖货币的种类、数量、使用的汇率以及交割的时间，到了合同规定的交割日，双方按合同规定的内容进行外汇交割的外汇业务。远期外汇合同中规定的汇率就是远期汇率，远期外汇交易合约的期限主要有一个月期、三个月期和六个月期。

远期汇率的报价有两种形式，即直接报价和掉期报价。直接报价是指外汇银行直接报出远期汇率。例如，日本某银行三个月期美元兑日元的远期汇率为：USD1＝JPY98.71/86。而掉期报价是指外汇银行只公布即期汇率，通过远期汇差即升水、贴水、平价来表示远期汇率。在直接标价法下，远期汇率等于即期汇率加升水，或即期汇率减贴水。例如，某银行英镑对美元的即期汇率为GBP1＝USD1.4465/78，同时银行公布英镑三个月期远期差价为38/50。如果远期差价前一个数字小于后一个数字，则代表远期升水，即期汇率加上升水后得到远期汇率，即远期汇率为GBP1＝USD1.4503/28。如果远期差价前一个数字大于后一个数字，则代表远期贴水，用即期汇率减去贴水后即得到远期汇率。如某银行公布英镑对美元的即期汇率为GBP1＝USD1.4465/78，英镑三个月期远期差价为50/38，表示远期贴水，这时远期汇率为GBP1＝USD1.4415/40。目前除日本和瑞士等少数国家采用直接报价法外，大多数国家都采用掉期报价法。

（3）外汇期货交易。外汇期货是交易双方承诺在未来某个确定的日期以事先约定的汇率交割特定标准数量外汇的合约。外汇期货交易则是交易双方在期货交易所内，通过公开叫价的拍卖方式，买卖外汇期货合约的交易。

（4）外汇期权交易。外汇期权是一种货币买卖合约，它授予期权购买者（或持有者）在规定的日期或在此之前按照事先约定的价格购买或出售一定数量某种货币的权利。外汇期权交易则是交易双方在交易所内或场外，通过公开叫价的拍卖方式，或以电话、电传等方式买卖外汇期权合约的交易。

二、外汇风险的类型

外汇风险是指因汇率变动而引起的资产、负债或收入、费用等以本国货币计（或以某种特定货币计）的实际价值的变动程度。这种实际价值的变动程度可用实际价值变动的方差来反映。外汇风险可分为三类：交易风险、折算风险、经济风险。

1. 交易风险

交易风险是指企业以某种外币计量的交易，从成交到收付款结算过程中，由于汇率变动而引起的资产和负债以本国货币计（或以某种特定货币计）的实际价值的变动程度。交易风险是由于交易发生日的汇率与结算日的汇率不一致而产生的。交易风险通常在以下几种情况下产生。

（1）以外币表示的商品和劳务，以赊销或赊购方式进行。

（2）以外币表示的借款或贷款，尚未清算。

（3）尚未履行的远期外汇合约和外汇期货合约。

（4）持有其他以外币计的资产或负债。

例11-1 我国某外贸企业向美国销售一批价值100万美元的商品，当日的汇率为USD1＝RMB6.865 2，折合人民币为686.52万元，但实际收到货款时的汇率为USD1＝RMB6.831 7，折合人民币为683.17万元，由于交易日与结算日的汇率不同，从而使该外贸企业损失了686.52－683.17＝3.35万元人民币。

2. 折算风险

折算风险又称会计风险，是指企业以某种外币计量的资产和负债，从成交到折算的过程中，由于汇率变动而引起的以本国货币计（或以某种特定货币计）的实际价值的变动程度。折算风险是由于交易发生日的汇率与折算日的汇率不一致而产生的。国际企业的外币资产和负债项目，在最初发生时，都是按发生日的汇率折算成本币（或某种特定货币）记账的，但在月末编制财务报表时，要对其中的外币资产和负债项目按编表日的汇率折算成本币（或某种特定货币）入账。当交易发生的汇率与折算日的汇率不一致时，经过折算后，就会给企业的资产和负债以本币（或以某种特定货币）反映的实际价值带来会计账表上的损益，但这种损益并不影响企业当期的现金流量。

例 11-2 某外贸企业向美国销售一批价值 100 万美元的商品，收到货款时的汇率为 USD1＝RMB6.831 7，折合人民币为 683.17 万元，但月末编制财务报表时的汇率为 USD1＝RMB6.823 6，这 100 万美元的银行存款只能折算成 682.36 万元人民币，由于收到这笔货款时的汇率与编制报表时的汇率不同，从而使该外贸企业损失了 683.17－682.36＝0.81 万元人民币。

3. 经济风险

经济风险是指由于汇率变动引起企业未来营运现金流量变动，从而使企业以本国货币计（或以某种特定货币计）的实际价值的变动程度。经济风险是由于营运过程中的汇率变动对企业的产销数量、价格、成本等产生影响而引起的。经济风险比前两类风险更复杂，它涉及企业的财务、销售、供应、生产等诸多部门。

以上三种外汇风险中，交易风险和折算风险对企业的影响是一次性的，其中折算风险对企业的现金流量没有影响，而经济风险的影响是长期的，交易风险和经济风险都会引起企业实际或潜在的现金流量的变化。

三、外汇风险的管理

对于不同的外汇风险应采取不同的管理方法。

（一）交易风险管理

交易风险管理的方法包括外部市场方法、公司内部经营方法和互换方法等。

1. 外部市场方法

外部市场方法主要是利用货币市场、远期外汇市场、外汇期货市场和外汇期权市场进行套期保值。

（1）货币市场套期保值。就是通过签订借贷合约使未来付出（或收入）的本币数量确定，从而避免交易风险的一种方法。

例 11-3 某美国公司 2 月 26 日向某英国公司出口一批价值 250 000 英镑的产品，约定三个月后（即 5 月 26 日）以英镑付款。2 月 26 日的即期汇率为 GBP1＝USD1.447 6，美国公司因在三个月后获得英镑货款而遭受交易风险。

在利用货币市场进行套期保值时，美国公司应在英国货币市场借入三个月期英镑，以便三个月后以收到的英镑货款来偿还英镑借款本息。设英镑三个月期的借款年利率为 2%，则借入的英镑数为

$$\frac{250\ 000}{1+2\%\times\frac{3}{12}}=248\ 756$$

美国公司借入英镑后马上按即期汇率兑换成美元，可换得 248 756×1.447 6＝360 099 美元，这笔美元即可使用。如果美国公司资金充裕，可将这笔美元投资于美国国库券，设美国三个月期国库券的利率为 1.5%，则三个月后美国公司可获美元收入 360 099×$\left(1+1.5\%\times\frac{3}{12}\right)$＝361 449 美元；如果美国公司资金短缺，可将这笔美元投入本公司的日常经营，从而减少原本需从银行借入的美元或从其他渠道筹得的美元，设美国三个月期的借款年利率为 2.5%，则三个月后美元借款的本利和为 360 099×$\left(1+2.5\%\times\frac{3}{12}\right)$＝362 350 美元，这相当于为公司减少了 362 350 美元的借款本息。

美国公司通过货币市场套期保值后，不管三个月后即期市场汇率如何变动，都可以保证收回 361 449 美元或 362 350 美元。在选择是否通过货币市场套期保值时，预期的未来即期汇率与兑换的这笔本币可获得的收益率是决策时须考虑的两个关键因素。

（2）远期外汇市场套期保值。就是通过签订远期外汇买入（或卖出）合约，使未来付出（或收入）的本币数量确定，从而避免交易风险的一种方法。

在例 11-3 中，美国公司可运用远期外汇市场套期保值的方法。设三个月期的远期汇率为 GBP1＝USD1.432 8，那么美国公司应于 2 月 26 日销货当日与外汇银行签订一项三月期的远期英镑卖出合约，三个月后，即 5 月 26 日，美国公司以收到的 250 000 英镑货款与外汇银行进行交割，收到美元 250 000×1.432 8＝358 200，这样不管 5 月 26 日的即期汇率如何变化，美国公司收到的美元货款在销售当日就已确定下来，从而避免了交易风险。

（3）期货市场套期保值。就是通过买入或卖出外汇期货合约，使未来付出（或收入）的本币数量确定的一种方法。由于外汇期货市场具有交易币种、合约额度、到期月份以及交割日等标准化的特性，因此可能导致外汇期货的到期日与企业外汇收付日不一致。

在例 11-3 中，美国公司可利用英镑期货合约进行套期保值。设国际货币市场 6 月份英镑期货的报价为 GBP1＝USD1.438 6，交割日为 6 月 17 日，那么美国公司应于 2 月 26 日销售当日在国际货币市场上卖出 6 月份英镑期货合约 4 份（250 000÷62 500＝4 份）。三个月后，即 5 月 26 日，美国公司收到 250 000 英镑，但是英镑期货合约的到期日是 6 月 17 日（6 月份的第三个星期三）。这时，美国公司可在收到英镑货款当日（5 月 26 日）买入 6 月份的英镑期货合约四份，以轧平其在外汇期货市场上的英镑头寸。与此同时，在即期市场上按即期汇率卖出英镑。假设 5 月 26 日即期汇率为 GBP1＝USD1.442 6；6 月份英镑期货报价为 GBP1＝USD1.439 8，这时，美国公司可获得美元 250 000×1.442 6－250 000×（1.439 8－1.438 6）＝360 350。

（4）外汇期权市场套期保值。外汇期权是一种货币买卖合约，它授予期权购买者在规定的日期或在此之前按照事先约定的价格购买或出售一定数量某种货币的权利。按性质不同，期权分为买权和卖权。买权是指授予期权购买者按合约规定价格购买某种货币的权利；卖权是指授予期权购买者按合约规定价格出售某种货币的权利。期权只是一项权利，而不是一种义务，期权购买者可根据即期汇率的高低决定是否行使这种权利。外汇期权套期保值就是通过购买或出售外汇期权来进行保值的方法。

在例11-3中，美国公司可利用外汇期权合约进行套期保值。设美国费城交易所5月份英镑卖权的执行价格为GBP1＝USD1.443 6，期权费为每英镑0.018美元，那么美国公司应于2月26日销售当日在费城交易所购买5月份到期的英镑卖权合约八份（设每份英镑期权合约的额度为31 250）。三个月后，即5月26日，美国公司收到250 000英镑，如果即期汇率高于执行价格1.443 6，如为GBP1＝USD1.446 6，美国公司便放弃卖权，而是按即期汇率将英镑兑换成美元，这时可得美元250 000×1.446 6＝361 650，扣除期权费的终值$250\ 000 \times 0.018 \times \left(1 + 3\% \times \frac{3}{12}\right) = 4\ 534$（设贴现率为3%）后，美国公司可得美元361 650－4 534＝357 116。当即期汇率低于执行价格1.443 6时，美国公司将行使卖权，这时美国公司扣除期权费终值后可得美元250 000×1.443 6－4 534＝356 366。

运用外汇期权市场套期保值的灵活性大，获得美元的下限是确定的，但获得美元的上限却是没有限制的。

2. 公司内部经营方法

公司内部经营方法不是利用外部市场进行套期保值，而是通过采取某些经营策略来避免或降低交易风险。这些方法包括以下几种。

（1）配对策略。配对本质上是将以某种外币表示的债权与以该种外币表示的债务相互配对。如果同种外币的债权债务数量、期限相等，那么就可完全避免交易风险，但由于外币的收付时间不同，因此会存在一定的成本。例如，美国某公司向德国销售一批产品，获得100万欧元的货款，而一个月后，这家美国公司需从德国进口一批100万欧元的原材料，这时美国公司不必将收到的欧元兑换成美元，而是存入银行的欧元账户，一个月后再用于支付原料货款。美国公司为了维持正常的生产经营，需向银行借入美元，这笔借款的利息就是采用配对策略的成本，但美国公司也因此免去了欧元买卖的银行价差和佣金，避免了由于汇率变动而引起的交易风险。

（2）交叉策略。交叉是将某种货币引起的多头（或空头）头寸与另一种货币引起的空头（或多头）头寸相对应，从而使交易风险降至最低的策略。例如，美国某公司出口商品到英国，应收英镑货款，但同时又需从法国进口原料，支付欧元。如果美国公司拥有的英镑货款与应付的欧元原料款经当前汇率换算后数量相等，期限相同，且未来美元对英镑的汇率与美元对欧元的汇率同比例、同方向变化，那么美国公司就可完全避免交易风险。但是由于相互交叉的不同币种的债权和债务的价值难以做到完全相等，且到期日也可能不同，汇率也难以做到同方向、同比例变化，因此交易风险不可能完全避免，但只要美元对英镑及美元对欧元的汇率是同方向变化，美国公司就可降低交易风险。

（3）提前或推迟付款策略。这种策略是指对已经发生的应收应付货款或债权债务，根据计价货币汇率的可能变动情况，改变款项的收付日期，以防范外汇风险。对于进出口合同或国际借贷合同，如果计价货币汇率呈上升趋势，则收款方推迟收款有利，付款方提前付款有利；反之，如果计价货币汇率呈下降趋势，则收款方提前收款有利，付款方延后付款有利。提前或推迟付款，实质上是一种转嫁风险的行为，即采取主动的一方把外汇风险转嫁给交易对方，一方获利，另一方受损。所以采用提前或推迟付款策略，必须事先得到双方的同意，同时，采取主动的一方往往给对方一定的补偿，如提供优惠折扣，或在贸易条件方面做些让步等。

（4）供销策略。这种策略是通过供应地和销售地一致来避免交易风险。由于原料进口国与产品出口国一致，公司的进出口业务以同一货币计价，使同种货币的应收账款与应付账款相配对，从而避免交易风险。

3. 互换方法

互换方法是指两种货币相互调换，经一段时间后再将相同数量的货币调换回来的一种方法。互换方法有如下几种形式。

（1）背对背贷款或平行贷款。是指两个跨国公司达成协议，同意在某一段时间里各自向对方设在本国的子公司提供金额相等的本国货币贷款，贷款期满后，双方再换回当初交换的本金。例如，美国公司有一子公司在英国，而英国公司有一子公司在美国，两家公司均需要向其子公司提供贷款。如果美国公司向其子公司提供英镑贷款，英国公司向其子公司提供美元贷款，则双方都需承担交易风险。如果采用背对背贷款，即美国公司向英国公司在美国的子公司提供美元贷款，而英国公司向美国公司在英国的子公司提供英镑贷款，由于到期时相互贷款的清算仍是以原来贷款的货币偿还，因此双方都避免了交易风险。另外，由于借贷双方互为债权债务关系，因此这种贷款无需担保，风险极小。

（2）货币互换。是指两个公司交换不同币种但价值相等的两笔资金，并协议在一段时间内再换回的互换方式。货币互换不同于背对背贷款，因为它不是提供贷款，而是外汇交易，因而无须在公司的资产负债表中反映出来。另外，货币互换不用进入外汇市场进行交易。为了避免因汇率变动使一方受损，另一方获益，需要在协议中注明当汇率变动超过某一范围后，受益方要给损失方以补偿。

（3）信用互换。是指由企业和银行协议交换货币，而于一定日期后归还的互换方式。例如，美国公司有一子公司在英国，如果直接向子公司提供英镑贷款，就须承担交易风险。这时，美国公司可将美元存入英国在美国的代理银行，然后由代理银行向美国公司在英国的子公司提供英镑贷款，到协议规定的偿还日期，美国在英国的子公司向代理银行归还英镑，而美国公司则从代理银行收回美元存款，这样美国公司就可避免外汇交易风险。

（二）折算风险管理

1. 会计折算方法

折算风险的大小与采用的会计折算方法有关，除普通股股本一般都按历史汇率折算外，其他项目的折算方法有如下几种。

（1）现行汇率法。这种方法就是将资产负债表和利润表中所有的项目（除普通股股本外）都按期末的现行汇率折算，它是一种最简单的折算方法。

（2）流动-非流动法。这种方法就是将资产负债表中以外币表示的流动资产和流动负债各项目以现行汇率折算成本币，而其他以外币表示的项目均按该项资产或负债取得时的历史汇率折算。当外币表示的净营运资金大于零时，外币相对于本币升值，将造成折算收益；反之，则造成折算损失。对于利润表的折算，凡与非流动资产和流动负债有关的收支，如固定资产折旧费、无形资产和递延资产摊销费等，根据资产负债表中对应项目所使用的汇率折算，其他项目均以当期的平均汇率折算。

（3）货币-非货币法。这种方法就是将资产负债表中各项目划分为货币类和非货币类。货币类项目是指涉及收付外汇的资产和负债项目，包括现金、应收应付账款、长期负债等，这类项目按现行汇率折算；非货币类项目是指物理形态的资产和负债项目，如存货、固定资产、长期股权投资等，按历史汇率折算。对于利润表的折算，凡与非货币资产和负债有关的项目，如折旧、产品销售成本等，按历史汇率折算，其他项目按当期的平均汇率折算。

（4）暂存法。这种方法是对货币-非货币法作了一些改进，它与货币-非货币法不同的是：对于非货币类项目，是根据它们计价方法的不同而采用不同的汇率折算。如果资产（如存货和有价证券投资）按历史成本计价，那么也是按历史汇率折算，这时的结果与货币-非货币法的折算结果相同；但如果资产是按现行市价计价，那么也是按现行汇率折算，这时暂存法与货币-非货币法的折算结果是不同的。

2. 折算风险的管理

折算风险与公司暴露在汇率变动之下的外币资产与外币负债的差额即外汇净暴露有关，净暴露越大，折算风险越大。因此折算风险管理的目标就是如何使外汇净暴露最小，即将暴露在折算风险之下的外币资产和外币负债保持相等或近似相等，就可避免或降低折算风险。交易风险管理的各种方法，如远期外汇市场套期保值、货币市场套期保值、提前或推迟付款策略、配对策略、互换方法等，同样也适用于对折算风险的管理。

（三）经济风险管理

经济风险是由于汇率变动对企业未来现金流量产生影响而引起的，这种影响反映在企业未来的原料采购、产品生产销售、筹资、投资等方面。由于经济风险的管理不仅涉及财务部门，而且涉及供应、生产、销售等部门，因此各部门要密切配合、协调一致、共同努力，才能达到控制风险的目的。

经济风险管理主要是通过经营多角化和财务多角化来分散风险，具体的做法如下。

1. 采购上的多角化

在原材料、零部件的采购方面，应尽可能从多个国家和地区进行采购，一旦发生未预期到的汇率变动，就应将原来向硬币国家购买的原材料与零部件，转向向软币国家购买。另外，应尽量使用多种货币结算。

2. 生产上的多角化

在生产安排上，产品式样、种类应做到多样化，以满足不同国家、不同消费者的需要。另外，生产地点也应分散，从而实现产品生产地点的最优配置，以更好地利用国际企业在多处的子公司生产系统。

3. 销售上的多角化

在销售上，应尽可能使产品销往多个国家，并尽量采用多种外币结算。另外，对于产品的定价、促销、销售渠道等方面也应有权变方案。

4. 筹资上的多角化

在筹资渠道上，应尽量从多种渠道筹集资金，采用多种外币形式，一旦发生未预期到的汇率变动，升值货币与贬值货币可相互抵消。

5. 投资上的多角化

在投资方向上，应选择多个国家进行投资，取得多种外币收入，从而避免单一投资方向所带来的经济风险。

第三节　国际企业的长期筹资

我们在第三章和第四章所介绍的有关筹资原理与方法，在国际企业筹资管理中也是适用的，如权益资金和负债资金的筹资方式、资金成本的确定、财务杠杆管理及资金结构优化等。在这里，我们只是介绍国际企业长期筹资中的一些特殊问题。

一、国际企业的资金来源

国际企业具有比国内企业更多的资金来源。其主要的来源有如下几种。

1. 国际企业内部的资金来源

国际企业从组织形式上看是由母公司、分公司、子公司等单位组成，它的经营规模大，内部业务往来也较多。在资金上，内部可能会形成一部分单位资金有剩余，而另一部分单位资金短缺，通过国际企业内部各单位之间的资金调剂，可以免去向外筹措的繁杂手续。目前，一些跨国公司集团内部设立财务公司，就是为了方便内部各单位的资金往来。

2. 母公司本土国的资金来源

国际企业母公司一般在本国注册，负责组织和管理国际企业在海内外的全部经营活动。由于母公司与本土国的经济发展密切相关，容易得到母国政府的支持，因此国际企业可利用母公司从本土国筹措资金。

3. 子公司东道国的资金来源

国际企业的海外子公司是在其所在国（称为东道国）注册的法人组织，因此国际企业也可从其海外子公司的东道国筹集资金，多数海外子公司都在当地借款，这样既可筹集资金，又可避免外汇风险。

4. 国际金融市场和国际金融机构的资金来源

国际企业除了从企业内部、母公司本土国、子公司东道国取得资金来源外，还可以从国际金融市场和国际金融机构获得资金。国际金融市场是在全球范围内进行资金融通、有价证券买卖以及相关的国际金融业务活动的场所。主要的国际金融市场有伦敦、纽约、东京、巴黎、法兰克福、苏黎世以及中国香港、新加坡等。国际金融机构是由许多国家共同兴办的，为达到某些共同目的，在国际上进行金融活动的机构，按照其业务范围，可分成全球性金融机构和区域性金融机构两大类。全球性金融机构主要有：国际货币基金组织、国际复兴开发银行（即世界银行）及其下属的国际开发协会和国际金融公司；区域性金融机构主要有：亚洲开发银行、非洲开发银行、泛美开发银行、欧洲投资银行等。国际金融机构的贷款一般是由政府出面申请，然后再以投标、中标方式供给企业，因此对国际企业而言，这是一种间接融资渠道。

二、国际企业筹资方式

国际企业筹资方式也包括发行股票、借款、债券、租赁等，但具体做法与国内企业有所不同。

（一）国际股票市场筹资

1. 国际股票市场概况

所谓国际股票，是指一国企业在国际金融市场上或国外金融市场上发行的股票。例如，中国在美国纽约证券市场上发行的 N 股，在新加坡证券市场上发行的 S 股，在香港证券市场上发行的 H 股等，都属于国际股票。

当前，全球股票市场呈现出一体化的趋势，一些大企业发行的股票，购买股票的不仅有本国的投资者，而且还有外国的投资者。由于一些发达国家放松对外证券投资的管制,加上一些国际企业为了分散股权,避免被收购或减少被收购的风险,除了在本国发行股票外,还通过国外的子公司在当地发行股票筹集资金。在国际股票市场上发行股票,除了可以分散股权、募集更多的资金外,还可以建立公司的国际形象,为公司未来的筹资奠定国际基础,同时也有助于拓展产品的销售网络。

对于股票的发行上市,各个国家的要求是不同的,其中要求最严的是美国的证券市场。一家公司的股票要在美国上市,必须符合美国证监会的要求,例如,对财务信息的披露要及时、完整,要按国际会计准则编制各种会计报表等。

对于股票上市过程中的收费问题,不同的国家采取不同的收费制度。例如,加拿大、美国、澳大利亚和英国等国家,采用的是弹性收费制度,即可根据不同情况进行谈判来确定费用;而其他国家则是固定的收费制度。另外,有些国家对证券交易征税,而有些国家则不征税。

在证券市场运作方面,有些国家为了阻止股市的投机,规定了每天涨跌的幅度,在该幅度内继续交易,否则中止交易。例如,越南规定每天涨跌的幅度为±5%,中国规定每天涨跌的幅度为±10%,而很多国家的股市则没有涨跌幅的限制。

2. 股票发行地选择

发行地一旦选定,所筹集的币种也就确定了。在选择发行地时,应从发行公司的资金成本考虑,投资者要求的必要投资收益率越低,发行公司的资金成本就越低,因此经汇率调整后的必要收益率最小的国家就是潜在的发行地。

如果资本市场是完全一体化的,那么各国投资者所要求的收益率就应该相等,那么对发行地也就没有选择余地。但一体化只是一种趋势,并非真正实现,各国股市仍是分割的,因此还是面临一个选择的问题。在发行地的选择上,应考虑一个国家的储蓄率及投资率,储蓄率越高,投资率越低,则表明该国居民对股票所要求的投资收益率相对较低。

如果跨国公司筹资规模大,也可同时在两个或两个以上国家的证券市场上发行股票,这样不仅可以满足各国居民对投资收益率的不同要求,而且还可以享受在各国制定不同报价的好处。

目前有一种新的金融工具,叫存股证,它是指某国上市公司为使其股票在境外流通,将一定数额的股票委托某一中间机构(通常为银行,称为受托银行)保管,再由保管机构通知外国的存托银行在当地发行代表该股的一种替代证券。目前美国是发行存股证最多的国家。

(二)国际债券市场筹资

1. 国际债券市场的分类

所谓国际债券,是指一国政府、金融机构、企业为筹措资金而在国外市场发行的使用外国货币为面值的债券。例如,中国政府在美国发行的美元债券就是国际债券。国际债券市场可分为外国债券市场和欧洲债券市场两类。

外国债券是指债券发行人在某一外国债券市场上发行的以发行所在国的货币为面值的债券。例如，日本企业在美国发行的美元债券，法国企业在日本发行的日元债券等，都属于外国债券。欧洲债券是指债券发行人在其本国以外的债券市场上发行的不是以发行所在国的货币为面值的债券。例如，日本企业在美国债券市场上发行的英镑债券，法国企业在日本债券市场上发行的欧元债券等，便属于欧洲债券。欧洲债券的特点是债券发行人为一个国家，债券发行地在另一个国家，债券面值使用的是第三个国家的货币。外国债券和欧洲债券市场既有联系又是分割的，相对来说，到外国债券市场上发行债券受到的管制多一些，而在欧洲债券市场上发行债券则比较宽松，因为欧洲债券不受当地法律的干预，受到的管制也较少，财务披露的标准比较宽松，税收上比较优惠，而且欧洲债券通常是不记名的，因此容易转让。目前发达国家的公司进入国际债券市场的很多，而发展中国家的公司相对较少。在债券市场的选择上，选择欧洲债券市场的居多，许多新的金融创新就是在欧洲债券市场上产生的。

2. 债券发行的货币选择

选择何种货币直接决定了发行公司所承受的外汇交易风险大小，发行货币是软币还是硬币，将影响还款所用本币数额的多少，显然，在其他条件相同时，发行人应力争使用软货币，这样在还款时将从已趋跌的汇率中获得少付本币的好处。但是实际上，本币的选择往往与债券利率大小结合在一起，硬币利率相对于软币要低，因此应该把汇率和利率两个因素联系起来综合权衡。

例如，美国跨国公司有美元、日元两种货币选择，美元利率为3%，日元利率为1%，时间1年，1年中预期的汇率变动率为1.7%。如果不考虑税收的影响，由于$1+3\% > (1+1\%)(1+1.7\%) = 1+2.72\%$，则美国跨国公司应选择发行日元债券，所付的本利相对较少。如果考虑税收的影响，则可从投资者与发行者的角度分析各自的收益与成本。美国和日本税法规定，债券投资者的汇兑收益的所得税率为20%，原始收益的所得税率为40%，从投资者的角度看，购买美元债券的潜在收益为$3\% \times (1-40\%) = 1.8\%$，购买日元债券的潜在收益为$1\% \times (1-40\%) + 1.7\% \times (1-20\%) = 1.96\%$。下面再从发行者的角度看，发行美元债券的潜在税后成本为$3\% \times (1-40\%) = 1.8\%$，而发行日元债券的潜在税后成本为$1\% \times (1-40\%) + 1.7\% \times (1-40\%) = 1.62\%$。由以上分析可看出，美国跨国公司发行日元债券的潜在税后成本较低，因此应选择发行日元债券。对于投资者来说，购买日元债券的收益率高于购买美元债券的收益率，因此发行日元债券也能吸引更多的投资者购买。

（三）国际银行长期贷款

1. 国际银行长期贷款的特点

国际银行长期贷款是指借款人从国际金融市场借入的由外国银行或金融机构提供的时间在一年以上的外汇贷款。

国际银行长期贷款一般不指明贷款用途，可以由借款人自由运用，因此使用上不受贷款银行的限制，比较自由。国际银行长期贷款通常用来购买固定资产，由于借款金额大，时间长，因此银行比较注重借款公司的长期获利能力以及影响这一能力的管理、市场、技术等因素。为了降低违约风险，银行也可以采取抵押、其他银行担保、母公司担保等形式。另外，银行贷款的条件较为苛刻，利率水平较高。

2. 国际银行长期贷款的方式及条件

国际银行长期贷款的方式主要有独家银行贷款和银团贷款两种。独家银行贷款又称双边贷款，它是一国的贷款银行对另一国的政府、银行及企业提供的贷款；银团贷款又称辛迪加贷款，是由一家贷款银行牵头，由该国或几国的多家贷款银行参加，联合起来组成贷款银行集团，按同一条件共同对另一国的政府、银行及企业提供巨额贷款。

国际银行长期贷款的条件包括利率及费用、偿还方式及期限、贷款币种等。长期贷款的利率一般采用分期按市场利率进行调整的浮动利率，调整期限通常为每三个月或半年一次；负担的费用包括管理费、杂费、代理费、承担费等；偿还方式一般有到期一次偿还、分期等额偿还（无宽限期）和宽限期满分次等额偿还三种；贷款货币主要有美元、英镑、欧元、瑞士法郎、日元等。

（四）其他筹资方式

1. 出口信贷

出口信贷是国际企业筹集资金的一种重要方式，它是出口国政府为支持和扩大本国商品出口，用利息补贴和信贷担保的方法，鼓励本国银行向本国出口商或外国进口商提供的一种较低利率的贷款。出口信贷的主要形式有卖方信贷、买方信贷和福费廷三种。卖方信贷是由出口国银行向本国出口商提供的贷款；买方信贷是由出口国银行向进口商或进口商的往来银行提供的贷款；而福费廷是出口信贷的一种新方式，它是指出口商把经进口商承兑的远期汇票卖断给出口地银行，由出口地银行进行无追索权的贴现，使出口商得以提前取得现款。

2. 国际租赁

国际租赁是指跨越国界的租赁业务，出租人和承租人分别属于两个不同的国家。通过国际租赁，国际企业可以直接获得国外资产，较快地形成生产能力。国际租赁主要有融资租赁、经营租赁、维修租赁、杠杆租赁、售后回租和综合租赁等形式。国际租赁的租赁费往往较高，所以国际企业应权衡租赁和贷款，以决定选择何种方式。

3. 国际补偿贸易

国际补偿贸易是指企业从国外引进设备作为贷款，待项目投产后，以该项目的产品或双方商定的其他办法予以补偿。国际补偿贸易的形式主要有直接产品补偿和间接产品补偿两种。前者是指进口方用进口的机器设备或技术所生产出来的产品分期偿还设备、技术的价款，这是补偿贸易的基本形式；后者是指经双方协商后，进口方可以分期供应一种或几种其他产品作为补偿。

通过国际补偿贸易，不仅可以筹措资金，引进先进的机器设备或技术，还有利于扩大商品的出口；但成本往往较高，对补偿产品的要求较严。

4. 国际项目融资

项目融资也称为有限追索权贷款融资，它是按照合同协定进行融资安排，借款者的还款义务和贷款者所能获得的应得收益被清楚地限定在借款者特定资产上的融资方式。项目融资不同于具有无限追索权的普通贷款，它本质上就是银行承担了项目的部分风险。也正因为如此，银行要求的贷款利息也相应地高些。早在20世纪二三十年代，美国就出现了有限追索权贷款。当时是银行向石油开发商提供生产贷款，后来这一贷款方式得以推广发展，现已涉及所有大的项目建设，如管道铺设、矿产开发、发电厂建设、石油设备、船舶和通信卫星的制造，应用范围也遍及全球。发展中国家应用此项目融资多是与BOT结合在一起。BOT是指建设-经营-转让，是近20年国际上出现的一种比较新颖的基础设施项目融资方式，这种方式是指政府机构将某些可由外商经营的基础设施项目，如电力、隧道、地铁、高速公路、自来水等，在一定时期内的经营权交给外商，由外商组建项目公司，负责项目的筹资、建设、经营。项目公司在特许经营期内对项目有经营权，并负责偿还项目债务，获得投资回报，特许期满，将项目经营权无偿地交给当地政府机构。

由于基础设施项目是一种资本密集型的投资项目，其所需建设资金动辄数亿、数十亿元，而且这些基础设施项目涉及国计民生，大都具有服务的公益性和社会性，通常都采用国家垄断经营。鉴于基础设施项目本身的特殊性，只宜借助于BOT方式，为基础设施项目进行国际融资。

三、国际企业长期筹资应考虑的问题

国际企业的长期筹资决策是其财务管理的主要任务之一。由于国际企业比国内企业面临更多可供选择的筹资渠道和筹资方式，因此国际企业筹资决策比国内企业更复杂，除了与国内企业筹资时一样必须考虑资金成本、资金结构外，国际企业长期筹资还有其必须考虑的特殊问题。

1. 必须考虑外汇风险

国际企业筹资首先遇到的就是货币单位的不同，由于国际企业不仅可以从母国取得资金，还可以从涉外子公司东道国以及国际金融市场、国际金融机构取得资金，无论取得的资金是什么货币，对母公司来说，都存在不同货币的折算问题。由于汇率受利率水平、通货膨胀水平、国际收支状况、经济发展水平等许多因素的影响而经常发生变化，因此，筹集外币资金就必然存在汇率风险。国际企业在筹资时必须考虑不同货币可能产生的风险，并制定防范外汇风险的权变方案。

2. 必须考虑外汇管制、税收等问题

所谓外汇管制，是指一国政府通过法令形式对国际结算、外汇买卖以及汇率实行的限制。外汇管制对国际企业筹资会带来一定的影响，如子公司东道国存在外汇管制，那么资金流动就会受到限制。另外，税收对国际企业筹资成本也有影响，例如有些国家对汇出利润要征税，这势必影响国际企业从内部筹资的成本。

3. 必须充分利用资金市场分割的优势

所谓资金市场分割，是指预期收益和风险都具有可比性的证券在不同市场上的预期收益率不同。资金市场的分割，为国际企业筹资提供了可供选择的优势。为了使资金成本最低，国际企业应充分利用各国融资的有利条件，选择最有利的资金来源和筹资方式。

第四节　国际企业的投资管理

所谓国际投资，是指投资者将其资金投放到其他国家。国际投资是国际企业重要的财务活动之一。通过国际投资，不仅有利于企业学习国外的先进技术和管理经验，也有利于企业了解国际市场动态，把产品打入国际市场，分散企业的经营风险；但国际投资面临的环境比国内投资更复杂，承担的风险也更大。因此，在进行国际投资之前必须进行详细的分析论证。

一、国际投资的作用

一个企业在外国投资经营时，必然承受比国内投资更大的风险，那么企业为什么要进行国际投资呢？

1. 获得高额利润

通过在国外投资，可以达到优势互补的作用，发挥当地竞争者不具有的一些技术、管理等优势，利用当地廉价劳动力、自然资源及市场的有利条件，使企业获得更多的利润。

2. 促进出口贸易的发展，占领国际市场

通过国际投资，往往可以带动本国产品的出口及技术的输出，开拓并占领国际销售市场，增加外汇收入。

3. 引进技术和管理经验

通过国际投资，便于从国外直接获取先进技术和管理经验，也便于国内企业从国外引进技术设备及其管理方法。

4. 获取信息

通过国际投资，便于了解国外经济发展动态及市场动态，及时为国内企业提供经济信息。

5. 保证原材料供应

对于原材料供应依赖进口的企业，通过在原材料供应国投资设厂，可使原材料的供应得到保证。

二、国际投资的方式

国际投资按其方式的不同，可分成国际直接投资和国际间接投资。

（一）国际直接投资

国际直接投资又称对外直接投资，是指投资者在国外创办并经营企业，以获取一定收益而进行的投资。国际直接投资不仅仅是指货币资金在国际间的流动，而且也通过实物性资产投资手段在另一国设厂，从而使资金由投资母国转移到东道国。直接投资的具体形式有以下三种。

1. 国际独资投资

国际独资投资是指通过在国外设立独资企业的形式所进行的投资。这里的独资企业是指根据东道国的法律，经过东道国政府批准，在其境内兴办的全部为外国资本的企业。进行国际独资投资，由于经营权独立，因而受到的干涉较少。另外，还可以利用各国税率的不同，通过内部转移价格的形式，进行合理避税。由于对东道国的投资环境及市场情况的了解比较困难，因而国际独资投资风险较大，获准设立也不易。

2. 国际合资投资

国际合资投资是指某国投资者与另外一国投资者通过组建合资经营企业的形式所进行的投资。这里的合资经营企业又称股权式合营企业，通常是国外投资者与东道国投资者按照共同出资、共同经营、共负盈亏、共担风险的原则所建立的企业。国际合资投资是国际投资的一种主要方式，它不仅可以凭借东道国企业对该国政策、法律、市场等方面情况的了解，减少投资风险，而且还有利于学习东道国企业的先进技术和管理经验，同时还可以享受一些优惠政策。但寻找国际合资伙伴比较困难，而且由于各国对合资企业外方控股权都有比例的规定，即不能超过 50％，从而使国外投资者不能对合资企业进行完全控制。

3. 国际合作投资

国际合作投资是指通过组建合作经营企业的形式所进行的投资。这里的合作经营企业又称契约式合营企业，是指国外投资者与东道国投资者通过签订合同、协议等形式来规定各方的责任、权利、义务而组建的企业。举办国际合作投资企业所需时间较短，形式也较灵活，但由于合作条件、管理形式、收益分配以及各方的责权利都是双方协商确定的，因而规范性稍差，容易引起纠纷。

（二）国际间接投资

国际间接投资又称国际证券投资，是指投资者在国际金融市场上购买外国的公债、公司债券或公司股票等而进行的投资。国际间接投资对资金的运用比较灵活，可以随时变现和转移，它不需要像直接投资那样要经过谈判、协商和复杂的审批程序，只要有合适的证券，可马上进行投资，而一旦国际形势或对方政局发生变化，可马上抽回投资。由于国际证券在发行时一般要经过国际权威机构的评级，因而相对来说，国际间接投资的风险比直接投资要小。但国际间接投资不能使投资者学习到国外的先进技术和管理经验，也无助于投资企业的产品进入国际市场。国际间接投资的管理可参照第六章"证券投资"，这里我们主要讨论国际直接投资的管理。

三、国际投资应考虑的因素

1. 东道国的投资环境

投资环境是指在国外投资时所面临的特定生产经营条件。在进行对外投资时，必须认真调查、分析东道国的投资环境，如东道国的政治稳定性、对外资的政策、劳动力、原材料、资金等生产要素的价格及供应情况、市场规模大小、外汇管制、地理位置、文化差异、税收制度、资金流动等。这些因素直接影响对外投资的效益及可行性。

2. 本企业的竞争优势

到国外投资比在国内投资面临更大的风险，因此国际企业应认真分析本企业所具有的竞争优势。例如，本企业所拥有的人才、技术、资金、品牌、营销渠道等方面的数量及质量，在同行业中所处的地位，管理者的素质及经营文化等，通过将本企业与东道国的企业进行对比，以确定本企业到东道国投资有哪些方面的竞争优势，这是关系国际企业是否对外投资的关键一步。

3. 国际投资的经济效益

通过对东道国的投资环境及本企业竞争优势的分析，使企业对国际投资有了初步的信心与动力，在此基础上，选择适合本企业需要的投资方式，并用子公司东道国的货币及按一定汇率折算成母公司所在国的货币，从子公司和母公司角度对投资项目的经济效益进行评价。经济效益的高低是国际投资应考虑的最重要因素。

四、国际投资项目的经济评价

国际投资项目经济上的可行性分析可采用第五章"固定资产投资"项目的经济评

价方法，如净现值、获利指数、内部收益率等。这里我们主要研究国际投资项目经济评价中的一些特殊问题。

（一）评价角度

跨国公司出于共同利益的考虑，往往利用转移定价，即经过人为安排的背离正常市场价格的各种内部产品、劳务交易价格和收费标准来达到减少公司税负的目的。利用转移定价除了避税外，还可以用来逃避东道国的外汇管制，即当东道国政府对汇出利润和股利有限制时，通过转移定价可将一部分利润作为生产费用转移出来。但跨国公司内部产品和服务交易中的转移定价可能扭曲某个项目的真实获利能力，并影响其他子公司的真实盈利情况，进而改变公司总体的现金流量。另外，母公司对项目收取的管理费和特许权使用费，对项目本身来讲是一种开支，但对母公司而言是一笔收入。由此引出的一个问题是，从项目本身角度出发估算的现金流量与从公司整体角度出发估算的结果可能存在很大的差异。子公司作为项目的直接管理者，往往比较注重项目本身的经济效益，而较少考虑项目对公司整体利益的影响；但公司总部关心的是公司整体价值的最大化，因此往往比较注重项目为全公司能够带来的经济效益。为了解决从两种不同角度得出不同评价结果的矛盾，可以从以下三方面对项目进行评价。

（1）将项目作为一个独立的实体进行有关的现金流量估计，即从项目或子公司角度进行评价。

（2）从公司总部的角度出发，分析项目向母公司所转移的现金流量的数额、时间、形式及转移过程中由于税收、外汇管制等原因可能产生的成本。

（3）分析项目对公司其他子公司所带来的间接收益和成本。

综合三方面的评价结果，最后得出总的结论。

（二）影响国际投资项目现金流量的主要因素

对项目现金流量分析是投资项目经济评价的重要一步，国际投资项目现金流量的估计比国内投资项目现金流量的估计难度更大，不确定的因素更多。影响的主要因素如下。

1. 项目预期的总投资额

项目预期的总投资额是指项目投资所需的用于购建厂房、设备等固定资产上的投资以及用于现金、应收账款、存货等流动资产上的投资，这是项目的初始现金流量。

2. 市场需求量及产品售价

国际投资项目产品的市场需求量及售价是计算项目各期营业现金流入量的基础。市场需求量的预测主要是对项目产品市场占有率的预测，产品售价的预测是以市场上最具竞争力产品的售价并考虑通货膨胀影响为依据的。

3. 生产成本

生产成本包括项目产品的固定成本和变动成本，它是计算国际投资项目各期营业现金流出量的基础。固定成本的预测相对简单些，但变动成本预测与市场需求量有关，两者都需考虑通货膨胀的影响。

4. 项目使用寿命及其残值

项目使用寿命对投资项目的经济评价影响很大。由于国际投资项目有可能出现资产被征收的情况，因此就会造成项目实际使用寿命与评估现金流量时的使用寿命不一致。评估时可考虑不同使用寿命对项目经济评价的影响。项目的使用寿命与其残值有关，使用寿命越长，残值越低。

5. 资金转移的限制

有些国家对在该国投资的外国公司汇出资金有一定限制，这势必会增加子公司将资金转移到母公司的成本，从而影响母公司从项目投资中实际获得的净现金流量，在评估时必须考虑这一因素。

6. 税负

东道国和母国的税负对投资项目税后现金流量影响极大，因而直接影响评估结果，这一因素必须予以考虑。

7. 汇率及东道国的通货膨胀率

国际投资项目的现金流量与项目使用寿命期内的汇率及通货膨胀率变动直接相关。由于汇率与通货膨胀率之间存在一定的联系，因而对项目现金流量的影响有部分抵消的作用。汇率及通货膨胀率的变动都很难预测，尽管可以采取一些套期保值的方法，但套期保值的数量难以准确估计，因而也给项目评估带来了不确定性。

8. 项目的资金成本

项目的资金成本也就是项目的折现率，它不仅取决于投资项目的资金来源，还与资金结构有关。从前面所学的投资项目经济评价方法中可知，项目的资金成本对评价结果影响重大，资金成本越高，项目的净现值、获利指数将越小。

五、国际投资的风险

1. 国际投资的风险种类

国际投资除了遇到像国内投资的经营风险、财务风险外，还会遇到许多国内投资不曾有的风险，如外汇风险、政治风险等。外汇风险我们在本章第二节已作过详细介绍，这里主要分析政治风险，它包括以下几点。

（1）被没收或征收的风险。指东道国政府没收或征用外国投资企业的股权、债权、营业收入及不动产等产生的风险。

（2）转移风险。指东道国政府实行外汇管制，而导致国外子公司的利润无法从该国正常汇出而带来的风险。

（3）歧视风险。指东道国政府对外国投资企业采取与国内企业不同的政策而使外国投资企业处于不利竞争地位所带来的风险，如支付较高的税率、较高的水电费率、较高的工资率等。

（4）战争风险。指由于东道国发生战争、内乱、暴动，使外国投资者的利益受到直接或间接损失的风险。

2. 国际投资的风险管理

对于国际投资的风险管理，通常采用的措施如下。

（1）投资前的统筹规划。指投资前所应采取的一些措施。如与东道国政府进行协商谈判，在双方的权利和责任等方面达成必要的协议，对国外投资的资产进行保险等。

（2）项目营运过程中的风险管理。在项目营运过程中，如面临政治风险，可采取一些措施来减少政治风险可能造成的损失。如在一定时期内逐渐将投资项目的股权全部或大部分转售给当地投资者；尽可能快地从投资项目中抽取尽可能多的现金流量；有意识地采取一些措施以减少东道国政府征收资产所得到的净收益；寻找当地合伙人，通过当地持股人向东道国政府施加压力来阻止公司资产的收购。

（3）资产被征收后的对策措施。东道国政府决定征收国外子公司的资产时，首先可与东道国政府进行谈判，说明该项目对东道国带来的有利之处及被征收所带来的不利之处。如果谈判无效，可采取停止关键零部件供应、关闭产品出口市场、中止技术和管理支持等报复措施。如果再不奏效，也可考虑向国际法庭提出申诉。在所有努力均无效果时，国际企业只有接受事实，在与东道国政府关系没有完全破裂的基础上，可采取一些补救性措施，如受托代理出口、提供技术和管理方法、出售关键零部件等。

第五节　国际企业的营运资金管理

国内企业营运资金管理的原理同样适用于国际企业，但由于国际企业所处的环境与国内企业不同，因而对营运资金的具体管理也就不同。在这里，我们主要介绍与国内企业差别较大的流动资产管理。

一、国际企业的现金管理

国际企业现金流动的渠道多，涉及的币种也多，现金的跨国界流动要受到一些限制，汇率的变动以及税收政策的差异等都给国际企业的现金管理带来了一定的难度，同时也带来一些机遇，如何做到既能保证国际企业对现金的需要，又能使闲置现金降至最低，这是国际企业现金管理的目标所在。国际企业应利用其跨国经营的有利条件，实现现金管理的最优策略，这些策略如下。

（一）现金的集中管理

根据跨国公司现金管理的特点，一般均采用现金的集中管理策略，即设立全球性或区域性的现金管理中心，负责统一协调、组织公司各子公司现金供需。

采用现金的集中管理策略，使国际企业各海外子公司平时只需保留进行日常经营活动所需的最低现金余额，其余部分均转移至现金管理中心的账户统一调度和运用。现金管理中心通常是主要的金融中心或避税港国家，在中心内汇集了公司的财务专家，他们利用先进的计算机技术，通过跨国公司遍布全球的信息网络，根据各子公司的现金需求及其所在国的利率、汇率、税率等情况，做出资金的调出和调入决策。现金的集中管理有以下几个好处。

1. 提高公司现金的使用效率

现金的集中管理，既能满足国际企业内各子公司日常经营对现金的需要，又能使各公司的现金余额达到最低水平，从而降低现金的持有成本，提高现金的使用效率。

2. 实现现金的统筹运用

现金的集中管理，可以从公司整体角度进行最优配置，根据需要随时调剂各子公司之间现金的余缺。这样既能为现金短缺的子公司提供现金，又能为现金过剩的子公司找到短期投资的机会，从而增加公司整体收益。

3. 有利于避免外汇风险

由于未预期到的汇率变动，使海外各子公司的现金都存在外汇风险。现金的集中管理，有利于进行各种外币现金的最优组合，从而避免或降低外汇风险。

4. 减少融资成本及管理成本

现金的集中管理，可使国际企业各子公司从现金管理中心得到利率上的优惠及其他各种服务，相对于外部筹资来讲，可以减少融资成本及管理成本。

（二）现金的组合管理

现金的组合管理是指国际企业的现金如何分配于各种可能性之间。现金余额可分配于以下三种可能性。

（1）现金存在的形式。现金可以以纸币及硬币、活期存款、定期存款、有价证券等形式持有。

（2）现金持有的币种。一般来说，国际企业各海外子公司的现金余额通常是以所在地国家的币种持有，但由于当地通货膨胀或货币贬值，因而持有当地货币将蒙受损失。因此，国际企业往往要求各海外子公司将超出日常经营所需的最低现金余额的部分汇往现金管理中心，由中心安排现金的存在形式及币种。

(3) 现金持有的时间。现金持有的时间可能长达数月，也可能只有几天或一天。一般来说，定期存款和有价证券的持有时间相对长一些。

(三) 多边净额结算管理

多边净额结算管理是指国际企业各子公司之间或总公司与子公司之间的往来项目，经应收应付相抵后，用其净额来进行实际结算的一种方法。

国际企业内部之间因正常经济业务往来而发生大量资金结算时，为了避免跨国界的内部资金流动所产生的大量成本，如兑换外币成本及交易费用、资金转移所需时间而产生的机会成本等，可由现金管理中心建立多边净额结算系统来解决。现金管理中心负责收集和记录系统内各成员有关内部收支账目的详细信息，然后将这些信息进行处理，并将各种货币统一折算成同一货币，以反映各成员在一定结算日应付总额和应收总额，从而确定其净支付额或净收入额。在实行多边净额结算管理时，要注意净额支付的结算时间，通常 30 天、60 天或 90 天结算一次。内部交易的发生额较大，结算时间可短一些。另外还要注意各国对净额支付的限制，因为有些国家，如美国、加拿大对净额支付不加任何限制；有些国家，如巴西则不允许任何形式的净额支付；有些国家，如日本只允许双边净额支付，不允许多边净额支付；有些国家，如意大利、挪威则须事先申请，经批准后才能实行多边净额支付。

(四) 现金跟踪管理

现金跟踪管理是指建立一个现金流动报告系统，以随时反映各子公司现金头寸及预计的流动方向和数额的一种方法。

通过建立现金流动报告系统，可以反映该报告系统内各成员单位的现金余额、最低现金需求及相应的现金余额，汇总后就可得到该系统总的现金结余或短缺数额，然后再考虑利率、汇率及子公司现金需求的可能变化等因素，来确定相应的融资政策和短期投资政策。

二、国际企业的应收账款管理

国际企业的应收账款有两种情况：一是国际企业向其外部客户赊销所形成的外部应收账款；二是国际企业内部各子公司之间或母公司与子公司之间内部赊销所形成的内部应收账款。这两种应收账款的性质不同，因而具体的管理方法也就不同。

对于外部应收账款的管理，目标在于在保证企业产品市场竞争力的前提下尽可能降低应收账款投资的成本。第七章"营运资金管理"中国内应收账款管理的原理同样适用于国际企业，如制定信用标准、信用条件、收账政策等。但国际企业在应收账款管理时应特别注意以下几个问题。

1. 支付币种的选择

在对外销售中，支付货币的币种有三种选择：一是出口商所在国货币；二是进口商所在国货币；三是第三国货币。支付货币的选择，直接影响应收账款的实际价值，特别是在未采取套期保值时，显得更加重要。一般来说，采取硬币支付对出口商有利，采取软币支付对进口商有利。但是双方为了各自的利益，都会在其他条件上提出要求，如出口商要求以硬币支付，则可能在价格或信用期限上做出适当让步；而进口商要求以软币支付，则应适当提高价格或缩短信用期限。

2. 信用期限的选择

信用期限是企业准许客户延期付款的时间，信用期限越长，汇率变动的风险就越大。在确定信用期限时，应考虑支付货币的强弱，如果支付货币是硬币，信用期限可适当延长；如果支付货币是软币，则信用期限应尽可能短。

3. 利用政府代理

为了避免无法收回的应收账款而带来的坏账损失，国际企业可利用政府代理的方法。政府代理是国家对出口信贷实行的一种担保制度。一个国家为了扩大本国出口，对于出口企业赊销商品时，由国家设立的代理机构出面担保，当进口商拒绝付款时，代理机构要按担保的数额给予补偿，这样出口商就可避免坏账损失。

三、国际企业的存货管理

国际企业存货管理与国内企业存货管理的原理是一样的。但由于国际企业的原材料采购常常要跨国界进行，它涉及一些国际贸易上的问题，如货物运输、关税壁垒、东道国政府的进口限制等，另外还由于东道国的通货膨胀率和汇率的可能变动，都将直接影响存货成本，因而使国际企业的存货管理比国内企业的存货管理要复杂得多。国际企业的存货管理应特别注意以下问题。

1. 存货价格变动趋势

如果预计存货价格将要上涨，应提前进货，增加库存量；如果预计存货价格将要下降，则应推迟采购时间，减少库存量。

2. 汇率变动趋势

如果存货供应来自国外，在预计本国货币将发生贬值时，应提前进货，增加进口原材料的库存量；在预计本国货币将发生升值时，应推迟进货，减少进口原材料的库存量。

3. 存货成本差异

不同国家的通货膨胀率、利率是不同的，因此各国存货的采购成本、储存成本、订货成本都有一定的差异，如何保证存货成本最低是存货管理的目的。国际企业可利用各国存货相关成本的差异，选择不同的进货时间及进货批量。

第六节　国际企业的纳税管理

纳税是企业的一种现金流出，在外汇风险管理、筹资管理、投资管理、营运资金管理等活动中都涉及纳税问题。国际企业如何利用各国在税收征管中存在的差异，对减轻企业的实际税负、增加企业的净现金流量意义重大。国际企业纳税管理是一项难度较大的工作，它要求财务人员必须掌握有关国家的税法，并利用转移价格及各国税收上的差异来进行合理避税。这里，我们只就国际企业避税做一些介绍。

一、国际企业避税产生的原因

国际避税是指国际企业利用税法规定的差别，采用选择合适的经营地点和经营方式等种种合法手段来减少或消除其纳税义务的一种行为。

国际企业之所以能避税，主要原因是各国税法在纳税规定和纳税管理上存在很大差异。这些差异主要体现在以下几个方面。

（一）纳税税率的差别

不同国家的税率是不同的，因而造成在不同国家进行纳税的税负也不同。例如，澳大利亚企业的所得税率是 30%，英国企业的所得税率是 28%，我国内地企业的所得税率是 25%，而我国香港特别行政区企业的所得税率只有 16.5%。

（二）纳税基数的差别

各国对纳税基数的确认有不同的认识，在税法上有不同的规定。国际上对国际企业国外子公司收入的纳税有两种不同的做法：一种是"属地原则"，即一国政府只对其所属领土内产生的一切收益征税，而对其所属领土以外产生的收益都不予征税；另一种是"全球原则"，即一国政府对属于本国企业产生的一切收益征税，而不管该企业是在国内产生的收益还是在国外产生的收益。

（三）税种设置的差别

世界各国规定的税种很多，最常见的有流转税和所得税。在税种设置上，各国的差别也很大，如有的国家以所得税为主，而有的国家以流转税为主；有的国家征收消费税，而有的国家不征收消费税。

（四）税收优惠政策的差别

各国对税收优惠的政策是不同的。如果是属于该国政府鼓励发展的产业或项目，往往征税较少；而如果是属于该国政府限制发展的产业或项目，则往往征税较多。有些国家为了鼓励外国企业来本国投资，往往给予一些税收上的减免；而有些国家不仅不给予减免，反而对外国企业采取歧视政策，征收较高的税收。

（五）税收征管上的差别

各国税收征管的紧松程度是造成各国实际税负差异的一个潜在因素。虽然各国名义税收上存在差别，但如果征管不严，就会造成税负的扭曲。

（六）国际间避免双重征税方法的差别

国际双重征税是指两个国家对同一纳税人的同一税源同时按本国税法征税，这主要产生在以"全球原则"纳税的做法中。各国政府避免国际间双重纳税的方法主要如下。

1. 免税法

即一国政府对本国纳税人来源于境外并在国外已纳税的那部分所得予以免税，分为全额免税和累进免税两种形式。全额免税是指一国政府在确定应在本国纳税的所得适用税率时，完全不计入免税的境外所得；而累进免税则是指一国政府在确定应在本国纳税的所得适用税率时，要将免税的境外所得考虑在内。

2. 抵免法

即一国政府在对本国纳税人的全部所得计税时，对本国纳税人境外所得已向有关国家缴纳的同类税收，部分或全部从本国应纳税额中予以扣除。抵免法有全额抵免和限额抵免两种。全额抵免是不管纳税人在收入来源国纳税多少，全部都给予抵免；限额抵免是抵免额不得超过纳税人在外国按居住国所得税税率所应缴纳的税额。我国目前采用的就是限额抵免法。

3. 扣除法

即一国政府对本国纳税人境外所得征税时，允许纳税人将其已就境外所得向有关外国政府缴纳的税收作为费用从应税所得中扣除。扣除法实质上是对本国纳税人境外所得中相当于已征外国税额的部分免征本国税收。因此，在一般情况下，实行扣除法对纳税人承担的本国税率要高于实行免税法或抵免法的场合。

二、国际企业避税的方法

由于各国税法在纳税规定和纳税管理上存在上述差异，国际企业便可利用这些差异，采用适当的方法进行避税。避税的主要方法有以下两种。

（一）利用内部转移价格避税

内部转移价格是国际企业内部母公司与子公司之间或子公司与子公司之间转移商

品或劳务的价格。利用内部转移价格避税则是国际企业利用各国间税率和税法的差异，通过调节内部转移价格来达到避税目的的一种手段。下面就避免所得税和关税分别加以说明。

1. 避免所得税

由于所得税一般是根据企业的利润来计算的，因此国际企业可通过制定转移价格来达到少缴所得税的目的。通常的做法是：对由低税率国子公司向高税率国子公司的出口业务采取高价，而对由高税率国向低税率国的出口业务采取低价，这样使低税率国子公司的利润提高，而高税率国子公司的利润减少，从而将高税率国子公司的利润转入低税率国子公司，达到使整个国际企业的纳税额减少的目的。

利用内部转移价格避税不仅适用于进出口贸易，还适用于内部贷款、无形资产转让、母公司向子公司收取的管理费和特许权使用费、内部租赁等情况，通过提高或降低利率、转让费、管理费、使用费、租赁费等都可达到转移利润、减少纳税的目的。

2. 避免关税

如果进口国对进口商品要征收关税，那么转移价格的高低与关税水平有着密切联系。一般来说，关税额是根据按转移价格计算的发票额来计算的。从减少关税来看，转移价格应该越低越好。但转移价格不仅影响关税，还影响出口公司与进口公司的利润及所得税。对由高所得税率国子公司向低所得税率国的出口业务采取低价，不仅可减少整个国际企业的所得税支出，而且还可减少关税支出。但多数情况下，转移价格对进口关税和所得税的影响方面是相反的，即进口关税低，所得税就高，而进口关税高，所得税就低，这时转移价格的制定应考虑使整个国际企业的总体税负最低。

（二）利用避税港避税

避税港又称避税地，是指以免征某些税收或压低税率的方法，为外国投资者提供不纳税或少纳税的国家或地区。

1. 避税港的一般特征

（1）与大多数国家相比，避税港税率明显偏低，或是应税收益的范围明显偏小。
（2）政治经济稳定。
（3）金融机构发达。
（4）有比较宽松的法律环境。
（5）不存在外汇管制。
（6）能提供便利的交通和通信条件以及优良的商业服务。

2. 避税港的类型

避税港大致可分成以下四种类型。

（1）无税型。这类避税港完全免除所得税和财产税，如巴哈马、百慕大、开曼等。

（2）低税型。这类避税港虽然征税，但税率较低，如维尔支群岛、列支敦士登公国等。

（3）半避税型。这类避税港只对当地收入征税，对境外收入全部免税，如中国的香港、巴拿马等。

（4）有限避税型。这类避税港能提供某些特殊税收优惠，如希腊、英国、卢森堡等。

3. 避税方法

国际企业利用避税港避税的主要方法，是在避税港组建不同类型的挂牌公司或信箱公司。其中包括专门从事货物贸易及租赁业务的贸易公司；为跨国公司内部的借贷充当中介或向第三方提供贷款的金融公司；以控制为目的，拥有若干子公司大部分股权的控股公司；以提供和转让专利为主要经营内容的专利持有公司等。

实际上，大多数的挂牌公司在避税港并没有实质性的经营活动，它们仅为积累和转移资本而存在。由于避税港能免税或税率很低或有税收优惠，因此国外企业可运用各种转移价格，将其子公司的利润向避税港的挂牌公司转移，再将挂牌公司积累起来的利润用于对外的再投资，从而达到避税的目的。

复习思考题

1. 什么是国际财务管理？它有哪些特点和主要内容？

2. 什么是外汇？它有哪些种类？

3. 什么是汇率？汇率的直接标价法与间接标价法有什么不同？

4. 外汇市场的主体是什么？有哪几种主要的外汇买卖业务？

5. 外汇风险有哪几种类型？防范外汇风险的方法主要有哪些？

6. 国际企业的长期资金有哪些来源？它有哪些筹资方式？

7. 国际企业长期筹资应考虑哪些问题？

8. 国际投资有什么作用？有哪几种方式？应考虑哪些因素？

9. 在国际投资项目经济评价中应注意哪些问题？

10. 国际投资的政治风险有哪几种类型？如何进行管理？

11. 国际企业的现金管理策略有哪几种？

12. 国际企业应收账款管理应注意哪些问题？

13. 国际企业存货管理应注意哪些问题？

14. 国际企业避税产生的原因是什么？

15. 国际企业避税有哪些主要方法？

练 习 题

有一家美国公司于 2009 年 2 月 18 日向德国某公司售出一批价值 100 万欧元的产品。按照销售合同的规定，这家德国公司将在六个月后支付欧元货款。已知以下报价资料：即期汇率为 EUR1＝USD1.355 7，六个月期的远期汇率为 EUR1＝USD1.368 6，欧元六个月期借款年利率为 5％，美元六个月期借款年利率为 4％，美国六个月期国库券投资年利率为 2％，国际货币市场 9 月份欧元期货的价格为 EUR1＝USD1.368 2，费城交易所的 9 月份欧元卖权在执行价格为 EUR1＝USD1.372 6 时的期权费为每欧元 1.6 美分。试说明美国公司利用外部市场方法避免交易风险的操作过程及其结果。

参 考 文 献

爱斯华斯·达摩德伦.2002. 公司财务理论与实务. 荆霞等译. 北京：中国人民大学出版社

财政部注册会计师考试委员会办公室.2008. 财务成本管理. 北京：经济科学出版社

曹凤岐，刘力，姚长辉.2006. 证券投资学（第二版）. 北京：北京大学出版社

陈建梁.2002. 新编国际金融. 北京：经济管理出版社

弗雷德·威斯通，郑光，苏姗·侯格.1998. 兼并、重组与公司控制. 唐旭等译. 北京：经济科学出版社

康纳尔.2001. 公司价值评估. 张志强，王春香译. 北京：华夏出版社

刘力.2007. 公司财务. 北京：北京大学出版社

卢家仪，蒋冀.2006. 财务管理（第三版）. 北京：清华大学出版社

陆正飞.2006. 财务管理（第二版）. 大连：东北财经大学出版社

齐寅峰.2002. 公司财务学（第三版）. 北京：科学出版社

沈艺峰.1999. 资本结构理论史. 北京：经济科学出版社

斯蒂芬·佩因曼.2002. 财务报表分析与证券定价. 刘力，陆正飞译. 北京：中国财政经济出版社

汤姆·科普兰，蒂姆·科勒，杰克·默林.1998. 价值评估——公司价值的衡量和管理. 贾辉然，臧慧娟，林燕等译. 北京：中国大百科全书出版社

王化成，陈咏英.2003. 国际财务管理（修订版）. 北京：中国时代经济出版社

王化成.2008. 企业财务学（第二版）. 北京：中国人民大学出版社

余绪缨.2004. 企业理财学（第二版）. 沈阳：辽宁人民出版社

詹姆斯·C. 范霍恩，小约翰·M. 瓦霍维奇.1998. 现代企业财务管理（第十版）. 郭浩，徐琳译. 北京：经济科学出版社

詹姆斯·C. 范霍恩.2006. 财务管理与政策. 刘志远主译. 大连：东北财经大学出版社

中华人民共和国财政部.2006. 企业会计准则2006. 北京：经济科学出版社

Brealey R A, Myers S C, Allen F. 2008. 公司财务原理（第八版）. 方曙红等译. 北京：机械工业出版社

Brigham E F, Gapenski L C. 1996. Intermediate Financial Management (5th Ed). Orlando：Fhe Dryden Press

Gallinger G W, Poe J B. 1995. Essentials of Finance. New Jersey：Prentice Hall, Inc

Ross S A, Westerfield R W, Jaffe J F. 2007. 公司理财（第七版）. 吴世农，沈艺峰等译. 北京：机械工业出版社

Ross S A, Westerfield R W, Jaffe J F. 2008. Corporato Finance (8th Ed). New York：McGraw-Hill Company

附　　录

附录一　复利终值系数表

$$(F/P, \ i, \ n) = (1+i)^n$$

期数 (n)	贴现率 (i)														
	1%	2%	3%	4%	5%	6%	7%	8%	9%	10%	11%	12%	13%	14%	15%
1	1.010	1.020	1.030	1.040	1.050	1.060	1.070	1.080	1.090	1.100	1.110	1.120	1.130	1.140	1.150
2	1.020	1.040	1.061	1.082	1.102	1.124	1.145	1.166	1.188	1.210	1.232	1.254	1.277	1.300	1.323
3	1.030	1.061	1.093	1.125	1.158	1.191	1.225	1.260	1.295	1.331	1.368	1.405	1.443	1.482	1.521
4	1.041	1.082	1.126	1.170	1.216	1.262	1.311	1.360	1.412	1.464	1.518	1.574	1.630	1.689	1.749
5	1.051	1.104	1.159	1.217	1.276	1.338	1.403	1.469	1.539	1.611	1.685	1.762	1.842	1.925	2.011
6	1.062	1.126	1.194	1.265	1.340	1.419	1.501	1.587	1.677	1.772	1.870	1.974	2.082	2.195	2.313
7	1.072	1.149	1.230	1.316	1.407	1.504	1.606	1.714	1.828	1.949	2.076	2.211	2.353	2.502	2.660
8	1.083	1.172	1.267	1.369	1.477	1.594	1.718	1.851	1.993	2.144	2.305	2.476	2.658	2.853	3.059
9	1.094	1.195	1.305	1.423	1.551	1.689	1.838	1.999	2.172	2.358	2.538	2.773	3.004	3.252	3.518
10	1.105	1.219	1.344	1.480	1.629	1.791	1.967	2.159	2.367	2.594	2.839	3.106	3.395	3.707	4.046
11	1.116	1.234	1.384	1.539	1.710	2.580	2.105	2.332	2.580	2.853	3.152	3.479	3.836	4.226	4.652
12	1.127	1.268	1.426	1.601	1.796	2.012	2.252	2.518	2.813	3.138	3.498	3.896	4.335	4.818	5.350
13	1.138	1.294	1.469	1.665	1.886	2.133	2.410	2.720	3.066	3.452	3.883	4.363	4.898	5.492	6.153
14	1.149	1.319	1.513	1.732	1.980	2.261	2.579	2.937	3.342	3.797	4.310	4.887	5.535	6.261	7.076
15	1.161	1.346	1.558	1.801	2.079	2.397	2.759	3.172	3.642	4.177	4.785	5.474	6.254	7.138	8.137
16	1.173	1.373	1.605	1.873	2.183	2.540	2.952	3.426	3.970	4.595	5.311	6.130	7.067	8.137	9.358
17	1.184	1.400	1.653	1.948	2.292	2.693	3.159	3.700	4.238	5.054	5.895	6.866	7.986	9.276	10.76
18	1.196	1.428	1.702	2.026	2.407	2.854	3.380	3.996	4.717	5.560	6.544	7.690	9.024	10.58	12.38
19	1.208	1.457	1.754	2.107	2.527	3.026	3.617	4.316	5.142	6.116	7.263	8.613	10.20	12.06	14.23
20	1.220	1.486	1.806	2.191	2.653	3.207	3.870	4.661	5.604	6.727	8.062	9.646	11.52	13.74	16.37
25	1.282	1.641	2.094	2.666	3.386	4.292	5.427	6.848	8.623	10.83	13.59	17.00	21.23	26.46	32.92
30	1.348	1.811	2.427	3.243	4.322	5.743	7.612	10.06	13.27	17.45	22.89	29.96	39.12	50.95	66.21
40	1.489	2.208	3.262	4.801	7.040	10.29	14.97	21.73	31.41	45.26	65.00	93.05	132.8	188.9	267.9
50	1.645	2.692	4.384	7.107	11.47	18.42	29.46	46.90	74.36	117.4	184.6	289.0	450.7	700.2	1 084

期数 (n)	贴 现 率 (i)														
	16%	17%	18%	19%	20%	21%	22%	23%	24%	25%	26%	27%	28%	29%	30%
1	1.160	1.170	1.180	1.190	1.200	1.210	1.220	1.230	1.240	1.250	1.260	1.270	1.280	1.290	1.300
2	1.346	1.369	1.392	1.416	1.440	1.464	1.488	1.513	1.538	1.563	1.588	1.613	1.638	1.664	1.690
3	1.561	1.602	1.643	1.685	1.728	1.772	1.816	1.861	1.907	1.953	2.000	2.048	2.097	2.147	2.197
4	1.811	1.874	1.939	2.005	2.074	2.114	2.215	2.289	2.364	2.441	2.520	2.601	2.684	2.769	2.856
5	2.100	2.192	2.288	2.386	2.488	2.594	2.703	2.815	2.932	3.052	3.176	3.304	3.436	3.572	3.713
6	2.436	2.565	2.700	2.840	2.986	3.138	3.297	3.463	3.635	3.815	4.002	4.196	4.398	4.608	4.827
7	2.826	3.001	3.185	3.379	3.583	3.797	4.023	4.259	4.508	4.768	5.042	5.329	5.639	5.945	6.275
8	3.278	3.511	3.759	4.021	4.300	4.595	4.908	5.239	5.590	5.960	6.353	6.768	7.206	7.669	8.157
9	3.803	4.108	4.435	4.785	5.160	5.560	5.987	6.444	6.931	7.451	8.005	8.895	9.223	9.893	10.60
10	4.411	4.807	5.234	5.695	6.192	6.727	7.305	7.926	8.594	9.313	10.09	10.92	11.81	12.76	13.79
11	5.177	5.624	6.176	6.777	7.430	8.140	8.912	9.749	10.66	11.64	12.71	13.86	15.11	16.46	17.92
12	5.936	6.580	7.288	8.064	8.916	9.850	10.87	11.99	13.21	14.55	16.01	17.61	19.34	21.24	23.30
13	6.886	7.699	8.599	9.596	10.70	11.92	13.26	14.75	16.39	18.19	20.18	22.36	24.76	27.39	30.29
14	7.988	9.007	10.15	11.42	12.84	14.42	16.18	18.14	20.32	22.74	25.42	28.40	31.69	35.34	39.37
15	9.266	10.54	11.97	13.59	15.41	17.45	19.74	22.31	25.20	28.42	32.03	36.06	40.56	45.59	51.19
16	10.75	12.33	14.13	16.17	18.49	21.11	24.09	27.45	31.24	35.53	40.36	45.80	51.92	58.81	66.54
17	12.47	14.43	16.67	19.24	22.19	25.55	29.38	33.76	38.74	44.41	50.85	58.17	66.46	75.86	86.50
18	14.46	16.88	19.67	22.90	26.62	30.91	35.85	41.52	48.04	55.51	64.07	73.87	85.07	97.86	112.5
19	16.78	19.75	23.21	27.25	31.95	37.40	43.74	51.07	59.57	69.39	80.73	93.81	108.9	126.2	146.2
20	19.46	23.11	27.39	32.43	38.34	45.26	53.36	62.82	73.86	86.74	101.7	119.1	139.4	162.9	190.0
25	40.87	50.66	62.67	77.39	95.40	117.4	144.2	176.9	216.5	264.7	323.0	393.6	478.9	581.8	705.6
30	85.85	111.1	143.4	184.7	237.4	304.5	389.8	497.9	634.8	807.8	1 026	1 301	1 646	2 078	2 620
40	378.7	533.9	750.4	1 052	1 470	2 048	2 847	3 946	5 456	7 523	10 374	14 195	19 427	26 521	36 119
50	1 671	2 566	3 927	5 989	9 100	13 781	20 797	3 1279	46 890	70 065	104 358	154 948	229 350	338 442	497 929

附录二　复利现值系数表

$$(P/F,\ i,\ n) = (1+i)^{-n}$$

期数	贴现率 (i)														
(n)	1%	2%	3%	4%	5%	6%	7%	8%	9%	10%	11%	12%	13%	14%	15%
1	0.990	0.980	0.971	0.962	0.952	0.943	0.935	0.926	0.917	0.909	0.901	0.893	0.885	0.877	0.870
2	0.980	0.961	0.943	0.925	0.907	0.890	0.873	0.857	0.842	0.826	0.812	0.797	0.783	0.769	0.756
3	0.971	0.942	0.915	0.889	0.864	0.840	0.816	0.794	0.772	0.751	0.731	0.712	0.693	0.675	0.658
4	0.961	0.924	0.888	0.855	0.823	0.792	0.763	0.735	0.708	0.683	0.659	0.636	0.613	0.592	0.572
5	0.951	0.906	0.863	0.822	0.784	0.747	0.713	0.681	0.650	0.621	0.593	0.567	0.543	0.519	0.497
6	0.942	0.888	0.837	0.790	0.746	0.705	0.666	0.630	0.596	0.564	0.535	0.507	0.480	0.456	0.432
7	0.933	0.871	0.813	0.760	0.711	0.665	0.623	0.583	0.547	0.513	0.482	0.452	0.425	0.400	0.376
8	0.923	0.853	0.789	0.731	0.677	0.627	0.582	0.540	0.502	0.467	0.434	0.404	0.376	0.351	0.327
9	0.914	0.837	0.766	0.703	0.645	0.592	0.544	0.500	0.460	0.424	0.391	0.361	0.333	0.308	0.284
10	0.905	0.820	0.744	0.676	0.614	0.558	0.508	0.463	0.422	0.386	0.352	0.322	0.295	0.270	0.247
11	0.896	0.804	0.722	0.650	0.585	0.527	0.475	0.429	0.388	0.350	0.317	0.287	0.261	0.237	0.215
12	0.887	0.788	0.701	0.625	0.557	0.497	0.444	0.397	0.356	0.319	0.286	0.257	0.231	0.208	0.187
13	0.879	0.773	0.681	0.601	0.530	0.469	0.415	0.368	0.326	0.290	0.258	0.229	0.204	0.182	0.163
14	0.870	0.758	0.661	0.577	0.505	0.442	0.388	0.340	0.299	0.263	0.232	0.205	0.181	0.160	0.141
15	0.861	0.743	0.642	0.555	0.481	0.417	0.362	0.315	0.275	0.239	0.209	0.183	0.160	0.140	0.123
16	0.853	0.728	0.623	0.534	0.458	0.394	0.339	0.292	0.252	0.218	0.188	0.163	0.141	0.123	0.107
17	0.844	0.714	0.605	0.513	0.436	0.371	0.317	0.270	0.231	0.198	0.170	0.146	0.125	0.108	0.093
18	0.836	0.700	0.587	0.494	0.416	0.350	0.296	0.250	0.212	0.180	0.153	0.130	0.111	0.095	0.081
19	0.828	0.686	0.570	0.475	0.396	0.331	0.277	0.232	0.194	0.164	0.138	0.116	0.088	0.083	0.070
20	0.820	0.673	0.554	0.456	0.377	0.312	0.258	0.215	0.178	0.149	0.124	0.104	0.087	0.073	0.061
25	0.780	0.610	0.478	0.375	0.295	0.233	0.184	0.146	0.116	0.092	0.074	0.059	0.047	0.038	0.030
30	0.742	0.552	0.412	0.308	0.231	0.174	0.131	0.099	0.075	0.057	0.044	0.033	0.026	0.020	0.015
40	0.672	0.453	0.307	0.208	0.142	0.097	0.067	0.046	0.032	0.022	0.015	0.011	0.008	0.005	0.004
50	0.068	0.372	0.228	0.141	0.087	0.054	0.034	0.021	0.013	0.009	0.005	0.003	0.002	0.001	0.001

期数	贴 现 率 (i)														
(n)	16%	17%	18%	19%	20%	21%	22%	23%	24%	25%	26%	27%	28%	29%	30%
1	0.862	0.855	0.847	0.840	0.833	0.826	0.820	0.813	0.806	0.800	0.794	0.787	0.781	0.775	0.769
2	0.743	0.731	0.718	0.706	0.694	0.683	0.672	0.661	0.650	0.640	0.630	0.620	0.610	0.601	0.592
3	0.641	0.624	0.609	0.593	0.579	0.564	0.551	0.537	0.524	0.512	0.500	0.488	0.477	0.466	0.455
4	0.552	0.534	0.516	0.499	0.482	0.467	0.451	0.437	0.423	0.410	0.397	0.384	0.373	0.361	0.350
5	0.476	0.456	0.437	0.419	0.402	0.386	0.370	0.355	0.341	0.328	0.315	0.303	0.291	0.280	0.269
6	0.410	0.390	0.370	0.352	0.335	0.319	0.303	0.289	0.275	0.262	0.250	0.238	0.227	0.217	0.207
7	0.354	0.333	0.314	0.296	0.249	0.263	0.279	0.235	0.222	0.210	0.198	0.188	0.178	0.168	0.159
8	0.305	0.285	0.266	0.249	0.233	0.218	0.204	0.191	0.179	0.168	0.157	0.148	0.139	0.130	0.123
9	0.263	0.243	0.225	0.209	0.194	0.180	0.167	0.155	0.144	0.134	0.125	0.116	0.108	0.101	0.094
10	0.277	0.208	0.191	0.176	0.162	0.149	0.137	0.126	0.116	0.107	0.099	0.092	0.085	0.078	0.073
11	0.195	0.178	0.162	0.148	0.135	0.123	0.112	0.103	0.094	0.086	0.079	0.072	0.066	0.061	0.056
12	0.168	0.152	0.137	0.124	0.112	0.102	0.092	0.083	0.076	0.069	0.062	0.057	0.052	0.047	0.043
13	0.145	0.130	0.116	0.104	0.093	0.084	0.075	0.068	0.061	0.055	0.040	0.045	0.050	0.037	0.033
14	0.125	0.111	0.099	0.088	0.078	0.069	0.062	0.055	0.049	0.044	0.039	0.035	0.032	0.028	0.025
15	0.108	0.095	0.084	0.074	0.065	0.057	0.051	0.045	0.040	0.035	0.031	0.028	0.025	0.022	0.020
16	0.093	0.081	0.071	0.062	0.054	0.047	0.042	0.036	0.032	0.028	0.025	0.022	0.019	0.017	0.015
17	0.080	0.069	0.060	0.052	0.045	0.039	0.034	0.030	0.026	0.023	0.020	0.017	0.015	0.013	0.012
18	0.069	0.059	0.051	0.044	0.038	0.032	0.028	0.024	0.021	0.018	0.016	0.014	0.012	0.010	0.009
19	0.060	0.051	0.043	0.037	0.031	0.027	0.023	0.020	0.017	0.014	0.012	0.011	0.009	0.008	0.007
20	0.051	0.043	0.037	0.031	0.026	0.022	0.019	0.016	0.014	0.012	0.010	0.008	0.007	0.006	0.005
25	0.024	0.020	0.016	0.013	0.010	0.009	0.007	0.006	0.005	0.004	0.003	0.003	0.002	0.002	0.001
30	0.012	0.009	0.007	0.005	0.004	0.003	0.003	0.002	0.002	0.001	0.001	0.001	0.001	0.000	0.000
40	0.003	0.002	0.001	0.001	0.001	0.000	0.000	0.000	0.000	0.000	0.000	0.000	0.000	0.000	0.000
50	0.001	0.000	0.000	0.000	0.000	0.000	0.000	0.000	0.000	0.000	0.000	0.000	0.000	0.000	0.000

附录三　普通年金终值系数表

$$(F/A, i, n) = \frac{(1+i)^n - 1}{i}$$

期数 (n)	贴现率 (i)													
	1%	2%	3%	4%	5%	6%	7%	8%	9%	10%	11%	12%	13%	14%	15%
1	1.000	1.000	1.000	1.000	1.000	1.000	1.000	1.000	1.000	1.000	1.000	1.000	1.000	1.000	1.000
2	2.010	2.020	2.030	2.040	2.050	2.060	2.070	2.080	2.090	2.100	2.110	2.120	2.130	2.140	2.150
3	3.030	3.060	3.091	3.122	3.152	3.184	3.125	3.246	3.278	3.310	3.342	3.374	3.407	3.440	3.472
4	4.060	4.122	4.184	4.246	4.310	4.375	4.440	4.506	4.573	4.641	4.710	4.779	4.850	4.921	4.993
5	5.101	5.204	5.309	5.416	5.526	5.637	5.751	5.867	5.985	6.105	6.228	6.353	6.480	6.610	6.742
6	6.152	6.308	6.468	6.633	6.802	6.975	7.153	7.336	7.523	7.716	7.913	8.115	8.323	8.536	8.754
7	7.214	7.434	7.662	7.898	8.142	8.394	8.654	8.923	9.200	9.487	9.783	10.09	10.40	10.37	11.07
8	8.286	8.583	8.892	9.214	9.549	9.987	10.26	10.64	11.03	11.44	11.86	12.30	12.76	13.23	13.73
9	9.369	9.755	10.16	10.58	11.03	11.49	11.98	12.49	13.02	13.58	14.16	14.78	15.42	16.09	16.79
10	10.46	10.95	11.46	12.01	12.58	13.18	13.82	14.49	15.19	15.94	16.72	17.55	18.42	19.34	20.30
11	11.57	12.17	12.81	13.49	14.21	14.97	15.78	16.65	17.56	18.53	19.56	20.65	21.81	23.04	24.35
12	12.68	13.41	14.19	15.03	15.92	16.87	17.98	18.98	20.04	21.38	22.71	24.13	25.65	27.27	29.00
13	13.81	14.68	15.62	16.63	17.71	18.88	20.14	21.50	22.95	24.52	26.21	28.03	29.98	32.09	34.35
14	14.95	15.97	17.09	18.29	19.60	21.02	22.55	24.21	26.02	27.97	30.09	32.39	34.88	37.58	40.50
15	16.10	17.29	18.60	20.02	21.58	23.28	25.13	27.15	29.36	31.77	34.41	37.28	40.42	43.84	47.58
16	17.26	18.64	20.16	21.82	23.66	25.67	27.89	30.32	33.00	35.95	39.19	42.75	46.67	50.98	55.72
17	18.43	20.01	21.76	23.70	25.84	28.21	30.84	33.75	36.97	40.54	44.50	48.88	53.74	59.12	65.08
18	19.61	21.41	23.41	25.65	28.13	30.91	34.00	37.45	41.30	45.60	50.40	55.75	61.73	68.39	75.84
19	20.81	22.84	25.12	27.67	30.54	33.76	37.38	41.45	46.02	51.16	56.94	63.44	70.75	78.97	88.21
20	22.02	24.30	26.87	29.78	33.07	36.79	41.00	45.76	51.16	57.27	64.20	72.05	80.95	91.02	102.4
25	28.24	32.03	36.46	41.65	47.73	54.86	63.25	73.11	84.70	98.35	114.4	133.3	155.6	181.9	212.8
30	34.78	40.57	47.58	56.08	66.44	79.06	94.46	113.3	136.3	164.5	199.0	241.3	293.2	356.8	434.7
40	48.89	60.40	75.40	95.03	120.8	154.8	199.6	259.1	337.9	442.6	581.8	767.1	1 014	1 342	1 779
50	64.46	84.58	112.8	152.7	209.3	290.3	406.5	573.8	815.1	1 164	1 669	2 400	3 460	4 995	7 218

期数 (n)	贴　现　率（i）														
	16%	17%	18%	19%	20%	21%	22%	23%	24%	25%	26%	27%	28%	29%	30%
1	1.000	1.000	1.000	1.000	1.000	1.000	1.000	1.000	1.000	1.000	1.000	1.000	1.000	1.000	1.000
2	2.160	2.170	2.180	2.190	2.200	2.210	2.220	2.230	2.240	2.250	2.260	2.270	2.280	2.290	2.300
3	3.506	3.539	3.572	3.606	3.640	3.674	3.708	3.743	3.778	3.812	3.848	3.883	3.918	3.954	3.990
4	5.066	5.141	5.215	5.291	5.368	5.446	5.524	5.604	5.684	5.766	5.848	5.931	6.016	6.101	6.187
5	6.877	7.014	7.154	7.297	7.442	7.589	7.740	7.893	8.048	8.207	8.368	8.533	8.700	8.870	9.043
6	8.977	9.207	9.442	9.683	9.930	10.18	10.44	10.71	10.98	11.26	11.54	11.84	12.14	12.44	12.76
7	11.41	11.77	12.14	12.52	12.92	13.32	13.74	14.17	14.62	15.07	15.55	16.03	16.53	17.05	17.58
8	14.24	14.77	15.33	15.90	16.50	17.12	17.76	18.43	19.12	19.84	20.59	21.36	22.16	23.00	23.86
9	17.52	18.28	19.09	19.92	20.80	21.71	22.67	23.67	24.71	25.80	26.94	28.13	29.37	30.66	32.01
10	21.32	22.39	23.52	24.71	25.96	27.27	28.66	30.11	31.64	33.25	34.94	36.72	38.59	40.56	42.62
11	25.73	27.20	28.76	30.40	32.15	34.00	35.96	38.04	40.24	42.57	45.03	47.64	50.40	53.32	56.41
12	30.85	32.82	34.93	37.18	39.58	42.14	44.87	47.79	50.89	54.21	57.74	61.50	65.51	69.78	74.33
13	36.79	39.40	42.22	45.24	48.50	51.99	55.75	59.78	64.11	68.76	73.75	79.11	84.85	91.02	97.63
14	43.67	47.10	50.82	54.84	59.20	63.91	69.01	74.53	80.50	86.95	93.93	101.5	109.6	118.4	127.9
15	51.66	56.11	60.97	66.26	72.04	78.33	85.19	92.67	100.8	109.7	119.3	129.9	141.3	153.7	167.3
16	60.93	66.56	72.94	79.85	87.44	95.78	104.9	115.0	126.0	138.1	151.4	165.9	181.9	199.3	218.5
17	71.67	78.98	87.07	96.02	105.9	116.9	129.0	142.4	157.3	173.3	191.7	211.7	233.8	258.1	285.0
18	84.14	93.41	103.7	115.3	128.1	142.4	158.4	176.2	196.0	218.0	242.6	269.9	300.3	334.0	371.5
19	98.60	110.3	123.4	138.2	154.7	173.4	194.3	217.7	244.0	273.6	306.7	343.8	385.3	431.9	484.0
20	115.4	130.0	146.6	165.4	186.7	210.8	238.0	268.8	303.6	342.9	378.4	437.6	494.2	558.1	630.2
25	249.2	292.1	342.6	402.0	472.0	554.2	651.0	764.6	898.1	1 055	1 239	1 454	1 707	2 003	2 349
30	530.3	647.4	790.9	966.7	1 182	1 445	1 767	2 160	2 641	3 227	3 942	4 813	5 873	7 163	8 730
40	2 361	3 135	4 163	5 530	7 344	9 750	12 937	17 154	22 729	30 089	39 793	52 572	69 377	91 448	120 393
50	10 436	15 090	21 813	31 515	45 497	65 617	94 525	135 992	195 373	280 256	401 374	573 878	819 103	1 167 061	1 659 761

附录四　普通年金现值系数表

$$(P/A, \ i, \ n) = \frac{1- \ (1+i)^{-n}}{i}$$

期数 (n)	贴现率 (i)														
	1%	2%	3%	4%	5%	6%	7%	8%	9%	10%	11%	12%	13%	14%	15%
1	0.990	0.980	0.971	0.962	0.952	0.943	0.935	0.926	0.917	0.909	0.901	0.893	0.885	0.877	0.870
2	1.970	1.942	1.913	1.886	1.859	1.833	1.808	1.783	1.759	1.736	1.713	1.690	1.668	1.647	1.626
3	2.941	2.884	2.829	2.775	2.723	2.673	2.624	2.577	2.531	2.487	2.444	2.402	2.361	2.322	2.283
4	3.092	3.808	3.717	3.630	3.546	3.465	3.387	3.312	3.240	3.170	3.102	3.037	2.974	2.914	2.855
5	4.853	4.713	4.580	4.452	4.329	4.212	4.100	3.993	3.890	3.791	3.696	3.605	3.517	3.433	3.352
6	5.795	5.601	5.417	5.242	5.076	4.917	4.767	4.623	4.486	4.355	4.231	4.111	3.998	3.889	3.784
7	6.728	6.472	6.230	6.002	5.786	5.582	5.389	5.206	5.033	4.868	4.712	4.564	4.423	4.288	4.160
8	7.652	7.325	7.020	6.730	6.463	6.210	5.971	5.747	5.535	5.335	5.146	4.968	4.799	4.639	4.487
9	8.566	8.162	7.786	7.435	7.108	6.082	6.515	6.247	5.995	5.759	5.537	5.328	5.321	4.946	4.772
10	9.471	8.983	8.530	8.111	7.722	7.360	7.024	6.710	6.418	6.145	5.889	5.650	5.426	5.216	5.019
11	10.37	9.787	9.253	8.760	8.306	7.887	7.499	7.139	6.805	6.495	6.207	5.938	5.687	5.453	5.234
12	11.26	10.58	9.954	9.385	8.863	8.384	7.943	7.536	7.161	6.814	6.492	6.194	5.918	5.660	5.421
13	12.13	11.35	10.63	9.986	9.394	8.853	8.358	7.904	7.487	7.103	6.750	6.424	6.122	5.842	5.583
14	13.00	13.11	11.30	10.56	9.899	9.295	8.745	8.244	7.786	7.367	6.982	6.623	6.302	6.002	5.724
15	13.87	12.85	11.94	11.12	10.38	9.712	9.108	8.559	8.061	7.606	7.191	6.811	6.462	6.142	5.847
16	14.72	13.58	12.56	11.65	10.84	10.11	9.447	8.851	8.313	7.824	7.379	6.974	6.604	6.265	5.954
17	15.56	14.29	13.17	12.17	11.27	10.48	9.763	9.122	8.544	8.022	7.549	7.120	6.729	6.373	6.047
18	16.40	14.99	13.75	12.66	11.69	10.83	10.06	9.372	8.756	8.201	7.702	7.250	6.840	6.467	6.128
19	17.23	15.68	14.32	13.13	12.09	11.16	10.34	9.604	8.950	8.365	7.839	7.366	6.938	6.550	6.198
20	18.05	16.35	14.88	13.59	12.46	11.47	10.59	9.818	9.129	8.514	7.963	7.469	7.025	6.623	6.259
25	22.02	19.52	17.41	15.62	14.09	12.78	11.65	10.67	9.823	9.077	8.422	7.843	7.330	6.873	6.464
30	25.81	22.40	19.60	17.29	15.37	13.76	12.41	11.26	10.27	9.427	8.694	8.055	7.496	7.003	6.566
40	32.84	27.36	23.12	19.79	17.16	15.05	13.33	11.93	10.76	9.779	8.951	8.244	7.634	7.105	6.642
50	39.20	31.42	25.73	21.48	18.26	15.76	13.80	12.23	10.96	9.915	9.042	8.304	7.675	7.133	6.661

期数 (n)	贴 现 率 (i)														
	16%	17%	18%	19%	20%	21%	22%	23%	24%	25%	26%	27%	28%	29%	30%
1	0.862	0.855	0.847	0.840	0.833	0.826	0.820	0.813	0.806	0.800	0.794	0.787	0.781	0.775	0.769
2	1.605	1.585	1.566	1.547	1.528	1.509	1.492	1.474	1.457	1.440	1.424	1.407	1.392	1.376	1.361
3	2.246	2.210	2.174	2.140	2.106	2.074	2.042	2.011	1.981	1.952	1.923	1.896	1.868	1.842	1.816
4	2.798	2.743	2.690	2.639	2.589	2.540	2.494	2.448	2.404	2.362	2.320	2.280	2.241	2.203	2.166
5	3.274	3.199	3.127	3.058	2.991	2.926	2.864	2.803	2.745	2.689	2.635	2.583	2.532	2.483	2.436
6	3.685	3.589	3.498	3.410	3.326	3.245	3.167	3.092	3.020	2.951	2.885	2.821	2.759	2.700	2.643
7	4.039	3.922	3.812	3.706	3.605	3.508	3.416	3.327	3.424	3.161	3.083	3.009	2.937	2.868	2.802
8	4.344	4.207	4.078	3.954	3.837	3.726	3.619	3.518	3.421	3.329	3.241	3.156	3.076	2.999	2.925
9	4.607	4.451	4.303	4.163	4.031	3.905	3.786	3.673	3.566	3.463	3.366	3.273	3.184	3.100	3.019
10	4.833	4.659	4.494	4.339	4.192	4.054	3.923	3.799	3.682	3.571	3.465	3.364	3.269	3.178	3.092
11	5.029	4.836	4.656	4.486	4.327	4.177	4.035	3.902	3.776	3.656	3.543	3.437	3.335	3.239	3.147
12	5.197	4.988	4.793	4.611	4.439	4.278	4.127	3.985	3.851	3.725	3.606	3.493	3.387	3.286	3.190
13	5.342	5.118	4.910	4.715	4.533	4.362	4.203	4.053	3.912	3.780	3.656	3.538	3.427	3.322	3.223
14	5.468	5.229	5.008	4.802	4.611	4.432	4.203	4.105	3.962	3.824	3.695	3.573	3.459	3.351	3.249
15	5.575	5.324	5.092	4.876	4.675	4.489	4.315	4.153	4.001	3.859	3.726	6.601	3.483	3.373	3.268
16	5.668	5.405	5.162	4.938	4.730	4.536	4.357	4.189	4.033	3.887	3.751	3.623	3.503	3.390	3.283
17	5.749	5.475	5.222	4.990	4.775	4.576	4.391	4.219	4.059	3.910	3.771	3.640	3.518	3.403	3.295
18	5.818	5.534	5.273	5.033	4.812	4.608	4.419	4.243	4.080	3.928	3.786	3.654	3.529	3.413	3.304
19	5.877	5.584	5.316	5.070	4.843	4.635	4.442	4.263	4.097	3.942	3.799	3.664	3.539	3.421	3.311
20	5.929	5.628	5.353	5.101	4.870	4.657	4.460	4.279	4.110	3.954	3.808	3.673	3.546	3.427	3.316
25	6.097	5.766	5.467	5.195	4.948	4.721	4.514	4.323	4.147	3.985	3.834	3.694	3.564	3.442	3.329
30	6.177	5.829	5.517	5.235	4.979	4.746	4.534	4.339	4.160	3.995	3.842	3.701	3.569	3.447	3.332
40	6.233	5.871	5.548	5.258	4.997	4.759	4.544	4.347	4.166	3.999	3.846	3.694	3.654	3.448	3.333
50	6.246	5.880	5.554	5.262	4.999	4.762	4.545	4.348	4.167	4.000	3.846	3.704	3.571	3.448	3.333

附录五 标准正态分布表

z	0.00	0.01	0.02	0.03	0.04	0.05	0.06	0.07	0.08	0.09
0.00	0.000 0	0.004 0	0.008 0	0.012 0	0.016 0	0.019 9	0.023 9	0.027 9	0.031 9	0.035 9
0.10	0.039 8	0.043 8	0.047 8	0.051 7	0.055 7	0.059 6	0.063 6	0.067 5	0.071 4	0.075 3
0.20	0.079 3	0.083 2	0.087 1	0.091 0	0.094 8	0.098 7	0.102 6	0.106 4	0.110 3	0.114 1
0.30	0.117 9	0.121 7	0.125 5	0.129 3	0.133 1	0.136 8	0.140 6	0.144 3	0.148 0	0.151 7
0.40	0.155 4	0.159 4	0.162 8	0.166 1	0.170 0	0.173 6	0.177 2	0.180 8	0.184 4	0.187 9
0.50	0.191 5	0.195 0	0.198 5	0.201 0	0.205 4	0.208 8	0.212 3	0.215 7	0.219 0	0.222 4
0.60	0.225 7	0.229 1	0.232 4	0.235 7	0.238 9	0.242 2	0.245 4	0.248 6	0.251 7	0.254 9
0.70	0.258 0	0.261 1	0.264 2	0.267 3	0.270 3	0.273 4	0.276 4	0.279 3	0.282 3	0.285 2
0.80	0.288 1	0.291 0	0.293 9	0.296 7	0.299 5	0.302 3	0.205 1	0.307 8	0.310 6	0.313 3
0.90	0.315 9	0.318 6	0.321 2	0.323 8	0.326 4	0.328 9	0.331 5	0.334 0	0.336 5	0.338 9
1.00	0.341 3	0.343 8	0.346 1	0.348 5	0.350 8	0.353 1	0.355 4	0.357 7	0.359 9	0.362 1
1.10	0.364 3	0.366 5	0.368 6	0.370 3	0.372 9	0.374 9	0.377 0	0.379 0	0.381 0	0.383 0
1.20	0.384 9	0.386 9	0.388 8	0.390 7	0.392 5	0.394 3	0.396 2	0.398 0	0.399 7	0.401 5
1.30	0.403 2	0.404 9	0.406 6	0.408 2	0.409 9	0.411 5	0.411 5	0.474 7	0.416 2	0.417 7
1.40	0.419 2	0.420 7	0.422 2	0.423 6	0.425 1	0.426 5	0.427 9	0.429 2	0.430 6	0.431 9
1.50	0.433 2	0.434 5	0.435 7	0.437 0	0.438 2	0.439 4	0.440 6	0.441 8	0.442 9	0.444 1
1.60	0.445 2	0.446 3	0.447 4	0.448 4	0.449 5	0.455 0	0.451 5	0.452 5	0.453 5	0.454 5
1.70	0.455 4	0.456 4	0.457 3	0.458 2	0.459 1	0.459 9	0.460 8	0.461 6	0.462 5	0.463 3
1.80	0.464 1	0.464 9	0.465 6	0.466 4	0.467 1	0.467 8	0.468 6	0.469 3	0.469 9	0.470 6
1.90	0.471 3	0.471 9	0.472 6	0.473 2	0.473 8	0.474 4	0.475 0	0.475 6	0.476 1	0.476 7
2.00	0.477 2	0.477 8	0.478 3	0.478 8	0.479 3	0.479 8	0.480 3	0.480 8	0.481 2	0.481 2
2.10	0.482 1	0.482 6	0.483 0	0.483 4	0.483 8	0.484 2	0.484 6	0.485 0	0.485 4	0.485 7
2.20	0.486 1	0.486 4	0.486 8	0.487 1	0.487 5	0.487 8	0.488 1	0.488 4	0.488 7	0.489 0
2.30	0.489 3	0.489 6	0.489 8	0.490 1	0.490 4	0.490 6	0.490 9	0.491 1	0.491 3	0.491 6
2.40	0.491 8	0.492 0	0.492 2	0.492 5	0.492 7	0.492 9	0.493 1	0.493 2	0.493 4	0.493 6
2.50	0.493 8	0.494 0	0.494 1	0.494 3	0.494 5	0.494 6	0.494 8	0.494 9	0.495 1	0.495 2
2.60	0.495 3	0.495 5	0.495 6	0.495 7	0.495 9	0.496 0	0.496 1	0.496 2	0.496 3	0.496 4
2.70	0.496 5	0.496 6	0.496 7	0.496 8	0.496 9	0.497 0	0.497 1	0.497 2	0.497 3	0.497 4
2.80	0.497 4	0.497 5	0.497 6	0.497 7	0.497 7	0.497 8	0.497 9	0.497 9	0.498 0	0.498 1
2.90	0.498 1	0.498 2	0.498 2	0.498 3	0.498 4	0.498 4	0.498 5	0.498 5	0.498 6	0.498 6
3.00	0.498 6	0.498 7	0.498 7	0.498 8	0.498 8	0.498 9	0.498 9	0.498 9	0.499 0	0.499 0
3.10	0.499 0	0.499 1	0.499 1	0.499 1	0.499 2	0.499 2	0.499 2	0.499 2	0.499 3	0.499 3
3.20	0.499 3	0.499 3	0.499 4	0.499 4	0.499 4	0.499 4	0.499 4	0.499 5	0.499 5	0.499 5

z	0.00	0.01	0.02	0.03	0.04	0.05	0.06	0.07	0.08	0.09
3.30	0.499 5	0.499 5	0.499 5	0.499 6	0.499 6	0.499 6	0.499 6	0.499 6	0.499 6	0.499 7
3.40	0.499 7	0.499 7	0.499 7	0.499 7	0.499 7	0.499 7	0.499 7	0.499 7	0.499 7	0.499 8
3.50	0.499 8	0.499 8	0.499 8	0.499 8	0.499 8	0.499 8	0.499 8	0.499 8	0.499 8	0.499 8
3.60	0.499 8	0.499 8	0.499 9	0.499 9	0.499 9	0.499 9	0.499 9	0.499 9	0.499 9	0.499 9
3.70	0.499 9	0.499 9	0.499 9	0.499 9	0.499 9	0.499 9	0.499 9	0.499 9	0.499 9	0.499 9
3.80	0.499 9	0.499 9	0.499 9	0.499 9	0.499 9	0.499 9	0.499 9	0.499 9	0.499 9	0.499 9
3.90	0.500 0	0.500 0	0.500 0	0.500 0	0.500 0	0.500 0	0.500 0	0.500 0	0.500 0	0.500 0

注：z 为标准差的个数，表中数据是平均数和 z 个标准差之间的那部分正态曲线下的总面积。